Heinrich von Sybel

Geschichte der Revolutionszeit 1789-1800

Band 6

Heinrich von Sybel

Geschichte der Revolutionszeit 1789-1800
Band 6

ISBN/EAN: 9783743334403

Hergestellt in Europa, USA, Kanada, Australien, Japan

Cover: Foto ©ninafisch / pixelio.de

Manufactured and distributed by brebook publishing software
(www.brebook.com)

Heinrich von Sybel

Geschichte der Revolutionszeit 1789-1800

Vorwort zur erſten Auflage

des 13.—16. Buches.

Ich lege hier den erſten Band einer Fortſetzung
meiner Geſchichte der Revolutionszeit (des ganzen Werkes
vierten Band *) vor, welcher die Erzählung bis zum
Frieden von Campo Formio hinabführt; ein folgender
letzter Band wird dann die Ereigniſſe bis zum Schluſſe
des Jahrhunderts darſtellen. Den ſo oft geſchilderten
Stoff noch einmal zu behandeln, dazu hat mich vor
allem das neue urkundliche Material veranlaßt, welches
mir aus den Archiven von London, Neapel und, im
reichſten Maße, von Wien zu entnehmen vergönnt
war. Auch das ſonſt ſo ſtreng gehütete Pariſer Archiv
der auswärtigen Angelegenheiten wurde mir nach mehr
als einem vergeblichen Verſuche endlich in den Jahren
1866 und 1867 durch die perſönliche Intervention des
Kaiſers Napoleon zugänglich. Ich freue mich dabei,
es dankbar konſtatieren zu können, daß in Wien wie
in Paris die Autoriſation ohne Bedingung noch Ein-
ſchränkung gegeben wurde, aus voller wiſſenſchaftlicher

---

*) In der vorliegenden Ausgabe in Band 6, 7 und 8 des
ganzen Werkes enthalten.

Liberalität oder, wenn man lieber will, nach der wahren politischen Einsicht, daß für den geschichtlichen Nachruhm der Staaten die ganze Kenntnis immer vorteilhafter ist als die halbe. Die vielumstrittene Thugutsche Politik liegt jetzt aus ihren eigenen Urkunden der historischen Betrachtung offen. Soweit ich zu sehen vermag, habe ich aus den österreichischen Akten vielfache Belehrung und Berichtigung im einzelnen erhalten, meine Auffassung aber der Gesamtrichtung überall nur bewährt und verstärkt gefunden. Was die Gegner „kleindeutsche Geschichtbauerei" genannt hatten, ist für die Vergangenheit durch die Eröffnung der authentischen Quellen ebenso wie durch die großen praktischen Erfolge der heutigen Fortentwickelung bestätigt worden.

Darf ich etwas Aehnliches von dem zweiten Punkte sagen, der meinem Buche zahlreiche Freunde und Widersacher verschafft hat, von meiner Darstellung der französischen Revolution und des aus derselben entspringenden Imperialismus? Wenigstens in Frankreich mehren sich zur Zeit die Stimmen, welche bei aller Hingebung an das Ideal von 1789 die Verkehrtheit der Richtung anerkennen, in welcher man damals die Verwirklichung desselben erstrebt hat. Lange Zeit war sonst die Anschauung aller Liberalen in Europa von dem Gedanken beherrscht, daß die französische Revolution der Ausgangspunkt eines neuen Weltalters und ihr Programm die maßgebende Richtschnur für alle künftigen Freiheitsschöpfungen sei. In der That aber ging seit dem Beginn des achtzehnten Jahrhunderts durch unseren ganzen Weltteil eine Reformbewegung, in welcher die französische Litteratur nur als ein einzelnes Moment er-

ſcheinen kann, **als** eines der glänzendſten ohne Zweifel,
jedoch **ſchwerlich**, nach der radikalen Wendung, die ſie
in der zweiten Hälfte **des** Jahrhunderts genommen, als
eines für praktiſche Politik ergiebigen. Dies **trat gleich**
1789 **an** das Licht; die Revolution zeigte ſich mächtig
im Zerſtören, aber nicht vermögend, auch **nur** für einen
Tag ein geordnetes Staatsweſen herzuſtellen. Sie er=
klärte die Freiheit für die Befugnis jedes Volkshaufens,
ſich gegen das beſtehende Geſetz aufzulehnen; ſie rief die
Gleichheit **aller** aus, ohne die **zahlloſen** Verſchieden=
heiten in der Fähigkeit und der **Geſinnung** unter den
Menſchen zu beachten. Sie that **dies in einem Lande,**
wo die beſtehende Zentraliſation **jeder kecken Minderheit**
verſtattete, durch einen Handſtreich **in Paris** ſich zum
Herrn des ganzen Staats zu machen, **unter einem Volke,**
wo die Ungleichheiten der Bildung **und des** Beſitzes
tiefer und klaffender als irgend ſonſt in Europa waren.
Es konnte nicht fehlen: vom Anbeginn an warf eine
ſolche Revolution das Land in eine allgemeine Auflöſung
und Verwirrung, bei der keine andere Berufung als die
an die materielle Stärke, an die durchgreifende **Gewalt**
mehr übrig blieb. Zuerſt kam dann die **Gewalt** des
Wohlfahrtsausſchuſſes, das heißt **der Klubs und der von**
ihnen geſchulten Pöbelmaſſen; **bald** genug **aber zeigte**
ſich, daß, wo die Gewalt das **entſcheidende Maß** gibt,
der Degen ſtärker iſt als die Barrikade und der Heer=
führer ſtärker als der Volksredner. Das Empire hatte
mit Robespierre die Unterdrückung der Freiheit und die
Verherrlichung der Gleichheit gemein; dennoch wurde es
im erſten Augenblick von dem beſitzenden und gebildeten
Teile der Bevölkerung mit Jubel begrüßt, weil es in

ſeiner militäriſchen Ordnung die Straßentumulte be=
ſeitigte und das Privatrecht zwar einengte, aber nicht
in ſeinem ganzen Beſtande vernichtete. Auf die Dauer
aber wurde der Druck des ſoldatiſchen Despotismus un=
erträglich; die zurückgedrängten Freiheitstriebe rührten
ſich von neuem, fanden aber auch jetzt keine andere als
die alte revolutionäre Form, und in etwas langſamerer
Entwickelung begann der verhängnisvolle Kreislauf zum
zweitenmal. Er wird in Frankreich auch zum dritten=
und viertenmal nicht ausbleiben, wenn das Land nicht
die Anſchauungen der revolutionären und egalitären
Demokratie von 1789 gründlich berichtigt, wenn es nicht
das heilige Inſurrektionsrecht ein für allemal ächtet,
anſtatt des Rufes: gleiches Recht für alle, die For=
derung gleicher Gerechtigkeit für alle jetzt und zunächſt
ſich begnügt, die erſehnte Gleichheit in der Beſchaffen=
heit der Menſchen und der Dinge vorzubereiten.

Es iſt erfreulich zu ſehen, daß, namentlich durch
das neue Dezentraliſationsgeſetz, durch die Forderung
allgemeiner Wehr= und Schulpflicht, durch die Anträge
auf Laienunterricht und Einkommenſteuer, erhebliche
Schritte auf dem richtigen Wege geſchehen. Aber auch
die Schwierigkeiten und Widerſtände treten drohend her=
vor; niemand fühlt ſich ſicher vor neuen Ausbrüchen der
Revolution, und mit der Revolution bleibt auch das
Empire in der Reihe der Möglichkeiten, verhalte es ſich
mit den perſönlichen Ausſichten der Bonapartes wie es
wolle. Schwerlich wird man, glaube ich, heute ſchon
die Geſchichte des erſten Napoleon mit der objektiven
Ruhe leſen können, mit der man zertrümmerte Alter=
tümer ſonſt zu betrachten pflegt.

Allerdings, wir Deutſche ſehen ſeit 1870 mit ge=
laſſenerem Mute den Wechſelfällen der franzöſiſchen Po=
litik entgegen als zu der Zeit unſerer nationalen Zer=
ſplitterung. Die Kriegsgefahr, welche früher bei dem
Namen Napoleon uns vor die Seele trat, iſt durch die
Stärkung unſerer Wehrkraft beſeitigt. Aber auch die
andere Sorge vor der inneren Ueberflutung durch fran=
zöſiſche Ideen, wie ſie 1789, 1830, 1848 vorkam, iſt
verringert. Unſer neues Staatsweſen iſt durch ſeinen
Ausgangspunkt auf eine gründlich andere Entwickelung
gewieſen, als es Frankreich war auf den Wegen von 1789.
Das neue Deutſche Reich iſt aus dem Nationalitäts=
prinzip erwachſen, und dieſes iſt unverträglich mit dem
verfälſchten Gleichheitsbegriffe der franzöſiſchen Revo=
lution. Der letztere ſpricht der individuellen Eigen=
artigkeit jede Berechtigung ab, ſowohl für die einzelnen
Menſchen als für die Völker; die angebliche Welt=
befreiung der Girondiſten, die Welteroberung Napoleons
waren nichts als folgerichtige Anwendung desſelben
Grundgedankens, welcher in Frankreich ſelbſt die freie
Entwickelung der einzelnen Bürger bereits erdrückt hatte.
Im geraden Gegenſatze dazu ruht das Nationalitäts=
prinzip auf der Anerkennung, daß die perſönliche Frei=
heit nur unter dem Schutze einer Staatsgewalt be=
ſtehen kann, deren Häupter die Sprache ihres Volkes
reden, ſeine Stimmungen teilen, den Pulsſchlag ſeines
Geiſtes mitfühlen, und umgekehrt, daß die Macht einer
ſolchen Staatsgewalt von dem einzelnen nicht mehr
als peinliche Beſchränkung, ſondern als läuternde För=
derung ſeines eigenen Weſens empfunden wird. Die
Achtung vor der perſönlichen Selbſtändigkeit iſt der

Grund, die Verſöhnung von Macht und Freiheit iſt die Folge des Nationalitätsprinzips.

Sollte die Hoffnung zu kühn ſein, daß es Deutſch=land gelingen werde, aus ſeinen Zuſtänden die falſche Gleichheit und die individuelle Ungebundenheit und da=mit die tyranniſchen Auswüchſe zu beſeitigen, welche in Frankreich die Verwirklichung eines freien Staats=weſens bisher verhindert haben?

Dieſelbe Auffaſſung, zu der uns die beſtimmende Grundlage unſeres eigenen Reiches berechtigt, erwächſt uns aus der Betrachtung unſerer Gegner. Sie be=ſtürmen uns, wie man weiß, von entgegengeſetzten Seiten her, Verfechter des mittelalterlichen Zuſtandes, wo die Gewalten aller Staaten unter der päpſtlichen Ober=hoheit ſtanden, und Vorkämpfer einer demokratiſchen Zukunft, die überhaupt das Wort Nation und Staat nicht hören wollen. Gemeinſam iſt beiden, daß ſie als ſtolze Weltbürger unſere nationale Beſchränktheit ver=dammen; ſie klagen uns an, daß wir der erhabenen Gemeinſchaft der Menſchheit vergeſſen, und prophezeien uns Unfreiheit und Säbelregiment, weil Deutſchland ſich eine nationale Monarchie und ein nationales Heer=weſen gegeben hat. Man darf zurückfragen, was die Menſchheit betrifft, ob die päpſtliche Weltherrſchaft des Mittelalters jemals auch nur ein Jahr völligen Frie=dens über Europa gebracht, oder ob das Menſchenalter nach 1789 etwa eine Zeit der harmloſen Eintracht und Bruderliebe geweſen iſt. Sicher iſt es, daß gerade dieſe kosmopolitiſchen Parteien zu jeder Zeit die höchſte Meiſter=ſchaft in der Vernichtung der individuellen Freiheit be=wieſen haben; kein anderes Herrſcherſyſtem hat die geiſtige

Mündigkeit der Menschen gründlicher zu brechen gewußt
als das jesuitische, und bei der Erstrebung desselben
Zweckes hat sich die Pariser Kommune von 1871 ihren
Mustern von 1793 vollkommen ebenbürtig gezeigt. Auch
das Stück Weltgeschichte, welches der vorliegende Band
behandelt, gibt dazu eindringliche Belege; in diesem
Sinne habe ich geglaubt, auf die hier einschlagenden
Erscheinungen, die Verschwörung Babeufs und den Zustand des Kirchenstaats in jener Zeit, etwas ausführ-
licher eingehen zu sollen, als es sonst durch die allgemeinen Verhältnisse der Darstellung vielleicht erforderlich gewesen wäre. Je vielfacher und klarer die freiheit-
mörderische Tendenz jener weltbürgerlichen Bestrebungen
geschichtlich erhärtet wird, desto entschiedener können
die nationalen Parteien, die auf völlig entgegengesetztem
Boden stehen, des Vertrauens leben, daß sie des rechten
Weges zur Erlangung geordneter Freiheit sicher sind.
Oder wäre es nicht ein offener Widerspruch in sich selbst,
wenn der nationale Gemeinsinn die höchsten Güter seiner
Genossen schädigen sollte? Und kann man sich eine gesunde Eintracht unter den Völkern denken, solange
nicht jedes derselben die seinem nationalen Wesen entsprechenden Einrichtungen gefunden hat? Das Deutsche
Reich würde von dem tiefsten Prinzip seines Daseins ab-
fallen, wenn sein Bestreben nicht dem Frieden und der
Freiheit förderlich würde.

Bonn, 2. Dezember 1871.

Vorwort zur zweiten Auflage

des 13.—16. Buches.

Der hier vorliegenden zweiten Auflage dieses Bandes habe ich nur wenige Worte vorauszuschicken.

Sie hat keine so erhebliche Umarbeitung nach neuen archivalischen Materialien erfahren wie die vierte Auflage der drei ersten Bände, ist jedoch überall im einzelnen revidiert und mehrfach ergänzt und verbessert. Erst nach Vollendung des Druckes habe ich bemerkt, daß Bernhardi in den Beilagen zu seiner russischen Geschichte seit 1815 Aufzeichnungen der Kaiserin Katharina über die mißlungene Verlobung ihrer Enkelin Alexandra mit König Gustav IV. von Schweden mitgeteilt hat, wonach die Frage des Religionswechsels schon vor dem Verlobungstage zwischen Katharina und Gustav ohne bestimmtes Ergebnis besprochen, trotzdem aber die Katastrophe in der hier erzählten Weise erfolgt und Gustav dann nach Verlauf einiger Tage aus Petersburg abgereist ist,

Berlin, 1. Mai 1878.

Heinrich von Sybel.

Inhalt.

Zwölftes Buch.

Ende des französischen Nationalkonvents.

Dreizehntes Buch.

Regierung des Direktoriums.

Zwölftes Buch.

Ende des französischen Nationalkonvents.

Erstes Kapitel.

Die Konstitutionellen.

Der Sieg des 12. Germinal war ein neues Signal für die Masse des französischen Volkes, sich aller Reste und Spuren der Schreckenszeit vollständig zu entledigen. In hundert Richtungen, auf dem geselligen wie auf dem politischen Gebiete, machte sich dies Streben geltend. Das republikanische Duzen kam **aus** dem Gebrauche; nirgends, selbst nicht in den Schenken der untersten Klassen, ertönte mehr die Carmagnole und das Ça ira; sogar das erste Kriegslied der Revolution, die Marseillaise, war durch die Gunst der Jakobiner anrüchig geworden und durfte an öffentlichen Orten nicht mehr zum Vorschein kommen. Von der republikanischen Woche wollte niemand hören; über den Decadi wurde gespottet, der alte Sonntag allerorten gefeiert; Bürger und Bauern drängten sich zum christlichen Gottesdienste. Der Konvent hatte, wie wir sahen, durch das Gesetz vom 21. Februar die Kultusfreiheit als private Angelegenheit anerkannt, jedoch den öffentlichen Gottesdienst und vor allem die Benutzung der Kirchen verboten; **in zahl-** losen Gemeinden aber nahmen weder das Volk noch die Behörden auf die beschränkenden Bestimmungen des Dekrets irgend welche Rücksicht, und **wenn** einmal ein eifriger Beamter gegen den Geistlichen einschreiten wollte, so erklärten ihm die Bürger, sie hätten den Pfarrer zum Gottesdienste genötigt; sie gehörten auch zum souveränen Volke und wüßten, daß der Widerstand gegen jede Tyrannei heilige Bürgerpflicht sei. Durchgängig gaben die Gemeinden dabei den eidweigernden Priestern den Vorzug: begreiflich genug,

da diese durch das Ausharren in tödlicher Verfolgung eine
gewissenhafte Ueberzeugungstreue an den Tag gelegt hatten,
während in die Reihe des konstitutionellen Klerus eine
Menge verrufenen Gesindels eingedrungen war. Ueberall
wurde es ausgesprochen, daß die Zurückgabe der geistlichen
Güter wenigstens insoweit erfolgen müsse, um die Bedürf=
nisse der Seelsorge und des Kultus zu decken. Die Zeiten
waren vorbei, in welchen man den Klerus als einen mäch=
tigen Stand des alten Staates gehaßt und gefürchtet hatte:
man hatte nur die Erinnerung an den gemeinen Frevel der
Jakobiner gegen alles, was dem Volke seit einem Jahr=
tausend heilig gewesen war. Auch jetzt dachten die Bauern
nicht wieder den Zehnten zu zahlen, aber sie wollten echte
Taufe, kirchliche Trauung, christliches Begräbnis. Wie
über die Kirche war man über den Adel gestimmt. Nie=
mand meinte, daß eine Herstellung seiner politischen und
gutsherrlichen Vorrechte, oder daß auch nur eine Wieder=
belebung der Parlamente denkbar sei. Aber der schärfste
Stachel des früheren Hasses, der Abscheu gegen die landes=
verräterische Emigration, hatte seine Spitze völlig verloren.
Wie hätte es anders sein können? Nach den furchtbaren
Verfolgungen der beiden letzten Jahre war die Zahl der
Geflüchteten so angewachsen, daß die Ritter von Koblenz
nicht ein Zehntel ihrer Masse bildeten: vor dem Dolche
und dem Beile der Jakobiner hatten seitdem Konstitutionelle
und Girondisten, Kaufleute und Bauern, Monarchisten und
Republikaner sich über die Grenze gerettet, oft zu Hunderten
und zu Tausenden, und hatten keine andere Sehnsucht, als
in das Vaterland, gleichviel unter welcher Verfassung, zu=
rückzukehren. Es kam dazu, daß in zahllosen Fällen die
Willkür der Machthaber lange Reihen von Namen in die
Liste der Emigranten eingetragen hatte, deren Träger un=
unterbrochen in Frankreich geblieben waren. Eine Menge
Soldaten, welche für die Republik an der Grenze kämpften,
waren in diesem Falle; die Güter ihrer Eltern lagen seit=
dem unter Sequester, und die Familien kümmerten in bitterer
Not dahin. Trotz dem Sturze des Schreckens bestand, wie

wir sahen, die Gesetzgebung über die Emigranten fort, und noch zu Ende 1794 hatte der Konvent sie durch ein neues Dekret in der alten Härte wiederholt. Aber es fand sich niemand mehr, sie auszuführen. Die Geflüchteten kamen überall in die Heimat zurück; die Ortsbehörden strichen sie ohne weiteres von der Liste oder drückten über ihre Anwesenheit das Auge zu. In den meisten Orten wäre ein strengeres Verfahren gefährlich für die öffentliche Ruhe gewesen, so entschieden war die allgemeine Sympathie auf der Seite der Verfolgten: die Bürger hinderten durch energische Drohung jede Anzeige oder gerichtliche Maßregel und wählten nicht selten die Zurückgekehrten selbst zu irgend einem Amte. Unter solchen Umständen kam der Verkauf der zu Staatsgut gewordenen Besitzungen der Ausgewanderten in den meisten Departements ins Stocken; jedermann sagte, es sei eine Schande, sie den rechtmäßigen Eigentümern, vorausgesetzt, daß diese nicht die Waffen gegen Frankreich getragen hätten, länger vorzuenthalten. Wir wissen, daß die Finanzen der Republik wesentlich auf jenen Konfiskationen beruhten, da man nur durch deren Veräußerung die Assignaten im Kurse behaupten konnte: dem Konvente war deshalb jene Haltung der Bürger im höchsten Grade widerwärtig, da er außer der Nichtachtung seiner Gesetze auch geradezu die Quelle des Bankerottes darin erblicken mußte. Die Bevölkerung aber ließ sich das wenig kümmern. Der unermeßlichen Mehrheit lag nicht das mindeste an der guten Stimmung des Konvents. Freilich unterstützte sie ihn gegen die Jakobiner, allein sicher nicht aus Verehrung für jenen, sondern schlechterdings nur aus Haß gegen diese: im allgemeinen stand die republikanische Regierung in der tiefsten Mißachtung, und kein Beschluß war populärer im Lande, als jener vom 21. März, welcher die Entwerfung einer neuen Verfassung ankündigte. Daß diese nicht im jakobinischen Sinne ausfallen würde, war bei der Lage der Dinge mit Sicherheit zu vermuten: alles übrige war den Bürgern gleichgültig, wenn nur endlich neue Menschen zur Gewalt kämen, ehrenhafte, gebildete, rechtliche Männer anstatt der unsauberen und leidenschaftlichen Demagogen, welche durch ihre rohen und gemeinen Zänkereien **das** Ansehen der Regierung und die Festigkeit **des Zustandes täglich** mehr untergruben. Die Presse und die Litteratur **machte** aus dieser Gesinnung durchaus kein Hehl: die Mehrzahl der Zeitungen und Broschüren redete mit offener Geringschätzung oder feindlichem Mißtrauen von **der** republikanischen Regierungsform. Es müsse etwas geschehen, um aus dem endlosen Wogen des Parteihaders wieder auf festen Boden zu kommen; man müsse eine selbständige, feste, dauerhafte Regierung haben; das sei ein Vorzug der Monarchie, daß sie die eigene Stetigkeit allen öffentlichen Verhältnissen mitteile und dadurch der bürgerlichen Freiheit die beste Gewähr verleihe; die Verfassung von 1791 habe nur deshalb dieses Ziel verfehlt, weil das Mißtrauen gegen den König die Kraft der Regierung zu sehr gelähmt habe. **In Paris** hörte man Handwerker und Arbeiter die Frage verhandeln, ob unter der Monarchie das Korn ebenso selten und das Brot ebenso teuer wie unter der Republik gewesen; unter der goldenen Jugend ging der Spruch umher, daß acht und neun gleich siebzehn sei, mit anderen Worten, daß die Revolution von 89 mit der Thronbesteigung Ludwigs XVII. endigen müsse.

Wenn solche Aeußerungen im Konvente zur Sprache kamen, so pflegte der republikanische Sinn der Mitglieder hoch aufzuwallen, und besonders die Independenten und einige Enthusiasten von der Gironde riefen dann mit großem Zorne, daß man über dem Kampfe gegen die Schreckensmänner den Streit gegen das Königtum nicht vergessen dürfe. Indes war man fürs erste noch zu tief in die jakobinischen Händel verwickelt, man hatte noch zu viele unvollendete und dringende Aufgaben der Herstellung vor sich, und vor allem, man besaß zu wenig innere Kraft zum Widerstande gegen die öffentliche Meinung, als daß die Mehrheit des Konvents aus der bisherigen Richtung **so** schnell hätte herausgedrängt **werden** können. Mochte hier und da bei den ruhigen Bürgern ein Zug von monarchischer Gesinnung anklingen: man wußte doch sehr wohl, daß diese nur aus Sehnsucht nach bleibender Ruhe entspringe **und eben deshalb nicht** leicht **zu** Gewaltmitteln greifen **würde. Mochte bei ihnen** manches respektwidrige Wort **gegen den Konvent** vernommen werden: **noch konnte** man ihre Gunst zu erwerben hoffen, wenn man die Schäden der Schreckenszeit redlich **zu be=** seitigen fortfuhr. Die Hauptsache war aber, daß der **Kon=** vent keine anderen Helfer und Stützen mehr hatte als **die** goldene Jugend und die ordentlichen Bürger, daß er von den Jakobinern das Schlimmste befürchten mußte, **daß es** eine Existenzfrage für ihn war, **einer Wiederholung des** 12. Germinal gründlich vorzubauen. Man verstärkte also schon am 3. April den Wohlfahrtsausschuß, dessen **Mit=** glieder der **Last** der Geschäfte erlagen, **auf sechzehn Per=** sonen. Man schritt dann am 10. **zu** einer Maßregel, **welche** schon **oft von den** Pariser Sektionen gefordert, **früher aber** von dem mißtrauischen Konvente **stets** verweigert **worden** war: man befahl eine allgemeine Entwaffnung aller **der** Bürger, welche sich an der Tyrannei der Schreckenszeit auf irgend eine Weise beteiligt hätten. Die Gemeinden **und** in Paris die Sektionen sollten **dies** Geschäft vollziehen. Während man auf diese Art **die** Jakobiner wehrlos zu machen hoffte, suchte der Konvent die besitzende und **ge=** mäßigte Klasse für seinen Dienst zu stärken, indem **er eine** neue Organisation der Pariser Bürgergarde verfügte **und** sich dabei enge **an** die Grundsätze von 1791 anschloß. **Auf** diese Grundsätze griff er damals **auch** in der Verwaltung des Landes zurück: das Gesetz vom 4. Dezember 1793[1]) wurde aufgehoben und den **Behörden** der Departements und Distrikte die Wirksamkeit von 1791 hergestellt. Nur die Wahl der Personen wagte man noch nicht dem Volke wieder= zugeben, sondern behielt sie einstweilen den Ausschüssen und Kommissaren **des Konvents vor.**

Wenn **man so** die Sache **des** Konvents völlig mit jener der Bürgerschaften verschmolz, **so** lag es in der Natur der Dinge, daß die großen Restaurationen von Recht und Eigen=

---

[1]) Band IV, S. 112.

tum wieder mit doppeltem Nachdruck zur Sprache kamen
Nach dem Aufstande der Girondisten waren im Sommer
und Herbste 1793 viele Hunderte **ihrer** Anhänger als Föde-
ralisten geächtet **worden**: nachdem **der** Konvent die Führer
der Partei als **die** Vertreter der guten Sache anerkannt
und, so viele **ihr** noch lebten, **in** seine Mitte zurückgerufen
hatte, wäre es **ein** Widersinn gewesen, die untergeordneten
Opfer des 31. Mai noch länger **zu** verfolgen. Am 11. April
wurden also **alle** hiermit zusammenhängenden Aechtungen
zurückgenommen **und** zugleich **das** tyrannische Gesetz vom
10. März **1793**, welches ohne **nähere** Begriffsbestimmung
alle Feinde **der** Revolution in **die Acht** erklärte, aufgehoben.
Vier Tage nachher erneuerte dann Johannot **den** großen
Antrag **auf** Streichung der Konfiskation aus **dem** französischen Strafrechte und Herausgabe der Güter der Hingerichteten **an ihre** Familien. Er entwickelte, daß die Opfer
der Schreckenszeit zum größten Teile ohne wirklichen Rechts-
gang gemordet seien, **daß das Blut der** Unschuld **an** diesen
Besitzungen der Nation hafte, **daß** der Kredit des Staates
nur durch **einen** durchgreifenden Akt der Reinigung und
Sühne gerettet werden **könne**. Die Stimmung der Mehrheit war so günstig, **daß** auf der Stelle unter lebhaftem
Beifallklatschen der Antrag dekretiert wurde. Dann aber
kamen wieder Bedenken. Rewbell rief, es sei Unrecht, ein
so wichtiges Dekret in schnellem Jubel zu erlassen; hier sei
eine Menge **der** größten Interessen zu erwägen, wenn das
Ganze nicht **ausschließlich** den Royalisten zu gute kommen
sollte. Einige Thermidorianer, welche an dem Hervortreten
der kirchlichen Bewegung Anstoß genommen, kamen ihm zu
Hülfe, **und** die Mehrheit bequemte sich zu einem nochmaligen
Aufschub. Am 18. April erneuerte Rewbell seinen Widerspruch. In ruhigen Zeiten, räumte er ein, sei die Konfiskation ungerecht, **weil sie außer** dem Verbrecher auch dessen
unschuldige Familie treffe. **Aber in** einer Zeit der Revolution, in einer **Zeit politischen** Parteikampfes sei es die
Pflicht des Siegers, **den Nachkommen** der Besiegten die Erneuerung des Kampfes **unmöglich zu** machen. Habe doch

auch Johannot zugegeben, daß die Emigranten von den Hingerichteten zu unterscheiden und als offene Feinde des Landes nach Kriegsrecht zu behandeln seien: er werde aber nicht leugnen können, daß ein großer Teil der Hingerichteten in offener Rebellion gestanden und ebenso wie die Emigranten die Waffen gegen die Republik getragen hätten. Er fordere also, daß man vor allem die Veräußerung der Emigrantengüter vollende, daß man sodann zu einem festen Beschlusse über das Vermögen der Eltern von Emigranten komme: erst wenn dies geschehen, möge man die Frage über die Güter der Hingerichteten weiter in Erwägung ziehen.

Der Konvent schwankte. Wer mit einigem Nachdruck seine Abneigung gegen Ausgewanderte und Königtum anrief, verfehlte selten seine Wirkung bei dem großen Haufen der Mitglieder. Es kam zu einem Beschlusse, daß die Ausschüsse zunächst über das Vermögen der Eltern von Emigranten Bericht erstatten sollten. Unmittelbar darauf empfing aber seine Stimmung eine andere Farbe, indem der Sicherheitsausschuß Anzeige machte, daß ein neuer Aufstandsversuch der Jakobiner entdeckt worden sei: morgen oder übermorgen sollten mehrere Kolonnen aus der Antonsvorstadt hervorbrechen, das Arsenal und die Regierungsausschüsse überwältigen, die verhafteten Patrioten befreien. Dies führte zu lebhaften Zornausbrüchen gegen die unverbesserlichen Terroristen und lenkte die eben nach links gerichtete Strömung der Gemüter wieder scharf nach rechts hinüber. Als dann weiter auch aus mehreren Provinzen jakobinische Tumulte berichtet wurden, verdrängte die nähere Furcht vor den Männern des Schreckens die sonstigen Besorgnisse, und die Ansichten der gemäßigten Partei erhielten aufs neue die Oberhand. Am 25. April wurde fast ohne Streitigkeit ein Gesetz angenommen, welches die Börsen wieder eröffnete und den Handel mit Gold und Silber verstattete; der Antrag der Linken, damit wenigstens Maßregeln zur Abwehr des Aufkaufs und Wuchers zu verbinden, ging ohne Beratung in dem Murren der Mehrheit zu Grunde. Es war dies ein Punkt, an dem, wie wir wissen, die kommunistische

Tendenz der Schreckenszeit stets ihren schärfsten Ausdruck gefunden hatte; eine so kurze Erledigung desselben war also für die Umwandlung der Dinge und der Gemüter höchst bezeichnend.

An demselben Tage begann der Konvent die von Rew‑bell beantragte Verhandlung über die Eltern der Emi‑granten. Wir haben früher erwähnt, daß auf der Höhe des Schreckens der Konvent die Besitzungen aller Bürger, deren Söhne emigriert waren, unter Sequester gelegt hatte, weil sie vermutlich, sagte man, zu dem Verbrechen ihrer Söhne hülfreiche Hand geleistet, und weil die Nation sich das künftige Erbe des Emigranten sichern müsse. Eine Menge unschuldiger Familien waren dadurch in völlige Hülf‑losigkeit gestürzt und lebten seitdem als Bettler von der Unterstützung ihrer Gemeinden oder der Gnade des Staates. Das jetzt vorgelegte Gesetz wagte noch immer nicht, sich einfach nach dem Grundsatze zu halten, daß niemand für das Verbrechen eines andern gestraft werden dürfe, und daß es also ein wahnsinniger Frevel sei, ein Gut zu kon‑fiszieren, weil es künftig vielleicht einmal einem Emigranten gehören könnte. Es befahl vielmehr aus jeder Vermögens‑masse dieser Art die Aussonderung und definitive Einziehung der Erbportion des Emigranten; es verordnete dann aber, daß dem Ascendenten desselben der Rest zurückgegeben, und bestimmte zu lebhaftem Zorne der Linken, daß bei der Be‑stimmung der Erbportion dem Vater ein ansehnliches Prä‑cipuum angerechnet werden sollte.

Parallel mit dieser Erörterung in der Zeit und der Richtung ging dann die Verhandlung über die Güter der Hingerichteten. Mehrere Girondisten, Doulcet, Louvet, Lanjuinais, welche die Greuel der Schreckenszeit am eigenen Leibe empfunden hatten, boten alle Kraft auf, um hier den Konvent zu einem ganzen Entschlusse im Sinne des Rechts und der Sitte fortzureißen. Aber sie hatten keinen leichten Stand. Denn obwohl sie durch die ganze Wucht der öffentlichen Meinung, welche in tausend Stimmen ge‑bieterisch an das Ohr der Machthaber schlug, getragen wur‑

den, so stand ihrem patriotischen Streben die empfindlichste
aller Sorgen des Konvents entgegen, die Sorge um den
Bestand der einzigen Einnahme des Staates, die Sorge um
den Kredit der Assignaten, deren Pfand durch die begehrte
Erstattung um ein Drittel, vielleicht um die Hälfte ge=
schmälert wurde. Auch hieß es den Grundsätzen der Un=
abhängigen an das Leben greifen, wenn man, wie es hier
geschah, eine Erklärung forderte, die Revolution sei in ihrer
kriegerischen Allmacht durch die Rücksicht auf ein Recht be=
schränkt, und Rewbell und Genossen boten alle Mittel auf,
um das Ergebnis, wenn nicht zu hindern, so doch abzu=
schwächen, wenn nicht die Güter, so doch das Prinzip zu
retten. Es kam denn endlich am 3. Mai zu einem Gesetze,
welches die Strafe der Güterkonfiskation für Ausgewanderte,
Assignatenfälscher und verräterische Generale aufrecht erhielt,
die Güter aber der seit dem 10. März 1793 wegen politischer
Vergehungen Hingerichteten den Familien zurückzugeben
befahl. So war den Gemäßigten endlich für den Augen=
blick die Schließung der furchtbaren Wunde gelungen, und
wenn die Linke den revolutionären Grundsatz bewahrt hatte,
so war er doch auch für die nächste Zukunft, dank Lanjui=
nais' und Doulcets Bemühungen, mit Unfruchtbarkeit ge=
schlagen. Die Unsittlichkeit der Konfiskation wurde seitdem
von dem öffentlichen Gewissen in ganz Europa anerkannt.

Kaum als einen geringeren Erfolg betrachtete es die
gemäßigte Partei, daß in denselben Wochen das Versöhnungs=
werk in den westlichen Provinzen zum Abschlusse gelangte.
In der Vendée vollzog sich der Vertrag von La Jaunais
für den Moment ohne Hindernis. Charette erschien per=
sönlich in Nantes, wurde von den republikanischen Behörden
mit Auszeichnung empfangen und von der Bevölkerung trotz
seiner weißen Kokarde mit Jubel begrüßt. Seitdem lebte
er in ruhiger Zurückgezogenheit in seinem Hauptquartier
zu Belleville, und, da die Konventskommissare die Bauern
des Marais in ihren inneren Angelegenheiten gewähren
ließen, so schien für den Augenblick jede Spur des tödlichen
Gegensatzes in jenen Landstrichen verwischt. Stofflet, der

anfangs den Frieden von La Jaunais störrisch abgewiesen, fand sich täglich **mehr** von seinen Anhängern verlassen, von **den** sämtlichen Streitkräften **Canclaurs** immer stärker ge= drängt und **bequemte** sich endlich am 2. Mai **zu** einem Vertrage in **St.=Florent**, durch welchen er Charettes Be= **dingungen** annahm und damit die Vendée in ihrem ganzen Umfang **in** Frieden setzte. Schwieriger zeigte sich fortdauernd **die** Beruhigung der Chouans in der Bretagne. Nachdem **einmal** dem Eifer des Generals Humbert jene erste An= knüpfung **gelungen,** hatten sich allerdings die Besprechungen fortgesetzt und sich allmählich auf **die** meisten der wichtigeren Bandenführer ausgedehnt. Aber **einerseits** war hier nicht wie in der Vendée ein fest geordneter Oberbefehl vorhanden, vielmehr zeigte sich Cormatins Ansehen bei jedem Schritte äußerst unzuverlässig, und ein in Wahrheit wirksamer Ver= trag bedurfte also **einer** besonderen Unterhandlung mit jedem einzelnen Häuptling. Andererseits verharrte General Hoche in der Ueberzeugung, daß die Chouans es nicht redlich mit dem Frieden meinten und damit nur Zeit bis zur bevor= stehenden Landung der Emigranten zu gewinnen suchten: er zeigte sich **demnach** bei der Verhandlung völlig ungefüge und abgeschlossen, sandte eine Verwahrung nach der andern an den Wohlfahrtsausschuß **und** sprach den bittersten Un= mut über die blinde Leichtgläubigkeit der Konventskommissare aus. Es **kam so** weit, daß der Ausschuß ihn mit entschiedener Ungnade bedrohte und ihm endlich die Hälfte seines Kom= mandos entzog, ihn auf den Befehl des Heeres von Brest (südliche Bretagne) beschränkte, das Herr von Cherbourg aber (westliche Normandie) dem General Aubert=Dubayet über= trug. Erst hierauf gewannen die Konventskommissare so weit Boden, um mit Cormatin und 22 anderen Häuptern **der** Chouans einen förmlichen Vertrag zu schließen. Es geschah am 20. **April** zu La Mabilais, wieder auf ganz ähnliche Bedingungen, wie **fie in** der Vendée bewilligt wor= den waren.

Die gemäßigte **Partei, welche** neben diesen Herstellungen **im** Innern damals den preußischen Vertrag vollendet und eine Unterhandlung mit Spanien beginnen sah, überließ sich der Hoffnung, einem schönen Ziele, einer allseitigen Heilung und Beschwichtigung, der Beendigung der Revolution durch allgemeinen Frieden nahe zu sein. Ohne Zweifel stand im Mittelpunkte dieser Bestrebungen das Werk der neuen Verfassung, und auch hierfür wurde damals ein wesentlicher Schritt gethan. Am 18. April erstattete Cambacérès den Bericht der Kommission für die organischen Gesetze, worin er, angeblich um die Reihenfolge ihrer Arbeiten zu erörtern, den Umfang der notwendigen Reformen und das Bedürfnis einer völlig neuen Arbeit statt der Verfassung von 1793 darlegte. Es erhob sich kein Widerstand von einer Seite: es wurde beschlossen, die Kommission auf elf Mitglieder zu verstärken und deren Wahl am 23. vorzunehmen. Sieyès hatte seit 1789 einen so entschiedenen Ruf als der echte Künstler in Verfassungssachen, er war damals so zweifellos der Führer der Unabhängigen geworden, daß sein Name auch hier vor allen aus der Wahlurne hervorging. Indessen, war er zu stolz, um mit zehn anderen Menschen seinen Ruhm zu teilen, oder zog er in diesem Augenblick die praktische Thätigkeit im Wohlfahrtsausschusse vor, genug, er lehnte die Teilnahme ab. Auch Cambacérès und Merlin von Douai, wie jener damals Mitglieder des Ausschusses, entschieden sich in gleicher Art. In die Verfassungskommission gelangten dann Thibaudeau, Larévellère, Lesage, Boissy d'Anglas, Creuzé-Latouche, Louvet, Daunou, Berlier, Lanjuinais, Durand-Maillane und Baudin von den Ardennen. Die Gemäßigten und Girondisten überwogen also bedeutend und auch von den Unabhängigen hatte die Abstimmung in Daunou, Berlier und Larévellère nur die besonnensten und gebildetsten bezeichnet.

Um so weniger war man auf der Linken mit diesem Ergebnis sowie überhaupt mit der Entwickelung der letzten Wochen zufrieden. Wenn Frankreich auf diesem Wege vielleicht einer beruhigten Zukunft entgegengeführt wurde, so hatte die Gegenwart für den Konvent allerdings ihre dunkeln Schatten. Wohl wurden Johannot, Boissy, Lanjuinais als

die Urheber der Gütererstattung von aller Welt gepriesen,
aber nur um so schneidender stand neben diesem Preise der
einzelnen die Abneigung gegen den Konvent im ganzen.
Niemand fühlte Liebe oder Verehrung für eine Versamm=
lung, welche ein Jahr hindurch sich zum stummen Werk=
zeuge der entsetzlichsten Tyrannei gemacht und sich auch jetzt
noch nicht von einer Menge fluchbeladener Mitglieder ge=
reinigt hatte. Die Regierung der Ausschüsse war dabei
schwach und schwankend durch den steten Wechsel der Per=
sonen und der Parteieinflüsse. Sie hatte kein Geld für
irgend einen Zweig des öffentlichen Dienstes; sie hatte zur
Sicherung von Gehorsam und Ordnung weder die Bürger=
garden Lafayettes noch Henriots disziplinierte Pöbelhaufen,
während die Truppen weit an den Grenzen entfernt standen;
die Regierung trieb also hülf= und mittellos vor jedem An=
drang der öffentlichen Meinung dahin. Im Wohlfahrts=
wie im Sicherheitsausschusse hatten damals die Unabhän=
gigen die Mehrheit, Männer, im Grunde ihres Herzens von
jakobinischem Stoffe, die stets für das erste Merkmal der
Freiheit die Unterdrückung der Freiheitsfeinde gehalten
hatten. Sie sahen mit verhaltenem Ingrimm das straflose
Zurückkehren der Emigranten und das öffentliche Auftreten
der eidweigernden Priester; sie setzten also am 25. April
beim Konvente ein Dekret durch, daß niemand auf anderem
Wege als durch einen Konventsbeschluß von der Emigranten=
liste gestrichen werden könnte. Sie zürnten nicht weniger
über die unbefangenen Zeitungsartikel, welche täglich die
Tugenden Ludwigs XVI. und die Sünden seiner Mörder
besprachen; zuweilen ermannten sie sich und ließen einen
royalistischen Verfasser einsperren: dann aber gab es einen
Sturm in zwanzig Blättern, und die goldene Jugend tobte
so lange auf Preßfreiheit oder Tod, bis der Ausschuß in
friedfertiger Klugheit nachgab und die Freiheit des Gefan=
genen bewilligte. Das Gesetz über die Entwaffnung der
Terroristen hatte in Paris die lebhafteste Bewegung hervor=
gebracht; die Sektionen erfüllten sich mit persönlichen Hän=
deln, die bedrohten Jakobiner überhäuften den Sicherheits=

ausſchuß mit dringenden Geſuchen um Schutz gegen den
tobenden Zorn ihrer Mitbürger. Dieſe warteten einſt=
weilen, bis die neue Einrichtung der Bürgergarde vollendet
wäre, bis ſie die Waffen in den Händen hätten; dann aber
ſollte die Rache für die Frevel des letzten Jahres alle Schul=
digen unaufhaltſam treffen. Noch mißlicher klangen die
Nachrichten aus den Departements, insbeſondere des Südens;
die Konventskommiſſare meldeten überallher einſtimmig, daß
die Bevölkerung ſich ſelbſt helfen würde, wenn der Konvent
nicht raſche Maßregeln zur Beſtrafung der ſeit 1793 geübten
Unthaten ergreife. Thibaudeau ſelbſt, obwohl gründlich von
ſeinen früheren demokratiſchen Anſichten bekehrt und ein her=
vorragender Führer der gemäßigten Partei, hielt die Fort=
dauer eines ſo anarchiſchen Zuſtandes für unerträglich und
überraſchte den Konvent mit einem Antrage, bis zur Ein=
führung der neuen Verfaſſung alle Regierungsgewalt im
Wohlfahrtsausſchuſſe aufs neue zuſammenzufaſſen. Die jako=
biniſchen Mitglieder riefen ihm lauten Beifall zu; die Mehr=
zahl ſeiner Freunde aber ſchrie auf über einen ſolchen An=
ſatz zum Despotismus. Lanjuinais erklärte bei dieſem An=
laſſe, zur tiefen Entrüſtung der geſamten Linken, daß nicht
eher ein gedeihlicher Zuſtand eintreten werde, bis die regie=
rende von der geſetzgebenden Gewalt geſchieden und die
letztere zwei getrennten Körperſchaften übertragen ſei. Ehe
es jedoch hierüber zu einer Entſcheidung kam, brachte Chénier
im Namen der Ausſchüſſe am 1. Mai einen Bericht über
die Lage des Landes, in welchem er alle jene Beſchwerden
über die Schwäche der Beamten, die Keckheit der Preſſe,
der Prieſter und der Emigranten in drohendem Tone zur
Sprache brachte. Man fordert, ſagte er, tagtäglich als ein
hohes Freiheitsrecht die Befugnis, den Royalismus zu preiſen;
verräteriſche Manifeſte zu Gunſten des Königtums werden
maſſenhaft in der Dauphiné und der Bretagne ausgeſtreut;
Lyon iſt durch mehrere politiſche Morde befleckt; eine große
Energie iſt nötig, um die Republik zu erretten. Es wurde
hiernach verfügt, daß alle zurückgekehrten Emigranten und
widerſpenſtigen Prieſter ſogleich zu verhaften, alle royali=

stischen Schriften peinlich **zu verfolgen und** ihre **Urheber zu**
verbannen, die Entwaffnung **der** Terroristen **durch den**
Sicherheitsausschuß zu beaufsichtigen seien. Es war ver=
gebens, daß Tallien die Presse gegen die Beschränkung zu
schützen suchte: **der Konvent** war entschieden unter dem Ein=
drucke der **Reaktionsfurcht und** genehmigte einen Artikel
des Gesetzes **nach** dem andern. **Nur** einen Antrag, welcher
jeden Bruch **des** Februargesetzes über die Kirchen mit Ge=
fängnis bedrohte, brachten Thibaudeau und Lanjuinais mit
scharfer Hinweisung auf die Stimmung der Vendée zur Ver=
werfung.

Die **Richtung,** welche die Ausschüsse **an** diesem Tage
der Mehrheit gegeben hatten, erhielt für eine Weile festeren
Bestand durch traurige Nachrichten aus dem Süden. Man
muß sich erinnern, wie in Lyon und Marseille, in Avignon
und Orange, in Toulon und Arles **die** Genossen Robes=
pierres und Héberts gewütet hatten, wie dort keine Familie
existierte, die nicht in Leben **und Gut** getroffen worden: um
die Glut des Zornes zu verstehen, mit welcher **das Volk**
jetzt die Schergen jener Tyrannei unverfolgt in seiner Mitte
dahinleben und die Beute ihrer Unthaten genießen. sah.
Nur zum kleineren Teile waren sie verhaftet, aber auch
dann war ihre Ueberführung auf gerichtlichem Wege nicht
immer sicher und in keinem Falle rasch zu erreichen. So
kochte **die Gärung** fort und fort; politische Umtriebe gesellten
sich hinzu; die heimkehrenden Emigranten vermittelten zahl=
reiche Anknüpfungen mit den geflüchteten Prinzen. Im
Laufe **des** Frühlings bildeten sich **zuerst** in Lyon und bald
auf hundert Punkten des Landes bewaffnete Scharen, welche
sich Compagnien Jesu, Jehu oder **der** Sonne nannten und
das Amt der Strafe eigenmächtig in die Hand nahmen.
Die Mitglieder von Collots und Maignets Blutkommis=
sionen, die Spürer der terroristischen Polizei, die Genossen
der alten Revolutionsausschüsse **waren** ihres Lebens nicht
mehr sicher. In Lyon rief man am hellen Tage auf der
Straße hinter einem Vorübergehenden: halte den Mathevon
(d. h. den Jakobiner), und dies Wort genügte, daß er ge=

faßt und erdolcht oder in den **Strom** geschleudert wurde.
Am 5. Mai stand ein verrufener Spion von Collots Polizei
vor Gericht, und das Volk verlangte gegen ihn das Todesurteil ohne Aufschub. Als die Richter an den gesetzlichen
Prozeßformen festhielten, brach die Masse los, erschlug den
Angeklagten und wälzte sich hierauf in entfesselter Rachelust
zum Gefängnis. Die anwesende bewaffnete Macht war
nicht zahlreich und ohne feste Leitung; das Volk erstürmte
den Zugang und ermordete in wildem Toben 97 verhaftete
Terroristen. Der Repräsentant Boissel erschien auf der
Blutstätte, als alles vorüber war: die Menschen umringten
ihn mit Beteuerungen ihres guten Sinnes, erzählten selbst,
was geschehen, schilderten eifrig, welch verruchte Mörder
die Erschlagenen gewesen, und klagten bitterlich über die
Truppe, welche sie an der That habe hindern wollen.
Nicht minder grausenvolle Scenen vollzogen sich am 11. Mai
in Aix, wo das Volk ebenfalls den Kerker erbrach und ohne
Erbarmen dreißig Gefangene niedermachte, hier unter den
Augen des Konventskommissars Chambon, der mit schwachen
Worten Gesetzlichkeit empfahl, im Herzen aber die Gesin-
nung der wütenden Menge teilte. Es war natürlich, daß
solche Vorgänge in Paris zu Gunsten der Jakobiner und
gegen die Monarchisten und Emigranten ausgebeutet wurden. Bereits am 10. Mai wurden die Vollmachten des
Wohlfahrtsausschusses nicht ganz so weit, wie Thibaudeau
beantragt hatte, immer aber sehr ansehnlich verstärkt. Mit
Nachdruck schritt man darauf gegen die Zügellosigkeit der
Zeitungen ein und nahm auf keine Verwahrung Rücksicht.
Daß die Bürger in mehreren Sektionen Beschlüsse zu Gunsten
der Preßfreiheit faßten, bestimmte den Ausschuß um so
mehr, die Rüstung der Nationalgarde zu verzögern. Die Entwaffnung der Terroristen kam in völliges Stocken; der
Sicherheitsausschuß fand jede Einwendung eines Beklagten
gerechtfertigt, und der Konvent hatte kein Ohr für die Beschwerde der Sektionen, daß das heilsame Gesetz unaus-
geführt bleibe. Wenn der Wohlfahrtsausschuß die Lyoner
Berichte las, so fand er die Jesuscompagnien doch für sein

eigenes Bestehen gefährlicher als alle Jakobiner: diese Machthaber, zum größten Teile ohne sittliche Ueberzeugung und
politisches Prinzip und von den Ereignissen bald nach
rechts, bald nach links geworfen, hatten zuletzt kein anderes Ziel, als für ihre Personen die Macht und deren Genüsse zu behaupten und deshalb von den streitenden Parteien abwechselnd die eine gegen die andere zu gebrauchen.
Hatten sie am 12. Germinal die Terroristen durch die
großenteils monarchisch gesinnten Bürger gebändigt, so
schonten und schützten sie jetzt für den herannahenden Kampf
gegen die Royalisten die Reste der Jakobiner.

Aber es war ihnen nicht gegönnt, sich lange auf derselben Linie ohne Störung voranzubewegen.

Die Teuerung, wie wir sie im Winter beobachtet, dauerte
fort und konnte der Natur der Sache nach vor dem Eintreten der Ernte nicht gelinder werden. Im Gegenteil, da
durch den allseitigen Kriegsstand der auswärtige Handel im
höchsten Maße erschwert war, mußte mit jedem Monate
fortgesetzter Konsumtion der Ausfall in den Vorräten em-
pfindlicher werden; es war im Mai den Pariser Behörden
unmöglich, der Bevölkerung die im März festgestellte Tages-
ration von einem oder anderthalb Pfund Brot zu beschaffen,
und man mußte sich freuen, wenn man zu einem halben
Pfund Brot etwa noch ein halbes Pfund Reis liefern
konnte. So war das Elend der niederen Klasse groß, und
die Einflüsterungen der Jakobiner gewannen auf ihrem alten
Boden der Vorstädte wieder Raum. Die äußerste Linke des
Konvents war am ·12. Germinal allerdings besiegt und
dezimiert, aber keineswegs vernichtet oder in ihren Gesinnungen verwandelt worden. Ihre Mitglieder sahen mit
wilder Entrüstung die Erfolge der Gemäßigten während des
April und empfanden eine glühende Schadenfreude bei den
Sorgen des Konvents wegen der Royalisten in den ersten
Maiwochen. Als die Ausschüsse damals die Jakobiner vor
Entwaffnung und sonstigen Bedrängnissen zu schirmen be-
gannen, waren die Mitglieder des Berges auf das weiteste
von jeder Dankbarkeit entfernt; wohl aber faßten sie auf

der Stelle mit grimmiger Freude den Gedanken, den Augenblick zu benutzen und, solange ihnen noch die freiere Regung
vergönnt war, einen kühnen Handstreich zur Wiedereroberung
der Macht zu versuchen. Die Abgeordneten Goujon und
Bourbotte werden als die thätigsten Führer des Unternehmens
bezeichnet; neben ihnen wirkten in den Vorstädten Thuriot
und Cambon, welche sich nach dem 12. Germinal der Haft
durch glückliche Flucht entzogen hatten. Die Not der Arbeiter bot ihnen entzündliches Material in Menge, die
Mordscenen im Süden und die Drohungen der Pariser
Bürger verliehen ihnen das Bewußtsein einer gerechten
Sache, und der offene Zwiespalt, der zwischen der Regierung
und den hauptstädtischen Sektionen eben wegen der neuen
Begünstigung der Jakobiner eingetreten war, gab diesen
Hoffnung, zuerst den vereinzelten Konvent und dann mit
dessen Dekreten die Bürger zu überwältigen. Der Plan
war, ähnlich wie am 12. Germinal, mit einer tosenden
Sturmpetition auf Brot, Verfassung von 1793 und Befreiung der Patrioten die Sitzung des Konvents zu unterbrechen, dann die feindliche Mehrheit der Versammlung zu
sprengen, die Linke allein als die echte Vertretung der Nation zu konstituieren und, während draußen andere Kolonnen
des Volkes das Stadthaus und das Arsenal besetzten, die
bisherige Regierung aufzulösen und das System von 1793
zu erneuern. Man fand die Vorstädter in solchen Massen
bereitwillig, daß man den Plan des Aufstandes am 19. Mai
durch den Druck zu veröffentlichen wagte: am Nachmittage
gab es Tumulte in verschiedenen Straßen, wo die Insurgenten den Kampf der harten Fäuste gegen die zarten
Hände erklärten, und die Galerien des Konvents störten
die Verhandlungen durch unbändiges Geschrei und toben-
des Klatschen bei jeder Aeußerung eines jakobinischen Red-
ners.

In der Frühe des 20. Mai (1. Prairial) begann schon
vor fünf Uhr in den Vorstädten der Lärm des General-
marsches und das Heulen der Sturmglocke, um die Aufständischen unter die Waffen zu rufen. Die Regierungsaus-

schüsse traten eilig zusammen und befahlen gegen acht Uhr
in den übrigen Sektionen der Stadt Rappell zur Sammlung
der Bürgerwehr zu schlagen. Als drei Stunden später die
Sitzung des Konvents begann, war es in der Umgebung
der Tuilerien noch ziemlich ruhig, die Galerien aber waren
mit dichten Weibermassen besetzt, welche durch Geschrei und
Gelächter alle Verhandlung unmöglich machten. Die Diener
des Konvents, waren völlig ohnmächtig dagegen, die be-
waffnete Macht der Sektionen wollte nicht zusammenkommen,
die goldene Jugend erwog in den Cafés des Palais Royal,
wer die schlimmsten Jakobiner seien, die Mitglieder des
Wohlfahrtsausschusses oder die Arbeiter der Antonsvorstadt.
Der Präsident übertrug endlich einem zufällig anwesenden
Brigadegeneral den Oberbefehl über die Verteidigung des
Konvents, und dieser versah ein halbes Dutzend junger
Männer mit Hetzpeitschen, worauf dann unter wüstem
Geheul die Galerien geräumt wurden. Während dieses
Lärmens aber erschien an dem Haupteingange des Saales
ein erster Schwarm bewaffneter Arbeiter, zertrümmerte die
Thür und erfüllte die unteren Räume; einzelne Deputierte
warfen sich ihm persönlich entgegen, ein Zug Gendarmen
erschien zum Schutze der Volksvertretung, und die Insur-
genten wurden mit Säbelhieben hinausgedrängt. Aber man
stand erst am Anfange der Gefahr. Draußen tönten die
Sturmglocken in allen Quartieren, das Lärmen auf dem
Karussellplatz wuchs mit jeder Minute, und erst von einer
Sektion war ein schwaches Bataillon angelangt, um die Zugänge des Sitzungssaales zu besetzen. Gegen vier Uhr erfolgte ein neuer Einbruch der Insurgenten mit verstärkten
Massen; an der Thür des Saales selbst wurde gekämpft,
die Nationalgarde mit Flintenschüssen überwältigt, und nun
brauste die Menschenmasse, über den Leib des Abgeordneten
Féraud hinweg, der sich ihr verzweifelt entgegengeworfen
hatte, in den Raum hinein und zunächst auf das Bureau
des Präsidenten zu, um von diesem die begehrten Dekrete
zu erzwingen. Dort saß an diesem Tage Boissy d'Anglas,
als Stellvertreter des greisen und schwachen Vernier, blaß,

unbeweglich, unerschütterlich. Das Volk überhäufte ihn mit
Schimpfworten, hob die Fäuste und Bajonette gegen ihn,
schrie nach Abstimmung, Brot und Dekreten. Féraud, der
sich wieder aufgerafft, stürzte herbei, den Präsidenten zu
decken; als er eine auf Boissy gerichtete Pike hinwegschlug,
streckte ihn selbst ein Pistolenschuß nieder. Er wurde dann
hinausgeschleppt, draußen vollends getötet und hierauf sein
blutiges Haupt auf einem Speere hereingetragen und Boissy
vorgehalten, welcher es ehrerbietig grüßte, sonst aber auch in
diesem Augenblicke fest und ruhig blieb. Die Lenker des Aufstandes sahen, daß ein großer Teil der Deputierten vor dem
Tumulte gewichen war und wünschten jetzt ihre Anträge zur
Beschlußnahme zu bringen. Allein auch für sie war es nicht
möglich, zum Worte zu kommen; unaufhörlich strömte die
Menge ab und zu, trank und jubilierte, schrie nach Brot und
Freiheit; es dauerte mehrere Stunden, bis Goujon und seine
Genossen eine Art von Verhandlung zu stande brachten. Mittlerweile hatte das Gerücht über diesen Unfug denn doch eine
Anzahl Sektionen in Bewegung gebracht, so daß mit Dunkel-
werden mehrere Bataillone Bürgergarden auf dem Platze
versammelt waren: aber niemand von ihnen wußte, wo sich
die Regierungsausschüsse befänden, und ob überhaupt noch
eine Regierung existierte. Im Saale hatte Boissy mit den
Sekretären das Bureau verlassen; gegen neun Uhr trieben
die Montagnards den alten Vernier in den Präsidenten-
sessel und ließen durch das Volk die noch anwesenden Deputierten unten in der Mitte des Saales zusammendrängen;
darauf stellten Goujon, Romme, Soubrany ihre patriotischen
Anträge, und jeder wurde auf der Stelle durch Hüteschwenken
als Gesetz ausgerufen. Indes fehlte es an Sekretären, sie
aufzuzeichnen, und erst nach elf Uhr bewirkte Goujon die
Ernennung eines Vollziehungsausschusses, welcher die Regierung in die Hand nehmen und die bisherigen Ausschüsse
verhaften sollte. In diesem Augenblicke aber war es den
letzteren gelungen, mit der Bürgergarde in Vernehmen zu
treten und weitere Verstärkung heranzuziehen; gleich nachher
nahm Boissy den Präsidentenstuhl wieder ein, und als eben

der revolutionäre Ausschuß sich in Bewegung setzen wollte,
erschienen an der Thür Legendre, Chénier und andere Ther=
midorianer mit Bewaffneten. Auf der Stelle begann das
Handgemenge. Die Aufständischen wurden zurückgedrängt,
erhielten jedoch ihrerseits Verstärkung und trieben unter
lautem Siegesruf des Berges noch einmal die Truppen hin=
aus. Da wirbelte aber draußen der Generalmarsch: durch
alle Eingänge, das Bajonett gefällt, drangen die Bataillone
in dichten Massen vor, und die Empörer retteten sich in
unordentlicher Flucht auf die Galerien, durch einige Neben=
thüren oder durch die Fenster. Dreizehn Montagnards,
die sich besonders bei dem Getümmel hervorgethan, wurden
festgehalten und sogleich in Haft genommen. Mitternacht
war vorüber, als sich der Konvent endlich wieder in vollen
Besitz seiner Freiheit sah. Die Stadt war ruhig und nur
aus der Sektion Cité herüber vernahm man vereinzelte
Trommelwirbel.

Noch aber war die Meuterei nicht zu Ende. Vielmehr
kam am folgenden Morgen gleich im Beginne der Sitzung
die Nachricht, daß auf dem Stadthause sich ein Konvent des
souveränen Volkes gebildet habe, daß aber die Bataillone
der gutgesinnten Sektionen bereits gegen denselben auf dem
Marsche seien. Alle Redner sprachen mit der schärfsten
Energie gegen die Terroristen: die wackern Bürger, die
man Royalisten schmäht, sagte Larivière, sind nicht gefähr=
lich; man hatte dagegen die Jakobiner aus den Gefängnissen
entlassen, jetzt seht ihr, wie sie ihre Freiheit gebraucht haben.
Mittags erfuhr man, daß die Rebellen sich aus dem Stadt=
hause in die Antonsvorstadt zurückgezogen hatten; die Natio=
nalgarde drang ihnen nach, sah sich aber plötzlich von über=
legenen Haufen mit dem Geschütze der Vorstadt bedroht und
wagte keinen Kampf. Gegen fünf Uhr langten die Weichen=
den vor den Tuilerien an, von den Massen der Vorstädter
haftig verfolgt; der Präsident verkündigte den Deputierten,
daß die feindlichen Kanonen auf das Schloß gerichtet seien,
und Legendre rief: Ich hoffe, daß der Konvent auf seinem
Posten aushält, das Schlimmste, was uns widerfahren kann,

ist der Tod. Eine peinliche halbstündige Stille folgte; draußen verhandelten die Kanoniere der beiden Parteien, und die Bürger meldeten den Beginn einer versöhnlichen Stimmung bei den Vorstädtern, wenn man nur glimpfliche Miene zeige, Hoffnung auf Lebensmittel und Aussicht auf baldigen Erlaß der Verfassung gebe. Der Konvent erließ auf der Stelle ein allerdings doppeldeutiges Dekret: stets beschäftigt, hieß es, mit der Sorge um Lebensmittel, befiehlt der Konvent seiner Kommission der Elf binnen vier Tagen die organischen Gesetze der Verfassung vorzulegen. Auf eine weitere Nachricht über die Wünsche des Volkes wurde das Gesetz betreffend den Handel mit Silber und Gold, aufgehoben und die Güter der Eltern von Emigranten aufs neue unter Sequester gelegt. Hierauf empfing man eine Abordnung der Vorstädter, welche noch sehr gebieterisch auftrat, aber von dem Präsidenten umarmt wurde und die besten Zusicherungen erhielt. Darauf kam auf dem Platze die Versöhnung der Parteien zu stande, und die Vorstädter zogen mit stolzem Siegesbewußtsein nach Hause.

Erlangt hatten sie freilich nichts als schöne Worte, und der Konvent wartete mit knirschender Ungeduld des Augenblicks, sie seine Macht empfinden zu lassen. Mitten im Lärmen des 20. hatte der Wohlfahrtsausschuß den entscheidenden Schritt gethan und einen Befehl an das Nordheer geschickt, 3000 Mann Reiterei in Eilmärschen nach Paris abrücken zu lassen. Am Abend des 22. Mai trafen sie ein, und starke Infanteriekolonnen waren gleichzeitig von verschiedenen Punkten her im Anmarsch. Nun endlich fühlte sich die Regierung stark auf eigenen Füßen und war gründlich entschlossen, ihre Kraft zu gebrauchen. Am 23. wurden die Abgeordneten Aubry, Delmas und Gillet mit dem Oberbefehl über die bewaffnete Macht beauftragt, die strengsten Verordnungen gegen jede Anstalt zur Meuterei erlassen und ein Kriegsgericht zur unnachsichtlichen Bestrafung der Aufrührer niedergesetzt. Als St.-Anton die Auslieferung seiner Geschütze und der Mörder Férauds weigerte, erging die Drohung einer sofortigen Beschießung, und noch am Abend wurde die vollständige Unterwerfung erzwungen. In allen Stadtteilen setzten sich ohne Unterbrechung die Verhaftungen fort; die Sektionen erhielten jetzt den Befehl, in Permanenz zu bleiben, bis die Entwaffnung der Terroristen vollendet wäre; zugleich wurde bei strenger Ahndung die Ablieferung aller Piken befohlen und von den Bürgern selbst mit regem Eifer in das Werk gesetzt. Auch die neue Einrichtung der Nationalgarde kam jetzt in raschen Zug: alle Arbeiter, Dienstboten, Heimat- und Besitzlosen wurden vom Dienste entbunden, dafür wurden Grenadier- und Reitercompagnien aus Freiwilligen der besitzenden Klasse gebildet. Man war wieder vollständig in das Geleise der ersten Aprilwochen zurückgekehrt und beeiferte sich bei jedem Anlasse, den bisher als monarchisch verrufenen Bürgerschaften vollständige Ehrenerklärung zu geben.

Die Jakobiner selbst thaten das Ihrige, diese Stimmung nicht verrauchen zu lassen. Kaum war man ihrer in Paris Herr geworden, so lief die Nachricht ein, daß am 17. Mai ihre Genossen zu Toulon sich in großem Aufstande erhoben und der Stadt völlig bemeistert hatten. Seit mehreren Wochen schrieben von dort die Konventskommissare mit lebhafter Sorge, daß in dem wichtigen Hafenplatze aus allen südlichen Departements die Uebelgesinnten zusammenströmten, daß die Tausende der Hafenarbeiter sich in bedenklicher Gärung befänden, daß die an sich zu schwache Garnison und ein Teil der Mannschaft auf der Kriegsflotte nicht frei von jakobinischen Elementen sei. Nun sollte die Flotte eben zu einem Angriffe gegen die Engländer auf Korsika auslaufen, was den Aufwieglern den vielleicht wichtigsten Teil der gehofften Beute entzogen hätte; gleichzeitig erfuhren sie die Massenmorde ihrer Genossen in Aix und Lyon und entschlossen sich, vielleicht auch über die Pariser Entwürfe unterrichtet, nicht länger zu zaudern. Am 17. Mai gab es die ersten Tumulte in der Stadt, am 18. schlugen die Hafenarbeiter los, die Garnison wagte oder wollte keinen Widerstand wagen; einer der Repräsentanten schoß sich verzweifelnd eine Kugel durch den Kopf; der andere, Niou, entkam mit

knapper Not auf die in der großen Reede geankerte Flotte.
Es war einige Tage zweifelhaft, ob er hier die Mannszucht
aufrecht halten würde: zum Glück war kurz vorher eine
Abteilung der Brester Flotte eingelaufen, und deren feste
und pflichttreue Haltung schüchterte die Mißvergnügten unter
den Touloner Matrosen ein. In der Stadt hielten die
Aufständischen, etwa 8000 Bewaffnete, leidliche Ordnung,
verkündeten aber die Absicht, zunächst auf Marseille zu
ziehen, diese Kommune mit sich fortzureißen und dann in
gesammelter Kraft den Pariser Brüdern zu Hülfe zu kommen. Hier galt es offenbar entschlossenen Widerstand, und
die Regierung zauderte nicht, den Konventskommissaren im
Süden die umfassendste Vollmacht zuzusenden. Es bedurfte
aber nicht erst des Anstoßes von oben, um an Ort und
Stelle alle Kräfte zur Gegenwehr zu entflammen. Wohin
im Süden die Kunde gelangte: die Jakobiner herrschen in
Toulon, erhob sich die Bevölkerung mit wildem Ungestüm.
Einer der Konventskommissare in Marseille, Chiappe, eilte
unerschrockenen Mutes allein in die empörte Stadt hinüber,
um womöglich durch das befehlende Wort des Konvents die
Unterwerfung herbeizuführen; er fand aber kein Gehör und
mußte nach mehrtägiger Haft sich glücklich schätzen, unversehrt zu entkommen. Sein Kollege Isnard zog indessen
einige militärische Führer und geübte Truppenteile vom
italienischen Heere herbei; die Bürger schlossen sich zu Tausenden mit Begeisterung an; es bezeichnete ihre Stimmung,
daß Isnard ihnen beim Auszuge zurief: wenn ihr nicht
hinlängliche Waffen habt, so grabt die Leichen eurer hin-
gewürgten Brüder aus der Erde und erschlagt mit ihren
Gebeinen die Mörder. Einige Stunden vor Toulon trafen
sie die in lockerer Ordnung heranziehenden Rebellen: die
Jakobiner zählten 3000 Mann mit zwölf Geschützen, während die Konventskommissare über eine mehr als dreifache
Stärke verfügten; dennoch leisteten die Insurgenten fünf
Stunden lang einen hartnäckigen Widerstand, bis endlich
die Tüchtigkeit der Führung das Uebergewicht ihrer Gegner
entschied und die Rebellen in wilder Flucht auseinander-

sprengte. Am 31. unterwarf sich Toulon auf Gnade und Ungnade.

In Paris folgte man mit höchster Erregung den verschiedenen Wendungen dieses Aufstandes. Es war nur eine Stimme, daß man mit einer so unverbesserlichen Faktion gründlich endigen müsse. Am 24. Mai wurden Pache, Bouchotte und sechs ihrer Genossen aus dem alten Kriegsministerium des Berges vor das peinliche Gericht gewiesen und der Gesetzgebungsausschuß beauftragt, in kürzester Frist über alle Repräsentanten zu berichten, welche als Kommissare bei den Provinzen oder bei den Heeren ihren Charakter durch Gesetzwidrigkeiten irgend welcher Art befleckt hätten. In den nächstfolgenden Tagen wurden noch acht weitere Montagnards wegen Beteiligung am 1. Prairial in Anklagestand versetzt, am 28. alle Mitglieder der alten Regierungsausschüsse, mit Ausnahme Carnots, Prieurs von der Cote d'Or und Louis' vom Niederrhein, zur Haft gebracht, am 1. Juni nochmals acht Deputierte des Berges den schon früher vor Gericht gestellten Kollegen nachgeschickt. Gleichzeitig kam auch der Prozeß Lebons, der schon seit Monaten eingeleitet war, in Gang; Fouquier Tinville war mit fünfzehn Genossen bereits am 7. Mai unter den Verwünschungen einer zahllosen Menschenmenge auf der Guillotine gefallen; am 17. Juni verurteilte das Kriegsgericht Goujon, Romme, Soubrany, Duquesnoi, Bourbotte und Duroy zum Tode wegen ihrer Schuld an der Empörung des 1. Prairial. Die Verhandlungen über diese Strafakte brachten wieder die schwärzesten Schatten der Schreckenszeit in frische Erinnerung; die Bevölkerung vernahm mit stets heißerer Erbitterung die Nichtswürdigkeiten des Pariser Revolutionsgerichtes, Lebons wahnsinniges Wüten in Arras, die grausenvollen und ekelhaften Einzelheiten aus dem Treiben anderer Kommissare — wie der eine den Scharfrichter an seine Tafel gezogen, der andere öffentliches und privates Eigentum geplündert, der dritte bei einem patriotischen Feste im Theater völlig nackt erschienen und gegen die anwesenden Frauen die unflätigsten Reden geführt, wie sie alle das Blut der

Schuldigen und Unschuldigen ohne Unterscheidung vergossen hätten. Die unmittelbaren Folgen dieser Eindrücke waren die Aufhebung des Revolutionsgerichts, welches über zwei Jahre der Schrecken Frankreichs gewesen, die Beseitigung des Februargesetzes über die Kirchen, so daß von nun an der öffentliche Gottesdienst jedem Priester wieder verstattet wurde, der eine einfache Erklärung der Unterwerfung unter die Staatsgesetze abgab, und eine Vollmacht für den Gesetzgebungsausschuß, auch ohne Dekret des Konvents Streichungen von der Emigrantenliste vorzunehmen. Es ist nötig, sagte etwas später Sévestre, die Redeweise wie die Einrichtungen unserer alten Tyrannen zu beseitigen; wir müssen das Wort Revolutionär aus der Sprache unserer Gesetze verbannen und folglich den Revolutionsausschüssen, die unter diesem Titel den Fluch der Nation auf sich geladen haben, wieder die ursprüngliche Bezeichnung Aufsichtsausschüsse geben. Es wurde mit Beifall verfügt, und sofort dängten sich die Anträge ähnlichen Schlages, die rote Jakobinermütze, die im Grunde die Kappe der Galeerensklaven sei, zu verbieten, von der überall angepinselten Inschrift: Freiheit oder Tod die beiden letzten Worte zu tilgen, jede Erinnerung an den blutigen Schmutz der Pöbelherrschaft auszumerzen. Es war erst ein Jahr, daß der Konvent der Rede Billauds, man müsse von allem Vorhandenen das Gegenteil einführen, rasenden Beifall geklatscht hatte; er schien jetzt kein anderes Bestreben zu haben, als die eigenen Schöpfungen zu stürzen und von den eigenen Thaten das Gegenteil zu thun.

Die öffentliche Meinung war damit im höchsten Grade einverstanden. In Paris wie in den Departements machte die unendliche Mehrheit der Einwohner gar kein Hehl mehr daraus, daß die Fortdauer der Republik unmöglich, daß die Herstellung einer konstitutionellen Monarchie die einzige Rettung für Frankreich sei. Wer irgend wie seit 1792 republikanische Politik getrieben, sah sich, gleichviel ob Girondist oder Hébertist, ob Anhänger Dantons oder Robespierres, in der Gesellschaft gemieden, von jedem Amte ausgeschlossen, bei dem geringsten Anlasse peinlicher Verfolgung ausgesetzt. Der Girondist Leharby war damals in Rouen: von meiner Familie, berichtete er nachher dem Konvente, waren dreizehn Personen während der Schreckenszeit geächtet, dennoch wurde ich dem mißleiteten Volke als Terrorist verdächtigt und allerorten mit den ärgsten Schmähungen verfolgt; wenn ich einen Royalisten oder Emigranten vor Gericht wies, so mißhandelte das Volk jeden Patrioten, der als Zeuge gegen ihn aufzutreten wagte; an allen öffentlichen Orten hörte ich die Rufe, daß der Krieg gegen England eine Thorheit sei, daß Frankreich einen König haben müsse. So ist der Zustand, schloß er, in Rouen, so in allen benachbarten Bezirken. So ist er, fielen eine Menge Stimmen ein, in allen Departements. In Paris, wo damals wie immer die politische Stimmung sich am kräftigsten und deutlichsten ausprägte, begehrten neun Zehntel der Bürger unverhohlen die Verfassung von 1791, mit solchen Aenderungen, wie sie das Interesse der Ruhe und Ordnung erfordere. Mit diesem Wunsche verband sich übrigens bei den meisten eine tiefe Unlust zu politischem Handeln oder gar zu bewaffneter Auflehnung gegen die einmal bestehende Regierung; man wollte überhaupt keine Revolution mehr, auch nicht gegen die revolutionären Machthaber. Nicht weniger ausgesprochen war endlich bei den Massen die Abneigung gegen das alte Regime, gegen die Herstellung des alten Adels, der alten Hierarchie, der unumschränkten Monarchie von Gottes Gnaden, und kein Irrtum war verkehrter, als wenn die geflüchteten Prinzen und die bewaffnete Emigration auf jene konservativen Tendenzen Hoffnungen für ihre Wünsche und Interessen bauten. Vielmehr richteten sich in Paris alle Augen der monarchisch Gesinnten ausschließlich auf den einzigen Sprößling des Könighauses, welchen ein unseliges Geschick von den übrigen Mitgliedern seiner Familie getrennt hatte, auf den Gefangenen des Tempels, den nächsten Erben der zertrümmerten Krone, den Sohn Ludwigs XVI. Den einen galt er ohne weiteres als ihr gesetzlicher König, für die anderen war es eine entscheidende Empfehlung, daß er ein Gefangener der Revolution war, daß man ihn also auf

den Thron erheben konnte ohne irgend eine Umgebung aus
dem alten Regime und bei seiner Jugend auf lange hin
ohne eine wirkliche persönliche Macht. Man hätte damit,
glaubte man, den großen Grundsatz der Monarchie ge=
wonnen ohne irgend eine Gefährdung der neuen, seit 1789
entstandenen Interessen. Diese Ansichten hatten ihre Ver=
tretung bis in die Verfassungskommission des Konvents
hinein. Lanjuinais, Boissy, Lesage und der alte Durand
bekannten ihren Kollegen ihre monarchische Ueberzeugung.
Sie sahen freilich gleich, daß sie damit nicht durchdringen
würden, daß bei der Kommission und noch entschiedener
bei der Gesamtheit des Konvents kein Verfassungsplan er=
reichbar sei, welcher nicht den Titel der Republik an seiner
Spitze trage. Sie wagten indessen einen vermittelnden
Vorschlag. Sie beantragten vor allem, daß die neue Ver=
fassung dem Unwesen der bisherigen vielköpfigen Verwaltung
ein Ende mache und nach dem amerikanischen Muster, auf
welches ihre Kollegen vielfach Bezug nahmen, einen Präsi=
denten an die Spitze der Regierung stellte. Sie meinten,
daß sich dann alle Vorteile der Monarchie und Republik
vereinen und eine Verschmelzung aller Parteien hoffen lasse,
wenn man den jungen Ludwig zum Präsidenten mache und
anstatt eines Vizepräsidenten die wirkliche Gewalt einem
aus dem Konvente entnommenen Regentschaftsrate übertrage.
Auch gegen einen solchen Entwurf hatten ihre republika=
nischen Genossen schwere Bedenken: immer aber war die
Richtung der Gemüter in Paris so unzweifelhaft, daß eine
große Zahl der gemäßigten Deputierten dem Plane ge=
wonnen wurde und die Kommission sich zu einer ruhigen
und eingehenden Erwägung herbeiließ. Die Existenz eines
armen, gequälten, von der Welt beinahe vergessenen Kindes
schien somit plötzlich wieder ein Gegenstand von höchster
politischer Bedeutung zu werden.

Wußten diese Männer, als sie über die Erhebung des
jungen Prinzen auf den Thron Frankreichs berieten, in
welcher Lage dieser Erbe von fünfzig Königen war? Gab
es keine Ahnung unter ihnen, daß der Knabe, dem sie eine

Krone zudachten, in diesem Augenblicke das Opfer einer
langen Peinigung, eines planmäßigen Mordes wurde? Oder
fehlte es ihnen an Mut, einen Schritt für die Rettung des
Lebens zu thun, welches der Schlußstein ihres neuen Staats-
gebäudes werden sollte?

Seit der furchtbaren Nacht des 3. Juli 1793, in welcher
der Sohn aus den Armen der Mutter gerissen wurde, war
das Dasein des jungen Ludwig eine einzige Kette der em-
pörendsten Mißhandlungen und Qualen gewesen. Niemand
kann die von sorgsamer Hand gesammelten Nachrichten über
das Martyrium des Unglücklichen ohne schaudernde Be-
klemmung lesen. Der Schuster Simon, ein Nachbar und
Verehrer Marats, war auf dessen Empfehlung durch Robespierre zum Hüter des jungen Capet bestellt worden. Er
war roh und gemein, von unbändigem Jähzorn und völlig
verwildert in dem revolutionären Fanatismus. Er hatte,
als er sein Amt übernahm, keinen Gedanken als die bru-
tale Schadenfreude, den jungen Prinzen zu einem schmutzigen
Sansculotten zu machen und ihn nebenbei alle Sünden des
königlichen Despotismus entgelten zu lassen. Der junge
Wolf, erklärte er dem Sicherheitsausschusse, ist zum Hoch-
mut erzogen, meistern werde ich ihn, aber ich stehe nicht
dafür, daß er darüber berstet. Uebrigens was wollt ihr?
Ihn deportieren? — Nein. — Totschlagen? — Nein. —
Verbannen? — Nein. — Nun, zum Teufel, was wollt ihr
denn? — Die Antwort lautete: wir wollen ihn los sein.
Simon bedurfte nichts weiter. Die Mißhandlung des schwachen
Kindes wurde seine tägliche Erquickung in der Langeweile
des Gefängnisses, sein Zeitvertreib und sein patriotisches
Amt. Er steckte den Prinzen in sansculottische Tracht,
nötigte ihn, eine Jakobinermütze zu tragen, berauschte ihn
mit Branntwein und ließ ihn unzüchtige Lieder nachsingen
Dazwischen kamen Schmähungen, Schläge, Mißhandlungen
aller Art, bei jeder Erinnerung des Kindes an seine Eltern,
bei jeder Zuckung gegen die erniedrigende Ungebühr, bei
jeder Nachricht von einem Siege der Vendéeer oder der Oesterreicher. Die einzelnen, von Simons Frau oder anderen

Augenzeugen berichteten Scenen sind herzzerschneidend. Eines Tages prügelte und trat der Unmensch den Knaben, weil er nicht nachsagen wollte: meine Mutter ist eine Hure. Ein anderes Mal wurde Simon in der Nacht erweckt und hörte, daß das Kind im Bette kniend betete. Ich will dich lehren, schrie er, deine Paternoster zu flennen, goß ihm einen Kübel eisig kalten Wassers über den Leib und das Lager und zwang es unter Schlägen mit einem eisenbeschlagenen Schuh, den Rest der Winternacht in dem naßkalten Bette zuzubringen. Geraume Zeit hindurch setzte der neunjährige Knabe seinem Henker einen Widerstand von wunderbarer Ausdauer und Geistesklarheit entgegen, erduldete alle Quälereien mit stillem Weinen und unterdrückte sein Stöhnen, damit seine Mutter es nicht höre und deshalb betrübt werde. Endlich aber war seine physische Kraft erschöpft; er verharrte hartnäckig schweigend und niedergeschlagenen Blickes, ohne Wort und Regung, mit welcher Brutalität ihn sein Peiniger auch treffen mochte. Im Januar 1794 verließ Simon den Tempel, um als Mitglied des Stadtrates revolutionäre Politik zu treiben und am 9. Thermidor auf Robespierres Schafott zu enden: das Los des gefangenen Knaben wurde aber damit nur verschlimmert. Robespierre verfügte, es bedürfe für den jungen Capet keines besonderen Wächters, und der Stadtrat ließ darauf den Prinzen in eine kleine Zelle sperren, in welcher er volle sechs Monate ohne irgend eine Gesellschaft im tiefsten Abgrunde des Elends ausharren mußte. Durch ein Gitter in der Thüre schob man ihm einmal am Tage seine Nahrung zu, ein kleines Stück Fleisch, Brot und Wasser; in der Nacht erschienen, oft zwei- und dreimal, die Kommissare des Stadtrats, um die Anwesenheit ihres Opfers zu konstatieren, und riefen mit Schimpfworten und Drohungen das Kind aus seinem Schlummer an das Gitter. Sonst sah er keinen Menschen, empfing kein Wasser zum Waschen, keinen Wechsel der Kleidung oder des Lagers; nicht einmal die Unreinigkeiten wurden aus dem stets verschlossenen, niemals gelüfteten Raume entfernt. Und dieses wohlüberlegte, langsame Hin-

morden vollzog sich sechs Monate hindurch an einem unglücklichen, liebenswürdigen Kinde, dessen einziges Vergehen
seine Abstammung war.

Am 10. Thermidor erschien **Barras** mit zahlreichem Gefolge im Tempel und kündigte einem Ausschußmitgliede der
dortigen Sektion, Laurent, einem eifrigen Patrioten und
gutmütigen, wackeren Menschen, an, daß er zum Hüter der
beiden königlichen Kinder ernannt sei. Laurent trat seinen
Posten in der Nacht des 11. an. Er war erstaunt, als
man ihn bei düsterem Laternenschimmer an den Eingang
der verpesteten Höhle führte, aus der erst auf wiederholtes
Rufen eine matte Stimme antwortete; aber welch ein Ent-
setzen befiel ihn, als er am andern Morgen die Thüre er-
brechen ließ und in die Stätte des Jammers selbst eindrang.
In dieser giftigen Atmosphäre lag auf schmutzigem Lager, in
halbverfaulte Lumpen gehüllt, das blasse, abgemagerte Kind,
die Haare verwirrt, der Kopf mit Ausschlag, der Nacken mit
eiternden Geschwüren, der Körper mit wimmelndem Un-
geziefer bedeckt; die Augen waren weit geöffnet, aber matt
und erloschen; der Rücken krumm zusammengezogen, alle
Gelenke angeschwollen oder blutig wund. Das Essen des
letzten Tages stand fast unberührt; die geistige Regsamkeit
war beinahe erloschen; auf die erschrockenen Fragen Laurents
gab der Knabe keine Antwort und seufzte endlich: ich will
sterben. Laurent war auf das tiefste erschüttert und erlangte durch seine nachdrücklichen Berichte von der Regierung
die Erlaubnis, wenigstens das Notdürftigste zu einer menschlichen Behandlung des Kindes vorzukehren. Es wurde ge-
badet, in ein reinliches Bett gebracht, mit frischer Kleidung
versehen; man brachte es an die Luft und ließ ihm ärztliche
Behandlung angedeihen. Aber sein armes junges Leben
war unwiderruflich geknickt. Es erduldete die Freundlichkeit wie früher die Mißhandlung, still und in sich versunken; mißtrauisch gegen die Menschen, die ihm ein Jahr
lang nichts als Qual gemacht; nur hier und da brach ein
dankbares Wort oder eine verstohlene Thräne wie das Auf-
glimmen einer erlöschenden Flamme hervor. Im November

wurde Laurent noch ein ehrsamer Pariser Bürger, **Gomin**, beigegeben, dessen milde und zutrauliche Pflege **zum ersten Male** wieder **das** Herz des hinsiechenden Knaben **gewann**; am 1. April trat an Laurents Stelle ein Hauptmann der Nationalgarde, **Lasne**, ein braver Soldat, voll von republikanischer Gesinnung, aber **auch** von Rechtschaffenheit und Menschenliebe. Leider war diesen Männern nur in sehr beschränktem Maße das jammervolle Geschick des Dauphin zu erleichtern gestattet. Die Regierungsausschüsse sprachen es nicht mehr aus wie die Hébertisten, daß der Gefangene hinsterben sollte; aber je mehr die öffentliche Meinung sich mit ihm zu beschäftigen begann, desto argwöhnischer **wurde** ihr Mißtrauen, desto hartnäckiger ihre Abneigung gegen jede wesentliche Verbesserung der Lage. Nur **sehr mühsam** errangen **sich die** beiden Hüter die Erlaubnis, den Knaben zuweilen auf die Plattform **des** Turmes zu bringen; die Bitte um Spaziergänge **im Garten** wurde hartnäckig abgeschlagen; das Essen blieb **die** dürftige Gefangenkost, **wie** dringend auch die Krankheit des Prinzen mildere **Luft**, bequeme Bewegung, ausgesuchte Nahrung gefordert hätte. Ebenso karg wurde dem Armen Beschäftigung und Gesellschaft zugemessen. Bis zum Dezember 1794 durfte Gomin nur während der Mahlzeiten bei dem Gefangenen sein, und wiederholte Mühe kostete es, die Vorschrift zu beseitigen, daß erst abends um 8 Uhr die Lampe des Gefängnisses angezündet werden solle. Als in jener Zeit eine Pariser Zeitung die Regierung lobte, daß sie für Erziehung und Unterricht des Kindes sorge, beeilte sich der Sicherheitsausschuß, diese Nachricht für eine tückische Verleumdung des Royalismus zu erklären, da der Konvent es wohl verstehe, die Tyrannen zu köpfen, aber nicht die Kinder derselben zu erziehen. Unter solchen Einflüssen verschlimmerte sich der Zustand des Kranken mit jeder Woche, und Ende Februar sprachen die Hüter so dringende Besorgnis aus, daß der Sicherheitsausschuß drei seiner Mitglieder zu unmittelbarer Prüfung derselben in den Tempel sandte. Sie fanden den Prinzen in seinem Zimmer am Tisch sitzend, mit Spielkarten beschäftigt, bleich und eingefallen, mit schmaler Brust und hohem Rücken, immer schweigend und unempfindlich, ohne einen Blick oder eine Antwort für seine Besucher. Sie sprachen mit großer Entrüstung über alle jene Einschränkungen und Entbehrungen, so daß die Wärter nachher die Kost des Knaben etwas zu verbessern wagten. Seitdem aber vergingen Monate, ohne daß die Regierung irgend etwas von sich vernehmen ließ; wir wissen, daß damals bei dem heftigen Kampfe zwischen Jakobinern und Gemäßigten vorwiegend die Mittelpartei der Unabhängigen die Ausschüsse besetzte, und diese Männer wollten den Tod des Prinzen nicht gerade herbeiführen, aber auch nicht hindern. Man ließ es schweigend bei der engen, dürftigen Haft und hielt damit bei Ludwigs Zustand sein Todesurteil aufrecht; man blieb in dieser starren Unbarmherzigkeit um so fester, je lebhafter die Hoffnungen der Monarchisten sich auf den unglücklichen Gefangenen des Tempels richteten.

Am 3. Mai meldeten die Wächter, der kleine Capet sei krank. Es kam keine Antwort. Sie schrieben am 4., er sei bedenklich krank. Gleiches Schweigen. Am 5. berichteten sie, er sei in Lebensgefahr. Der Ausschuß mochte denken, daß jetzt etwas der Form wegen geschehen müsse und ohne Schaden für die Republik geschehen könne; er sandte den trefflichen Chirurgen Dessault, welcher den Prinzen vor der Revolution behandelt hatte und mit tiefer Rührung das arme Opfer wiedersah. Er verordnete einige Arznei, erklärte aber den Wärtern die völlige Hoffnungslosigkeit des Zustandes: das einzige, was vielleicht helfen könne, sei ein Aufenthalt des Kranken in milder Landluft. Der Ausschuß gab hierauf ebensowenig Antwort wie auf das flehentliche Bitten der in einem andern Kerker des Tempels festgehaltenen Schwester des Dauphin, den sterbenden Bruder sehen und pflegen zu dürfen. Am 30. Mai sagte Dessault auf die Frage eines städtischen Kommissars: der Knabe ist verloren, nicht wahr? — „ich fürchte es, vielleicht giebt es aber Menschen, die es hoffen." Vier Tage nachher starb der Arzt nach dreistündiger Krankheit; ein so plötzlicher Tod

unter solchen Verhältnissen rief düstern Argwohn in ganz
Paris hervor und trug nicht wenig zu den Gerüchten bei,
welche sich später über das Ende Ludwigs XVII. verbreiteten.
Der Ausschuß ließ fünf Tage vergehen, ehe er Dessault
einen Nachfolger gab; auch darin zeigte sich die Gesinnung
der Machthaber, daß nach wie vor der Kranke von 8 Uhr
abends bis 9 Uhr morgens von niemand besucht werden
durfte und in seinen Schmerzen und Leiden die Nacht hindurch völlig allein blieb. Mit lebhafter Entrüstung bewirkte
der neue Arzt, Dr. Pelletan, wenigstens die Umbettung des
Kindes in ein Zimmer, dessen Fenster ohne Bretterver-
schläge waren und dem Sonnenlichte freien Zutritt ließen;
Ludwig ließ es sich gefallen wie alles andere, fand sich ein
wenig erquickt, sagte aber, als Gomin dennoch eine dicke
Thräne auf seiner Wange bemerkte: ich bin immer allein,
meine Mutter ist ja in dem andern Turme geblieben. Er
wußte nicht, daß sie seit fast zwei Jahren im Grabe ruhte;
die Liebe zur Mutter war der letzte Funke seines einschlum-
mernden Bewußtseins. Am 8. Juni steigerten sich alle
Symptome der Auflösung. Der Knabe lag unbeweglich in
seinem Bette; als Gomin ihn fragte, ob er leide, antwortete
er bejahend, aber die Musik dort oben sei so schön, und
plötzlich rief er laut auf: ich höre die Stimme meiner Mutter.
Ob wohl die Schwester die Musik auch gehört hat? fragte
er dann. Es folgte wieder eine lange Stille, noch ein
froher Ausruf; „ich will dir sagen," wandte er sich an
Lasne, der sich stützend und lauschend über ihn beugte.
Aber Lasne vernahm nichts mehr, der Knabe hatte aus-
geatmet, das Opfer war vollendet[1]).

---

[1]) Auch nach der neuesten Erörterung der oft diskutierten Streit-
frage über das Schicksal Ludwigs XVII., welche L. Blanc Vol. 12,
ch. 11 gegeben, finde ich mich zu keiner Aenderung der obigen
Darstellung veranlaßt. Man kann es Blanc sehr wohl zugeben,
daß die Schilderungen Lasnes und Gomins, dreißig Jahre nach dem
Ereignisse, nicht in allen Einzelheiten zuverlässig sind. Weiter
aber führt das von ihm beigebrachte Material nicht. Das Schweigen
des Prinzen, nach der von ihm nicht geradezu behaupteten, aber

Der Sicherheitsausschuß empfing die Nachricht mit **affek-**
tierter Gleichgültigkeit, befahl die Aufnahme des bürgerlichen
Aktes und ließ **die** Leiche **durch die** behandelnden Aerzte
sezieren. Die Untersuchung ermittelte denselben Thatbestand,
welchen die Prinzessin später **in** ihren Memoiren nieder-
schrieb: er ist nicht vergiftet worden; das Gift, mit dem
man ihn getötet hat, **war** Unreinlichkeit, Mißhandlung,
Grausamkeit und Härte. Am 9. Juni erstattete der Ausschuß **dem** Konvent Bericht über **den** Tod des Dauphins;
die Versammlung hörte ihn mit lautlosem Schweigen **an**
und ging sofort zu anderen Gegenständen **über.** Der Eindruck aber war tief auf allen Seiten. **Die** Republikaner
waren erfüllt von innerer Genugthuung und von einer erheblichen Sorge befreit. Die Monarchisten und **mit** ihnen die
Masse der Bevölkerung waren schwer betroffen. So unsicher und unentwickelt die Hoffnungen gewesen, welche **sie**
an den Namen des gefangenen Kindes geknüpft hatten, immer hatten sie den einzigen Weg gezeigt, um **zur** Vermitte-
lung der sonst unversöhnlichen Gegensätze zu gelangen. Jetzt
war der legitime König Ludwig XVIII., das Haupt der
bewaffneten Emigration; **jetzt** gab es **nur** noch die Wahl
zwischen der unbedingten Herstellung **des** alten Regimes und
der Fortsetzung der Republik. **Auch die** entschiedensten unter

---

durchgängig betonten Ansicht **ein** Beweis für **die** Unterschiebung
eines stummen Kindes an die Stelle des Dauphins, erklärt sich
höchst natürlich aus den entsetzlichen Mißhandlungen desselben.
Die Hauptschwierigkeit seiner Hypothese bemerkt er gar nicht. Sie
besteht nicht **in der** Frage, weshalb der Dauphin nach seiner Errettung **verborgen geblieben:** dafür gäbe es ausreichende Erklärung
in den Wirren der Zeit, **der** Zwietracht **der** Royalisten, dem Cha-
rakter des Grafen von Provence. Aber schlechterdings unerklärlich
scheint mir, wie gegenüber der spanischen Regierung, welche monate-
lang wegen der Gefangenschaft des Prinzen den Frieden versagte,
gegenüber der konstitutionellen Partei in Paris, welche monatelang
zu Gunsten desselben die Herstellung der Monarchie betrieb, **der**
Wohlfahrtsausschuß, in lebhafter Sehnsucht nach Frieden und lebhafter Sorge vor der konstitutionellen Agitation, monatelang hätte
zaudern sollen, wenn er im Tempel ein unbekanntes, unterge-
schobenes Kind aufbewahrte.

den Gemäßigten und Monarchisten in Paris zweifelten hier
nicht einen Augenblick. In der Kommission der Elf stimmte
Lanjuinais mit seinen Freunden sofort für die Einsetzung
eines republikanischen Vollziehungsrats.

Zweites Kapitel.

Auswärtige Politik.

Wir erkennen die tiefe Unsicherheit der Lage. Alle Interessen und Gefühle der Bevölkerung in ihrer großen Mehrheit drängten auf Frieden, Beruhigung, Gesetzlichkeit, auf
die Herstellung einer festen und bleibenden Staatsgewalt,
welche dem Lande die Eintracht mit den Nachbarn und den
Bewohnern die Sicherheit für Arbeit und Eigentum gewährleisten könnte. Aber der ungeheure Umschwung der letzten
Jahre hatte alle Verhältnisse durcheinander geworfen und
den Ehrgeiz der einen, den Vorteil der anderen auf die
Fortdauer des revolutionären Zustandes angewiesen. An
sich war die Aufgabe unendlich schwer, auf den Trümmern
der Schreckensherrschaft ein gesundes Staatswesen zu er-
bauen, und wie klein war unter den Machthabern die Zahl
jener Uneigennützigen, welche ohne den Gedanken an die
eigene Erhöhung nur das Wohl des Vaterlandes im Auge
hatten! Nichts aber war gewisser, als daß nicht bloß für
Frankreich, sondern für ganz Europa das Heil der Zukunft
von der Frage abhing, ob Recht oder Macht, ob Gesetz oder
Leidenschaft, ob Verfassung oder Revolution in Paris den
Sieg davontragen würde. Innere und auswärtige Politik
war 1795 ebenso enge wie 1792 miteinander verbunden; dieselben Bedürfnisse, die im Innern die gemäßigte Partei
erschufen, forderten dringend den äußeren Frieden, und dieselben Leidenschaften, welche in der Heimat das Recht des
Bürgers verachteten, stürmten begehrlich über alle Nachbar-
grenzen hinaus. Wie früher können wir auch jetzt diesen

Zusammenhang an den ökonomischen und finanziellen Verhältnissen auf das greiflichste erkennen.

Nicht besser als Robespierre war es den Thermidorianern
gelungen, den Staatshaushalt wieder auf seine natürlichen
Grundlagen zurückzubringen. Man konnte die Steuern nicht
erheben, aus den einfachen Gründen, weil die Behörden
dazu nicht organisiert und weil die Steuerpflichtigen verarmt
waren. Fand sich einmal ein Bürger, der aus irgend einer
Grille seine Quote entrichten wollte, so bezahlte er natürlich
in Assignaten, und diese waren jetzt so tief gesunken, daß
der Staat in Wahrheit kaum ein Zwanzigstel seiner Forderung erhielt. Zur Zeit des 1. Prairial, Ende Mai 1795,
war die Masse des emittierten Papiergeldes auf nahe 13 000,
die des zirkulierenden auf 10 000 Millionen gestiegen, und
im richtigen Verhältnis zu dieser ungeheuren Ziffer der
Kurs auf 7 Prozent gesunken. Da nun der Staat für
seine Ausgaben kein anderes Mittel als eben dies Papier
besaß, da er dasselbe zwar seinen Beamten und Gläubigern
zum Nennwert, dem Heere dagegen, den Lieferanten und
Arbeitern nur zum Marktpreise anrechnen konnte, so leuchtet
ein, wie er immer höher anschwellende Massen Papier ver-
brauchte, wie also die Emission desselben mit jedem Monate
zunahm, hiermit aber den Kurswert wieder stärker drückte
und so die Ausgaben des folgenden Monats immer höher
steigerte. Ende Juni waren statt 10 000 über 11 000,
Ende Juli 14 000, Ende August 16 000 Millionen im Umlauf und der Marktpreis derselben auf 4, 3, 2½ Prozent
hinuntergegangen. Damals fand der Wohlfahrtsausschuß,
daß man nicht mehr im stande war, den täglichen Bedarf
zu drucken, wenn man geringere Appoints als zu 10 000
Livres anfertige; man hatte Tage, wo die Staatskasse anderthalb Milliarden an Assignaten schuldete, weil die Druckerei
nicht im stande war, den drängenden Ausgaben nachzu-
kommen.

Die Finanzmänner des Konvents bemühten sich vergebens, der Nation die Sicherheit ihres Papiers zu beweisen
und dadurch dem Fallen des Kurses Einhalt zu thun. Ende

1794, als beiläufig 7000 Millionen Assignaten zirkulierten, berichtete Johannot, daß der Staat eine Gütermasse als Hypothek des Papiergeldes besitze, welche über 300 Millionen jährlicher Rente abwerfe; da nun ein Gut in der Regel für den vierzigfachen Betrag seiner Rente verkauft werde, so stelle sich gegen sieben Milliarden Papier die Hypothek desselben auf zwölf und mithin die vollkommenste Sicherheit der Papierbesitzer heraus. Die Glaubwürdigkeit dieser Rechnung wurde nicht eben befestigt, als sie im Verlaufe der Zeit mit erstaunlicher Dehnbarkeit modifiziert wurde: während man fort und fort Nationalgüter verkaufte, bewies Johannot im April 1795, als die Assignaten auf 9 Milliarden gestiegen waren, daß man deren 16 an Gütern besitze. Auch war es nicht schwer, die groben Fehler seiner Erörterung darzuthun. Vor der Revolution wurden in Frankreich Landgüter durchschnittlich um den dreißigfachen Betrag ihrer Renten verkauft; jetzt war der Wert derselben überall gesunken, bei kleinen Gütern um zwei, bei größeren um drei bis vier Fünftel; wenn bei der Auktion der Nationalgüter ein Grundstück höheres Angebot erlangte, so war dabei lediglich eine Schwindelei im Spiel, in der Regel nämlich der Plan, das Gut eine Weile auszusaugen und bei dem Herannahen des folgenden Zahlungstermins im Stiche zu lassen. Jene Hoffnung Johannots, den vierzigfachen Betrag der Rente zu erzielen, war also eine reine Täuschung; man mußte sehr zufrieden sein, wenn man den zwanzigfachen, mithin ein Kapital von sechs Milliarden erlangte. Es war hiernach schon am Ende 1794 nach all den kolossalen Konfiskationen die Hypothek des Papiergeldes überschritten.

Sie wurde vollends heruntergebracht, als der Konvent sich bequemen mußte, einige der ärgsten Wunden der Schreckenszeit zu schließen. Durch Dekret vom 1. Januar übernahm der Staat die Schulden der Emigranten, deren Güter er eingezogen hatte: der Betrag derselben stellte sich auf 1800 Millionen heraus, die sich auf nahe an eine Million Gläubiger verteilten. Noch bedeutender war die Gütermasse, welche seit dem Mai den Familien der Verurteilten heraus-

gegeben wurde, **die Einziehungen also** der Robespierreschen
Zeit, die nach vollendeter Liquidation sich auf etwas mehr
als die Hälfte des gesamten Domanialbesitzes herausstellten [1]).
Nimmt man die beiden Posten, 1800 Millionen Emigranten-
schuld und 3200 Millionen restituierte Güter zusammen, so
bleiben von den oben erwähnten sechs Milliarden **in** runder
Rechnung noch 1000 Millionen Güterwert [2]), welche im
Herbste 1795 **die** einzige Hypothek **für** eine Assignatenmasse
von **16 000 Millionen** darstellten.

Der Staat war also erklärtermaßen auf dem geraden
abschüssigen Wege zu einem Bankerotte von beispiellosem
Betrag. Man erkennt leicht, welche Zerrüttung aller Privat-
verhältnisse die notwendige Folge eines solchen Zustandes
sein mußte. **Am** schlimmsten waren die Beamten und
Staatsgläubiger **daran,** welche ihre Gehälter und Renten
von dem Staate **in** Papier zum Nennwert erhielten, also
im Mai einen Verlust von 93, **im Juli** von 97 Prozent
erlitten. **Wie man** ihre Lage beurteilte, zeigt ein Beschluß
des Wohlfahrtsausschusses im August: der Staat werde in
Stadt und Weichbild Paris den Proletariern, den öffent-
lichen Beamten und den Inhabern von Staatspapieren
Talglichter, Oel und Heringe zu einem Viertel des Markt-
preises verteilen. **Sie** waren aber nicht die einzigen, welche
den **Druck** des Zustandes empfanden. Solange der Staat
die Assignaten als gesetzliches Zahlungsmittel anerkannte,
konnte auch sonst kein Gläubiger seinen Schuldner zu einem
andern nötigen, und die Fälle waren leider nicht häufig,
wo der Schuldner ehrenhaft genug war, freiwillig auf den
Vorteil des Augenblicks zu verzichten. Wer im Jahre 1790
ein Darlehen **von** 10 000 Livres **bar** empfangen hatte, kaufte
sich im Sommer 1795 den **gleichlautenden** Betrag in Papiergeld für 20 Louisdor, und der Gläubiger, welcher diese
Assignaten **für** sein Guthaben empfing, sah sie nach vier

---

[1]) Lecoulteux, Rat der 500, **14.** April 1796: die Restitution
hat die Rente der Nationalgüter auf 140 Millionen verringert.

[2]) Ich finde in den Anführungen bei Schmidt, Pariser Zustände, II, 315 keinen Grund, diese Auffassung zu ändern.

Wochen **auf den** Wert von 12 oder 15 **Louis** zusammen=
geschmolzen. Die Versuchung, welche aus diesen Verhält=
nissen entsprang, vergiftete alle Beziehungen des Verkehrs,
der Freundschaft, der Familie. Ein jüngerer Bruder be=
schwerte sich beim Konvente **am 18.** Mai, daß ihm sein
Vater ein Zwölftel des Vermögens vermacht, sein Bruder
aber, der es bisher besessen, ihm jetzt den Betrag in Assig=
naten ausgezahlt, er mithin kaum ein Zweihundertstel seines
Erbteils erhalten habe. Am 13. Juli berichtete der Gesetz=
gebungsausschuß über einen argen und häufig vorkommen=
den Mißstand: viele Ehemänner benutzten die lockeren Schei=
dungsgesetze zur Plünderung ihrer Frauen, indem **sie** die
Ehe auflösten und dann der Frau ihr Eingebrachtes in
wertlosen Assignaten herausbezahlten. Der **Konvent wußte**
nicht anders als durch ein Mittel höchster Gewaltsamkeit
zu helfen, durch eine Verfügung, welche bis auf weiteres
die Auszahlung solcher Kapitalien sowie aller vor dem
1. Januar 1792 zugesagter Renten suspendierte. Den weit=
greifendsten Vorteil der Lage zogen die Pächter, welche in
Assignaten den Grundbesitzern ihren Pachtzins entrichteten,
bei den hohen Kornpreisen mit einem einzigen Sacke Ge=
treides die Pacht für ein ganzes Landgut bestritten und,
während die Eigentümer in Not und Elend verkamen, Tag
für Tag ihr üppiges Gedeihen wachsen sahen. In den
kleinsten Bauernhäusern fand man damals Mobiliare von
Mahagoni und Palisander, Silbergerät und **Seidenstoffe**,
prunkende Mahlzeiten und wohlgefüllte **Weinkeller**. Es
war der schneidendste Gegensatz gegen die Not der Schreckens=
zeit, welche, wie wir sahen, vor allem das platte Land mit
Raub und Mißhandlung heimgesucht hatte, um die städtischen
Proletarier zu mästen: nun war das Machtverhältnis umge=
schlagen, die Gesinnung aber bei den jetzigen Gewinnern durch
die frühere Unbill nicht geläutert, sondern vergiftet. Diese
traurigen Erscheinungen wiederholten sich in allen Provinzen
und bei allen Ständen. Das Geld, dem sonst alle nachtrachten,
ging jetzt wie ein glühendes Eisen aus einer Hand in die
andere: ein jeder bemühte sich, es in jeder Form Rechtens

gegen einen leidlich sichern Besitz los zu werden. Der Handel
war zu reinem und wucherischem Glückspiel herabgekommen,
da jeder den täglich fühlbaren Fall der Assignaten und den
damit steigenden Warenpreis vor Augen hatte: also kaufte
sich, auch wer nicht an Gewinn dachte, sondern nur nicht
verlieren wollte, möglichst große Vorräte von allen denk-
baren Waren. Da das bare Geld durch die Auswanderung, die Requisitionen, die seit 1789 stets ungünstige
Handelsbilanz äußerst selten geworden war, der Zinsfuß in
den wohlhabendsten Departements auf zwölf, in Paris auf
dreißig Prozent gestiegen war, so gab es thatsächlich so gut
wie kein Bankiergeschäft mehr. An die Stelle der Geld-
händler waren die Trödler und Tändler getreten, welche
dem Publikum, nicht wie sonst auf Faustpfänder bares
Geld vorschossen, sondern umgekehrt die sinkenden Assignaten
gegen Möbel und Kleider, Uhren und Ringe, Bücher und
Lebensmittel eintauschten, wie sich versteht, zu selbstgemachten
Wucherpreisen. Man begreift bei einem solchen Zustande
die verdoppelte Schwierigkeit, inmitten einer großen Teuerung die Ernährung des Volkes im Gange zu halten, wenn
jeder Besitzende sein Kapital in Warenvorräten anzulegen
suchte und diese dem Umlaufe dadurch auf lange Zeit entzog. Ehe das Jahr zu Ende ging, sah man denn auch das
Papiergeld fast nur in der Hand der Proletarier, Beamten
und kleinen Rentner, deren Vermögen nicht groß genug
war, um es in Warenvorräten oder Nationalgütern anzulegen.

Der Handel mit den Domänen zeigte dieselben skanda-
lösen Erscheinungen. Daß auch jetzt, inmitten der auswärtigen Siege, niemand ein volles Vertrauen auf den Besitz
eines konfiszierten Gutes hatte, verriet sich bei jedem Anlasse. Die ehemaligen Kirchengüter wurden besser bezahlt,
als jene der Emigranten; unter diesen fand wieder kein
Besitztum auch zum niedrigsten Preise einen Käufer, auf
welchem aus der alten Zeit noch irgend eine Hypothekschuld
haftete. Je mehr sich aber der solide Erwerber zurückzog,
desto eifriger drängte sich die gewissenlose Spekulation hinzu.

Wahre Bacchanalien der Habsucht erlebte man, als Ende Mai der Konvent aus dem sehr natürlichen Wunsche, den Absatz zu beschleunigen und eine große Masse Papiergeld aus dem Umlauf zu ziehen, den Beschluß faßte, daß jedes National= gut ohne Versteigerung erworben werden könne, wenn der Käufer binnen drei Monaten die Pachtrente des Gutes von 1790 in fünfundsiebzigfachem Betrage entrichte. Nun stan= den damals die Assignaten, wie erwähnt, auf sieben Prozent; wer bares Geld besaß, konnte also 75 Livres Papier für ungefähr fünf Livres kaufen und folglich jedes National= gut für den fünffachen Betrag seiner Pacht erwerben. Da= zu kam, daß nach der alten Sitte sehr häufig die Hälfte des wirklichen Pachtzinses nicht in dem Kontrakte aufgeführt, sondern in der Form des sogenannten pot de vin neben der Rente entrichtet wurde, mithin nach dem neuen Gesetze das Gut für etwas mehr als den doppelten Betrag des Pachtzinses erworben wurde. Eine solche Aussicht lockte freilich die Käufer. Es war vorgeschrieben, daß der im Verkaufstermin zuerst Erscheinende das Gut erhalten sollte; da meldeten denn die Beamten, daß mit dem Glockenschlage ein Gedränge an ihrer Thüre entstanden, von dreißig Bietern der eine zuerst an der Hausschwelle gewesen, der zweite ihn auf der Treppe überrannt, der dritte an beiden vorüber zum Bureau gestürzt sei. Da unter mehreren gleichzeitigen Bietern das Los entscheiden sollte, so stellten reiche Leute zehn oder zwanzig Bediente und Handwerker auf, um sich eine große Anzahl Lose zu sichern; andere machten schriftlich ihre Submission mit einem Male auf alle in ihrem Distrikt gelegenen Nationalgüter. Trotz alledem hätte der Konvent, wenn hiermit einige Milliarden Assignaten aus dem Ver= kehr hinweggefegt worden wären, vielleicht ein Auge zu= gedrückt: so überwältigend war das Bedürfnis, die Masse des Papiers zu mindern und den Kurs desselben zu heben. Allein auch nicht einmal das wurde durch die Verschleude= rung erreicht: vielmehr trieb dieselbe gerade umgekehrt alle jene Käufer zu gemeinsamen Maßregeln an, den Kurs zu drücken, um ihre Kaufgelder zu möglichst geringem Preise

anzuschaffen. Als **man hier**über klar geworden war, als man
ferner eingesehen hatte, daß nach der auf solche Weise er=
folgten Verschleuderung aller Nationalgüter immer **noch viele**
Milliarden ungedeckten Papieres im Umlaufe bleiben wür=
den: da gab es im Konvente keinen Zweifel mehr. Das
Gesetz wurde suspendiert und mehr als das: mit der vollen
Leichtfertigkeit der revolutionären Finanzpolitik wurden auch
die bereits abgeschlossenen Verkäufe wieder aufgehoben und
damit dem Kredit **des** Staates ein neuer gewaltiger Stoß ver=
setzt. Dennoch kam in denselben Wochen ein ganz ähnlicher
Entwurf aufs Tapet, die dem Staate gehörigen Häuser, da
sie teils wegen schlechter Verwaltung, teils wegen der Kosten
des Unterhaltes nichts einbrächten, für den einhundertfünfzig=
fachen Betrag ihres Mietzinses von 1792 zu verkaufen. Der
Erfolg ließ sich leicht vorausberechnen: seit 1788 war der
Mietzins in Paris auf ein Zehntel des alten Betrages, die
Assignaten aber jetzt, im Juli 1795, auf drei Prozent ihres
Nennwerts gesunken: man hätte also in barem Gelde nach
jenem Dekrete ein Haus für die Hälfte des früheren Miet=
zinses gekauft. Es war **denn** auch von der Ausführung des
Gesetzes niemals die **Rede.**

Nach welchen Mitteln griff man nicht in jenen Sommer=
monaten, um die Quelle all jenes Elendes zu stopfen und
den Kurs der Assignaten zu halten! Da wollte man eine
große Lotterieanleihe von einer Milliarde zu drei Prozent
Zinsen machen: leider hatte trotz Zinsen und Prämien kein
Mensch Neigung, dieser Regierung seine Assignaten, so tief
sie auch standen, anzuvertrauen. Da erörterte man, wenn
die Bauern und Kaufleute kein Silbergeld hätten, so be=
säßen sie Getreide und Waren, und nichts würde einfacher
als die Herstellung des Staatshaushalts sein, wenn man
nur statt des Geldes sich Naturalien nach den Preisen von
1790 abliefern lasse. Es **wurde** wochenlang darüber ge=
stritten, die greiflichen Schäden eines solchen Systemes nach=
gewiesen, endlich **die** Hälfte der Grundsteuer in Getreide
begehrt. Das Land tönte darauf wieder von einem vernich=
tenden Proteste, daß man unter keiner Form ein neues

Maximum **auf** sich nehmen wolle, und die Ausführung des Dekrets blieb eine äußerst unvollständige. Mit einem Worte, jeder neue **Versuch** ergab **mit** grellerer Deutlichkeit, daß keine irdische Macht die **Folgen** der früheren Gewaltthaten ungeschehen machen konnte. Der Kelch, welchen Robes= pierres System mit seinen Rechtsverletzungen bis zum Ueber= fließen gefüllt hatte, mußte bis auf die Hefe geleert wer= den. Nach dem grauenvollen Gestern gab es für die **Leiden** des Heute kein Mittel: die einzige lösbare Aufgabe war, in einer möglichst nahen Zukunft wieder auf festen Boden zu gelangen. Man war in **den** Abgrund der Not geraten, indem man die Welt **und** die Freiheit mit Ueberstürzung und Rechtsbruch hatte erobern wollen: um wieder zu Ge= deihen und Wohlstand zurückzugelangen, gab es nur den langsamen, arbeitsvollen Weg **der** Sparsamkeit, Ordnung und Gerechtigkeit.

Die Budgets der damaligen Regierung zu prüfen, ver= lohnt sich nicht der Mühe, da ihre einzelnen Posten nichts sind **als** willkürliche Anweisungen auf eine ungefähre, in der Ziffer immer steigende, im Werte immer sinkende Assignatenmasse. Es liegt aber in der Natur der Sache, daß Verwirrung, Verschleuderung und Mangel **in** dem Staatshaushalte dieselben sein mußten wie in den privaten Verhältnissen. Die Regierung war, wie wir wissen, in sich gespalten, schwankend und schlecht geordnet; man ermißt leicht, wie bei dem geschilderten Zustande des Landes ihre Agenten tausendfache Veranlassung zu Betrug und Erpressung und Unterschleif fanden. So dauerten alle Klagen gegen die Verwaltung, über Entblößung aller Dienste, Vernach= lässigung der Straßen, Kanäle und Brücken, Verfall der Schulen und Hospitäler, Verwüstung der Forsten und der Häfen wie **zu** Robespierres Zeiten fort. Die Truppen empfingen höchst unregelmäßigen Sold; die Waffenfabrikation stockte, die Festungen wurden schlecht unterhalten. Der vorige Feldzug hatte einen ungeheuren Menschenverbrauch gehabt, so daß die Heere an den Grenzen seit einem Jahre drei Achtel ihres Bestandes eingebüßt hatten: aber niemand

wagte **von neuer** Rekrutierung **zu reden, wie** bringend **auch**
alle Generale **nach** Verstärkung und Nachschub riefen. Denn
auch in dem jetzigen Bestande verschlang die Kriegsverwal=
tung, während **die** Truppen auf Feindeskosten lebten oder
hungerten und darbten, mehr **als** zwei Drittel aller Staats=
ausgaben. Wenn man sparen **und** innerlich gedeihen, wenn
man im Lande **zu** Recht und Ordnung zurück wollte, so gab
es — und hier erscheint uns der unmittelbare Zusammen=
hang zwischen innerer und auswärtiger Politik — so gab
es dazu kein wirksameres und unerläßlicheres Mittel als
den Frieden.

Es wird nach diesen Erörterungen einleuchten, warum
die Masse des Volkes und, von ihr getragen, die gemäßigte
Partei des Konvents jede Politik der Eroberungen mit so
heftigem und zweifellosem Nachdrucke verwarf, warum Har=
denberg, wenige Wochen nachdem er dem Wohlfahrtsaus=
schusse das linke Rheinufer so gut wie abgetreten hatte, auf
einen Reichsfrieden **fast** ohne Einbuße am Reichsgebiete
hoffen durfte.

Aber wir wissen, **wie** diese Richtung, obwohl höchst
überwiegend bei der Bevölkerung, **in** den regierenden Kreisen
nur einen begrenzten und unsicheren Einfluß hatte. Nicht
bloß die Jakobiner waren ihr feindselig. Die Gruppe der
Independenten, ein Teil der Thermidorianer, ja unter den
Gemäßigten selbst mehrere der alten Girondisten hielten
eifrig fest an der bisher verfolgten kriegerischen Tendenz.
Sie fanden, daß die nationale Ehre keinen Frieden ohne
stattlichen **Gewinn** verstatte. Sie hätten darin eine Ver=
leugnung ihrer liebsten Grundsätze über Weltbefreiung und
Thronensturz gesehen. Sie kamen durch die finanzielle Be=
drängnis nur **zu** dem Schlusse, daß die Kriegsbeute der
bequemste **Ersatz für** den Ausfall im Innern sei. Soeben
schlossen Sieyès und **Reubell,** welche unter den Genossen
dieser Gesinnung eine täglich mehr hervorragende Stellung
einnahmen, einen Bundesvertrag mit Niederland, welcher
außer der Unterstützung durch die holländische Flotte der Repu=
blik die Verpflegung von 25 000 Mann gewährte und die=

selben fürs erste als Besatzung in den holländischen Festungen
zurückließ, welcher sodann dem Staatsschatze eine Kriegs=
kontribution von 100 Millionen Gulden zuführte, entspre=
chend bei dem damaligen Kurse einem Betrage von beinahe
drei Milliarden Livres Assignaten. Sieyès zuckte wegwer=
fend die Achseln, wenn seine friedfertigen Kollegen davon
redeten, Holland möglichst bald wieder selbständig zu stellen
und vielleicht mit Cleve und Preußisch=Geldern zu verstärken.
Tallien, obwohl sonst allerorten jenem zuwider, stimmte
hier ihm eifrig bei und erklärte bei jedem Anlasse, man
müsse Frankreich auf allen Seiten mit abhängigen Tochter=
republiken umgeben und dadurch zur leitenden Macht des
Weltteils machen. Solche Gedanken vertrugen sich schlecht
mit der von Preußen angestrebten Intregrität des deutschen
Reiches und der Zurückgabe des linken Rheinufers. Sieyès
meinte, Preußen durch die Ueberlassung deutscher Bistümer
für die Abtretung des Rheinlandes gewinnen zu können:
sollte der König aber widerspenstig bleiben, so käme es auf
die Frage an, ob nicht auf entsprechende Weise ein Ver=
ständnis mit Oesterreich zu erlangen sei. Nun war es be=
kannt, daß Oesterreich längst nach dem Besitze Bayerns ge=
trachtet hatte, und daß noch in den letzten Jahren sehr viel
von dem bayerisch=belgischen Tausche die Rede gewesen;
bisher hatte der Kaiser bei seinen Verbündeten diesen Wunsch
nicht durchgesetzt; wie wenn jetzt der Gegner ihm dessen Er=
füllung böte: wäre es wahrscheinlich, daß er dann der Republik
die Gewährung ihres liebsten Anliegens länger weigern sollte?
Je mehr der Gedanke den revolutionären Ehrgeiz reizte,
da er ja die schönste Aussicht, über den nächsten Landgewinn
hinaus, auf den Sturz der ganzen deutschen Reichsverfassung
und infolgedessen auf eine grenzenlose Ausdehnung des fran=
zösischen Einflusses zeigte: desto häufiger kamen Sieyès und
Genossen auf solche Entwürfe zurück, desto wahrscheinlicher
dünkte ihnen das Gelingen. Es heißt, der Gesandte des
Großherzogs von Toscana, der Ritter Carletti, der im
Februar in Paris den Frieden mit der Republik ohne
Schwierigkeit zu stande gebracht, hätte mit höchster Be=

stimmtheit **seine** Ueberzeugung dahin ausgesprochen, daß
Oesterreich **für** die Zusicherung Bayerns den Franzosen **auf**
der Stelle das linke Rheinufer zubilligen würde. Er hatte
keinen Auftrag Thuguts vorzuweisen, aber da sein Gebieter
ein Bruder des Kaisers war, so erschien es nicht zweifel=
haft, daß er über die in Wien herrschenden Absichten voll=
kommen unterrichtet sein müßte. Allerdings war Sieyès
nicht der Meinung, daß allein auf jene Abtretungen so=
gleich abgeschlossen werden könnte. Die Grenze Oester=
reichs, sagte er, **darf** der unserigen **in** keinem Falle näher
gerückt werden; wenn der Kaiser Bayern haben will, muß
er nicht bloß auf Belgien, sondern auch auf Mailand und
den Breisgau verzichten. Was ihn dann noch weiter schwan=
kend machte, war die Erwägung, daß Frankreich als vor=
wiegende Macht in Deutschland keinen Staat gebrauchen
könne, welcher mit Rußland enge verbündet sei. Eben er=
schien zum zweiten Male als schwedischer Gesandter Herr von
Stael in Paris und bat und flehte um französische Sub=
sidien und französisches Bündnis; zugleich vernahm man
günstige Kunde **über** die Stimmung der hohen Pforte,
welche bei günstigen Umständen gerne den Krieg gegen die
Kaiserhöfe erneuern würde. **Wenn** sich Preußen entschließen
würde, stark und offen diese Seite zu ergreifen, so wäre
dem ehrgeizigen Abbé ein solches System zuletzt doch noch
erwünschter und folgenreicher als irgend eine Verhandlung
mit Oesterreich erschienen. Natürlich aber mußte Preußen
dann mit dem definitiven Verzichte auf das linke Rhein=
ufer beginnen; die uneigennützigen Gedanken der gemäßigten
Partei erschienen jetzt den Independenten vollkommen lächer=
lich und frevelhaft. Noch wollten sie sich nicht endgültig
entschließen, aber mit kaum zurückgehaltener Freude sahen
sie auf alle Fälle eine Zukunft voll Bewegung, Umwälzung
und Gewinn vor Augen.

Auf das tiefste war dagegen die gemäßigte Partei be=
troffen. Auch sie **hatten** ihr Friedensprogramm noch nicht
im einzelnen festgestellt; so viel aber war ihnen deutlich,
daß ein vollständiger Verzicht **auf** die Eroberungspolitik

schwerlich durchzuſetzen wäre. Ihre Anſichten ſchwankten: ſie dachten an Erwerbung des belgiſchen Landes bis zur Maas, an Verbeſſerung der franzöſiſchen Grenze durch das linksrheiniſche Baſeler Land, durch Montbeliard, Saarbrücken und Lüttich. Worauf es ihnen ankam, war zu verhüten, was die Independenten am meiſten wünſchten, den Umſturz des Deutſchen Reiches, die Verewigung einer ſchrankenloſen Revolutionspolitik und noch dringender die Fortſetzung und Erweiterung des Kriegsſtandes, welchen nach ihrer Ueberzeugung die Republik bei ihren materiellen und moraliſchen Hülfsquellen nicht länger ertragen könne. Zu ihren Anſichten bekannte ſich damals Merlin von Thionville, der ſeit der Verteidigung von Mainz ein nicht überall verdientes, aber unbeſtrittenes Anſehen in allen Angelegenheiten genoß, welche auf die Rheinlande Bezug hatten. Er war ein eifriger Thermidorianer, ſehr leicht zu erregen und durch wechſelnde Einflüſſe beſtimmbar. Mitte Mai war er als Konventskommiſſar in Pichegrus Hauptquartier, als ihn ſein Namensvetter Merlin von Douai, damals Mitglied des Ausſchuſſes, zu einem Gutachten aufforderte, ob er die Beſitznahme der Rheinlande dem Wohle Frankreichs für nützlich halte oder nicht. Merlin von Thionville antwortete umgehend, die Entſcheidung hänge von dem Standpunkte ab, den man bei der Frage nehme. Gehe man von dem Bilde der bisherigen Siege aus, ſo ſei ohne Zweifel der beſte Weg zu ihrer weiteren Ausnutzung, mit dem Kaiſer eine Unterhandlung zu eröffnen und ſeine Zuſtimmung zur Einverleibung Belgiens und der Rheinlande durch die Ueberlaſſung von Bayern an Oeſterreich zu gewinnen. Erinnere man ſich aber der Geldnot Frankreichs, der Entblößung der Armeen, der Gefahren des inneren Parteihaders, ſo erſcheine der möglichſt raſche Friedensſchluß dringend geboten, möge man dafür von dem Deutſchen Reiche die Maaslinie erwerben, möge man ſelbſt mit Frankreichs ſicherer Größe innerhalb ſeiner alten Grenzen zufrieden ſein. Was mich betrifft, ſchloß er, ſo bin ich entſchieden für den letzteren Weg. Ich halte dieſe Meinung für die einzig heilſame:

möge sie es über die riesenhaften Entwürfe der Männer davontragen, welche vergessen haben, an welche Bedingungen das Schicksal der Reiche geknüpft ist[1]).

In dieser Stimmung entschloß sich der unruhige Deputierte zu einem eigenmächtigen Schritte, von dem er sich einen hoffentlich durchgreifenden Erfolg versprach.

Hardenberg war noch in Basel und stellte dort am 17. Mai mit Barthélémy die norddeutsche Demarkationslinie fest. Nach ihrem Vertrage lief dieselbe von Ostfriesland über Münster nach Cleve, dann den Rhein entlang bis Duisburg, hierauf an der Grenze der Grafschaft Mark her bis zur Lahn, von dort zum Main und weiter die Darmstädter Grenze entlang, dann am Neckar von Eberbach bis Wimpfen, von da südöstlich auf Nördlingen, um endlich längs der bayerischen und böhmischen Grenze die Gebiete des fränkischen und obersächsischen Kreises zu umfassen; Frankreich versprach, die Territorien hinter dieser Linie nicht zu befeinden; dafür verhieß Preußen, für die strengste Neutralität innerhalb der Linie einzustehen. Am Tage nach der Unterzeichnung speiste der preußische Minister mit Barthélémy und Bacher in Hüningen bei Merlin und Pichegru zu Mittag. Nach Tische eröffnete ihm Merlin, Hardenberg müsse auf vierzehn Tage nach Paris gehen; dort setze Carletti alles für einen österreichisch-französischen Frieden auf der oben angeführten Grundlage in Bewegung; trotz des Widerspruches Merlins von Douai, der sonst in diesem Augenblicke die diplomatischen Geschäfte leite, sei die Sache so weit gediehen, daß Pichegru Befehl habe, alle Feindseligkeiten gegen Oesterreich aufzuschieben, obwohl er seinerseits in jedem Augenblick zum Rheinübergang bereit

---

[1]) J. Reynaud, vie et correspondance de Merlin de Thionville, S. 184. Merlin war nicht immer so gesinnt. Im November (ibid. S. 119) wünschte er die Rheinlinie. Dann wieder später, als Preußen nicht nach seinen Wünschen handelte, schwankte er einmal, ob man nicht doch mit Oesterreich gehen solle, kam aber bald wieder darauf zurück, das Sicherste sei die Unterhandlung mit Preußen und dem Reiche ohne Oesterreich.

sei. Barthélémy vermied, eine bestimmte Erklärung zu geben, Pichegru aber bestätigte die Mitteilung des Repräsentanten in ihrem vollen Umfange, und dieser schloß mit der Aufforderung, daß Hardenberg die deutschen Reichsstände vor Oesterreichs Ehrgeiz warnen möge. Er selbst, beteuerte Merlin, habe nur den Wunsch, daß ein preußisch-französisches Bündnis den allgemeinen Frieden diktieren und in diesem Frankreich das Land nicht bis zum Rheine, sondern bis zur Maas sich aneignen möge.

Wie sich versteht, war Hardenberg durch eine so bestimmte Enthüllung nicht wenig betroffen. Daß er selbst nach Paris ging, war unmöglich; er beschloß also im Einverständnis mit Barthélémy, einen seiner Beamten, den Legationsrat Gervinus, hinzusenden, selbst aber ohne Zaudern nach Berlin zu eilen, um persönlich dem Könige Bericht zu erstatten. In Mannheim sprach er den Herzog Max Joseph von Zweibrücken, teilte diesem in fliegender Hast die schwere Neuigkeit mit und bat ihn, seinen Vetter, den Kurfürsten Karl Theodor, unter der Hand davon in Kenntnis zu setzen. Des Herzogs Geschäftsträger, Abbé Salabert, that das in einer amtlichen ministeriellen Note, welche von der bayerischen Regierung sogleich nach Regensburg an ihren Reichstagsgesandten weiter gegeben wurde. So kam sie unter die Augen des dortigen kaiserlichen Botschafters, und kaum hatte Hardenberg in Berlin seine Nachricht vorgelegt, so lief auch ein österreichisches Rundschreiben an alle deutschen Höfe ein, welches die ganze Erzählung für eine verrückte und kindische Fabel erklärte, deren weitere Verbreitung eine beleidigende Verleumdung für den Kaiser sein würde; Oesterreich habe nie an eine Unterhandlung mit Frankreich und am wenigsten durch den Kanal des sogenannten Grafen Carletti gedacht.

Diesen Vorlagen gegenüber hatte die preußische Regierung zunächst die schwere Frage zu prüfen, ob Thuguts oder Merlins Wahrhaftigkeit für die bessere und bewährtere zu achten sei. Haugwitz war einen Augenblick der Meinung, daß Merlins Geschichte nur bezweckt habe, durch eine fecke Lüge Preußen in ein feindliches und offensives System gegen Oesterreich hinein zu schwatzen: seine offizielle Antwort auf das österreichische Rundschreiben sprach in diesem Sinne die Versicherung aus, daß Hardenberg unbestimmte Gerüchte jener Art vernommen und lediglich als solche gegen wenige Personen wiederholt habe. Indessen gaben die Berichte, welche bald nachher Harnier aus Basel und Gervinus aus Paris erstatteten, keine vollständige Beruhigung. In den ersten Tagen des Juni, also noch im frischen Eindrucke des ersten Prairial und im vollen Aufschwung der gemäßigten Partei, teilte Barthélémy dem preußischen Beamten mit, daß seine Regierung zu der Ansicht neige, nicht auf der Rheinlinie zu bestehen, sondern sich mit einigen Grenzverbesserungen zu begnügen. Er bat also dringend, daß Preußen in diesem Sinne das Deutsche Reich zu schleunigem Abschluß bestimme, und betonte, daß er diese Eröffnung nur aus der Furcht mache, Oesterreich, welches für die Erwerbung Bayerns seine Zustimmung zur Rheinlinie geben werde, möge die ganze Friedensverhandlung in die Hand nehmen und unter stets wachsender Verwickelung für seine besonderen Interessen ausbeuten. Gervinus hatte am 29. Mai eine Konferenz mit einer Kommission des Wohlfahrtsausschusses, bei welcher er, da Sieyès hauptsächlich das Wort führte, die Stimmung der revolutionären Parteien kennen lernte. Der Abbé trat äußerst herb und schneidend auf. Woher haben Sie, fragte er vor allem, Ihre Vorstellungen über unsere österreichisch-bayerische Unterhandlung? Als Gervinus sich auf die Antwort beschränkte, daß ganz Deutschland von dem Gerüchte darüber erfüllt sei, sagte er mit scharfem Aerger, daß, wer kein Vertrauen zeige, auch kein Vertrauen erwarten dürfe. Indessen, fuhr er fort, Sie sagen, daß man zu Ihnen mit Vertrauen reden könne; nun wohl, ich will Ihnen unsere innersten Gedanken aufdecken; wir bedürfen des Friedens zu unserer Herstellung und Befestigung im Innern; aber wir müssen einen ruhmreichen Frieden haben, ein festes neues System für Deutschland, wo einige Staaten mehr, einige weniger als bis jetzt

existieren müssen. Haben Sie, fragte er plötzlich, einen
festen Plan für den allgemeinen Frieden, mit der Land-
karte in der Hand? Als Gervinus verneinte, entgegnete er:
Preußen muß einen solchen vorlegen; erst dann wird sich
unterhandeln lassen; wir verstehen dieses Chaos des Deutschen Reiches nicht; es hat uns nicht anerkannt und existiert
für uns nicht; wir können nur mit den einzelnen Fürsten
Separatunterhandlung pflegen. Gervinus bat, ihm dafür
eine bestimmtere Grundlage zu bezeichnen. Der Nationalkonvent, rief Sieyès, hat schon ein Votum über unsere
Grenzen abgegeben; der Rhein wird eine solche sein, davon
ist nicht abzugehen. Also das ist, fragte Gervinus, der
Wille der französischen Regierung, nicht bloß die Ansicht
einiger Deputierten? Sieyès antwortete: so habe ich es
nicht gesagt, so meine ich es nicht. Zum Schlusse wurde
er etwas freundlicher: man müsse die Bande zwischen Preußen
und Frankreich enger ziehen, die Republik werde gerne
Preußens Stärke vermehren, wenn dieses nur mit der rechten
Gesinnung entgegenkomme.

Einige Tage nachher sprach Gervinus den auch ihm als
tüchtig und zuverlässig bekannten Boissy d'Anglas. Dieser
stellte so wenig wie Sieyès die Existenz einer österreichischen
Unterhandlung mit einer Silbe in Abrede. Im Gegenteil, indem er Gervinus über die Größe der Gefahr zu beruhigen suchte, sagte er: unsere Unterhandlung mit Öster-
reich hat bis jetzt sehr wenig Fortschritte gemacht. Er entwickelte, um dies zu belegen, daß er selbst und die Mehrheit des Konvents auf das dringendste den Frieden wünsche,
aber nicht um solchen Preis ihn schließen werde. Man sei
entschieden abgeneigt, Bayern an Oesterreich fallen zu lassen;
man werde die Macht Oestereichs nicht vermehren, sondern
zu vermindern suchen und schließlich Belgien für Frankreich
behalten. Er bestätigte, was Barthélémy über Sardinien
gesagt hatte: Frankreich möge Savoyen und Nizza nicht
herausgeben, wolle aber doch Sardinien nicht schwächen und
wünsche ihm deshalb Mailand zu erobern. Im allgemeinen
kam Gervinus zu der Ansicht, daß Carletti zwar ohne förm-

lichen Auftrag, immer aber in Thuguts Sinne gehandelt
habe, daß die französische Regierung sich im Augenblicke
über den Frieden noch nicht aussprechen wolle, bis sich die
innere Verwirrung etwas geklärt und ihre eigene Stellung
befestigt habe, daß sie selbst über die auswärtige Frage durch
innere Parteiung tief gespalten sei.   Die Independenten
unter Sieyès, bemerkte er, sind unsere entschiedenen Gegner
und wünschen in ganz Europa junge Republiken zu stiften;
die uns wohlgesinnte Partei ist ohne Zweifel die stärkere,
zerfällt aber selbst wieder in zwei Fraktionen, eine gemäßigte,
welche das Rheinland herausgeben, und eine hitzköpfige, die
es behalten und dann Preußen inmitten einer deutschen Umwälzung glänzend entschädigen will.   Trotzdem meinte er,
daß man auch jetzt noch mit einiger Festigkeit das linke
Rheinufer wenigstens zum größeren Teile zurückgewinnen
könnte, da bei aller Unruhe und Demoralisation der Machthaber das Volk die höchste Sehnsucht nach Frieden habe
und alle Verständigen und Gebildeten gegen die Eroberungspolitik seien.

Wie stand es nun mit Oesterreich? Hatte Carletti die
Meinung Thuguts richtig erraten? Oder hatte er gar, trotz
Thuguts Ableugnung, Mitteilungen von ihm erhalten?

Um uns darüber eine Ansicht zu bilden, müssen wir
zunächst auf die amtliche Thätigkeit des kaiserlichen Ministers für den Revolutionskrieg zurückblicken, seitdem es ihm
gelungen war, Englands Zustimmung zu dem Verzicht auf
weitere belgische Kämpfe zu gewinnen.   Zunächst hatte es
damals die Unterstützung Hollands gegolten, und wie wir
schon sahen, war dabei Thugut genau so verfahren, wie
ein halbes Jahr früher in Belgien. Er hatte 20 000 Mann
zu Hülfe gesandt, aber jede Thätigkeit derselben an die
Bedingung geknüpft, daß Holland die Truppen verpflege,
England weitere Zahlungen leiste und die alliierten Generale entsprechende Anstrengungen machten.   Anderenfalls
sollte die Abteilung sogleich zurückkommen und der österreichische Kommandant in Maastricht gegen freien Abzug der
Truppen kapitulieren. Clerfait klagte darauf bitterlich über

die Schwäche, Uneinigkeit und **Wortbrüchigkeit der Alliierten**
und zog **demnach** seine Truppen **ohne erhebliche** Belästigung
der Franzosen wieder aus Holland hinweg. Als diese
Amsterdam genommen, schrieb **der Kaiser dem** General,
das Ereignis sei **sehr** traurig, glücklicherweise **aber sei** alles
geschehen, **um jede** Anklage gegen Oesterreichs Bundestreue
unmöglich zu machen. Von weiteren Operationen in diesen
Gegenden war keine Rede mehr: man hatte sich damals
schon mit Preußen verständigt, daß Möllendorff vom Mittel-
rhein nach Westfalen, dafür aber Clerfait vom Niederrhein an den Main marschieren und dort mit der Reichs-
armee zusammenwirken sollte. Thuguts alter **Wunsch**, daß
fernerhin kein preußischer Heerteil mehr zwischen der kaiserlichen Hauptarmee und den österreichischen **Erblanden** stehen
möchte, war damit erfüllt.

Welch ein Plan für Clerfaits weitere **Thätigkeit und**
ob überhaupt ein solcher beschlossen werden **würde**, dies
hing in Wien von vielen sonstigen Erwägungen, nur nicht
von dem militärischen Bedürfnis der Reichsverteidigung gegen
die Franzosen ab.

Zunächst verhandelte Thugut fort und fort mit den
Engländern über **die** Garantie einer großen Anleihe, über
bedeutende Vorschüsse und eine deckende Allianz. Im Januar **hatte** man gestritten, **ob der Vertrag** auf 240 000
Mann österreichischer Truppen und **6 Millionen** Pfund
englischer Anleihe oder auf 200 000 Mann **und 4 Millionen**
Pfund lauten sollte. Mehr als 200 000 Mann, sagte Thugut, können wir nicht stellen, denn Preußens feindliche Umtriebe reichen bis **in die Türkei und** zwingen uns, die un-
garische Grenze stark zu besetzen. Als Lord **Grenville** in
diesen Punkten nachgegeben, forderte Thugut die Anleihe zu
6 Prozent Zinsen statt der bisher üblichen 7½, unter der
Erklärung, daß bei einer ungünstigen Antwort Englands
die Armee den Rhein verlassen und in die Erblande zu-
rückgehen würde. Er behandelte hier **das** Deutsche Reich
ganz **so** wie vorher Holland, als eine dem Kaiser eigentlich
fremde Sache, **die** man den Bundesgenossen zuliebe, **wenn**

diese tüchtig zahlten, verteidigen **wollte**, die **man** aber ihrem
Schicksal überließe, sobald die Zahlungen ausblieben.

Seine **zweite** Bedingung für weitere Bekämpfung der
Revolution war russische Truppenhülfe, nicht **so** sehr gegen
Frankreich als gegen Preußen. **Mit** der kaiserlichen Rati=
fikation des Januarvertrages **schickte** er am 4. Februar
ausführliche Erörterungen über **die** politische Lage an den
Grafen Cobenzl **nach** Petersburg[1]. Sie bewegten sich
überall um den Grundgedanken: Rußland muß helfen, **die**
Preußen aus Krakau hinauswerfen, dem Könige den Frie=
densschluß **mit** Frankreich **verbieten**. Geschähe dies nicht,
schrieb Thugut, **so** müßten **wir unsern** Frieden **mit Frank=
reich** beschleunigen: denn nimmermehr können **wir** Krakau
und Sendomir aufgeben. Ueberhaupt müsse man das rasche
Ende eines **Krieges** wünschen, welchen Preußens Nichts=
würdigkeit zu einem heil= **und** hoffnungslosen gemacht habe;
alles forderte den Kaiser auf, die Erschöpfung seiner Mon=
archie nicht auf das Aeußerste zu treiben, sondern die ihm
noch übrigen Streitkräfte **zu** schonen, sie zurückzuberufen
und im Innern **der** Erblande **zu pflegen** und herzustellen,
durch eine vielleicht **kurze Ruhe**, für alle Bedürfnisse der
Zukunft.

Diese Erklärungen **ließen an** Deutlichkeit nichts zu
wünschen **übrig**. Was für Oesterreich jede andere Rücksicht
überwog, **war** die Erwerbung von Krakau und Sendomir.
Wenn Rußland ihm diese Landschaften überlieferte, **so** würde
der Kaiser in dem Kampfe gegen **Frankreich** ausharren.
Wenn **nicht, so würde** er mit Frankreich Frieden schließen,
um seine Heeresmacht auf Preußen **zu** werfen. Man kann
zweifelhaft **sein**, welcher der beiden **Fälle** Thuguts innerstem
Herzenswunsche mehr entsprochen hätte: eines aber ist that=
sächlich sicher, daß für **ihn** die Frage, ob der deutsche Kaiser
die deutsche Reichsgrenze **ferner** verteidigen würde, von den
guten Diensten des **Auslandes in** dem polnischen Streite
abhängig blieb.

---

[1] Vgl. historische Zeitschrift 23, **133 ff.**

In Erwartung der russischen Antwort erwog man mit General Clerfait den Plan für den bevorstehenden Sommer-feldzug in vorsichtiger Bedächtigkeit[1]). Man wünschte den Entsatz der beiden großen von den Franzosen blockierten Plätze, Luxemburg und Mainz. Clerfait erklärte die Be-freiung Luxemburgs für höchst schwierig und weitaussehend, was der Kaiser ebenfalls anerkannte und bei ungünstigem Verlaufe, wie für Maastricht, eine Kapitulation mit freiem Abzug der Besatzung im voraus billigte. Der General ent-wickelte dann die für den Zweck erforderlichen Bewegungen näher dahin, daß er zuerst Koblenz wieder einzunehmen und von dort in drei Wochen Trier zu erreichen gedenke; zugleich sollte ein anderer Heeresteil Mainz befreien und sich dann ebenfalls auf Luxemburg in Bewegung setzen; übrigens blieb er dabei, daß das Unternehmen äußerst gefahrvoll sei; er bitte dringend, einen andern damit zu beauftragen. In Wien hatte man unterdessen Nachricht aus Petersburg er-halten, einmal, daß Rußland in Berlin vor der Stellung eines Ultimatums noch eine gütliche Verhandlung versuchen wolle, und sodann, daß Thuguts Depesche vom 4. Februar einen höchst ungünstigen Eindruck bei Katharina gemacht und geradezu den Argwohn eines französisch-österreichischen Einverständnisses hervorgerufen hätte. Eine solche Ver-stimmung des mächtigen Genossen durfte Thugut nicht auf-kommen lassen; man mußte also wieder einmal auf die Franzosen losschlagen und hatte jetzt auch bei der beabsich-tigten Berliner Verhandlung für einige Wochen freie Hand dazu, ehe dem preußischen Hofe der Kriegsfall gestellt wurde. Am 10. April genehmigte also der Kaiser Clerfaits ganzen Operationsplan und forderte ihn zu möglichst rascher Er-öffnung des Angriffs auf.

In diesem Augenblicke aber erfuhr man, daß Preußen am 5. April in Basel zum Abschlusse seines Separatfriedens mit Frankreich gelangt war. Die Kunde fiel wie ein Don-

---

[1]) Diese Korrespondenz ist jetzt abgedruckt bei Vivenot: Thugut, Clerfait und Wurmser.

nerschlag in das Ohr der österreichischen Machthaber, des
Kaisers, Thuguts, Clerfaits. Sie alle waren von Zorn
und Schrecken erfüllt; sie meinten nicht anders, als daß
die preußischen Truppen jetzt ohne Zaudern gemeinsam mit
den Franzosen über die kaiserlichen Scharen herfallen wür=
den. Clerfait hielt auf der Stelle in seinen Bewegungen
inne, meldete dem Kommandanten von Luxemburg die Un=
möglichkeit des Entsatzes und fragte ein über das andere
Mal in Wien an, ob er bei der Stimmung der Preußen
und der anderen Reichsstände nicht auf jede Offensive ver=
zichten und sich auf vorsichtige Verteidigung beschränken müsse.
Nun wurde er allerdings beschieden, daß er sich um politische
Fragen nicht zu bekümmern, sondern dieselben seiner Re=
gierung zu überlassen habe; er solle immerhin Mainz be=
blockieren und dann das weitere abwarten: nichtsdestoweniger
aber war die grimmige Aufregung Thuguts nicht geringer
als die peinliche Besorgnis des Generals und trieb den
Minister zu einem wilden Ausbruch des lange angesammelten
Hasses. Noch hatte er die amtliche Nachricht von dem
Baseler Vertrage nicht erhalten, als er am 20. April eine
donnernde Depesche nach Petersburg erließ. „Der offene
Verrat Preußens liege jetzt zu Tage. Ohne Zweifel seien
die weitesten und schwärzesten Pläne in Vorbereitung. Ruß=
land müsse scharf auftreten und die größten Heeresmassen
in Polen ansammeln, da höchstwahrscheinlich Preußen mit
Frankreich die Herstellung Polens beschlossen habe. Wäre
es nun bei dieser Sachlage nicht zweckmäßig, wenn die
Kaiserhöfe selbst dem Widersacher mit einer solchen Maß=
regel zuvorkämen? Dann würde ein jeder von ihnen in
Polen für sich behalten, was ihm passend schiene; aus den
preußischen Anteilen aber von 1772, 1793 und 1795 würde
man ein neues Polen bilden, dessen König zu bezeichnen
Oesterreich der Entscheidung Katharinas überlasse. Die
Krisis sei furchtbar; es gelte, die entsprechenden Beschlüsse
zu fassen." Man traut seinen Augen nicht, wenn man diese
Sätze liest. Nicht bloß die Erwerbung zweier polnischer
Provinzen ist es hier, für welche der Minister im Notfall

einen Waffengang wagen will, sondern zur Zertrümmerung
des preußischen Staates ruft er auf, ganz nach der Ge=
sinnung, in der er ein Jahr früher einen feindseligen
Schritt Preußens ersehnt hat, um damit den Anlaß zur
tiefen Demütigung des verabscheuten Gegners zu gewinnen.
Jetzt meint er dieses Glück in Händen zu haben und be=
antragt in Petersburg, mit Preußen so zu verfahren, wie
es Napoleon zwölf Jahre später in Tilsit that; er beantragt
den Krieg auf Leben und Tod und also auch den Krieg
mit allen Mitteln, den Krieg, welcher notwendig den König
in die Allianz mit den Jakobinern jagen mußte, wenn an=
ders dieselbe für Preußen noch zu haben war. Er stellt
dieses Begehren inmitten des langjährigen, unglücklichen
französischen Kampfes; auf allen Seiten von den Waffen
der siegenden Republik bedrängt, fordert er die Eröffnung
eines zweiten nicht minder schweren, nicht minder umfassen=
den Krieges. Es war hier nicht bloß, wie bei der Ver=
teidigung Belgiens oder Hollands, die Weigerung eigener
Anstrengung, wenn die Bundesgenossen nicht hälfen und
zahlten: es war das positive Begehren einer Politik, welche
dem Revolutionskriege den deutschen Bürgerkrieg im schwersten
Stile zugesellen mußte. Und endlich, es war nicht etwa
ein augenblickliches Aufwallen zornigen Schreckens, welches
ihn so handeln ließ; vielmehr wurde sein Antrag am 7. Mai
in einer neuen Depesche an Cobenzl noch dringlicher wieder=
holt und am 16., auf eine Nachricht von der preußischen
Demarkationslinie, dem Grafen erklärt, daß nach diesem
Meisterstücke der Bosheit und Anmaßung dem Kaiser nichts
übrig bleibe, als seine Truppen in die Erblande zurückzu=
ziehen und aktive Maßregeln gegen Preußen zu ergreifen.

Wir wissen sattsam, wie gründlich Thugut bei dieser
tobenden Aufregung die Wirklichkeit der Dinge verkannte.
Nicht ein Wort seiner wilden Anklagen gegen Preußen hatte
thatsächliche Begründung. In Berlin gab es keine schwarzen
Pläne, sondern nur Friedenssehnsucht und Finanzklemme
und daneben eine schwache Hoffnung, nach dem Abschlusse
des Baseler Vertrags von den Kaiserhöfen etwas weniger

summarisch in der Krakauer Frage behandelt zu werden.
Von einem Bunde mit Frankreich wollte der König unter
keinen Umständen reden hören; dies war geradezu der höchste
Grundsatz seiner Politik. An eine Herstellung Polens dachte
man so wenig, daß gerade, um eine darauf gerichtete Forderung der Franzosen zu vermeiden, Prinz Heinrich zur
Beschleunigung des Friedensabschlusses gedrängt hatte. Thuguts Treiben beruhte also auf Voraussetzungen, welche
überall das Gegenteil der Wahrheit waren, und machte
seinem Scharfblick und seiner Menschenkenntnis geringe Ehre.
Wie viel besser hätte er für Deutschland gesorgt, wenn er
sich damals Hardenbergs Bemühungen für die Integrität
des Reiches kräftig angeschlossen hätte! Aber eine dämo-
nische Leidenschaft drängte ihn vorwärts. Auf allen Seiten
suchte er seine Stellung zu stärken und sich die Mittel zu
dem nach seiner Meinung unvermeidlichen Kampfe gegen
Preußen zu verschaffen.

Vier Tage nach jener ersten Depesche an Cobenzl, den
24. April, sandte er neben einem kaiserlichen Erlaß, worin
das Deutsche Reich zu ferneren reichsverfassungsmäßigen
Kriegsrüstungen aufgefordert wurde, ein ministerielles Rundschreiben in das Reich hinaus, des Inhalts, daß alle Gutgesinnten sich jetzt um Oesterreich scharen und unter Ver-
meidung der schleppenden Reichsformalitäten ihre Kräfte
dem Kaiser und der guten Sache zur Verfügung stellen
müßten: geschehe dergleichen nicht, fuhr er fort, so würde
jedes Interesse an dem Schicksale des Reiches bei dem Hause
Oesterreich aufhören; dasselbe werde dann sich in sich selbst
zurückziehen und für seine eigene Erhaltung durch gesammelte
innere Kraft und in guter Vereinigung mit anderen Mächten
sorgen. Hiernach seien die einzelnen Stände um bestimmte
Erklärung zu bitten, welche Partei sie von nun an ergreifen
wollten. Die Stände bemerkten mit gutem Grunde, daß
zwar der Kaiser eine reichsverfassungsmäßige, der Minister
aber eine sonderbündnerische Sprache rede. Die Aufregung
und Verwirrung darüber war gewaltig in Regensburg.

Wichtiger für Thugut als die wehmütigen Erwägungen

des Heiligen Römischen Reiches war, wie er es genannt hatte, „die gute Vereinigung mit den anderen Mächten". So zäh und heftig er früher mit England über den Zinsfuß der neuen Anleihe gestritten hatte, jetzt kam er erst zur Erkenntnis, daß Lord Grenville nichts Unbilliges begehre, daß dessen Forderungen, genau berechnet, in der That kaum auf mehr als sechs Prozent hinausliefen, und so gelangte denn endlich nach zehnmonatlichem Feilschen der Anleihe- und Subsidienvertrag am 4. Mai zum Abschluß. Am 20. folgte ihm eine weitere Abkunft zwischen beiden Höfen auf allgemeine gegenseitige Unterstützung sowie auf Gewährleistung des jetzigen und künftigen Besitzes der Kontrahenten, wie er zur Zeit des Friedensschlusses eben stehen würde; es folgte zugleich die Zusage, ihre gegenseitige Verbindung und ihre Bündnisse mit Rußland zu einer großen Tripelallianz zu verschmelzen.

Unterdessen war die durch Thuguts Depeschen erregte Bewegung in Petersburg kaum geringer als bei jenem selbst. Wir wissen, welchen Wert Katharina auf die Fortdauer des französischen Krieges schon im Hinblick auf ihre orientalischen Pläne legte: so war sie doppelt empört, daß Preußen, gerade, um sich gegen ihren polnischen Urteilsspruch die Hände frei zu machen, von der Bekämpfung der Revolution zurücktrat. Die nächste Wirkung war ähnlich wie in Wien: eine schleunige Verständigung mit dem Londoner Hofe. Seit der Einnahme Hollands durch die Franzosen hatte Katharina ein nachgiebiges Zurückweichen der englischen Regierung gefürchtet und deshalb zur Ermutigung derselben einige Bereitwilligkeit zur endlichen Sendung von Hülfstruppen erkennen lassen. Am 11. Februar war darüber ein Vertragsentwurf aufgesetzt, bisher aber in Petersburg, da man ernstlich doch zu Truppensendungen gar keine Neigung hatte, nicht ratifiziert worden. Jetzt aber, auf die Nachrichten von Basel und Wien, zauderte Katharina nicht länger und gab am 5. Mai dem Bundesvertrage ihre Unterschrift. Indem sie dann Thuguts zornige Ergießungen über Preußen von Herzen erwiderte, gab sie anheim, zunächst

die Urkunde **vom 3. Januar** über die Teilung **Polens** dem
Berliner **Hofe gemeinſam** vorzulegen und die unbedingte
Unterwerfung unter **ihre** Beſtimmungen, zunächſt alſo die
Räumung Krakaus, **zu fordern**. Eine Ablehnung würde
man als Kriegsfall betrachten.

So fand Thugut zu ſeiner Freude bei der hohen Bundes-
genoſſin ganz **und gar** die erwünſchte Geſinnung vor.
Ja, was das **praktiſche** Verhalten betraf, ſah er ſich bei
allem Eifer **doch für** den Augenblick veranlaßt, etwas zurückzuhalten. Nach ſeinen Phantaſien von Preußens fran-
zöſiſchem Bündniſſe und türkiſcher Angriffsluſt hielt er die
Vorlage des Januarvertrags für das Signal zum ſofortigen
offenen Bruche. Es wäre das **ihm** völlig erwünſchte Ergebnis geweſen. Aber allerdings **in dieſem** Falle galt es
gerüſtet und namentlich in Böhmen und Mähren gegen
einen preußiſchen Angriff gedeckt zu ſein. Davon aber war
man zur Zeit noch weit entfernt. Wir hören zwar **viel**,
ſchrieb er am 24. Mai an Cobenzl, von preußiſcher **Frie-**
densliebe: wenn aber noch irgend ein Funke von Energie
im Herzen des Königs **iſt, ſo** könnte bei den jeßigen Verhältniſſen das preußiſche Heer Wien erreichen, ehe **nur die**
Nachricht von ſeinem Ausmarſche nach Petersburg **gelangt**
wäre. Er beauftragte alſo den Botſchafter, einen ſolchen
Aufſchub für die Vorlage des Teilungsvertrages **bei Katha-**
rina zu begehren, daß Oeſterreich unterdeſſen in ſeinen
Nordprovinzen eine ausreichende Kriegsmacht verſammeln
könnte. Dagegen ließ ſich nichts einwenden, und Katharina
ſprach ihr Einverſtändnis zu der Zögerung aus.

So warf denn Oeſterreich, als wenn kein franzöſiſcher
Krieg mehr in der Welt wäre, alles, was irgend noch an
Truppen, Kriegsmaterial **und** Geldmitteln vorhanden war,
in die böhmiſche Rüſtung hinein. In Petersburg brodelten
unterdeſſen die Entwürfe, **welche Ziele im Falle des** preußiſchen Krieges zu verfolgen wären. Thuguts Wort von
der Herſtellung **eines** neuen **Polen auf** Preußens Koſten
hatte gezündet. **Wenn es dazu** käme, wäre der König,
deſſen Wahl Oeſterreich der **Kaiſerin** freigeſtellt hatte, ſofort

bereit gewesen, eben der **Großfürst Konstantin**, den 1792
bereits der unglückliche Stanislaus zu dieser Würde vor=
geschlagen hatte [1]). Damals hatte **Katharina** abgelehnt, weil
sie lieber die **Hälfte** des Landes zur russischen **Provinz** als
das Ganze zur russischen Sekundogenitur machen wollte.
Jetzt aber bliebe die russische Provinz, was sie war, und
die russische Sekundogenitur würde allein mit preußischem
Lande ausgestattet werden. Ostpreußen würde wieder wie
1466 von Deutschland abgetrennt und die russische Grenze
bis in die Nähe von **Berlin** vorgeschoben. Diese Gedanken,
einmal angeregt, führten **weiter**. Wenn künftig ein russischer
Großfürst in Warschau herrschen sollte, mußte sein Staat
einen lebensfähigen Bestand haben: warum sollte man den=
selben nicht mit Ostpreußen, Schlesien und der Neumark
abrunden und auf diese Art das widerwärtige **Preußen** für
alle Zeiten unschädlich machen [2])? Oesterreich, welches nach
den Erklärungen vom 3. Januar dann Bayern und Venetien
erhielte, würde sicher keine Einwendung erheben. England
würde wohl zu der Einsicht zu führen sein, daß das System
des 3. Januar ihm nur Vorteil bringe, indem es ihm am
Mittelmeer neben dem feindlichen Frankreich und dem eifer=
süchtigen Spanien in den beiden Kaiserhöfen neue kräftige
Bundesgenossen gebe.

Das alles war fürs erste der Ausdruck flüchtig empor=
steigender Wünsche, deren Verdichtung zu planmäßigem
Bestreben noch von vielen Umständen abhängig in unbe=
stimmter Zukunft lag. Daß die Gesinnung, aus der sie
hervorwuchsen, nicht von ganz Europa geteilt wurde, zeigte
sich noch vor der Vollendung der böhmischen Rüstungen.
Die deutschen Stände wagten bei Thuguts scharfem Auf=
treten es freilich nicht, sich unmittelbar dem Baseler Frieden

---

[1]) Aus den Depeschen Lord Whitworths und Tauentziens.
[2]) Solche Pläne meldet der amerikanische Gesandte Governor
Morris 5. August dem Lord Grenville. Aus wie guten Quellen
Morris schöpfte, zeigt der Umstand, daß er zugleich den Inhalt
der zweiten Deklaration vom 3. Januar mitteilt, die sonst für
damals und fünfzig Jahre weiter für alle Welt geheim blieb.

anzuschließen, aber ebensowenig gelang dem kaiserlichen
Minister die Bildung einer österreichischen Liga. Vielmehr
kam Ende Juli der Reichstag zu einem Beschlusse, welcher
den Kaiser um Vermittelung des Friedens und Preußen um
Förderung des heilsamen Werkes bat, mithin für eine Unter=
stützung Oesterreichs gegen Preußen nicht die geringste Aus=
sicht gab. Die Entrüstung wuchs darauf in Wien; der
Fürst Colloredo erklärte öffentlich, daß der Kaiser im Stande
wirklichen Krieges mit Preußen sich befinde, daß dieses alle
Bande des Bündnisses und der Reichspflichten zerrissen
habe[1]): leider hatte man nicht die Mittel, den vernichtenden
Angriffskrieg zu führen, und rüstete nur mit höchster An=
strengung in Böhmen und Mähren weiter. Keinen besseren
Erfolg hatte gleichzeitig Katharina bei dem englischen Hofe,
wo sie für die gegen Preußen nötige Heeresaufstellung eine
Subsidie begehrt hatte. Das Geld wäre ihr bei der Er=
schöpfung ihrer Kassen sehr erwünscht gewesen, und noch
dazu hätte die Bewilligung England in offene Feindschaft
gegen Preußen verwickelt. Aber eben deshalb wollte Lord
Grenville davon nichts hören. Die englische Regierung
machte damals eine ehrenvolle und erfolgreiche Politik, weil
sie einen einfachen und großen Zweck mit kräftiger Aus=
dauer verfolgte. Sie wollte die Ueberwältigung des revolu=
tionären Frankreich, dies und nichts anderes. Sie hatte
genug und übergenug an den rheinischen und maritimen
Kämpfen; sie wünschte so wenig an der Weichsel wie der
Elbe neue Wirren. Lord Grenville mahnte also ab: wenn
man Preußen auf das Aeußerste treibe, könne wirklich wer=
den, was Thugut so oft besorgt habe, ein preußischer An=
griff auf Böhmen: dann würde Preußen seinen Einfluß
mit dem französischen auch in Konstantinopel vereinigen, ein
neuer Türkenkrieg die Folge sein, Oesterreich nicht einen
Mann am Rheine noch verwenden können. Er bat also drin=
gend, in Wien wie in Petersburg, daß Rußland sich gegen
Preußen auf ungefährliche Demonstrationen beschränken möge

---

[1]) Lucchesini an Hardenberg 5. August.

und so die Kraft der Koalition für den französischen Krieg
gesammelt bleibe. Diese Anschauungen kontrastierten denn
allerdings so scharf wie möglich mit dem Systeme des
3. Januar und den Gefühlen des österreichischen Ministers.
Thugut, dem es zur Zeit viel mehr auf den preußischen
als auf den französischen Krieg ankam, erklärte dem englischen Gesandten unumwunden, daß Clerfait am Rheine
keinen Schritt thun könne, ehe befriedigende Nachricht aus
Petersburg über den polnischen Streit angelangt sei.

Wenn man dies alles erwägt, Thuguts seit einem Jahre
wiederholte Erklärung, daß er, falls ihm Krakau nicht gesichert werde, Frieden mit Frankreich suchen müsse um jeden
Preis, sein jetziges Drängen auf einen offenen Krieg der
Kaiserhöfe zur Vernichtung der preußischen Großmacht, seine
bestimmte Aeußerung, daß der Kaiser seine Heere vom
Rheine in die Erblande zurückziehen müsse: so drängt sich
unabweislich die Frage auf, ob es denkbar sei, daß er
solche Möglichkeiten vor Augen sich der französischen Gefahr
gegenüber fort und fort vollkommen stumpf und unthätig
verhalten, daß er schlechterdings gar nichts gethan, um sich
einen Weg zur Sicherung auf dieser Seite im Falle eines
preußischen Krieges anzubahnen. Daß sein Friedensprogramm so wenig wie jenes des Wohlfahrtsausschusses mit
Bayern und Rheinland erschöpft gewesen wäre, versteht sich
von selbst, und ebenso sicher ist es, daß er zu jener Zeit
in Paris sich nicht binden wollte, daß im Gegenteil die
russisch-englische Allianz ihm einstweilen noch den größeren
Gewinn zu bieten schien. So ist es denn von französischer
Seite her urkundlich bezeugt, daß er schlechterdings keinen
amtlichen Schritt in Paris gethan hat. Offenbar ist es aber
mit dem allen sehr wohl verträglich, daß er durch dritte
Hand in Paris sondieren ließ, unter welchen Bedingungen
der Kaiser den Frieden mit der Republik erlangen könnte.
Nicht bloß in Paris war man, wie wir bemerkten, von der
Richtigkeit der Angaben Carlettis durchdrungen; nicht bloß
in Berlin hatte man nach Berichten aus Wien und aus
Florenz die Ueberzeugung, daß Carletti im Sinne Oester-

reichs wirke: auch in Petersburg sagte Markow dem Grafen
Cobenzl geradezu, daß Thugut in Unterhandlung mit dem
Wohlfahrtsausschusse stehe, was ihm freilich übel genug
bekommen werde. Anderwärts wurden andere Agenten
als Thuguts Pariser Mittelsmänner bezeichnet, ein Ehepaar
Neuville dem Grafen Haugwitz im November 1794, Mira-
beaus früherer Sekretär Pellenc ein halbes Jahr später dem
englischen Gesandten Wickham in der Schweiz. Gegen
Merlins Aussagen über Carletti ist eingewandt worden,
daß Thugut sich damals und später mit Zorn und Verachtung gegen die jakobinische Politik der Florentiner Staatsmänner ausgesprochen und im November 1794 einen Besuch des Generals Manfredini sehr nachdrücklich verbeten
habe: wie sollte er, hat man dann gefolgert, sich diese
Männer zu einer Thätigkeit des intimsten Vertrauens aus-
erlesen haben? Indessen zu Zwecken der angegebenen Art
wählt man die Personen nicht nach persönlicher Liebe und
Hochachtung, sondern nach ihrer mutmaßlichen Brauchbarkeit, und diese wurde durch Carlettis französische Gesinnung
wahrlich nicht verringert. Ueber Manfredini aber schreibt
Thugut an Colloredo, der General dürfe schlechterdings
nicht nach Wien kommen; sein Erscheinen daselbst, „möge
sich nun der Kaiser zur Fortsetzung des Krieges oder z u
a n d e r e n Maßregeln i r g e n d w e l c h e r A r t entschließen", würde Aufsehen und Verdacht erregen und dadurch großen Schaden thun. Wie man sieht, liegt hier der
Accent durchaus auf dem Skandal, dem Argwohn der verbündeten Mächte, bei einem Besuche des französisch gesinnten
Manfredini: daß sich hiermit eine Benutzung der Florentiner
bei „Maßregeln anderer Art" sehr wohl verträgt, liegt auf
der Hand. Man hat ferner auf den Umstand hingewiesen,
daß Merlin von Thionville in seinem Berichte an den Wohlfahrtsausschuß über das Hüninger Gespräch Carletti gar
nicht erwähnt, sondern das angebliche Programm des letzteren
als einen Gedanken Hardenbergs einführt. Allein auch darauf ist nicht viel zu geben, da Merlin zu jenen diplomatischen Eröffnungen überhaupt keine Vollmacht besaß, mit-

hin großen Anlaß hatte, dem Ausschusse gegenüber die Initiative dazu den Preußen zuzuschieben. Endlich hat man es unglaublich gefunden, daß der kaiserliche Minister so kurzweg bereit gewesen, gegen die Zusicherung Bayerns den Franzosen das linke Rheinufer anzubieten. Wir werden später sehen, daß er, als die Zeit gekommen war, in seiner amtlichen Unterhandlung genau nach dieser Gesinnung verfahren ist, und schon an dieser Stelle dürfen wir bemerken, daß, wer seine Truppen von der Verteidigung der Reichsgrenze abrufen will, wenn die fremden Mächte ihm nicht ein Stück polnischen Landes gewährleisten, ganz und gar die gleiche Gesinnung zeigt, wie wer ein Stück Reichsland dem Feinde abzutreten bereit ist, wenn dieser ihm dafür deutsche oder fremde Provinzen zusichert. Vor allem aber, nachdem jetzt die Thatsache bekannt geworden, daß Thugut damals seine Verbündeten zum Vernichtungskriege gegen Preußen aufgerufen hat, wem wird es möglich erscheinen, daß er, diese neue Gefahr vor Augen, eine vorteilhafte Ausgleichung mit Frankreich auf Kosten des von ihm so tief verachteten Deutschen Reiches für unstatthaft gehalten, daß er nicht im Gegenteil jeden Eifer angewandt hätte, um mit dem bisherigen Widersacher eine vorläufige Fühlung zu suchen? Gerade umgekehrt, dünkt uns, müßte es befremdlich im höchsten Grade sein, wenn er es unterlassen hätte, wenn er in den preußischen Krieg hätte eintreten wollen, ohne irgendwie die Mittel aufzusuchen, daß er nicht gleichzeitig von den republikanischen Heeren im Rücken gefaßt, nicht durch ein französisch-preußisches Bündnis erdrückt würde. Mit einem Worte, so wenig Merlins und Sieyès' Reden einen festen Beweis für Thuguts und Carlettis Einverständnis geben, so viele thatsächliche Gründe reden dafür, daß der Italiener damals die Stimmung Thuguts vollkommen richtig bezeichnet hat.

Sei dem nun, wie ihm wolle, auf dem rheinischen Kriegsschauplatze verliefen sich im Sommer 1795 die Ereignisse nicht anders, als wenn zwischen Oesterreich und der Republik der förmliche Friede längst geschlossen worden wäre.

Nicht etwa, daß hier gegenseitig das Schwert des einen die Waffe des andern in der Scheide gehalten hätte: es waren vielmehr bei jeder der beiden Parteien die geschilderten politischen Momente, welche die Heere zu träger Unthätigkeit verurteilten. Thugut, welcher den Engländern für ihre Subsidien die kräftigste Bekämpfung der Franzosen zugesagt hatte, war statt dessen durch die böhmischen und mährischen Rüstungen ganz ausschließlich in Anspruch genommen: dort wurden die Festungen bewaffnet, Vorräte aller Art aufgehäuft, die Truppenmasse allmählich auf 80 000 Mann gebracht. Lange nicht so gründlich und so eilfertig wurde für die rheinischen Heerteile gesorgt: was aber die Hauptsache war, es ließ sich für diese, solange die preußische Frage noch unentschieden schwebte, unmöglich ein bestimmter Operationsplan feststellen, und am wenigsten konnte von weitgreifenden Angriffsbewegungen dort die Rede sein. Zwar versicherte Thugut dem englischen Gesandten, daß auf das neue Zaudern Clerfaits am 10. Juni ein höchst ungnädiger Schelt= und Mahnbrief an denselben abgegangen sei, und dieser Brief beginnt denn auch mit kräftigen Worten über die Verkehrtheit und Schädlichkeit der bisherigen Zögerungen: er endigt aber mit dem Befehle, nicht etwa, jetzt auf der Stelle vorzugehen, sondern die genauesten Berichte über den Stand des Heeres einzusenden, worauf der Kaiser ihm unverzüglich die weiteren Entschließungen über den Feldzugsplan zuschicken würde. Da diese Entschließungen aber in jedem neuen Briefe als demnächst bevorstehend angekündigt wurden, so blieb die Armee mehr als drei Monate lang in vollständiger Unbeweglichkeit. Einige Verlegenheit brachte dieser Zustand dem kaiserlichen Minister gegenüber seinem englischen Bundesgenossen, der, wie gesagt, von preußischen Händeln nichts wissen wollte, sein Gold für die Besiegung der Franzosen ausgab und unaufhörlich an die verheißene rasche und starke Aktion des Rheinheeres mahnte, richte sie sich nun auf Luxemburg oder Landau, auf Belgien oder die Franchecomté, wohin man wolle, nur daß endlich geschlagen werde. Man begriff es in London nicht, wie

nach allen schönen Verheißungen die beste Zeit des Jahres
so ganz und gar verloren wurde, und drängte Thugut und
Clerfait um die Wette vorwärts. Der Minister suchte sich
mit Ausreden aller Art zu helfen. Bald war die schwere
Artillerie noch nicht angelangt oder der Bestand der Magazine für die Verpflegung noch nicht ausreichend, bald war
man im Zweifel, ob die Armee nach Norden oder nach
Süden ihre Stöße richten sollte, und immer, wenn England
dem einen Plane eben zustimmte, entdeckte man in Wien,
daß nur der andere ausführbar sei. Darauf schalt wieder
Thugut über Clerfaits unverbesserliche Langsamkeit, erwartete
weiterhin aber als Bedingung jedes Entschlusses eine günstige russische Depesche oder einen angenehmen Reichstags-
schluß und flocht nicht selten bittere Klagen über Preußens
Unzuverlässigkeit und Feindseligkeit ein. Er mußte es dann
schweigend hinnehmen, daß Clerfait einem englischen Kommissar der Wahrheit gemäß im Juli erklärte, er habe wohl
Hoffnung auf kaiserliche Befehle, empfangen aber habe er
dieselben zur Zeit noch nicht. Thugut sah in ungerührter
Haltung zu, wie durch alle diese Dinge das Vertrauen Englands auf die Ehrlichkeit und Wirksamkeit der österreichischen
Politik in der nachhaltigsten Weise erschüttert wurde; den
Franzosen gegenüber aber blieb es bei der ungestörten Waffen-
ruhe, obgleich schon im Juli die Streitkräfte am Rheine,
Oesterreicher und Reichstruppen, auf mehr als 160 000 Mann
gebracht, völlig ausgeruht und streitlustig, den Gegnern an
militärischer Tüchtigkeit wenigstens gleich, an Mannschafts-
zahl entschieden überlegen waren [1]).

So auf der deutschen Seite. Auf der französischen riefen
andere Ursachen dieselbe Wirkung hervor. Zunächst bewährte
sich Carnots Voraussicht im Frühling 1794: die Anstrengungen, welche Frankreich damals gemacht, hatten das Land
von Grund aus erschöpft, so daß im folgenden Jahre trotz

---

[1]) Alles nach der Korrespondenz der englischen Gesandtschaft
in Wien, sowie nach den von Vivenot (Thugut, Clerfait und Wurm-
er) herausgegebenen österreichischen Depeschen.

aller belgischen, holländischen und rheinischen Beute alle
Heere der **Republik** sich **in einem** trostlosen Zustande der
Schwäche und Entblößung **befanden**. Die Verluste an
Mannschaft, welche **der vorige** Feldzug, wir wissen, in wie
großem Maße, herbeigeführt, wurden nur in ungenügender
Weise ersetzt. Es fehlte **an** Nahrung, Kleidung, Schuh-
werk; die Artillerie hatte keine Pferde, die Reiterei keine
Fourage, die Truppen keinen Sold. So zeigten sich er-
schreckende Lücken bei allen Truppenteilen im Mannschafts-
stande; die Leute desertierten haufenweise; die Hospitäler
waren von Kranken überfüllt **und** hatten kein Mittel auch
nur zur notdürftigsten Pflege. Wir müssen **alles** aus dem
Nichts erschaffen, klagte Merlin von Thionville. Er be-
stürmte die Regierung um verstärkte Geldmittel und erhielt
schwere Massen **von** Assignaten, die er kaum zu sechs Prozent verwerten konnte. **Er** zog **auf** die Staatskasse und
erhielt umgehend ein **Verbot**, keine Ausgabe weiter ohne
Genehmigung des Wohlfahrtsausschusses anzuweisen. Die
eroberten Landschaften wurden unter solchen Verhältnissen
von den französischen Behörden **mit** unbarmherziger Erpressung heimgesucht **und daneben von** den im Hunger ver-
wilderten Soldaten schonungslos ausgeplündert. Mehr als
einmal richtete sich **die** Zuchtlosigkeit der Truppen auch gegen
die eigenen Vorgesetzten selbst. Ganze Bataillone erklärten
ihren Kommandanten in offenen Tumulten, sie würden nach
Hause gehen, wenn sie nicht Brot und Geld erhielten. Im
Februar war der Effektivstand des Rheinheeres im Elsaß auf
40 000, die ausrückende Stärke unter 30 000 Mann gesunken. An große kriegerische Operationen war mit solchen
Streitkräften nicht **zu** denken, man mußte im Gegenteil dem
Himmel dankbar **sein, wenn** der Feind nicht seinerseits
durch kräftige Offensive die gärenden Massen auseinander-
sprengte. Der Wohlfahrtsausschuß schrieb an Jourdan und
an Pichegru, welcher letztere **jetzt die** Führung des Rhein-
und Moselheeres übernommen hatte, ebenso oft wie Kaiser
Franz an Clerfait, daß er große Thaten und rasche Erfolge
von ihnen **erwarte**. Dann aber blieb ein Brückenzug aus,

der für den Uebergang über den Rhein unerläßlich erachtet
wurde, oder man stritt über die Wahl zwischen zwei beson=
ders empfohlenen Uebergangspunkten, um endlich keinen von
beiden zweckmäßig zu finden. Im Juli griff dann auch
hier die hohe Politik in die militärischen Erwägungen ein.
Bis dahin hatten im Wohlfahrtsausschusse die Independenten
die Mehrheit gehabt und demnach der Ausschuß fort und
fort auf beschleunigte Eröffnung des Feldzugs gedrängt, in
der Hoffnung, nach einigen Siegen auf dem rechten Rhein=
ufer aus Wien die amtliche Wiederholung von Carlettis
Auslassungen zu erhalten. Jetzt aber gab die monatliche
Erneuerung dieser Behörde der gemäßigten Partei darin
das Uebergewicht, der Partei, welche bereits von ihren
Gegnern als die Partei der alten Grenzen verhöhnt wurde,
und ihr militärischer Vertreter im Ausschusse, Aubry, setzte
hier nach hitzigen Verhandlungen einen Beschluß durch,
welcher nicht wie die früheren die beiden kommandierenden
Generale zum sofortigen Rheinübergange aufforderte, son=
dern ihnen zunächst eine Reihe von Fragen über die Be=
schaffenheit ihrer Truppenkörper vorlegte, nach deren genauer
Beantwortung der Ausschuß dann seine weiteren Befehle
erlassen würde. Dies war gleichbedeutend mit einem Auf=
schub aller Operationen von etwa vier Wochen. So standen
sich im August die beiden Heere, durch den Strom getrennt,
in ununterbrochener Ruhe gegenüber. Das Schicksal des
ganzen Krieges hätte hier sich wenden lassen, wenn Oester=
reich, ohne Rücksicht auf die eingebildete Kriegslust Preußens,
seine jetzt schlagfertigen Heere mit entschlossenem und mas=
sivem Angriff auf die geschwächten Haufen der Republikaner
geworfen hätte!

Was den zweiten Kriegsschauplatz, auf welchem damals
Franzosen und Oesterreicher ihre Kräfte maßen, den ita=
lienischen, betraf, so war hier wenigstens innerhalb der
Pariser Regierungskreise kein Zwiespalt der Meinungen.
Dort wünschten ihre beiden Parteien Savoyen zu behalten
und Mailand den Oesterreichern zu entreißen. Die Inde=
pendenten betrieben es um so lebhafter, als sie, wie wir sahen,

unter dieser Voraussetzung bereit waren, dem Kaiser gegen Abtretung des linken Rheinufers Bayern zu überlassen, und demnach die Eroberung Mailands als die letzte Anstrengung betrachteten, mit der sie einen ruhm= und zukunftreichen Friedensvertrag für die Republik erringen wollten. Sie mahnten also ihre Heere der Alpen und Italiens unaufhör= lich zu entscheidenden Schlägen. Indessen war dort die militärische Zerrüttung nicht geringer als am Rheine, und trotz der inneren Zwietracht, welche fort und fort die Ope= rationen der Austrosarden lähmte, wurde es einleuchtend, daß die republikanischen Generale nicht ohne eine ganz er= hebliche Verstärkung das Ziel erreichen würden. An große Rekrutierungen aber im Innern war damals nicht zu denken, und so entschied sich der Wohlfahrtsausschuß zu einem neuen Friedensvertrage, welcher die bisher in den Pyrenäen kämpfenden Scharen für den Krieg im Apennin verfügbar machte, zu dem Frieden mit Spanien[1]).

Wie wir früher schon beobachtet haben, war bei dem Madrider Hofe die Lust an dem heil= und endlosen Kriege längst verraucht. Eine Zeitlang hatten die Königin und der Minister Godoy, Herzog von Alcudia, für den Kampf geschwärmt, weil derselbe im Gegensatze zu Arandas Frie= densliebe eine Lebensfrage für das Regiment des Günst= lings zu sein schien. Seit dem Sommer 1794 aber hatte das Glück der Waffen sich gewandt; sowohl in den östlichen als in den westlichen Pyrenäen hatten die Spanier das feindliche Gebiet räumen müssen, ja im Osten hatte General Dugommier französischerseits die Grenze überschritten und mit seinem rechten Flügel im Hochgebirge die Thäler der Cerdagne, mit seinem linken die schirmenden Forts der catalonischen Küste überwältigt. Diese Unglücksfälle machten auf den jämmerlichen Hof in Madrid den tiefsten Eindruck; die Königin sah alle ihre Hoffnungen getäuscht, und Alcudia

---

[1]) Vgl. über das Folgende: Mémoires du roi Joseph, Vol. I, Korrespondenz von 1795, und vor allem Baumgartens Geschichte Spaniens zur Zeit der französischen Revolution.

schwankte rat= und planlos zwischen thörichter Hoffart und
zitternder Furcht. Im September that er den ersten Schritt
zu einer direkten Unterhandlung, indem er einem gewissen
Simonin, der von dem Wohlfahrtsausschusse zur Verpfle=
gung der französischen Kriegsgefangenen nach Barcelona ge=
schickt war, seinen Wunsch auf Frieden aussprechen ließ.
Kaum war es geschehen, so erfuhr er von den Plänen einer
royalistischen Schilderhebung in Paris und dem französischen
Süden und wiegte sich sogleich in eitlen Hoffnungen auf
glänzende Ueberwältigung der Revolution. Dagegen ant=
wortete ihm der Wohlfahrtsausschuß im Tone herrischer
Siegessicherheit, und im Oktober warf das Westheer die
Spanier mit scharfen Schlägen bis hart vor Pamplona
zurück. Unter diesen wechselnden Eindrücken erklärte Godoy
dem Staatsrate in tiefer Verzweiflung, daß keine menschliche
Kraft die Fortschritte der Franzosen hemmen könne, schlug
dann wieder England die Anerkennung des Grafen von
Provence als Regenten Frankreichs vor und erließ Mitte
November an Simonin ein Ultimatum, worin er die Be=
reitwilligkeit aussprach, mit der französischen Republik ab=
zuschließen, wenn diese die Kinder Ludwigs XVI. freigebe
und dem Sohne die an Spanien grenzenden französischen
Provinzen als selbständiges Königreich überlasse. Ueber
einen solchen Vorschlag sprach natürlich der Ausschuß seine
höchste Entrüstung aus, rief Simonin auf der Stelle aus
Barcelona ab und forderte seine Generale auf, dem spa=
nischen Hofe mit Kanonenkugeln die Antwort auf seine Frech=
heit zu geben.

Bereits hatte General Dugommier in diesem Sinne ge=
handelt. Sein unfähiger Gegner, Graf de la Union, hatte
sich bei Figueras in eine Menge planlos angelegter Schanzen
vergraben; am 17. November umging General Augereau
den beherrschenden linken Flügel dieser Position; zwar kam
die Bewegung in Stocken, als Dugommier, im Begriffe,
den Kampf im Zentrum zu eröffnen, durch einen Kanonen=
schuß getötet wurde; Union aber ließ die kostbaren Stunden
ohne irgend eine Vorkehrung nutzlos verstreichen, und als

dann endlich am 20. Dugommiers Nachfolger Perignon den
Angriff auf allen Punkten fortsetzte, so war die Niederlage
der Spanier nach kurzem Streite vollständig. Immer von
der Linken her aufgerollt, verloren sie eine Stellung nach
der andern, Union selbst fiel im Getümmel, an 9000 Offi=
ziere und Soldaten wurden niedergemacht, 80 Schanzen mit
200 Geschützen genommen. Die Auflösung des geschlagenen
Heeres war so gründlich, die Bestürzung der Spanier so
tief, daß schon nach acht Tagen General Torres das furcht=
bar befestigte Figueras mit einer Besatzung von 9000 Mann,
170 Geschützen und kolossalen Munitions= und Speisevor=
räten, ohne daß ein Schuß gefallen wäre, den Siegern über=
lieferte.

Diese große Katastrophe rief zunächst in der bedrohten
Grenzprovinz, in Catalonien, einen mächtigen patriotischen
Aufschwung hervor. Weiter rückwärts im Binnenlande über=
wog die Unzufriedenheit mit der eigenen Regierung, die
finanzielle Not, die politische Demoralisation; die Steuern
gingen schwierig ein, die Rekruten suchten sich der Aus=
hebung zu entziehen, das Volk begehrte unter bitteren Ver=
wünschungen den Frieden. An den Grenzen aber hatten
die Einwohner keinen andern Trieb als den der Selbst=
erhaltung und des Hasses gegen die Franzosen. Während
diese geglaubt hatten, daß das Erscheinen ihrer Trikolore
überall die Spanier zum Aufstande gegen das Madrider
Unwesen bestimmen würde, erfüllten sich diese mit glühen=
dem Abscheu gegen die Mörder Ludwigs XVI., die Verfolger
der Kirche, die Schänder des Christentums. Dazu kam die
Roheit der Konventskommissare, die Verwilderung der Sol=
daten, die Mißhandlung der besetzten Landschaften: überall,
in Catalonien wie in Navarra und Biscaya, forderte das
Volk seine Bewaffnung zum Kampfe gegen den gottlosen
Feind. Auf die Madrider Regierung setzte allerdings kein.
Mensch das mindeste Vertrauen; nach dem Fall von Figueras
wollte vielmehr Catalonien sich den Befehlen des Hofes
völlig entziehen, dann aber gegen den Landesfeind 150 000
bewaffnete Männer aufstellen. Indessen wurde noch einmal

ein offener Bruch verhütet; es kam endlich zu einer populären Rüstung von 24 000 Mann, in festem Zusammenwirken mit dem glücklicherweise höchst talentvollen und kräftigen Nachfolger Unions, dem General Urrutia. Es traf sich günstig, daß Perignon, anstatt die bei Figueras besiegten Heerestrümmer das Schwert im Nacken zu verfolgen, sich mit der Belagerung der Küstenfestung Rosas aufhielt, welche zum ersten Male in diesem Feldzug das Beispiel kräftigen Widerstandes gab und erst Anfang Februar kapitulierte, so daß Urrutia unterdessen seine zerrütteten Regimenter hinter dem Flusse Fluvia zu neuer Ordnung herstellen und die catalonische Volksbewaffnung in großem Umfang organisieren konnte.

Während hier Nation und Heer in Opferbereitschaft und Thätigkeit wetteiferten, bot der Madrider Hof stets dasselbe Schauspiel bodenloser Frivolität und empörender Unfähigkeit. Den Schrecken über die Niederlage von Figueras vergaß Alcudia in einem Wirbel unwürdiger Vergnügen und Ausschweifungen, und wenn der Marineminister Valdes mit höchster Energie auf Frieden drang, so war das für die Königin nur ein Grund mehr für die Fortsetzung des Krieges, weil vor allen anderen Rücksichten ihr die eine ging, daß kein einheimischer Widersacher gegen Alcudia recht behalte. Als im Dezember Tallien unter der Hand eine Eröffnung aus Paris sandte, daß man Spanien den Frieden ohne Gebietsabtretung bewilligen werde, wenn es sich von England trenne, lehnte Alcudia den Vorschlag ab, dieses Mal nicht aus Stolz oder Siegeshoffnung, denn im innersten Herzensgrunde wäre man froh gewesen, dem lästigen Kriegsgetümmel zu entrinnen; nur vermochte man, wie Graf de la Caneda sagte, die Anstrengung nicht zu machen, welche zur Erlangung des Friedens und einer sicheren Neutralität erforderlich war. Die Königin, schrieb damals der preußische Gesandte, will den Frieden, der König will nichts, Godoy, jung und unerfahren, glaubt, man mache mit denselben Mitteln Krieg und Frieden, und erwartet die Entscheidung, ich weiß nicht woher. Unter diesen Umständen

konnte Graf Cabarrus, Talliens Schwiegervater, den Faden
der geheimen Unterhandlungen im stillen fortspinnen, und
einen entscheidenden Anstoß gaben dann im Februar die
Nachrichten von der Eroberung Hollands und dem Abgang
des Grafen Goltz nach Basel. Jetzt kam auch Alcudia
wieder auf die alte Eifersucht gegen England zurück; er
versöhnte sich mit Valdes, und in einem großen Minister=
rate wurde am 22. März in Gegenwart des Königs und
der Königin der Antrag förmlich zur Erörterung gebracht,
den Frieden mit Frankreich, auf die einzige Bedingung der
Freiheit der beiden königlichen Kinder, zum Abschluß zu
bringen. Alle Anwesenden gaben ihren lebhaften Beifall zu
erkennen, nur König Karl, welchem man früher niemals
eine Silbe von friedfertigen Tendenzen geäußert hatte, war
entrüstet über die Zumutung eines Vertrages mit den ab=
scheulichen Königsmördern; indessen ließ auch er sich be=
schwichtigen, als seine Gemahlin ihm auseinandersetzte, wie
viele heilige Kapellen während des Krieges zerstört würden
und die Kirche selbst also das höchste Bedürfnis nach Frie=
den hätte. Don Domingo Yriarte, früher wegen seiner
jakobinischen Sympathien aus Madrid verwiesen und als
Gesandter nach Polen entfernt, ein gewandter, aber leicht=
sinniger Geschäftsmann, wurde ausersehen, hinüber nach
Basel zu gehen und dort mit Barthélémy die Friedensver=
handlungen zu eröffnen. Bei jeder andern Regierung als
der spanischen wäre hiermit eine feste Linie gewonnen, ein
bestimmtes System entschieden gewesen. Kaum aber war der
Befehl an Yriarte abgegangen, so schlug in Madrid die
Stimmung auf das neue um. Der Eindruck der hollän=
dischen Eroberung wurde aufgewogen durch eine vorläufige
Kunde von der Tripelallianz zwischen England, Oesterreich
und Rußland; das Beispiel des preußischen Friedens verlor
sein Gewicht durch eine ziemlich unumwundene Erklärung
Englands, daß dieses den Krieg gegen Spanien beginnen
würde, sobald Alcudia mit Frankreich Frieden schließe. Der
Herzog kam unter diesen sich kreuzenden Antrieben zu dem
ihn völlig bezeichnenden Ergebnisse, Yriarte einstweilen unter=

handeln zu lassen, aber keine rasche Nachgiebigkeit zu zeigen; darüber werde eine lange Zeit vergehen, während deren Urrutia hoffentlich die Grenzen decken und England seinerseits zu größerer Geschmeidigkeit einlenken werde.

Indessen hatte in Paris der Wohlfahrtsausschuß die Nachricht von Yriartes Sendung anfangs mit einigem Mißtrauen, zuletzt aber ohne Unterschied der Parteien mit großer Genugthuung aufgenommen. Seine friedlich gesinnten Mitglieder begrüßten jeden Schritt solcher Art mit unbedingter Freude, und die Independenten sahen in dem Ende des spanischen Krieges eine Erleichterung für ihre größeren Zwecke. Barthélémy wurde also beschieden, in die Unterhandlung einzutreten. Allerdings nahmen sich die ihm demnach zukommenden Weisungen im einzelnen nicht weniger kategorisch als bei der preußischen Unterhandlung aus: er solle auf alle Weise auf raschen Abschluß drängen, eben deshalb kurz und imponierend auftreten, keinen Waffenstillstand zulassen, jede Erwähnung innerer französischer Angelegenheiten, der Kinder Ludwigs XVI., der Emigranten, der Kirche, abschneiden, bei allen übrigen Fragen, Entschädigung, Grenzen, Kriegskosten, Neutralität, so viel wie möglich begehren, so viel wie nötig einräumen. Es zeigte sich sogleich, wie weit entfernt die beiderseitigen Standpunkte waren. Barthélémy eröffnete dem spanischen Gesandten, daß die Republik bereit sei, die von ihren Truppen besetzten Grenzstriche an den Pyrenäen herauszugeben, dafür aber in Amerika die Abtretung von Louisiana und dem spanischen Anteil an der Insel San Domingo fordere. Yriarte entgegnete hierauf mit einer lebhaften Verneinung, indem er ausführte, daß seine Regierung dem spanischen Volke nimmermehr ein so erniedrigendes Abkommen bieten dürfe. Seinerseits beantragte er dann die Bewilligung einer Pension für die ausgewanderten Prinzen, freie Rückkehr für die übrigen Emigranten, Anerkennung der katholischen Kirche in Frankreich. Darauf aber belehrte ihn Barthélémy, daß er über die Gebietsfrage ein Mehr oder Weniger zu unterhandeln bereit sei, allein jedes fernere Berühren innerer französischer

Zustände als einen Bruch der Verhandlung betrachten werde. Yriarte mußte, gerne oder ungerne, sich überzeugen, daß es Ernst war, und ließ jene Begehren fallen. Aber um so lebhafter und eindringlicher kam er auf den Punkt zurück, der, wie er sagte, für seinen Hof eine Sache der Ehre, der Religion und, wenn man wolle, des Fanatismus sei: das Schicksal der gefangenen Kinder im Tempel. Wochenlang gingen diese Gespräche fort. Vergebens erörterte ihm Bar-thélémy die Unmöglichkeit, daß die Republik einen so ge-fährlichen Prätendenten der Hand einer fremden Regierung anvertrauen könne: Yriarte erklärte es mit gleichem Nach-druck für unmöglich, daß sein König über das Schicksal seines nächsten, vornehmsten Blutsverwandten teilnahmslos und schweigend hinweggehe. Zwischen diesen Gegensätzen gab es keine Versöhnung.

So war der Tod des unglücklichen Knaben von nicht geringerer Erheblichkeit für die auswärtige Stellung als für die innere Entwickelung Frankreichs. Der Ausschuß gab Barthélémy Nachricht, daß in der Sitzung vom 9. Juni der Konvent mit großer Gleichgültigkeit den Tod des jungen Capet und mit lebhafter Begeisterung die Einnahme Luxem-burgs erfahren habe. Yriarte sprach darauf seinen tiefen Kummer aus, es war aber deutlich, daß die wahre Frie-densverhandlung jetzt erst begonnen hatte. Noch gab es erhebliche Differenzen zwischen beiden Mächten, allein keine derselben versagte sich bei gutem Willen einer Ausgleichung. Yriartes erstes Wort richtete sich jetzt, nachdem der Bruder durch den Tod dem Hader der Menschen entrückt war, auf die Befreiung der Schwester, der letzten Ueberlebenden der königlichen Familie. Der Ausschuß hatte hier allerdings kein politisches Bedenken hinsichtlich der Sicherheit der repu-blikanischen Verfassung; da aber sein nationaler Stolz sich sträubte, eine solche Bewilligung dem Andringen einer frem-den Regierung zu machen, so kam er dem spanischen Be-gehren durch einen Antrag beim Konvente zuvor, dem Kaiser Franz den Austausch der Prinzessin gegen die einst von Dumouriez den Oesterreichern überlieferten Deputierten an-

zubieten. Daß das Wiener Kabinett hierauf eingehen würde,
konnte von niemand bezweifelt werden — wie denn auch
einige Monate später der Tausch ohne besondere Mühe zu
stande kam —; Barthélémy konnte also dem spanischen Gesandten die Erklärung abgeben, daß die Freiheit der Prin-
zessin kein Gegenstand mehr für ihre Erwägung sei, da der
Konvent darüber bereits mit Oesterreich in Unterhandlung stehe.
Diesen Punkt erledigt, kam man zu dem eigentlich politischen
Teile des Friedenswerkes. Auch hier gab es mehr als eine
Schwierigkeit. Frankreich beharrte auf der Abtretung von
Louisiana und San Domingo, wovon der spanische Bevoll-
mächtigte nicht reden hören wollte. Spanien begehrte als
Vermittler zwischen der Republik und den italienischen
Staaten, vor allem dem Papste, anerkannt zu werden, wäh-
rend Barthélémy gemessenen Befehl hatte, keine Erwähnung
Italiens zuzulassen. Vielleicht hätte, da das Uebergewicht
der französischen Waffen in den Pyrenäen sich mit jedem
Tage deutlicher herausstellte, der Wohlfahrtsausschuß unter
solchen Umständen die Verhandlung abgebrochen: an diesem
Punkte aber griffen die vorher erwähnten Rücksichten auf
Oesterreich und Italien ein, und der Ausschuß blieb bei
dem Beschlusse stehen, das mögliche zur Erlangung des
spanischen Friedens und damit zur Verstärkung des italienischen Heeres zu thun.

Insbesondere sollte jetzt der Versuch gemacht werden,
nicht wie bisher auf den östlichen, sondern auf den westlichen Teil des spanischen Kriegsschauplatzes das größte Gewicht zu legen und hier durch einen kräftigen Vorstoß in
der unmittelbaren Richtung auf Madrid eine rasche Entscheidung herbeizuführen.

General Moncey, welcher damals das Heer der West-
pyrenäen befehligte, erhielt in diesem Sinne Anweisung und
Verstärkung. Er hatte etwa 40 000 Mann unter seinem
Befehle und kaum 30 000 Spanier unter dem Prinzen
Castelfranco sich gegenüber, welche auf der einen Seite
Navarra, auf der andern Biscaya gegen die Franzosen zu
decken hatten und also in dünner Aufstellung weit zer-

splittert waren. Moncey griff nun Ende Juni zuerst das feindliche Corps von Biscaya unter General Crespo mit Nachdruck an, indem er den Uebergang über den Grenzfluß Deba erzwang, warf dann einen ansehnlichen Teil seiner Streitkräfte auf die spanische Abteilung von Navarra, drängte sie tief in das Innere des Landes zurück und zerriß dadurch die Verbindung derselben mit ihren Waffengenossen in Biscaya völlig. Seitdem war Crespo außer stande, dem andringenden Gegner noch einen erheblichen Widerstand zu leisten: die Franzosen erreichten auf der einen Seite Vittoria und bald auch am Ebro die castilianische Grenze und besetzten auf der andern die Hauptstadt Biscayas, Bilbao. Der Schrecken in Madrid war gewaltig und entscheidend. Obwohl in Catalonien General Urrutia dem neuen Befehlshaber des französischen Ostheeres, General Scherer, in einem blutigen Treffen mit Tapferkeit und Erfolg entgegengetreten war, obwohl General Cuesta in der Cerdagne erhebliche Fortschritte gegen die Republikaner gemacht hatte, bequemte sich der Madrider Hof nach Monceys Siegen sogleich zu milderen Instruktionen für die Baseler Unterhandlung.

Dort zeichneten denn Barthélémy und Yriarte den Frieden am 22. Juli. Frankreich verzichtete darin auf den gegen Louisiana erhobenen Anspruch, Spanien trat dagegen seinen Anteil an San Domingo ab. Frankreich genehmigte die spanische Vermittelung bei einer mit Neapel, Parma und Portugal zu eröffnenden Friedensverhandlung; in Bezug auf die übrigen italienischen Staaten — darunter war nach einem geheimen Artikel wesentlich der Papst verstanden — ließ es sich spanische Verwendung gefallen. Die Stimmung in Madrid war übrigens, nachdem man das erste Opfer einmal gebracht, so gründlich umgeschlagen, daß Yriarte sofort nach der Unterzeichnung des Friedens den Wunsch seines Hofes aussprach, die alte bourbonische Allianz zwischen beiden Staaten zu erneuern, damit man, sagte er, mit vereinter Kraft das Uebergewicht Englands im Mittelmeer und jenes der Oesterreicher in Italien brechen könne.

In Paris war man mit diesem Ergebnis in hohem

Grade **zufrieden.** Die Bevölkerung und die gemäßigte Partei freuten sich des unmittelbaren Thatbestandes, daß wieder ein großes Kriegstheater geschlossen sei; die Independenten blickten mit Genugthuung auf die weiteren Folgen, die sich für ihr System aus der Verwendung des Pyrenäenheeres entwickeln sollten. Man hat, schrieb **General Bonaparte,** welcher damals im Bureau des Wohlfahrtsausschusses arbeitete, meine Offensivpläne genehmigt; wir werden bald ernsthafte Dinge in der Lombardei erleben; Sardinien wird ohne Zweifel auf Frieden denken, und nur von uns hinge es ab, den Frieden auf der Stelle auch mit dem Kaiser zu schließen. Aber, fügte er hinzu, wir fordern von ihm sehr vorteilhafte Bedingungen, die wir mit der Gewalt der Waffen durchsetzen werden.

Wenn somit der spanische Vertrag in seinen mittelbaren Wirkungen ohne Zweifel ein Gewinn für die revolutionäre und eroberungslustige Partei war, so hatten sich gleichzeitig im Innern Ereignisse vollzogen, welche auch hier den Einfluß der Gemäßigten schwächten und für die Politik des Konvents die schließliche Entscheidung gaben.

Drittes Kapitel.

Die Royalisten.

Während die Republik in ihren auswärtigen Beziehungen durch die Uneinigkeit und Mutlosigkeit ihrer Gegner einen Triumph nach dem andern errang, war die Regierung nicht mehr im stande, irgend einer der Parteien im Innern zu imponieren und zum Heile des Landes eine feste und unabhängige Stellung zu gewinnen. Wer eine Revolution zu machen sucht, wird stets auf gründliche Vernichtung jedes Gegners ausgehen; wer sie schließen will, muß vor allem auf Versöhnung der Parteien bedacht sein. Damals, im Sommer 1795, klangen noch aller Welt, den Freunden wie

den Feinden der Revolution, die furchtbaren Worte der
Schreckenszeit im Ohre: die Halbheit ist in revolutionären
Zeiten der Tod — ein Schritt rückwärts ist Verderben —
nur die Toten kehren nicht zurück. Wer gerade das Uebergewicht im Momente besaß, meinte also den Vorteil für
immer durch die völlige Vernichtung des Gegners sichern zu
müssen: jeder Erfolg rief wachsende Gewaltthat, wildere
Leidenschaft, verzweifelteren Widerstand hervor. Bei einer
solchen Stimmung der Gemüter mußte die Lage immer ungünstiger für die mittleren und gemäßigten Parteien werden;
die extremen Faktionen von rechts und links erfüllten immer ausschließlicher den Schauplatz.

Der Tag des 1. Prairial hatte in ganz Frankreich die
Strömung gegen die Jakobiner in neuen Schwung gesetzt.
Nicht überall begnügte man sich wie im Konvente mit der
Bekämpfung jakobinischer Gesetze oder der Verhaftung jakobinischer Führer. Wir wissen, wie grimmig in den Departements des Südens der Durst nach Rache und Vergeltung war, und unmittelbar nach dem Touloner Aufstande
entlud sich dieses Gefühl in grauenvollen Verbrechen. Einige
hundert Männer der Schreckenszeit waren zu Marseille in
dem Fort St.-Jean eingesperrt; die Stadt war während
der Touloner Bewegung von der Sorge erfüllt gewesen,
daß bei dem Eintreffen der Touloner diese Gefangenen mit
ihnen gemeinsame Sache machen würden, und gleich nach
der Einnahme Toulons beschlossen die Führer der Sonnen-
compagnie, sich durch einen blutigen Schlag für immer von
solchen Gefahren zu befreien. Am 5. Juni überfiel ein
Schwarm Bewaffneter das Fort; die wenig zahlreiche Wache
des Eingangsthors wurde sofort überwältigt, der befehligende
Offizier ergriffen und eingesperrt und dann ein Gefängnis
nach dem andern erbrochen und die Verhafteten niedergemacht. Die Metzelei dauerte beinahe den Tag hindurch:
es kam vor, daß die festen Kerkerthüren den Axtschlägen
der Eindringenden Widerstand leisteten, dann schleppten sie
ein Geschütz herbei, zerschossen die Thür und vernichteten
die Gefangenen mit Kartätschensalven. Gegen Abend waren

die Mörder ermüdet und zum Teil berauscht: um sich ihr
gräßliches Handwerk zu erleichtern, warfen sie durch die
zertrümmerten Kerkerfenster große Haufen von Stroh, zün-
deten es an und ließen die Gefangenen lebendig verbrennen.
Erst als die Nacht hereingebrochen war, erschienen aus der
Stadt, von Fackelträgern und Nationalgarden begleitet, die
Konventskommissare. Sie machten den Mördern Vorstellungen über ihr Vergehen, mahnten zur Ruhe und Gesetzlichkeit[1]) und brachten den Haufen endlich zum Abzug, nachdem einige Führer desselben verhaftet und die Wache des
Forts wieder bewaffnet worden war. Die Zahl der Erschlagenen wird in der offiziellen Liste auf 86, in anderen
Berichten auf mehr als 200 angegeben; zur Pflege der Ver-
wundeten kam ein Arzt erst nach mehreren Tagen hinaus,
als die meisten schon erlegen waren; die verhafteten Mord-
gesellen wurden nach wenigen Tagen ohne Untersuchung entlassen.

Schlimmer noch als die entsetzliche Unthat selbst war
die Befriedigung, mit welcher die Bevölkerung weit und
breit im Lande die Nachricht davon aufnahm. Durch die
langen Greuel der Schreckenszeit waren alle sittlichen Vorstellungen verwildert und alle Rechtsbegriffe aufgelöst. Wie
zu Marseille erging es im Süden allerorten. In Avignon
ereilte jetzt die Mörder der Eisgrube die Hand des Blut-
rächers; in Sisteron, in Digne wurden die Beamten der
jakobinischen Verwaltung, die Mitglieder der alten Revolutionsausschüsse niedergemacht. In Tarascon warf man
die Opfer von einem hohen Turme herab auf die spitzen
Felsklippen des Rhoneufers; drei Monate lang wiederholten
sich dort wie in Lyon diese Abscheulichkeiten. Ursprünglich
lag keine politische Tendenz den Mordthaten zu Grunde,
sondern ausschließlich der racheschnaubende Zorn gegen die
Frevler der Schreckenszeit. Als aber diese Scenen sich ver-

---

[1]) So nach der Erzählung des anwesenden Herzogs von Mont-
pensier, Bruders Louis Philipps, der ohne Zweifel mehr Glauben
verdient als der spätere, parteiisch übertreibende Bericht Frérons.

vielfältigten und bald den ganzen Boden in zwanzig Departements bedeckten, knüpften auch die politischen Parteien
an die wilde Erregung ihre Hoffnungen an. An verschiedenen Stellen rührten sich die Royalisten alten Schlages;
zahlreiche Mitglieder der ersten abligen Emigration kamen
nach Lyon oder Marseille zurück; die eidweigernden Priester
hatten immer, wie wir wissen, in diesen Gegenden einen
höchst bedeutenden Einfluß gehabt. In Lyon machten sich
diese Bestrebungen so rückhaltlos geltend, daß dort der Konvent, der sonst nach dem 1. Prairial zur Strenge gegen die
Feinde der Jakobiner wenig geneigt war, doch endlich einschritt, die Beamten zur Verantwortung vor seine Schranke
lud, die Polizeiverwaltung den Militärbehörden übertrug
und die Bürgergarde entwaffnete. Diese Maßregeln vollzogen
sich ohne Widerstand, die Umtriebe der Royalisten aber und
die Verfolgung der Jakobiner wurden damit nicht beseitigt.

Auch in Paris bildete sich in der weiten monarchisch-
konstitutionellen Opposition, die wir früher geschildert haben,
eine immer schärfer hervortretende bourbonisch-royalistische
Gruppe. Sie setzte sich aus zahlreichen und untereinander
wieder sehr abweichenden Elementen zusammen. Da war
ein ansehnlicher Teil der goldenen Jugend, ehemalige Mitglieder der ersten Reichsstände, eine Anzahl ruhiger und
liberaler Bürger, welche die Meinung hegten, da Frankreich einmal der Monarchie bedürfe, so müsse es sich vor
einer Handvoll Emigranten nicht fürchten, sondern jetzt nach
dem Tode des Dauphin den nächsten Erben, den ältesten
Bruder des Königs, den in Verona residierenden Ludwig XVIII., anerkennen. Sie dachten übrigens nicht an
schnelle Restauration auf gewaltthätigem Wege; sie wollten
die neue Verfassung und die künftigen Wahlen abwarten
und hofften dann ohne Waffen durch einen Beschluß des
gesetzgebenden Körpers die Bourbonen zurückzurufen. Neben
ihnen aber gab es andere heißere Köpfe, welche bei dem
allgemeinen Abscheu gegen die Jakobiner eigentlich jeden
Tag einen Aufstand zu Gunsten des legitimen Königs erwarteten und dabei eine möglichst reine Herstellung des alten

Regimes im Sinne trugen. Es war allerdings unmöglich, den wahren Zustand des Landes und die wirklichen Wünsche des Volkes gründlicher zu verkennen, aber wie immer that der Mangel an Einsicht bei jenen Männern dem unruhigen Eifer keinen Eintrag. Sie warben und wühlten, korrespondierten und konspirierten, hatten Beziehungen zu Tallien und andern Thermidorianern, waren thätig in den Sektionsversammlungen, schickten Briefe nach Verona an Ludwig XVIII., nach Basel an die Emigranten beim österreichischen Heere, in den Westen an Charette und Cormatin. Seit dem November 1794 hatte der Hof von Verona aus ihnen eine königliche Agentur gebildet, bestehend aus dem Abbé Brottier, dem Abbé Lemaitre und dem Ritter Despomelles; der betriebsamste von ihnen war der Abbé Brottier, von dem sein Kollege Maury zu sagen pflegte: wollt ihr eine Sache unauflöslich verwirren, so gebt sie dem Abbé Brottier, der ist im stande, die Engel vor Gottes Thron in Aufruhr zu bringen. Wie alle Politiker dieses Schlages, war er, wie insbesondere die meisten Mitglieder der abligen Emigration, von engem Fanatismus und weiter Leichtgläubigkeit erfüllt. Er meinte ein Viertel der Konventsdeputierten für die gute Sache zur Verfügung zu haben, hielt die Konstitutionellen des Todes beinahe würdiger als den blutigsten Jakobiner, erklärte nach dem Frieden von La Jaunais Charette für einen ebenso unbedeutenden wie unzuverlässigen Menschen. Allerdings erfuhr er in denselben Wochen, daß Ludwig XVIII. dem General der Vendéer einen Brief voll von bewundernder Anerkennung geschrieben hatte, und da sich zugleich in der Vendée der Friedenszustand nicht eben sicher zeigte, so war sein Plan auf der Stelle fertig, daß unter der Führung des unübertrefflichen Charette der Westen sich aufs neue erheben, im Süden der Verteidiger Lyons, Précy, zu gleicher Zeit das königliche Banner entfalten, der Prinz von Condé mit seiner Schar durch die Schweiz in die Dauphiné einbrechen und dann die Gutgesinnten in Paris mit einer kräftigen Bewegung dem Konvente ein Ende mit Schrecken machen müßten. Was die fremden Mächte betraf, so haßte er die Engländer als die kalten und selbstsüchtigen Erbfeinde Frankreichs und verkündete noch im Juni 1795 Ludwig XVIII., daß der einzige zuverlässige Monarch, dessen Beistand die Emigranten mit Ehre und Nutzen in Anspruch nehmen könnten, der König von Spanien sei.

So windig diese Anschauungen und Entwürfe waren, so ernsthaft gestalteten sich in der Bretagne wie in der Vendée die Angelegenheiten sehr bald nach dem Friedensschlusse. Vom ersten Tage an gab es Klagen auf beiden Seiten über vertragswidrige Schritte des Gegners. Geht man die zahlreichen darüber vorhandenen Dokumente durch[1]), so wird man auf eine juristische Feststellung von Schuld und Unschuld verzichten, über folgende Punkte aber des Thatbestandes nicht im Zweifel bleiben. Die republikanischen Häupter, der Wohlfahrtsausschuß und die verhandelnden Konventskommissare, hatten den Wunsch, den Frieden zu halten. Als Verwaltungsbeamte setzten sie durchgängig Genossen ihrer Gesinnung, aber nach besten Kräften gemäßigte und rechtschaffene Männer ein. Sie boten alle Anstrengung auf, ihre Offiziere und Soldaten zu Ordnung und Zucht, zu besonnener und friedfertiger Haltung zurückzubringen. Wenn die Generale über die Widerspenstigkeit der Vendéeer Klage führten, so antworteten sie ihrerseits ein über das andere Mal mit der Warnung, sich nie und nirgend mit Terroristen zu befassen. Was von den republikanischen, galt wenigstens für den Anfang auch von den royalistischen Führern. Charette und Stofflet in der Vendée, Cormatin in der Bretagne hatten durchaus keine Sehnsucht, den grauenvollen Bürgerkrieg aufs neue emporlodern zu sehen;

---

[1]) Am vollständigsten findet man die republikanischen in den **Guerres des** Vendéens Vol. **V, die** royalistischen bei Crétineau-Jolly, Vendée militaire, **Vol.** II und III. Auszuscheiden sind natürlich die untergeschobenen Aktenstücke, vor allem das angebliche Manifest der Vendéeer Führer vom 22. Juni, welches Crétineau gläubig mitteilt, so grell die Unechtheit desselben auch durch die Unterschrift **Stofflets** und Berniers **zu** Tage liegt.

sie trauten ihren Gegnern nach den früheren Erfahrungen
keinen Tag, aber sie hofften auf einen allgemeinen Um=
schwung der Dinge, der sie auch ohne eigenen Kampf von
dem Konvente befreien würde. Aber trotz dieser Stimmung
der Lenker hatte die Durchführung des Friedens auf die
Dauer unendliche Schwierigkeit. Bei dem militärischen
Uebergewicht der Aufständischen hatten die Konventskom=
missare nicht daran denken können, eine allgemeine Ent=
waffnung der Bauern zu fordern. Im Gegenteil, nachdem
man vereinbart hatte, daß in der Vendée 2000 Mann Land=
wehren im Solde der Republik unter den Waffen bleiben
sollten, hatten sie selbst mündlich dem General Charette
erklärt, dort könne er seine besten Leute unterbringen und
wie bisher befehligen. Blieben aber die Bauern bewaffnet
und Charette in befehlender Stellung, so war damit die
royalistische Armee thatsächlich ohne Veränderung beibehalten,
da ja auch während des Krieges die Bauern niemals als
stehendes Heer vereinigt, sondern nur immer auf Charettes
Wink in Bereitschaft gewesen waren. Nach wie vor gab
es im Lande zwei voneinander unabhängige, durch lange
erbarmungslose Bekämpfung erbitterte Truppenmassen. Beide
waren im höchsten Grade fanatisiert, beide in dem rasenden
Bürgerkriege verwildert, beide nur eine schlaffe und regel=
lose Zucht gewöhnt. Die republikanischen Offiziere waren
entrüstet, daß die Führer der Bauern nach der Anerkennung
der Republik noch fortfuhren, sich Generale, Obersten, Ma=
jore zu nennen, daß es inmitten des Staates noch Truppen=
körper außer jenen des Staates gab. Auf der andern Seite
waren zunächst in der Bretagne mehrere gefürchtete Banden=
führer dem Frieden von La Mabilais niemals beigetreten
und setzten trotz desselben das alte Treiben, die Verfolgung
der Beamten, die Plünderung der Postwagen, die Anfälle
auf kleine Heeresteile fort. In der Vendée verhütete Cha=
rettes und Stofflets durchgreifendes Ansehen eine Weile
solche Vorfälle: aber schon im Mai griff hier die Pariser
Agentur ein, und Abbé Brottier erließ an eine Anzahl
royalistischer Führer im Namen des Königs die Weisung,

die Feindseligkeiten zu erneuern. So erfüllte sich das Land
allmählich mit kleinen, immer heranwachsenden Reibungen,
Beschwerden und Gegenbeschwerden. Republikanische Soldaten mißhandelten einzelne Bauern; diese nahmen bei
erster Gelegenheit ihre Rache und schossen die Republikaner
nieder. Die Dörfer weigerten sich, gegen Assignaten ihre
Lebensmittel in die Städte zu bringen; die Generale, die
ihre Soldaten mit dem Hunger ringen sahen, drohten, das
Korn mit Gewalt zu holen. Dann schafften die Bauern
ihre Vorräte zu den alten Schlupfwinkeln in die Wälder
und lagerten sich in Waffen umher, und Bericht kam an den
Wohlfahrtsausschuß, daß die Royalisten Magazine anlegten,
Rottierungen machten und die Republikaner auszuhungern
suchten. Einen Gegenstand besonderer Verwickelung bildeten
die demokratisch gesinnten Einwohner, welche während des
Krieges aus dem Lande hatten flüchten und bei den republikanischen Heeren Beschirmung suchen müssen. Als sie jetzt,
auf den Frieden bauend, zurückkamen, fanden sie Haus und
Hof von den Royalisten eingenommen, sich selbst als Schreckensmänner und Robespierristen zurückgestoßen, und wenn sie
bei den Behörden um Herstellung in ihr Eigentum nach-
suchten, so war nichts sicherer, als daß der neue Besitzer gegen
sie zum Gewehre griff.

Ein solcher Zustand konnte nicht fortdauern. Entweder
mußte es zu einer Entwaffnung der Bauern kommen, oder
die Republikaner mußten das Land vollständig räumen.
Es wäre das unvermeidlich gewesen bei der aufrichtigsten Gesinnung, bei der friedlichsten Weltlage. Um wie viel rascher
entwickelte es sich jetzt, da auf beiden Seiten die Fülle des
Hasses und Mißtrauens vorhanden war und von außen
höchst nachdrückliche Aufforderungen zu neuem Kampfe erfolgten. Graf Puisaye war seit acht Monaten in England
thätig, um die dortige Regierung zu einer kräftigen Unterstützung der Royalisten zu bestimmen. Anfangs hatte er
nicht geringe Schwierigkeiten zu überwinden, da die Emigranten sich durch ihr prahlerisches Auftreten und den schmäh-
lichen Bankerott ihrer Verheißungen in ganz Europa um

alles Zutrauen gebracht und die englische Regierung mehr
noch als jede andere durch ihren fanatischen Abscheu gegen
liberales und konstitutionelles Wesen abgestoßen hatten.
Puisaye, selbst Mitglied der konstituierenden Versammlung
und später Genosse der Girondisten, war jedoch der geeignete
Mann, um in Bezug auf die politischen Fragen den eng=
lischen Ministern eine günstigere Meinung beizubringen; es
gelang ihm, Pitt und den Kriegsminister Windham voll=
ständig für seine Pläne zu gewinnen. Die Verträge von
La Jaunais und La Mabilais machten ihn nicht irre; er
versicherte, daß mit dem Erscheinen der englischen Expedition
an der bretonischen Küste das Land sofort aufs neue die
Waffen ergreifen würde, und wir wissen jetzt, wie guten
Grund diese Beteuerung hatte. Sein erstes und letztes
Wort war, daß das Unternehmen einen durchaus nationalen
Charakter haben, daß England also sich auf die Unter=
stützung durch seine Flotte, durch Geld= und Waffenlieferung
beschränken, die Landungstruppen aber ausschließlich aus
französischen Ausgewanderten bestehen müßten. Pitt ge=
nehmigte alles. Kolossale Vorräte von Uniformen, Ge=
wehren, Munition wurden zusammengebracht, und durch ganz
Europa erging Puisayes Aufruf an die Emigranten, sich zu
dem beabsichtigten Unternehmen in den englischen Häfen
zu vereinen. Sie kamen aus allen Landen herbei. In
Cowes an der Küste des Kanals sammelte Graf d'Hervilly
etwa 1500, und eine ebenso starke Abteilung warb auf deut=
schem Boden, in Bremen und Stade, der englische Oberst
Nesbitt. Es war ein unglücklicher Gedanke der englischen
Minister, zur Verstärkung dieser Scharen Rekruten unter
den französischen Kriegsgefangenen in England aufzubieten;
d'Hervilly, ein alter Soldat und strammer Royalist, warnte
dringend, die Expedition mit so unzuverlässigen Elementen
nicht zu belasten, Pitt glaubte aber, daß man es im Ge=
fechte nicht so genau zu nehmen brauchte, und mehr als
1600 jener Gefangenen wurden in die Landungstruppen
eingereiht. Diese Rüstungen vollzogen sich seit dem April
mit stets wachsender Thätigkeit.

Unterdessen erhitzten sich in der Bretagne und der Vendée die Streitigkeiten mit jedem Tage. Die royalistischen Bandenführer hielten ihre Leute immer fester zusammen; im Monat Mai hatten die meisten ihren Bezirken den förmlichen Befehl gegeben, bei harter Strafe keine Assignaten anzunehmen und keine Lebensmittel in die republikanischen Garnisonen zu bringen. Diese waren dadurch gezwungen, ihren Unterhalt mit gewaffneter Hand zu suchen; es gab zahlreiche Gefechte, mehrere royalistische Führer wurden erschossen oder verhaftet: die Generale Hoche und Aubert berichteten wiederholt nach Paris, daß der Friede eine verderbliche Täuschung und höchst energische Maßregeln zur Rettung der Republik erforderlich seien. In der Vendée stand es nicht besser. General Canclaux, welcher dort befehligte, redete nicht so ganz unumwunden wie seine bretonischen Gefährten, sprach aber ebenfalls sehr nachdrückliche Befürchtungen aus. Im Laufe des Mai wechselte in der Bretagne das Personal der Konventskommissare; an die Stelle der Friedensstifter kamen einige alte Montagnards, die sich selbst zu der Fraktion der Unabhängigen hielten, und bei diesen brachte Hoche mehr als einmal die Notwendigkeit zur Sprache, einen entscheidenden Schritt zu thun und sich der wichtigsten Häupter, vor allem Cormatins, durch plötzliche Verhaftung zu versichern. Cormatin that er hierbei unrecht. Zu derselben Zeit, wo ihn der republikanische General für einen Ausbund der schwärzesten Niederträchtigkeit erklärte, galt er den Seinigen, die er unaufhörlich zu mäßigen und zurückzuhalten suchte, beinahe für einen Verräter. Während die Chouans von Lisieux die Einwohner aufforderten, unter den Waffen zu bleiben und nötigenfalls für König, Kirche und Vaterland zu sterben, stellte Cormatin dem royalistischen Landrat von Morbihan vor, man dürfe keinen voreiligen Schritt thun, welcher die gute Sache rettungslos verderben werde, da sie nicht mehr eine vereinzelte Partei seien, sondern mit allen Royalisten in Frankreich zusammenhingen und ihr Thun einer allgemeinen Entscheidung unterwerfen müßten. Eben diese Briefe wurden aber

am **24. Mai** von republikanischen **Streifpatrouillen** auf=
gefangen und dienten dem General Hoche als deutliche Be=
weise eines wohlerwogenen **empörerischen** Anschlages. Auf
sein Drängen berichteten die Konventskommissare **dem Wohl=**
fahrtsausschusse, daß man nach ihrer Ansicht **die Verhaftung**
der Führer nicht länger aufschieben dürfe. Der Ausschuß
erhielt diese Depesche am 30. Mai, eine Woche **also** nach
dem 1. Prairial, unter Verhältnissen, welche ihm den Kampf
gegen die Jakobiner ungleich bringlicher als den Bruch mit
den Royalisten erscheinen ließen. Er antwortete **in** sehr
unbestimmten Wendungen, er fühle die Notwendigkeit starker
Maßregeln, doch sei vor allem die Echtheit **der** aufgefan=
genen Briefe festzustellen und müsse man **die** ausreichende
Macht haben, ehe man handle.

Aber General Hoche hatte den Bescheid **seiner** Regie=
rung nicht mehr abgewartet. Schon am **25. Mai** hatte er
den Kommissaren einen Befehl auf Verhaftung aller **Ban=**
denführer entrissen, welche die Armee erreichen könne. Ihrer
acht, darunter Cormatin, wurden **darauf** überrascht und er=
griffen und gleich in den nächsten Tagen **mehrere** Abtei=
lungen der Chouans zersprengt. Eine Proklamation des
Generals verkündete allen Bewaffneten sicheres Verderben,
allen ruhigen Einwohnern Schutz, Sicherheit, freien Gottes=
dienst. Zweiunddreißig mobile Kolonnen begannen **das**
Land zu durchziehen, der Kampf entbrannte durch **die ganze**
Bretagne mit neuer Wut. Es war charakteristisch **für die**
Lage des Reiches, daß alle diese entscheidenden Dinge **ohne**
Vorwissen der Regierung von **der Militärgewalt vollzogen**
wurden: erst am 16. Juni erstattete **der Ausschuß dem**
Konvente einen Bericht, der fast nur eine Wiederholung
der Proklamation Hoches war und dem Konvente die ein=
fache Bestätigung des Geschehenen vorschlug.

Die Nachricht von diesem Bruche wurde natürlich in
London und Cowes mit lebhafter Freude aufgenommen. Es
gab **ja** für **die** beabsichtigte Expedition keine wichtigere Be=
dingung als **die** kräftige Teilnahme **der** Royalisten im
Innern; schon seit Wochen befand sich der Marquis **von**

Rivière bei Charette, um diesen zu einer neuen Schilderhebung zu bestimmen; jetzt konnte man hoffen, daß ganz
von selbst das in der Bretagne glühende Feuer auch die
Vendée ergreifen würde. Charette hatte dem Marquis anfangs nur eine kühle Aufnahme gegönnt und eine ärgerliche
Eifersucht gezeigt, als der Gesandte ihm den Grafen Puisaye
als den Führer der Expedition genannt hatte. Der General
meinte, daß nach seinen Diensten kein dritter ihm selbst die
erste Stelle streitig machen könne und am wenigsten ein
Mann von so lauen und verdächtigen Grundsätzen wie jener
liberale Exkonstituant und Freund der Girondisten. Indessen wurde er nach dem Ausbruch in der Bretagne ge-
schmeidiger und versprach neuen Aufstand gegen die Republik, sobald die Expedition an den Küsten Frankreichs sicht-
bar werde. So entschloß man sich in London, vorwärts
zu gehen. Das Landungsgeschwader bestand aus acht Fre-
gatten und zehn kleineren Fahrzeugen unter dem Befehle
Sir John Warrens; es trug die erste Division der Emigranten, 3500 Mann unter Graf d'Hervilly, sodann 22 000
Uniformen, 30 000 Flinten, 19 Geschütze, 600 Zentner Pul-
ver[1]); die Fahrt wurde durch Admiral Bridport mit einer
Flotte von 15 Linienschiffen geleitet. Zu gleicher Zeit
alarmierte, um die Aufmerksamkeit und die Kräfte des Gegners zu teilen, Sir Sidney Smith die Küsten der Normandie und Sir Robert Strachan die Nordküste der Bretagne, während Bridport und Warren, am 10. Juni von
Cowes auslaufend, ihre Richtung an das Südufer dieser

---

[1]) Lebensmittel, sagt Puisaye, für 6000 Mann auf drei Monate.
L. Blanc, der hier wie überall Pitts „Macchiavellismus" betont,
wundert sich, daß bald nachher Puisaye dem englischen Ministerium
meldet, es sei großer Mangel an allem Nötigen. Man hatte
damals außer den 3500 Emigranten etwa 14 000 Chouans zu
ernähren und wünschte den Aufstand weiter auszudehnen; kein
Wunder also, daß sich Bedürfnisse von allen Seiten meldeten,
zumal, wider Puisayes Aussage, die vornehmen Emigranten un-
ersättlich waren und bei dem Mangel jeder regelmäßigen Verwaltung die mitgebrachten Vorräte kläglich verschleudert wurden.

Provinz, nach der Bai von Quiberon nahmen. Auf hoher See eröffnete Puisaye die letzten Instruktionen, die er von dem englischen Kriegsminister Windham erhalten hatte; sie übertrugen ihm die Leitung der ganzen Expedition und wiesen die englischen Admirale an, ihn überall nach seinen Wünschen zu unterstützen. Leider hatte Windham es versäumt, eine gleich ausdrückliche Weisung für den Grafen d'Hervilly hinzuzufügen, und dieser, beschränkt und eigenwillig wie die meisten Mitglieder der adligen Emigration, erklärte sofort, daß auch er eine Instruktion vom Ministerium habe, die ihn anweise, seine Regimenter nicht durch leichtsinniges Vordringen in das Innere, ehe ein sicherer Rückzugspunkt vorhanden sei, auf das Spiel zu setzen. Trotz aller Erörterungen blieb er fest dabei, daß er persönlich für die Befolgung dieser Befehle einstehe, sich also überall sein freies Ermessen vorbehalte und sich als den Gefährten, nicht aber als den Untergebenen Puisayes betrachten müsse.

Ein solcher Zwiespalt unter den Häuptern war nicht glückverheißend für den Ausgang des Unternehmens. Es gab aber in der royalistischen Partei noch viel schlimmere Erzeugnisse desselben engen und hitzigen Fanatismus, wodurch allen ihren Entwürfen von vornherein das Siegel der Vernichtung aufgedrückt wurde.

Bei der politischen Abspannung der Volksmassen, in der kein anderes Gefühl als jenes des Abscheus gegen die Jakobiner und der Sehnsucht nach bürgerlicher Ordnung lebendig war, hätten in diesem Augenblick die bourbonischen Prinzen die besten Aussichten gehabt. Wenn sie sich entschlossen, eine wahrhaft königliche Stellung über den Parteien einzunehmen, einen jeden als ihren Freund zu begrüßen, der nicht ihr Gegner war, und die positiven Errungenschaften der Revolution dem Lande zu gewährleisten, so hatten sie neun Zehntel der Bevölkerung auf ihrer Seite. Die Zusage einer liberalen Verfassung, die unbedingte Amnestie für alle politischen Ereignisse der Revolutionszeit, die Sicherung der neuerwachsenen Besitzverhältnisse gegen Entschädigung der Emigranten, mit diesen Worten hätte Lud-

wig XVIII. die rasche Zustimmung der französischen Nation
erobert. Statt dessen aber, was geschah?

In dem Augenblicke, in welchem die Expedition nach
Quiberon unter Segel ging, erschien in Paris eine Denk=
schrift des Grafen d'Entraigues, eines der nächsten Ver=
trauten Ludwigs XVIII., worin alle Konstitutionellen für
ärgere, weit verstocktere Sünder als die Jakobiner, des
Rades und des Galgens würdig erklärt wurden. In den
Reihen der Emigration selbst wurden alle Vertreter liberaler
Zugeständnisse mit Hohn und Mißachtung überschüttet; Graf
Montlosier schrieb, daß die konstitutionellen Genossen seines
Exils mit mehr Verbrechen behaftet seien als Marat und
Robespierre, und ein Pamphlet nach dem andern verkündete
den Franzosen, daß jetzt das große Strafgericht für alle
Anhänger und Beförderer revolutionären Wesens ohne Unter=
schied hereinbreche. Die Monarchisten in Paris waren tief
betroffen. Während die Thermidorianer mit allen Mitteln
ihre Gunst umwarben und sie mit den wärmsten Zusiche=
rungen überhäuften, sahen sie sich von den Freunden und
Ratgebern der Bourbonen mit jedem ersinnlichen Schimpf
und Schaden bedroht. In ganz Paris war nur eine Stimme
unter den Massen, daß man vor allem dieses vom Aus=
lande herandrohende Unheil abwenden und dann erst mit
eigener Kraft die Revolution schließen müsse. Ehe Puisaye
die französische Küste betreten hatte, war ihm die öffentliche
Meinung des Landes auf den Tod verfeindet.

Es war noch nicht das schlimmste. Ueber Puisaye
dachte wie Charette auch die Agentur des Abbé Brottier.
Sie war über ihn und seine Pläne von vorneherein ver=
stimmt, weil er dieselben auf den Schutz der verhaßten
Engländer gebaut hatte. Im Mai war dann Lemaitre
selbst nach England gegangen und hatte sich überzeugt, daß
Puisaye in der That noch immer dieselben verruchten libe=
ralen Gesinnungen hege wie früher. Brottier schrieb auf
der Stelle an den Grafen von Artois, um ihn vor Puisaye
zu warnen. Er meldete dem Prinzen, daß Puisaye kein
geringeres Verbrechen im Sinne habe, als statt Ludwig XVIII.

den Herzog von York auf den französischen Thron zu bringen.
Als diese Verleumdung zwar den Prinzen zu dem Ausspruch
brachte, daß ihm Puisaye so verhaßt sei wie Robespierre,
die englische Regierung aber fortfuhr, Puisaye zu fördern,
wandte sich der Abbé an Charette, welcher am 24. Juni
die Waffen ergriffen hatte, und gab ihm im Namen des
Königs die Meldung, daß der Angriff auf Quiberon nur
eine leere Demonstration zur Täuschung des Feindes sei
und die wahre Landung an der Küste der Vendée erfolgen
werde; Charette habe also diese abzuwarten und die Grenze
seiner Provinz nicht zu verlassen.   Je mehr diese Aussicht
dem persönlichen Ehrgeize des Generals schmeichelte, desto
sicherer war Brottier seines Erfolges: er hatte somit Pui=
sayes unglücklichen Genossen die vielleicht entscheidende Mit=
wirkung der Vendée entzogen.   Der zweite Führer der
Vendée, Stofflet, war auf Charette eifersüchtig, wie dieser
auf Puisaye. Er schwankte, ob er dem Beispiele Charettes
folgen oder den Friedensstand aufrecht halten sollte: in
dieser Stimmung wurde er von einer andern Intrigue um=
schlichen und zu ihrer aller Verderben ergriffen. Neben Brottier
und dessen Freunden gab es in Paris noch eine zweite
royalistische Agentur, bei welcher Ludwig XVIII. selbst im
Geruche liberaler Hinneigungen stand, die also alle Hoff=
nungen auf den einzig fleckenlosen Karl von Artois setzte
und diesem statt seines Bruders die französische Krone zu=
dachte. Eben hatte Ludwig XVIII. Charette unter einem
höchst schmeichelhaften Handschreiben zum Generallieutenant
ernannt; Stofflet war im innersten Herzen verdrießlich über
diese Auszeichnung seines Nebenbuhlers und ließ sich in
dieser Stimmung durch die Pariser Agenten leicht ent=
scheiden, seine Sache von jener Ludwigs und des neuen
Generallieutenants zu trennen und zwischen den Kämpfern
neutral zu bleiben. Unterdessen setzte Brottier diese jam=
mervollen Umtriebe auch auf bretonischem Boden fort. Er
schickte an alle Führer der Chouans angebliche Weisungen
Ludwigs XVIII., bis auf weiteren Befehl sich ruhig zu
halten, ihre Scharen nicht zu vereinen und jedem Zusam=

menstoße mit den Republikanern auszuweichen. Er fand
nicht bei allen, aber doch bei einem großen Teile der Führer
Gehorsam: so entwaffnete ein royalistischer Fanatiker, wäh=
rend die englische Flotte die Emigrantenschar dem Ufer
Frankreichs entgegentrug, den Arm der Royalisten, deren
Hülfe allein dem Unternehmen das Gelingen hätte bereiten
können.

Am 22. Juni hatte Sir John Warren die französische
Küste bei Lorient und zugleich die republikanische Flotte
von 14 Linienschiffen unter Admiral Villaret=Joyeuse in
Sicht. Er beeilte sich, dem durch widrigen Wind etwas
entfernten Bridport die Meldung zu machen, welcher dann
auch mit möglichster Schnelligkeit herbeieilte und den 23.
mit großem Ungestüm den Kampf gegen Villaret=Joyeuse
eröffnete. Nach einer kurzen heftigen Kanonade gelang es
ihm, das Zentrum der französischen Linie zu durchbrechen,
worauf die Mehrzahl der feindlichen Fahrzeuge in eiliger
Flucht den Hafen suchte, drei Linienschiffe aber von den
Engländern umringt und nach sehr tapferem Widerstande
genommen wurden. So war die Bahn für die Expedition
geöffnet, und am 25. warf Sir John Warren bei Carnac
zwischen dem Golf von Morbihan und der Halbinsel Qui=
beron die Anker. Man empfing sogleich die günstigsten
Nachrichten über die Stimmung des Landes, welche durch
die Niederlage der republikanischen Flotte neu gehoben war;
dennoch war d'Hervilly nicht zu bewegen, ohne vorgängige
Rekognoszierung zu landen, und so verzögerte sich die Aus=
schiffung bis zum 27. Juni. Die Chouans von Morbihan,
mehr als 10 000 Mann, von Georges Cadoudal, Bois=
Berthelot und dem Ritter Tinteniac geführt, waren in voller
Bewegung und drängten, während die Emigranten die
Küste betraten, die nächsten republikanischen Posten nach
Auray und Landevan zurück. Puisaye ordnete sie auf der
Stelle in drei Divisionen und ließ sie am 28. auf die ge=
nannten Ortschaften nachdringen; die Bewegung hatte den
besten Erfolg; die Chouans besetzten Auray und schoben
ihren Vortrab bis Vannes vor; diese ersten Fortschritte

wirkten gewaltig auf die Stimmung des Landes und warfen
die republikanischen Behörden und Bürgergarden der Nach=
barschaft in große Bestürzung. Die Truppen der Repu=
blikaner waren, wie wir sahen, in kleinen Kolonnen
weit durch die Provinz zerstreut; ein entschlossenes Vor=
gehen der Royalisten in großer Masse hätte den Aufstand
durch die ganze Bretagne zu voller Entwickelung bringen
können.

General Hoche bewährte in dieser Krisis dieselbe Sicher=
heit, Klarheit und Kühnheit, mit welcher er 1793 das
Schicksal des Rheinfeldzuges bestimmt hatte. Alles kam
darauf an, dem Gegner nicht den Vorteil des moralischen
Uebergewichts zu lassen und um jeden Preis die weitere
Ausdehnung des Brandes zu verhüten. Er schrieb an Can=
claux und Aubert=Dubayet um schleunige Verstärkung; er
beschied die Kommandanten in Lorient und Brest, diese
Plätze bis auf den letzten Blutstropfen zu verteidigen; er
befahl seinen Offizieren, von allen Kolonnen die irgend ent=
behrliche Mannschaft schleunigst nach Auray zu ihm zu ent=
senden. Vor allem aber raffte er selbst zusammen, was
von Streitkräften in der Nähe war, etwas über 2000 Mann,
und stürzte sich damit, ohne das Mißverhältnis der Zahl
zu beachten, am Abend des 28. auf die Chouans in
Vannes. Er trieb sie aus der Stadt hinaus und verfolgte sie
nach Auray, war aber zu schwach, um dort die Schar des
Bois=Berthelot zu überwältigen. Puisaye forderte seiner=
seits den Grafen d'Hervilly dringend auf, alle Kräfte zur
Erdrückung des gefährlichsten Gegners zu vereinigen: d'Her=
villy aber blieb mit seinem Satze, daß man einen sicheren
Rückzugspunkt haben müsse, ehe die Emigranten einen Schritt
vorwärts in das Innere thäten. Er hielt also seine Regi=
menter an der Küste zusammen und begann am 29., durch
die englischen Kanonierschaluppen unterstützt, einen Angriff
auf die nahe Halbinsel von Quiberon. Es ist das eine
drei Stunden lange, eine halbe Stunde breite Landzunge,
sandig und unfruchtbar, ohne Bäume und Brunnen, nur
von einigen Fischern bewohnt. Ihre schmalste Stelle hat

sie gerade an dem Punkte, wo sie mit dem Kontinent zu=
sammenhängt; dort lag, den Boden beinahe deckend, das
Fort Penthièvre, mit einer Besatzung von 700 Mann, die
nach schwachem Widerstande am 3. Juli die Waffen streckten
und sich größtenteils in die Bataillone der Emigranten selbst
einreihen ließen. Aber während dieser Tage hatte Hoche
sich auf 5000 Mann verstärkt und überwältigte in denselben
Stunden, in welchen d'Hervilly die Halbinsel einnahm, die
Stellungen der Chouans in Auray und Landevan. Die
Bauern waren wütend, daß d'Hervilly sie ohne Unterstützung
ließ, und klagten bei Puisaye geradezu über Verräterei;
d'Hervilly dagegen hatte eben dringende Depeschen von Abbé
Brottier empfangen, worin er ermahnt wurde, zu zögern
und hinzuhalten, bis man über Puisayes höchst verdächtige
Pläne klar sähe. Als nun dieser mit lebhaften Aufforde=
rungen in ihn drang, am 4. mit aller Macht den Truppen
Hoches zu Leibe zu gehen, blieb er eine Weile verschlossen
und stumm und entschied endlich, ohne irgend eine Erörte=
rung zuzulassen, daß alles sich auf die Landzunge unter die
Deckung des Forts Penthièvre und der englischen Kanonier=
schaluppen zurückziehen solle, um dort neue Instruktionen
aus London abzuwarten.

Das war das sichere Verderben. Es hieß auf den ein=
zigen Umstand, welcher zum Siege führen konnte, die Ver=
einigung aller Scharen der Bretons, verzichten. Es hieß,
den Republikanern die Zeit zur Heranziehung einer Ueber=
macht lassen, mit der sie das Häuflein der Emigranten nach
ihrem Belieben erdrücken mochten. Die Chouans bei dem
Heere erkannten es wohl: während eine Menge derselben
sich in ihre Heimat zerstreute, rückten die andern in dumpfer
Niedergeschlagenheit, von klagenden Weibern und Kindern
aus allen benachbarten Ortschaften umringt, in die Halb=
insel ein, wo nun an 20 000 Köpfe zusammengedrängt
waren, ohne eine Möglichkeit, sie unter Dach zu bringen
oder zu ernähren. Puisaye und d'Hervilly haderten drei
Tage hindurch; am 7. brachten endlich die Offiziere der
Chouans mühsam eine Annäherung zu stande. Es wurde

nun **auf d'Hervillys** Betreiben **ein** Schlachtplan verabredet, nach **dem zwei** Abteilungen der Chouans, **die** man soeben auf englischen Fahrzeugen **nach** verschiedenen Küstenpunkten hinübergeführt **hatte,** sich im Innern des Landes vereinigen und am 16. dem republikanischen Lager in den Rücken fallen sollten, während ein dritter Haufen der **Bauern** es in der Flanke und die Emigranten in der Fronte angriffen. Es war eine besondere Feldherrnkunst, welche ihre Streitkräfte so in das ungewisse zerbröckelte und ihre Vereinigung auf einen Zeitpunkt hinausschob, in welchem der Gegner einer großen Ueberzahl sicher **war.** Denn drüben bei den Republikanern war alles Eifer, Rührigkeit, Einheit. **Der** Konvent sandte zwei Mitglieder des Wohlfahrtsausschusses, Tallien und Blad, mit unbeschränkter Vollmacht; Dubayet und **Canclaux schickten Truppen und Munition;** um die Mitte des Monats hatte Hoche in seinem **Lager von Saint-** Barbe, welches die Mündung der Landzunge absperrte, über 15 000 Mann vereinigt **und** seine Stellung **durch** große Erdwerke **und** wohlbewaffnete Redouten gesichert. An seiner Festigkeit zerschellten alle Anstrengungen der Royalisten wie Staub. Die beiden Scharen, die am 10. Juli Quiberon verlassen hatten, unter Tinteniac und Jean-Jean, jede ungefähr **3500** Mann stark, zogen im Lande umher, wurden in kleine Gefechte verwickelt und durch täuschende Weisungen der Pariser Agentur aufgehalten; endlich fiel Tinteniac in einem unbedeutenden Scharmützel, und die Bauern verliefen sich in die Wälder. Die dritte Schar unter Graf Vauban, die **in der Nacht** auf den **16. bei** Carnac landen sollte, richtete nicht mehr aus, und so fand sich an dem **entschei-** denden Morgen d'Hervilly allein mit seinen 3500 Emigranten dem vierfach übermächtigen Feinde gegenüber. Seine Regimenter stürzten zum Angriff mit ritterlicher Todesverachtung vor, aber das Feuer der feindlichen Batterien reichte aus, um ihre schmalen Reihen niederzuschmettern und auf der Stelle **jede** Hoffnung zu vernichten. D'Hervilly selbst wurde auf den Tod verwundet; der Rückzug war unvermeidlich, und nur die vollen Lagen der englischen Schiffe,

welche über den ganzen Rücken der Halbinsel hinüberfegten,
hielten die Republikaner ab, vermischt mit den Besiegten
in das Fort Penthièvre einzudringen. Inmitten dieses Ge-
tümmels landete, von England herüber anlangend, die zweite
Division der Emigranten, 1500 Mann unter dem jungen
Grafen Sombreuil. Sie war außer stande, in das Geschick
des Tages einzugreifen; sie war bestimmt, thatlos ein furcht-
bares Opfer zu vergrößern.

Das Fort Penthièvre, das einzige Hindernis, welches
die Republikaner noch von Quiberon abhielt, hätte einer
regelrechten Belagerung nicht lange widerstehen können.
Es kam aber nicht einmal so weit. Jene kriegsgefangenen
Republikaner, welche man in England in die Regimenter
der Emigranten eingesteckt hatte, desertierten jetzt haufenweise zu ihrer alten Fahne hinüber; einer von ihnen, ein
Sergeant Goujon, ein verständiger und erprobter Soldat,
meldete sich bei Hoche am 19. und legte ihm einen Plan
vor, das Fort durch nächtlichen Ueberfall zu nehmen. Hiernach setzten sich die Kolonnen der Republikaner am 20. kurz
vor Mitternacht in Bewegung. Das Fort wurde auf beiden Seiten zur Flutzeit von den Meereswellen bespült; die
Ebbe aber ließ rechts und links eine schmale Uferstrecke frei,
und hier sollten im Dunkel der Nacht die Truppen sich
zwischen den Batterien des Forts und den heranrauschenden
Wogen hindurchschleichen und dann die Festung von der
schlechtbewachten Rückseite erklimmen. Hoche selbst, von
Tallien und Blad begleitet, näherte sich mit einer dritten
Abteilung der Fronte des Forts, um zur Unterstützung seiner
Genossen bereit zu sein. Der Himmel war schwer bewölkt
und die Nacht so finster, wie die Angreifer zur Verhüllung
ihrer Absichten es wünschen mochten. Aber als sie eben
die Küste erreichten, brach ein gewaltiges Unwetter mit
strömendem Regen und furchtbarem Sturme los, so daß
man eine volle Stunde lang keinen Schritt vorwärts zu
thun wagte. Der Wind peitschte die Wellen des Ozeans
vor sich her, daß sie mit dröhnendem Brausen an das Ufer
schlugen und, als die Truppen endlich aufbrachen, der

Küstenpfad überall vom Wasser bedeckt war. Die Kolonne der Linken unter General Humbert kam ins Stocken; rechts aber blieb Goujon dabei, er kenne den Ort genau und werde die Straße finden, und General Menage führte seine Leute unter allem Toben des Donners und Regens durch die finstere Nacht in die Wellen hinein. Das Wasser ging ihnen bis zum Gürtel, bei jedem Schritt hatten sie gegen Wind und Strom zu kämpfen, mit lautloser Anstrengung wanden sie sich, einer dem andern folgend, durch die Gefahr hindurch. Endlich war man vorüber und stand im Rücken des Forts auf trockenem Boden am Fuße der Böschung. Jene Ueberläufer hatten von ihren zurückgebliebenen Kameraden das Losungswort der Besatzung empfangen; so erreichte man ohne Schwierigkeit die Plattform des Walles. Dann aber gab es Lärmen, einige Schüsse fielen, die ganze Besatzung kam in Bewegung. Auf der Vorderseite des Forts bemerkten die Kanoniere im Morgengrauen das Heranrücken des feindlichen Hauptcorps und eröffneten ein so rasches und mörderisches Feuer auf dasselbe, daß die Glieder sich lösten und Hoche, Verrat besorgend, den Rückzug befahl. Plötzlich aber verstummte die Kanonade, und als Hoche zurückblickte, sah er mit freudiger Ueberraschung auf der Höhe des Forts die dreifarbige Fahne. Menage hatte niedergemacht, was sich ihm in den Weg stellte; einige hundert Ueberläufer gesellten sich seinen Leuten bei; die royalistischen Kanoniere wurden auf ihren Geschützen erschlagen, und Penthièvre war in der Gewalt der Republikaner.

Die Expedition war damit unrettbar verloren. Auf der Landzunge gab es schlechterdings keine Stellung mehr, wo man dem dreifach überzähligen, siegesgewissen Feinde noch hätte widerstehen können. Die Emigranten zogen sich, hoffnungslos und ungeordnet, auf die äußerste Spitze der Halbinsel zurück, nur von dem einen Gedanken erfüllt, daß die englischen Schiffe das Unheil wahrnehmen und die Boote zur Rettung senden möchten. Aber mehrere Stunden vergingen, ehe man Sir John Warren von dem Verluste des

Forts in Kenntnis setzen konnte [1]), und wie war es möglich, dann die Tausende sämtlich so schnell, wie es hier
nötig gewesen, zu den Schiffen hinüberzuführen. General
Hoche hatte, wie es scheint, aus Menschlichkeit eine geraume
Weile seine Truppen in dem eingenommenen Fort unter
verschiedenen Vorwänden zurückgehalten; vormittags aber
konnte er nicht länger zaudern und ließ eine Kolonne in
das Innere der Halbinsel vorwärts gehen. Bald erreichten
ihre Kugeln den Ort, wo die hastige Einschiffung stattfand,
und eine jammervolle, unermeßliche Verwirrung griff um
sich. Weiber und Kinder drängten sich zwischen den Soldaten zu den Booten durch, verwundete Offiziere wurden
von treuen Dienern herangeschleppt, die Menge stürzte mit
so verzweifelndem Treiben heran, daß die englischen Matrosen oft genug mit Säbelhieben die völlige Ueberfüllung
hindern mußten. Alle Ordnung hatte sich gelöst; Puisaye
war der Meinung, daß er seiner Sache in England besser
als auf dem Blutgerüste dienen würde, und hatte sich früh-
zeitig zu dem Admiral hinüber gerettet; das scharfe Feuer
einer englischen Korvette, welches die Breite der Landzunge
bestrich, mußte zur Hemmung der Republikaner das Beste
thun. Denn Sombreuil hielt nur noch eine kleine Schar
zusammen, mit welcher er der feindlichen Tirailleurlinie
einen heldenmütigen, aber hoffnungslosen Widerstand leistete.
Der junge, stattliche Mann war entschlossen, der letzte unter
den Fliehenden zu sein und womöglich durch seinen Tod
die unglücklichen Genossen zu retten. Er war der Sohn
des letzten Gouverneurs des Pariser Invalidenhauses, eines
würdigen Greises, welchen aus den bluttriefenden Händen
der Septembermörder die Hingebung seiner Tochter errettet
hatte, um dann ein Jahr später den Vater unter Robespierres Henkerbeil sterben zu sehen [2]). Der Sohn war ge-

---

[1]) Puisaye berichtet, das Signal des Admirals, die Schaluppen
zur Küste zu senden, sei anfangs von den Schiffen nicht verstanden worden.

[2]) Ternaux, terreur III, 288.

flohen, allgemein wegen seiner Schönheit, Tapferkeit, Recht=
lichkeit geachtet und im Begriffe, sich mit einer geliebten
Braut zu vermählen, als Puisayes Werber ihn nach Qui=
beron riefen. Er zauderte damals nicht eine Minute und
hatte auch jetzt keinen Augenblick des Zweifels. Die feind=
lichen Truppen kamen immer näher, ihre Offiziere riefen
durch das Feuer hinüber: streckt die Waffen, es soll euch
kein Leid geschehen. Die Generale Humbert und Menage
erschienen und wiederholten die Verheißung [1]); zugleich
brachten die Republikaner Artillerie heran und bedeckten die
Einschiffung mit einem verderblichen Kartätschenhagel; was
noch von Londoner Kriegsgefangenen unter den Emigranten
gewesen, verließ jetzt die Reihen — alles war vorüber.
Sombreuil befahl, die Waffen niederzulegen. Hoche empfing
ihn mit lebhafter Achtung; auf seine Frage aber, ob es
eine Kapitulation gebe, und, wenn nicht, ob er allein für
seine Gefährten büßen könnte, antwortete der General nur,
daß er die Einschiffung derselben nicht verstatten könne.

Ungefähr 1800 Flüchtige waren durch die englischen
Boote gerettet worden. Gefangen waren 6200 Mann, dar=
unter an 1000 Emigranten, 3600 Chouans, 1600 ehemalige
republikanische Soldaten. Die letzteren wurden ebenso wie
die Frauen und Kinder entlassen; immer blieben noch über
tausend Menschen, welche nach der Strenge der republi=
kanischen Gesetze den sofortigen Tod verwirkt hatten. Hoche
nahm von neuen Gefechten der Chouans im Innern Ver=
anlassung, die glorreiche und traurige Stätte gleich am
23. Juli zu verlassen und den beiden Repräsentanten das
Schicksal der Gefangenen ausschließlich anheim zu geben.
Tallien und Blad neigten beide nach der damaligen Stellung

---

[1]) Es waren persönliche Aeußerungen, mitten im Getümmel.
Von einer eigentlichen Kapitulation ist nicht zu reden. Granier
de Cassagnac (hist. du Directoire III, 88) behauptet das Gegen=
teil nach den Angaben bei Villeneuve-Barnaud, mémoires sur
l'expédition de Quiberon. Dieses Buch habe ich nicht einsehen
können; was Granier daraus mitteilt, weiß ich mit den sonst
feststehenden Thatsachen nicht zu vereinigen.

ihrer Partei und des Konvents zur Milde, wagten aber
ohne höheren Rückhalt keine Begnadigung für Emigranten
auszusprechen und eilten nach Paris zur Berichterstattung
an den Konvent. Aber der düstere Unstern, welcher auf
allen Teilen des Unternehmens geruht hatte, verfolgte auch
nach der Katastrophe die unglücklichen Trümmer desselben.
Als Tallien am 26. Juli in seiner Wohnung anlangte, em=
pfing ihn seine Frau mit der Nachricht, daß tags zuvor
Lanjuinais eilig bei ihr eingetreten sei mit der Kunde, der
Wohlfahrtsausschuß habe Anzeige und Beweise von Talliens
heimlichem Verkehr mit den Royalisten erhalten; Sieyès habe
dieselben aus Holland mitgebracht; Tallien möge nach jeder
Seite sich vorsehen. Da war der erste und einzige Gedanke
des charakterlosen Menschen, daß er unter solchen Umstän=
den durch einen Antrag auf Gnade sich selbst verderben
würde. Er betrat also am 27., dem Jahrestage des 9. Ther=
midor, dem Jahrestage seiner großen revolutionären That,
die Rednerbühne des Konvents, um die Besiegten mit bom=
bastisch angeschwellten Schmähungen zu überhäufen. Weit
wies er die Verleumdung hinweg, daß mit solchen feigen
und niederträchtigen Verrätern eine Kapitulation denkbar
gewesen wäre; er zeigte einen Dolch vor, den man bei
einem der Gefangenen gefunden und dessen Spitze vergiftet
gewesen; er schloß mit der Erklärung, daß alles vorgekehrt
sei, um die Verbrecher in höchster Schnelligkeit von dem
Erdboden zu vertilgen. So bezeichnete der Konvent den
Schluß seiner Laufbahn mit einem großen Blutbade, wie
ein ähnliches seine Entstehung begleitet hatte. Das Kriegs=
gericht von Auray verurteilte, nachdem anfangs eine große
Zahl von Offizieren die Teilnahme an dem Henkerdienste ver=
weigert hatte, in wochenlanger Sitzung zuerst Sombreuil,
dann über 600 seiner Begleiter zum Tode; noch heute heißt
der Anger, auf welchem dort die Erschießungen stattfanden,
die Opferwiese. Charette ließ darauf eine gleiche Anzahl
republikanischer Gefangenen niedermachen: es war, als sollten
die Greuel der Schreckenszeit von neuem diesen Bürgerkrieg
erfüllen.

Die Bestürzung und der Jammer war ebenso groß in London wie in Verona. Die englische Opposition und die Emigranten klagten das Ministerium Pitt an, daß es die Expedition nicht ausreichend unterstützt habe: wir wissen, wie wenig Grund diese Beschwerden hatten, und wie kein anderer Mensch als die Partei der Royalisten selbst an dem Verderben der Opfer die Schuld trug. Während man sich dort in grund= und nutzlosen Rekriminationen erging, während in Paris die monarchistische Partei niedergeschlagen und zurückgestoßen, die revolutionäre in sicherem Fortschritte begriffen war, übernahmen die Bauern der westlichen Provinzen das Amt der Vergeltung für die Grausamkeit, mit welcher der Konvent seinen Sieg von Quiberon befleckt hatte. Die aus der Niederlage entflohenen Chouans riefen in allen Bezirken der Bretagne die Landleute zur Rache auf, und binnen kurzem waren die republikanischen Kolonnen heftiger als je von ihren Ueberfällen heimgesucht. Der Grimm der Bauern galt zunächst vier Bataillonen, welche dem Kriegsgerichte von Auray die Beisitzer und Vollstrecker geliefert hatten: und der Monat August war noch nicht zu Ende, als dieselben in einer Reihe von Gefechten bis auf den letzten Mann aufgerieben waren. Wo sie sich zeigten, waren sie verfemt und geächtet; der Bitte um Pardon des einzelnen antwortete mit dem Todesstreiche der Ruf nach Rache für Quiberon; einer umzingelten Kompagnie gewährten die Bauern eine Kapitulation und hieben sie dann zusammen zur Strafe für Quiberon. Cadoudal, Guillot, Jambe d'Argent waren die Führer, welche hier den besten General der Republik und 50 000 Soldaten in Atem hielten und den Aufstand im Norden in die Grenzlandschaften der Normandie ausdehnten, im Süden aber die Republikaner zum Heranziehen von Verstärkungen, fast 8000 Mann, aus der Vendée nötigten.

Dadurch wurde es dem General Canclaux völlig unmöglich, etwas Ernstliches gegen Charette zu unternehmen. Er hatte nur 25 000 Mann, mußte die Städte mit festen Garnisonen besetzt und eine starke Abteilung zur Beobachtung

Stofflets verfügbar halten; er meldete dem Wohlfahrtsaus=
schusse wiederholt, daß er zu irgend einer Offensivbewegung
gegen Charette, welcher 15 000 Mann unter den Waffen
hatte, unfähig sei. Dieser empfing im August aus Eng=
land eine starke Zusendung von Waffen, Uniformen und
Munition und bald nachher die Nachricht, daß der Graf von
Artois sich entschlossen habe, von einer großen englischen
Flotte geleitet, mit einigen hundert bewährten französischen
Offizieren in der Vendée zu erscheinen. In der That ging
die Expedition am 25. August von Portsmouth aus unter
Segel, und ihre Annäherung erregte bei den Vendéeern wie
bei den Chouans noch einmal die höchste Begeisterung. Die
Bauern schworen darauf, es werde, sobald der königliche
Prinz den französischen Boden berühre, alles Land bis
unter die Mauern von Paris sich erheben. Aber so ener=
gisch ihre Hingebung, so elend waren auch dieses Mal die
Elemente, welche ihnen die adlige Emigration entgegen=
brachte, so kraftlos der lenkende Einfluß, insoweit er von
englischen Händen geübt wurde. Die Flotte lag zwölf Tage
unthätig in der heillosen Bai von Quiberon, unter unend=
lichen Erwägungen über den in der Vendée zu wählenden
Landungspunkt. Dann hielt man sich weiter auf in unnützen
Verhandlungen mit der französischen Besatzung der Insel
Noirmoutiers; so wurde es Ende September, bis man
schließlich auf der kleinen Felseninsel d'Yeu französische Erde
berührte. Damals aber hatte General Hoche seit vier Wochen
den Befehl auch in der Vendée über die Westarmee über=
nommen; 6000 Mann vom Nordheer, 20 000 von den West=
pyrenäen waren in vollem Marsche zu seiner Unterstützung;
er schrieb dem Wohlfahrtsausschusse, daß er hier wie bei
Quiberon für die Sicherheit der Republik einstehen könne.
Es sollten jedoch der Republik an dieser Stelle keine blutigen
Lorbeeren reifen: nicht eine erschütternde, sondern eine
schimpfliche Niederlage waren die Royalisten sich zu erwirken
im Begriffe. Die Nähe des Prinzen hatte die Bauern un=
endlich elektrisiert, Charettes Bataillone waren vollzähliger
als in irgend einer früheren Zeit, und als am 5. Oktober

der Marquis Rivière in seinem Lager erschien, mit einer
Botschaft des Prinzen, ihm an irgend einem Punkte der
Küste die Truppen entgegenzuführen: da brach alles, einige
vorgeschobene Posten der Republikaner unwiderstehlich aus
dem Wege drängend, mit brausendem Jubel zum Strande
auf, und selbst aus Stofflets Quartieren kam die Nachricht,
daß der General, durch das Erscheinen eines Bourbonen
emporgerissen, seine Eifersucht gegen Charette vergesse und
sich selbst und die Seinen dem Prinzen zur Verfügung stelle.
Am 10. Oktober war Charettes Armee in vollem Marsche
eine kleine Stunde von der Küste entfernt; da meldete sich
bei dem General ein anderer Adjutant des Prinzen, um an-
zuzeigen, daß dieser die Landung auf eine günstigere Zeit
verschoben habe. Zugleich überreichte er, die Botschaft zu
versüßen, dem General einen Ehrendegen mit der Inschrift:
ich weiche nie. Charette faßte die Waffe mit krampfhaft
zuckender Faust, zornbleich im Gesichte, und brach dann nach
kurzem Schweigen in die Worte aus: „Sagen Sie dem
Prinzen, daß er mir mein Todesurteil zuschickt; heute stehen
fünfzehntausend Mann um mich her, morgen habe ich nicht
mehr dreihundert; ich habe nur noch die Wahl zu fliehen
oder zu sterben; ich werde sterben." Er kannte sein Land
und seine Leute, die nach einer solchen Enttäuschung nicht
mehr beisammen zu halten waren; er sah den Untergang vor
Augen und hat, den bittern Zorn im Herzen, sein Wort
gehalten. „Die Feigheit Ihres Bruders", schrieb er an
Ludwig XVIII., „hat alles zu Grunde gerichtet." Artois
blieb dann noch einige Wochen in mutloser Unentschlossen-
heit auf der Insel; er fand, daß die Aussichten zum Kampfe
gegen Hoche doch gar zu unsicher seien, daß er dort einen
Krieg führen müsse, nicht wie ein Fürst, sondern wie ein
Abenteurer, und seine Adjutanten stimmten ein, es sei un-
anständig und unmöglich, daß ein königlicher Prinz gemeine
Chouannerie treibe. Als es November und das Wetter mißlich wurde, segelte der Graf wieder nach England zurück;
sein königlicher Bruder aber tröstete sich über das entehrende
Mißlingen mit dem Gedanken, daß ein Sieg desselben ihn

selbst und seinen Königsruhm in Schatten gestellt haben
würde; das Volk hätte dann wieder einmal gesungen: Saul
hat tausend besiegt, David aber zehntausend.

So waren die Gegner beschaffen, welche das Schicksal
den Fortschritten der französischen Revolution in den Weg
stellte. Wie man die auswärtigen Siege Robespierres inmitten aller Auflösung, Verschleuderung und Zwistigkeit
begreift, sobald man den inneren Hader und die stumpfe
Trägheit der Koalition in das Auge faßt, so lehrt nichts
eindringlicher als der Blick auf die Machthaber des alten
Regimes, mit welcher Notwendigkeit die französische Gesellschaft, trotz alles Abscheus gegen Konvent und Jakobiner,
durch und durch demokratisch wurde. Die herrschenden Stände
des alten Staates waren, eine kleine Anzahl wackerer Männer
abgerechnet, in sich verkommen; bei der Partei der Royalisten selbst lag alle wirksame Kraft und alle Hoffnung auf
Erfolg nicht in den fürstlichen und vornehmen Lenkern, sondern in den Bauern des Westens, den Priestern des Südens,
den Bürgern von Paris. Die Chouans waren täglich bereit, für den König zu sterben, weil sie in ihm den Hort
und den Schmuck des Vaterlandes sahen: dem Grafen von
Artois aber wäre der Tod für das Vaterland aberwitzig
erschienen, denn ihm war das Vaterland immer nur der
Schemel seines prinzlichen Daseins gewesen.

Viertes Kapitel.

Schluß des Konvents.

Der Konvent gelangte Ende Juni zu der schließenden
Aufgabe seiner Wirksamkeit, zu der Ausarbeitung der neuen
Verfassung. Als Berichterstatter der Kommission der Elf
erschien am 23. Juni Boissy d'Anglas, um den Antrag
derselben vorzulegen und in ausführlichem Berichte zu begründen. Die Spannung war nicht gering, in der Ver-

sammlung und außerhalb. Freilich ließ die Erfahrung der
letzten Jahre an keiner Stelle eine so berauschte Hoffnung
aufkommen, wie sie einst das Werk der konstituierenden
Versammlung 1791 begrüßt hatte: man wußte jetzt, daß
eine Reihe der trefflichsten Paragraphen nicht ausreicht, um
eine goldene Zeit unbemessener Glückseligkeit heraufzuführen.
Aber der jetzige Zustand wurde mit jeder Woche unhaltbarer
für die einen, unerträglicher für die andern. Die Bevölkerung sehnte sich nach irgend einem Halte- und Ruhepunkte.
Die Parteien des Konvents stimmten wenigstens in dem
einen Wunsche überein, ihr Regiment der Masse des Volkes
durch die neue Verfassung annehmbar zu machen.

Boissy begann mit einem ausführlichen Rückblicke auf
die bisherigen Stadien der Revolution. Indem er die Verfassung von 1791 besprach, erörterte er die Unmöglichkeit,
daß Monarchie und Freiheit nebeneinander in Frankreich
bestehen könnten. Schärfer aber und eingehender entwickelte
er die Mängel der Verfassung von 1793, die Frevel der
Schreckenszeit, die Quellen derselben in den vorausgegan-
genen Einrichtungen. Wohl war es hier deutlich, daß die
furchtbaren Erlebnisse, durch welche man hindurchgegangen,
nicht fruchtlos geblieben waren. Er beklagte die Zügellosigkeit der populären Bewegung, welche in jedem Augenblicke
die Mittel gehabt hatte, die Nationalvertretung durch
einen Pöbelauflauf zu knechten. Er schilderte das Unheil,
daß der gesetzgebende Körper nur aus einer einzigen Masse
bestanden hatte, so daß jede Aufwallung, jede Tyrannei
der Mehrheit auf der Stelle die Regierung und die Nation beherrschte. Er betonte die Notwendigkeit, die Gesetz-
gebungs- und Vollziehungsgewalt eine jede in festgegrenztem
Kreise selbständig zu stellen, um nicht abwechselnd den Kampf
zwischen beiden oder die Unterwerfung der einen zu erleben.
Jeder dieser Sätze wäre drei Jahre früher eine Ketzerei gewesen: jetzt hätte ein jeder, der ihnen widersprochen, für
einen frevelsüchtigen Anarchisten gegolten.

Die Verhandlung des Grundgesetzes, welches er auf solche
Art einführte, wurde, trotz der täglichen Unterbrechungen

durch die laufenden Geschäfte und Dekrete, in kaum sechs
Wochen vollendet. Prinzipielle Gegensätze machten sich nur
äußerst selten fühlbar. Die Gemäßigten hatten für jetzt
keine Hoffnung, weitere Zugeständnisse im konservativen
oder monarchischen Sinne zu erringen; die Independenten
meinten die künftige Regierung selbst zu führen und hatten
mithin kein Interesse, sie zu Gunsten der Einzelfreiheit,
der Klubs oder der Volksversammlungen zu schwächen. Auch
sie zollten, im Gedanken an die bevorstehenden Wahlen,
der unzweifelhaften Volksstimmung Rücksicht. Um des Him-
mels willen, rief einmal einer ihrer Führer, Larévellière-
Lépeaux, verschont uns mit den abstrakten Grundsätzen und
pomphaften Redeblumen, welche uns jahrelang unglücklich
gemacht haben; laßt uns eine Verfassung erschaffen, im
Sinne und Interesse der Bürger, die etwas haben.

In diesem Sinne beantragte nun die Kommission —
da die thatsächliche Gleichheit ein gefährliches Hirngespinst
und nur die bürgerliche erreichbar und wünschenswert, die
Regierung der Nichteigentümer der Naturzustand und erst
jene der Eigentümer ein Staatszustand sei — daß nur ein
Eigentümer Mitglied des gesetzgebenden Körpers sein könne.
Allerdings die Teilnahme an den Wahlen erklärte auch sie
noch für ein Menschenrecht und nicht für ein Staatsamt;
immer aber schloß der Gesetzentwurf die völlig Besitzlosen
aus, indem er einen seit einem Jahre festen Wohnort
und die Zahlung irgend einer Steuer forderte. Als
entsprechende Schranke der Wählbarkeit enthielt er dann
jenen einst durch Mirabeau gemachten Vorschlag, daß
niemand zu irgend einer Stellung berufen werden sollte,
ohne eine andere niedern Ranges durchgemacht zu haben.
Alle Wahlen würden nach der Meinung der Elf unmittelbar sein; sie hielten die mit den Wahlmännern gemachten
Erfahrungen für keine Empfehlung im Sinne der Ordnung.
In der Landesverwaltung ließen sie die Departements bestehen, beseitigten aber die sehr überflüssigen Bezirke und
stellten die Gemeinden unmittelbar unter die Departements-
behörden, indem sie nur die kleineren ländlichen Ortschaften

zu Kantonen zusammenfaßten. Die Verwaltungsbehörden wurden vereinfacht, die Zahl der Beamten verringert, der Einfluß der Staatsgewalt erheblich verstärkt. Der gesetz= gebende Körper sollte aus zwei Räten bestehen, deren Mit= glieder aus den Wahlen der Bevölkerung hervorgehen wür= den; der eine, der Rat der Alten, bestände aus 250 Depu= tierten, während die doppelte Anzahl den andern, den Rat der Fünfhundert, bildete. Jedes Mitglied des ersteren sollte vierzig, jedes der letzteren dreißig Jahre alt sein; sonst war keine Verschiedenheit gefordert, jeder Anklang einer solchen wäre immer noch als die Rückkehr zu geächteten aristokra= tischen Einrichtungen erschienen. Jede Sitzungsperiode dauerte vier Jahre; alle zwei Jahre würde die Hälfte der Mitglieder austreten und durch neue Wahlen ersetzt werden. Von selbst verstand sich bei den damaligen Anschauungen, daß zwischen den Sitzungen kein Zwischenraum liegen, daß die Regie= rung schlechterdings kein Recht der Auflösung haben durfte. Der Gesetzvorschlag war durchaus den Fünfhundert vor= behalten; der Rat der Alten befreite im Fall der Verwer= fung eines Gesetzes die Regierung von der Gehässigkeit des Veto. Gegen Aufläufe des hauptstädtischen Pöbels sollte die Befugnis des Rats der Alten, die Sitzungen an einen andern Ort zu verlegen, sowie die Schöpfung einer kleinen Garde des gesetzgebenden Körpers schützen. Damit die Re= gierung nicht die Freiheit der Beratung antaste, war vor= geschrieben, daß auf die Entfernung mehrerer Meilen kein Truppenkörper sich dem Orte der Sitzungen nähern dürfe — wobei der Einwand nahe genug lag, aber nicht erwogen wurde, daß eine Regierung, welche Kraft und Willen zur Vergewaltigung der Räte in sich fühlte, vor jenem Um= kreise nicht größere Furcht, als vor den Räten selbst haben würde.

Ueber die Bildung der vollziehenden Gewalt hatten die Meinungen der Kommission lange geschwankt. Die monar= chistisch gesinnten Mitglieder begehrten einen Präsidenten. Der sehr geachtete und einflußreiche Daunou schlug zwei Konsuln vor, deren jeder ein Jahr lang regieren sollte.

Andere wollten drei, noch andere fünf Regenten, und auf diese letzte Zahl stellte sich endlich die Mehrheit fest. Die Kommission beantragte also ein Direktorium von fünf Mitgliedern, von denen jährlich eins ausschiede und durch Neuwahl ersetzt würde. Die Ernennung derselben sollte aber nicht vom Volke ausgehen, weil ein solcher Erwählter der ganzen Nation ein zu hohes Ansehen gegenüber dem Abgeordneten haben würde, deren jeder nur von einem Departement ernannt wäre. Vielmehr sollten die Fünfhundert eine Kandidatenliste bilden, aus welcher der Rat der Alten die Direktoren auszuwählen hätte: man hoffte, daß hiermit von selbst ein sicheres Einverständnis zwischen der Regierung und der Mehrheit des gesetzgebenden Körpers erzielt sein würde. Das Direktorium hätte, durch seine Minister beraten, die Leitung der Diplomatie, des Kriegs- und Justizwesens, der Verwaltung und der Finanzen zu führen. Dagegen war die Verwaltung des Schatzes von ihm unabhängig; kein Direktor sollte ein Heer selbst befehligen und vor allem die Regierung nicht den mindesten Anteil an der Gesetzgebung und Steuerbewilligung erhalten. Die Volksvertretung könnte einen Direktor zwar nicht aus der Regierung verdrängen, wohl aber bei nachweisbaren Vergehungen vor einem dazu gebildeten Staatsgerichtshof in Anklagestand setzen.

Endlich stellte der Entwurf das Verhältnis der so konstituierten Staatsgewalt zu den Rechten der Bürger fest. Es giebt, erklärte er, unter den Bürgern keine Ueberordnung außer jener der Beamten, so weit die Wirksamkeit des Amtes reicht. Für den Staat giebt es keine religiösen Gelübde. Jeder ist befugt, seinen Kultus zu üben; niemand kann zu einer Zahlung für einen Kultus genötigt werden; der Staat besoldet keinen Kultus. Die Presse ist frei. Die Arbeit des Handwerks, der Industrie und des Handels ist jeder Schranke entledigt. Das Eigentum ist gesichert, nur im Fall der Notwendigkeit kann gegen Entschädigung expropriiert werden. Das Haus jedes Bürgers ist unverletzlich; niemand darf in der Nacht in dasselbe eindringen. **Keine Bürgerversammlung darf sich Klub nennen;** besondere Gesellschaften, die **sich mit politischen Fragen be**schäftigen, **dürfen keine öffentlichen Sitzungen halten oder** miteinander **in Verbindung** stehen. Bittschriften dürfen nur von einzelnen **Personen** oder Behörden, nicht **aber von Ge**sellschaften **und** Vereinen ausgehen. Jede bewaffnete Rottierung ist **verboten.** Die französische **Nation verwehrt un**widerruflich den Emigranten die Rückkehr und gewährleistet den Käufern der Nationalgüter ihren Besitz. —

Wenn man diese Anträge zusammenfaßt, so hat man die Geschichte und die damalige Stellung der **Machthaber** deutlich vor Augen. Der Konvent findet sich **hier durch** die Jakobiner, dort durch die **Royalisten** bedroht, so verbietet das Grundgesetz hier die Bildung **der Klubs,** dort die Herstellung der Emigranten. **Er hat die Erinnerung** an den 31. Mai **wie an den Kampf der Vendée im Sinne:** die Verfassung verwehrt also Massenpetition **und Rottierung** und weist jedes Verhältnis zwischen **Staat und Kirche** zurück. So ist diese neue Konstitution ein **Ausdruck desselben** Lavierens zwischen zwei unversöhnlichen Parteien, mit welchen der Konvent **seit dem 9. Thermidor seine freundlose Herr**schaft behauptet hat. Sie ist ein Verzeichnis von Uebelständen, **die man** vermeiden, von Gegnern, die man **nieder**halten will: leider bleibt die Antwort **aus, wenn man** weiter nach **den Anhängern des** neuen Werkes, **nach den** Stützen und Schirmern die Verfassung fragt. **Vielmehr** versetzte die Aechtung der Emigranten und **die Lossagung** von der Kirche viele Millionen in notwendigen **permanenten** Kriegszustand gegen die Republik: **grundsätzlich damit ein**verstanden konnten nur die Reste der jakobinisch Gesinnten sein, welche die Verfassung **dann wieder durch die Vor**schriften über Vereins- und Petitionswesen abstieß. **Wie** ganz anders verstand es fünf Jahre **später der erste Konsul,** die Nation um seinen Thron zu sammeln! „Ich gehöre keiner Partei, **sondern** Frankreich an; wer Frankreich liebt und der Regierung gehorcht, ist von meiner Partei."

Es hätte eine idealisch treffliche Einrichtung der politischen Gewalten dazu gehört, um eine Verfassung aufrecht zu erhalten, welche auf einem so zerrissenen Boden wie die von 1795 gebaut war. Und wie viel fehlte hier, einer hohen Trefflichkeit zu geschweigen, an dem ersten, elementarsten, notwendigsten! Im parlamentarischen Staate beruht alles auf der gesunden Wechselwirkung zwischen der Regierung und der gesetzgebenden Versammlung: alles kommt auf die Lösung der Grundaufgaben an, daß beide im einzelnen selbständig, im großen sich unaufhörlich beeinflussen und bedingen. Der Natur der Sache nach ist diese Aufgabe eine flüssige; sie fordert bei verschiedenen Völkern und Zeiten verschiedene gesetzliche Bestimmungen und überall neben dem formalen Gesetze praktischen Takt und guten Willen der Beteiligten. In Frankreich hatte man damals die Erfahrung von der Uebermacht des Parlaments gehabt, welches zuletzt die Regierung völlig in sich aufgesogen hatte. Man meinte zu helfen durch gänzliche Scheidung der beiden Wirkungskreise. Das Direktorium mochte Briefe und Aufforderungen an die Räte erlassen: irgend einen gesetzlichen Einfluß aber auf die Entschließung derselben räumte ihm die Verfassung nicht ein. Die Räte mochten einen Direktor, der thöricht genug war, sich auf peinlichen Verbrechen ertappen zu lassen, vor Gericht laden: sonst aber stand ihnen nicht zu, über Verwaltung, Polizei, Diplomatie mitzureden. Das Direktorium hatte alle thatsächliche Gewalt über die Truppen und Beamten und damit über die Bürger und das Land: die Theorie aber der Verfassung stempelte es zum bloßen Vollziehungsorgan des gesetzgebenden Willens in den beiden Räten. Wenn man dies System mit dem aller andern konstitutionellen Staaten vergleicht, so erkennt man sofort den wesentlichen Fehler desselben: die Regierung, ohne das Recht des Gesetzvorschlages, der Vertagung und der Auflösung, war, obgleich bedeutend stärker als die von 1789, doch immer noch den Räten gegenüber zu schwach. Der Rat der Fünfhundert konnte sie auch ohne gerichtliche Anklage durch Gesetzgebung und Steuerverweigerung jeden Tag auf Schach und Matt setzen. Daß der Rat der Alten

jemals eine wesentlich andere Richtung als jener **der Fünf=
hundert** einschlagen und damit **den Zusammenstoß** brechen
oder mildern **sollte**, war bei **der völligen** Gleichartigkeit
der beiden **Räte nicht zu erwarten.** Sobald **also** einmal
ein Bruch zwischen Parlament **und** Regierung erfolgte,
mußte man entweder **die** Wiederholung **der** parlamentarischen
Allgewalt oder neue Gewaltstreiche von seiten der Regierung,
mithin in jedem Falle den Bruch der Verfassung erleben.

Der Konvent pflog jedoch keine Erwägung dieser Art.
Die Beratung war bedächtig und gemessen, in den Formen
meistens würdig, in der Sache aber selten tief. Zuerst kam
die Forderung, daß die neue Verfassung notwendig von
einer Erklärung der Menschenrechte begleitet werden müsse:
einige Verständige mahnten ab, sich wieder in allgemeine
Sittensprüche zu verlieren, aber der Strom war nicht auf=
zuhalten, und man meinte noch einen gewissen Fortschritt
zu machen, indem man mit der Erklärung der Rechte eine
solche der Pflichten verband. Im einzelnen zeigte dann
allerdings die Mehrheit, wie sehr sie nach den Erfahrungen
von 1793 dem Geiste von 1791 entfremdet war. Als
jemand von dem Rechte auf Arbeit redete, erklärte Lanjui=
nais, es sei eine Pflicht der Gesellschaft, für ihre Mitglieder
zu sorgen, aber deshalb habe der einzelne noch keinen be=
stimmten Rechtsanspruch auf eine bestimmte Leistung; einen
solchen anerkennen, heiße Verwirrung und Bürgerkrieg ver=
ewigen. Thomas Payne machte einen Versuch, das all=
gemeine Stimmrecht aufrecht zu erhalten, fand aber nur
eine unterstützende Stimme und wurde durch Larévellière=
Lépeaux energisch zurückgewiesen. Die Aenderungen, welche
der Konvent sonst an dem Entwurfe der Kommission vor=
nahm, waren überall nicht von grundsätzlicher Erheblichkeit.
Er stellte das System der mittelbaren Wahlen wieder her,
beschränkte die Dauer der Sitzungsperiode auf drei Jahre
und verfügte, daß jährlich ein Drittel der Abgeordneten
neu gewählt werden sollte. Ein einziger Deputierter brachte
einmal die Notwendigkeit zur Sprache, dem Direktorium
einen Einfluß auf die Entstehung der Gesetze zu geben;

aber obgleich Lanjuinais ihn unterstützte, fiel sein Antrag unaufhaltsam unter dem Rufe: das ist das Veto, das ist das Königtum. Im wesentlichen blieb es überall bei den Anträgen der Kommission.

Die einzige Debatte von gewisser Erheblichkeit und von bestimmter Wirkung für die Zukunft wurde durch ein Zwischenspiel gebildet, welches der Abbé Sieyès veranlaßte. Seit den ersten Zeiten der konstituierenden Versammlung hatte er sich den Ruf des eigentlichen Fachgelehrten in Konstitutionssachen erhalten. Von den positiven Tugenden des praktischen Staatsmannes hatte er allerdings nie eine Probe abgelegt; aber er galt für den ersten Theoretiker und Philosophen der Politik, und in einer Zeit, die wie diese mit der Neigung zu radikaler und abstrakter Staatskunst gesättigt war, mußte ein solcher Ruf den Mann empfehlen, selbst wenn er nicht mit so verschlossener Selbstgewißheit und dem Scheine der Unergründlichkeit wie Sieyès aufgetreten wäre. Die Mitglieder der Kommission hatten ihn dann vielfach um seine Ratschläge und Belehrungen ersucht, er aber sich mit der Andeutung begnügt, daß er freilich vieles zu sagen habe, aber nicht wisse, ob man ihn verstehen werde. Die Kommission mußte eben ohne seine Beihilfe ihre Arbeit abschließen. Er redete über dieselbe mit abschätzigem Spotte, nannte sie, weil Boissy mit einem leichten Stottern behaftet war, die Ba-Be-Bi-Bo-Bu-Verfassung und trat plötzlich inmitten der Verhandlung mit einer Skizze seines vielfach begehrten Systems hervor. Er fand nicht mit Unrecht, daß bei der Kommissionsarbeit sehr wichtige Gesichtspunkte übersehen worden seien; er fand die Regierung ihrer wesentlichsten Eigenschaften beraubt und die Teilung des Parlaments in zwei Räte überflüssig. Seinerseits ging er dann, wie er es nannte, auf die Prinzipien zurück. Er fand es thöricht, von einer Teilung und einem Gleich- oder Gegengewichte der Gewalten zu reden; allerdings müsse das politische Leben einer Nation nicht eine einzige Kraft, wohl aber eine Einheit der Kraft sein. Er unterschied sodann vier Hauptrichtungen des National-

willens, die verfassunggebende, welche die Grundformen des
Staatswesens erbaue, die petitionierende, vermöge deren die
einzelnen ihre Bedürfnisse zu erkennen geben, die regierende,
welche die Bedürfnisse des Staates und der Gesamtheit im
Auge habe und befriedige, und die gesetzgebende, welche die
für beide Zwecke erforderlichen Einrichtungen verfüge. Für
jede dieser Richtung begehrte er eine Versammlung von
Repräsentanten, ein Tribunat, um die Interessen der Bürger,
eine Regierung, um jene des Staates zu vertreten, eine
Legislatur, um über die Anträge der beiden ersteren zu
entscheiden, und endlich eine „Konstitutionsjury", um über
die Reinheit der Verfassung und der Gerichte zu wachen.

Sein langer Vortrag wurde mit einer Mischung von
Ehrfurcht, Befremden und leisem Spott, endlich aber mit
erklärter Ungunst aufgenommen. Man war sogleich ent=
schieden, daß sein Tribunat, welches nur Anträge stellen,
aber nie Beschlüsse fassen könne, eine leere Sprechmaschine
sein, daß seine Legislatur, die nicht selbst anzuregen, son=
dern lediglich auf die Begehren anderer zu warten habe,
jeder wesentlichen Macht entbehren müsse. Es war kaum
mehr als Höflichkeit gegen seinen Ruhm, daß die Kommis=
sion seiner Konstitutionsjury eine eingehende Betrachtung
schenkte; aber auch sie kam dann zu dem Schlusse, daß eine
solche Behörde, wenn sie überhaupt Bedeutung erlange, alle
andern in Schatten stellen und als höchster Richter über
jeden Akt der Regierung und der Legislatur allmählich
die Fülle der Gewalt in sich vereinigen werde. Der Kon=
vent wies den Plan einstimmig ab. Sieyès fand darauf,
daß er von der Beschränktheit seiner Genossen nichts Besseres
habe erwarten können, und wartete der Zeit, wo ein weiter=
gebildetes Geschlecht auf seine Höhe sich emporschwingen werde.
Er sollte dies schon nach wenigen Jahren erleben, denn sein
Entwurf wurde 1799 die Grundlage der Konsularverfassung;
allerdings mußte er dann mit bitterem Verdrusse die Er=
fahrung machen, daß seine demokratische Philosophie nur
dazu gedient habe, einer schrankenlosen Militärherrschaft die
Wege zu bereiten.

Am 17. August schloß der Konvent das Verfassungswerk in zweiter Lesung ab, und die Kommission der Elf kündigte sofort weitere Anträge an, wann und wie der neue Zustand in das Leben zu führen sei. Hier griffen dann, während man bei der Verfassung nach besten Kräften für die Zukunft gesorgt hatte, vor allen Dingen die Stimmungen und Leidenschaften des Augenblicks ein.

Gleichzeitig mit den letzten Beratungen über die Konstitution hatte der Konvent die Sorge wegen Quiberon und der Emigranten durchgemacht. Wir haben die Wirkungen derselben schon erwähnt: die Masse der Pariser Bevölkerung wandte sich für einen Augenblick von den Royalisten hinweg, und alle mittleren Parteien des Konvents wurden unwillkürlich der Linken angenähert. Denn alle fanden sich plötzlich durch einen Gegner der äußersten Rechten angegriffen, dessen Sieg ihnen allen gleiches Verderben bereitet hätte. Die Regierung, die seit dem 1. Prairial aus Furcht vor den Terroristen die monarchisch gesinnten Bürger begünstigt hatte, begann im Kampfe mit den Royalisten wieder die Reste der Jakobiner heranzuziehen. Wenn früher die Polizei in den Theatern jeden verhaftet hatte, welcher den Gesang vom Erwachen des Volkes störte, so schritt sie jetzt ein, wenn das Publikum das Anstimmen der Marseillaise verhindern wollte, und endlich verbot ein Dekret des Konvents dem Parterre alle Lieder, welche nicht zu dem Texte des Schauspiels gehörten. Ueblere Wirkung machte es in Paris, daß der Sicherheitsausschuß keine weiteren Verhaftungen jakobinisch gesinnter Bürger zuließ; die Sektionen meldeten sich mit zornigen Adressen, und wie eifrig auch die Redner des Konvents die Versicherung wiederholten, daß niemand an eine Erneuerung des Schreckens denke, so blieb der einmal geweckte Argwohn in den Sektionen der Hauptstadt und verwischte dort die Sorge vor den Emigranten vollständig. Am 24. Juli kam es im Konvent zu einer lebhaften Debatte über die verhafteten Terroristen: auf allen Seiten war man einig, daß die polizeiliche Einsperrung ohne richterliche Untersuchung nicht fortdauern dürfe; als aber der Gesetzgebungsausschuß beantragte, sie vor die gewöhnlichen Gerichte zu verweisen, erhob die Linke nachdrücklichen Widerspruch, weil alle Gerichte von Mitgliedern reaktionärer Gesinnung, also von tödlichen Feinden der Verhafteten, erfüllt seien. Der Beschluß ging durch, eine Konventskommission von zwölf Mitgliedern zur Untersuchung jener Prozesse niederzusetzen. Die Bürger von Paris sahen aber darin eine Bestätigung ihrer Furcht, daß der Konvent jene Blutmenschen von der gerechten Strafe erretten und dann zu neuer Unterdrückung des Landes benutzen wolle, und verdoppelten ihre Anstrengungen. Am 29. erschien eine Sektion an der Schranke mit dem Begehren, daß der Konvent die noch in seiner Mitte befindlichen Verbrecher ausstoßen, am 31. eine andere mit der Forderung, daß er die Verhafteten unter Aufhebung des letzten Dekretes vor ein Kriegsgericht zu schleuniger Aburteilung stellen solle. Sonst hatte bei solchen Aeußerungen nur die Bergpartei gemurrt; jetzt erhob sich aus der Mitte der Gironde der stets erregbare und rasch entschlossene Louvet, um die Erklärung abzugeben, daß nicht allein die Helfer Robespierres zu überwachen, sondern daß die Chouans und deren Freunde nicht minder grausame Feinde der Freiheit seien. Die Thermidorianer stimmten mit lautem Beifall ein: wir wollen, rief Legendre, keinen neuen Schrecken, aber, wie die Terroristen, werden wir auch die Emigranten und die Könige bändigen. Am Schluß der Sitzung trat Dubois-Crancé zu den Bittstellern heran, um sie mit den plumpsten Schmähungen zu überhäufen, so daß ein Offizier der Nationalgarde laut ausrief, das sei ein schlechter Beweis von Achtung vor dem Petitionsrechte, und im Konvente selbst ein langer streitender Tumult entstand. Der Eindruck war so peinlich und die Aufregung unter den Bürgern so groß, daß Dubois nach drei Tagen sich zu der Entschuldigung getrieben fand, er sei im Ardenner Wald geboren und habe dort eine gewisse Rauhigkeit mit der Muttermilch eingesogen; dann aber ließ er neue Anklagen gegen die Reaktion und die übelgesinnte Presse folgen, so-

wie das Begehren, daß die Kommission der Zwölf die ver=
hafteten Patrioten noch vor dem Beginne der Wahlen in
Freiheit setzte, damit die Royalisten nicht freies Feld in
den Urversammlungen hätten. Gerade hiermit aber be=
wirkte er eine Umstimmung der Mehrheit. Je näher die
Zeit der Wahlen heranrückte, desto wünschenswerter war
es den Abgeordneten, mit der öffentlichen Meinung wenig=
stens auf leidlichem Fuße zu stehen, und so fand Henry
Larivière laute Zustimmung, als er jede Begünstigung der
Terroristen mit kräftiger Beredsamkeit abwies und Ge=
rechtigkeit, strafende Gerechtigkeit gegen alle Verbrecher der
Schreckenszeit begehrte. Einige Tage nachher setzte er in
der That die Zurücknahme des Dekrets durch, welches die
Konventskommission der Zwölf angeordnet hatte, und am
9. August wurde auf einen Bericht der Regierungsaus=
schüsse die Verhaftung von neun Mitgliedern der Berg=
partei verfügt, welche unter Robespierre die Provinzen mit
Blut und Jammer erfüllt hatten. Niemand hatte übrigens
die Absicht, ein Strafverfahren gegen die letzteren eintreten
zu lassen: die Meinung des Konvents ging lediglich auf
einen Versöhnungsschritt gegen die Pariser Sektionen.
Um dabei gegen die Linke im Gleichgewicht zu bleiben, be=
willigte er dieser eine Woche nachher einen Befehl, daß alle
Emigranten, welche damals beim Gesetzgebungsausschuß
ihre Streichung von der Liste betrieben, unnachsichtlich die
Hauptstadt verlassen sollten.

An demselben Tage, den 18. August, legte Baudin von
den Ardennen für die Kommission der Elf den Bericht über
die Einführung der Konstitution oder, wie er es nannte,
über die Mittel, die Revolution zu schließen, vor. Er
wurde mit großer und gerechter Spannung vernommen.
Denn in der That, wer die Lage Frankreichs erwog, mußte
sich sagen, daß die Auffindung der Mittel, um aus dem
bisherigen Despotismus den Uebergang zu einem gesetzlich
geregelten Zustande gesetzmäßig zu vollziehen, eine schwerere
und mißlichere Aufgabe bildete als die Entwerfung der
Verfassungsurkunde selbst. Mehr als auf den inneren Wert

der letzteren kam für den Konvent und das Land auf die Frage an, welchen Händen die künftige Gewalt anvertraut werden würde. Vor allem bei einer völlig neuen Ordnung, welche keine Wurzeln in der Zeit, der Ueberlieferung und den Zuständen hatte, mußte der alte Satz gelten, daß das Gesetz genau so viel wert ist wie die Menschen, die es anwenden. Wer wird die Herrschaft unter der neuen Verfassung führen, das war die Sorge, welche alle Gemüter innerhalb des Konvents beschäftigte und den Inhalt des neuen Kommissionsberichtes bildete.

Baudin erörterte zunächst, daß die Verfassung ihre endgültige Bekräftigung durch die Masse des französischen Volkes selbst, durch einen Beschluß der Nation in ihren Urversammlungen erhalten müsse. Daß hier eine ungünstige Entscheidung fallen konnte, daran dachte allerdings kein Mensch. Das Land hatte keine Wahl als Annehmen der Verfassung oder Fortdauer des Konvents, und zu gut wußten Baudin und seine Kollegen, daß Frankreich eher alles andere als die Verlängerung des jetzigen Zustandes wünschen würde. Aber eben hierin lag in den Augen der Machthaber auch die alles überragende Gefahr. Da das Land den Konvent nicht wollte, so war es wenig wahrscheinlich, daß die Wähler die bisherigen Mitglieder des Konvents wollen würden. Und wenn sie dann eine revolutionäre Mehrheit in die Räte sandten, wenn diese ein Direktorium ihres Sinnes erwählte: wo war dann noch eine Gewähr für die persönliche Sicherheit der revolutionären Machthaber, zu geschweigen des Verlustes der bisherigen Macht mit ihren Thaten und Genüssen; wo war auch nur Sicherheit gegen einen Beschluß aller bestehenden Gewalten unter dem Jubel der Nation auf glänzende Herstellung des Königtums?

Baudin erinnerte, wie die konstituierende Versammlung die Wiederwahl ihrer Mitglieder verboten und damit dem Bestande ihres Werkes einen Todesstreich versetzt habe. Er fand, daß die neue Verfassung selbst den Ausweg aus einer Wiederholung dieser Gefahr darbiete. Sie bestimmte, daß in Zukunft stets ein Drittel des gesetzgebenden Körpers

ausscheiden und durch Neuwahlen ersetzt werden sollte: wenn
man denselben Grundsatz auf den jetzigen Augenblick an=
wandte und demnach zwei Drittel des Konvents in den ge=
setzgebenden Körper hinübertreten ließ, so blieb den jetzigen
Machthabern eine starke Mehrheit gesichert. Nichts zeigte
deutlicher als dieser Antrag, wie weit der Eindruck der
royalistischen Angriffe die Mehrheit des Konvents nach links
geschoben hatte. Auch in der gemäßigten Partei fand sich
keine Stimme mehr, welche für die Nation die volle Frei=
heit der Wahl hätte begehren mögen. Alle Fraktionen ohne
Unterschied waren einig über den Grundsatz, daß zwei
Drittel der Mitglieder in die neue Legislatur übertreten
müßten; der Streit zwischen ihnen betraf schlechterdings
nur die Art der Ermittelung derselben. Die Linke, welche
in der Versammlung selbst geringe Aussicht hatte, ihre
Männer gewählt zu sehen, forderte das Los; außer den
Resten des Berges waren dafür die Independenten und
einige Thermidorianer, unter anderen Tallien, welcher seit
der Entdeckung seiner royalistischen Verbindungen immer
eifriger die Freundschaft und Gönnerschaft des bisher so
verhaßten Sieyès aufsuchte. Die gemäßigte Partei hätte
gewünscht, dem Volke, welchem man den Konvent als künf=
tigen Herrscher aufnötigte, wenigstens die Auswahl unter
den Mitgliedern zu überlassen; sie fühlte sich sicher, in diesem
Falle mit großer Mehrheit in die Räte einzutreten. Allein
bei der zweifelhaften Haltung der Thermidorianer fragte es
sich sehr, ob sie allein das Dekret durchsetzen würden, und
um wenigstens einen Teil ihrer bisherigen Verbündeten
festzuhalten, entschlossen sie sich, den Mittelweg zu nehmen
und die Ernennung durch den Konvent in Vorschlag zu
bringen. Verbunden mit den Thermidorianern konnten sie
dann den Erfolg mit voller Gewißheit beherrschen, und die
Elf beantragten demnach, daß eine besondere Kommission,
eine Vertrauensjury des Konvents, die Auswahl der zwei
Drittel vollziehen sollte.

Baudins Erörterung rief eine äußerst lebhafte Verhand=
lung hervor. Anfangs gelang es der Linken, infolge einer

unvorsichtigen Aeußerung Lanjuinais', das Uebergewicht zu
gewinnen, und nachdem Chénier mit Energie auf die Feind=
seligkeit der Pariser Sektionen hingewiesen hatte, wurde
zunächst ein Antrag auf Wahl der zwei Drittel durch das
Volk fast einstimmig beseitigt. Ebenso fiel der Antrag der
Elf, die Bezeichnung derselben durch die Konventskommission,
und die Elf erhielten den Auftrag, über das System des
Loses Bericht zu erstatten. Allein jetzt wandte sich die Stim=
mung. Als die unerläßliche Voraussetzung des Loses, die
Annahme gleicher Würdigkeit aller Mitglieder, von dem
Montagnard Charlier mit dürren Worten behauptet wurde:
wir sind alle vom Volk erwählt, wir verdienen alle gleich=
mäßig das öffentliche Vertrauen — da antwortete Bailleul
mit gleichem Nachdruck: ja, wir sind alle vom Volke ge=
wählt, aber wir haben nicht alle seit unserer Wahl dasselbe
Benehmen eingehalten: sagt noch so laut, daß wir alle des
gleichen Vertrauens genießen, aus allen Teilen des Landes
wird euch ein gewaltiges Nein entgegentönen. Die Kom=
mission schlug jetzt Ernennung der zwei Drittel durch Be=
schluß des gesamten Konvents vor; die rechte Seite aber
kam immer nachdrücklicher auf die Wahl durch das Volk
zurück und machte nicht geringe Wirkung, als einer ihrer
Redner geradezu erklärte, daß er seine Vollmacht vom Volke
habe und sie nur in die Hände des Volkes wieder zurück=
geben werde. Tallien und Louvet sträubten sich heftig:
wer wird, riefen sie, die Republikaner in den Urversamm=
lungen beschützen? Es war unmöglich, offener einzugestehen,
daß der Konvent, der keinen höheren Grundsatz als die
Freiheit und die Souveränität des Volkes zur Schau trug,
nur durch Gewalt und Zwang sich vor dem souveränen
Volke schützen konnte. Unter der Partei der Unabhängigen
selbst wurde die Schmach einer solchen Haltung empfunden;
die Bezeichnung durch das Los fiel mit starker Mehrheit, und
am vierten Tage der Verhandlung verfügte endlich der
Konvent die Auswahl der zwei Drittel durch das Volk.
Das Dekret, dessen Redaktion am 22. August oder 5. Fruc=
tidor vollendet wurde, enthielt außerdem noch die Bestim=

mung, daß die neue Verfassung auch den Heeren zur An=
nahme vorgelegt werden sollte, eine Zeremonie, deren ein=
zige, unverhohlene Bedeutung eine Drohung gegen den feind=
lichen Sinn der Bürgerschaften war. Acht Tage später, am
13. Fructidor, brachten die Elf ein zweites Dekret zur An=
nahme, welches die näheren Vorschriften für jene Wahlen
gab: jedes Departement sollte zuerst zwei Drittel seiner Ab=
geordneten aus den Mitgliedern des Konvents, dann ein
Drittel in freier Auswahl ernennen; es sollte außerdem
unter den jetzigen Abgeordneten eine gewisse Anzahl als
Ersatzmänner bezeichnen, aus welchen dann der Konvent
die etwa durch Doppelwahlen entstehenden Lücken auszu=
füllen hätte. Es war dies noch ein letztes Zugeständnis,
welches die rechte Seite ihren revolutionären Verbündeten
machte, wie es scheint, ohne die künftige Wichtigkeit des=
selben vorauszusehen. Man war im Konvente höchst zu=
frieden, auf solche Weise in der wichtigsten Frage eine an
Einstimmigkeit grenzende Einigkeit erzielt zu haben. Man
that gleichzeitig verschiedene Schritte, um die Parteien draußen
teils zu beschwichtigen, teils zu zügeln; man nahm einem
vielbesprochenen revolutionären Gesetze, welches die Testa=
mente verbot und Gleichheit der Erbteile verfügte, die früher
dekretierte bis 1789 rückwirkende Kraft; man schaffte die
Scheine über patriotische Gesinnung ab, mit deren Verwei=
gerung früher die Behörde jeden Bürger als verdächtig in
den Kerker weisen konnte; man verbot mit einem Federstrich
das einstige Palladium der revolutionären Freiheit, die
politischen Gesellschaften und Klubs. Man hoffte somit ohne
besondere Erschütterung in und durch die Wahlen hindurch=
zukommen, sah sich aber doch auch für den Notfall vor und
zog einige tausend Mann Linientruppen in einem Lager
bei Paris zusammen. So war der Konvent bei denselben
Maßregeln angelangt, durch welche einst das Ministerium
Broglie den Sturm der Bastille heraufbeschworen hatte: er
suchte der populären Verhandlung den Mund zu schließen
und bot die Scharen der besoldeten Truppe gegen die freien
Bürger auf.

Es zeigte sich bald, daß er Ursache dazu hatte. Die Bürger in Paris wüteten über die beiden Dekrete. Seit einem Jahre hatten sie auf das Ende des Konvents gehofft; die neue Verfassung rückte die Erfüllung dieses heißesten aller Wünsche bereits in dichte Nähe; da mit einemmal erfuhren sie, daß sie wenigstens noch ein volles Jahr die Herrschaft einer konventionellen Mehrheit erdulden sollten, und das Herzblut von Tausenden wallte in heftiger Entrüstung auf. Bei ruhiger Erwägung hätten sie leicht berechnen können, daß ihr Eifer wenig thatsächlichen Grund hatte. Da ihre Gesinnung — der Haß gegen die Gesamtheit des Konvents neben einer entschiedenen Anerkennung der gemäßigten Führer wie Thibaudeau, Boissy d'Anglas, Lanjuinais, dazu eine tiefe Gleichgültigkeit gegen jede Verfassungsform, vorausgesetzt nur, daß ehrenhafte Männer zur Macht gelangten — da diese Gesinnung in der unendlichen Mehrheit des ganzen Volkes herrschte, so war sicher vorauszusehen, daß das neue Drittel fast ausschließlich aus Abgeordneten dieser Farbe bestehen würde. Warf man dann allen Eifer und alle Kraft auf eine große Verständigung unter den Departements für die Wahl der beiden Drittel des Konvents, so sprach alle Wahrscheinlichkeit für die Erzielung einer gemäßigten und konservativen Mehrheit in beiden Räten und damit, was unter allen Umständen das wesentliche war, für die Bildung einer rechtlichen und friedliebenden Regierung. Alle Verhältnisse wiesen auf diesen Weg, mithin auf einfache Annahme und gründliche Benutzung der Wahldekrete, auf Vertagung aller weiteren Schritte bis zur Herrschaft der neuen Verfassung. Allein die Parteien und die Massen pflegen nicht so ruhig zu berechnen. Seit den letzten Wochen war der Argwohn gegen jakobinische Neigungen des Konvents erfrischt; das Mißtrauen wurde durch das Heranziehen von Truppen doppelt gereizt; die Bürger von Paris erklärten es für eine Ehrensache, sich den beiden Dekreten nicht zu unterwerfen, sondern der Nation die volle Freiheit der Wahl zu behaupten. Schon am 28. August erschien die Abordnung einer

Sektion an der Schranke, um sich über die Annäherung der Truppen zu beschweren. Die Armeen, antwortete der Präsident Chénier, sind auch ein Teil des Volkes, und nur die Feinde der Freiheit können den echten Vorkämpfern derselben mißtrauen. Eine andere Sektion folgte mit dem Begehren freier Deputiertenwahl; ihr Redner erlaubte sich die kecke Mahnung, die jetzigen Abgeordneten möchten das Zutrauen sich verdienen, aber nicht befehlen. Es ist die letzte Hülfsquelle des königlichen Despotismus, sagte darauf Chénier, die Gründer der Republik und die vierzehn Armeen derselben zu verleumden: Tallien aber erwirkte den Beschluß, daß die Antwort des Präsidenten gedruckt und den Truppen zugeschickt werden sollte. Während so der Konvent die Linienheere immer deutlicher als seinen wahren Rückhalt bezeichnete, schwoll der Unwille der Bürger immer höher an. Die Sektion Lepelletier wiederholte vier Tage nachher die Forderungen der beiden anderen; es war der frühere Bezirk der Filles St.-Thomas, die großen Straßen Vivienne und Richelieu, die nach dem Reichtum ihrer Bewohner stets den Demokraten feindlich gewesen und auch jetzt in die erste Reihe des Widerstandes traten. Die Urversammlungen zur Abstimmung über die Verfassung und die Wahldekrete[1]) waren auf den 6. September anberaumt; in der Sektion Lepelletier eröffnete man den Akt mit einer feierlichen Erklärung, daß jeder Bürger das Recht habe, vollkommen frei über die Verfassung, die Dekrete und jede Maßregel des öffentlichen Wohles sich zu äußern, weil gegenüber den Urversammlungen des souveränen Volkes jede Gewalt einer andern Behörde zurücktrete, daß zu diesem Ende

---

[1]) Es ist ohne Grund, wenn Wachsmuth diese von der Abstimmung eigentlich ausgeschlossen erachtet. In den Debatten vom 3. und 4. Fructidor erklären die Redner wiederholt, daß sie selbstverständlich als ergänzende Stücke der Verfassung dem Volke zur Annahme vorgelegt werden sollten; der acte de garantie der Sektion Lepelletier hat nicht den Zweck, das unbestrittene Recht zur Abstimmung zu vindizieren, sondern die Verwerfenden vor jeder Verfolgung sicherzustellen.

alle Bürger unter den allgemeinen Schutz ihrer eigenen und aller übrigen Sektionen gestellt seien. Der Konvent fand diesen Beschluß so gefährlich, daß einige Stimmen Permanenz der Sitzung forderten; indes begnügte man sich einstweilen mit einem scharfen Dekrete, welches die von den Sektionen gewünschte Einsetzung eines städtischen Zentralausschusses mit harten Strafen verbot. Man verfügte zugleich die Absetzung aller Beamten, welche unbeeidigte Priester, Offiziere der Nationalgarde oder Verwandte eines Ausgewanderten wären, und stärkte sich vor allem an den Ergebenheitsadressen der Regimenter, welche auf einen Wink der Ausschüsse mit leichter Mühe zu erlangen waren. Die Soldaten hatten freilich geringe Liebe zu dem Konvente, welcher sie hungern und verkommen ließ, aber sie hingen an der Fahne der Republik, unter welcher sie so glänzende Siege erfochten und die Verbündeten der Emigranten bekämpft hatten; die Umtriebe aber allein der Emigranten, sagte man ihnen, riefen jenen Lärmen in Paris hervor.

Wie wenig begründet diese letzte Behauptung war, brauchen wir nicht mehr zu erörtern. Hätte es keinen Bourbon und keinen Emigranten auf der Welt gegeben, so würden die Pariser Sektionen dem Konvente und dessen Wahlgesetzen nicht weniger abgeneigt gewesen sein. Allerdings lag es in der Natur der Verhältnisse, daß die Royalisten die neue Bewegung mit Jubel begrüßten und alles Ersinnliche aufboten, um sie auszudehnen und zu beschleunigen: leider aber muß man sogleich hinzusetzen, daß sie durch ihre Hast und Unbesonnenheit die Bürger auf die gefährlichsten Wege drängten und endlich eine verhängnisvolle Katastrophe herbeiführten. Sie wollten von keinem Abwarten wissen; sie sahen die Möglichkeit, den Konvent durch eine überwältigende Insurrektion zu erdrücken und für die Sache der Monarchie durch die Stadt Paris einen Streich zu führen wie einst für die Demokratie die Jakobiner am 31. Mai. Die royalistische Agentur setzte alle ihre Vertrauten in eine krampfhafte Bewegung; mehrere Mitglieder von der rechten Seite der früheren Nationalversammlungen vereinten damit ihre Anstrengungen; eine Anzahl jüngerer Litteraten und Journalisten erfüllten die Presse mit hitzigem Geplänkel; Frérons goldene Jugend wütete über den bisherigen Meister, der ihnen mit schänd= licher Treulosigkeit jetzt das Lied vom Erwachen des Volkes und die Prügeleien mit den Jakobinern verboten hatte. Obgleich die Masse der ruhigen Bürger bei allem Zorn gegen den revolutionären Konvent sehr schwachen Trieb zu einer Revolution gegen den Konvent hatte, kam in den Sektionen niemand mehr zum Worte, der nicht den Auf= stand als die letzte heilige Pflicht der Patrioten im Falle der Unterdrückung anerkannt hätte: die bedächtigeren Gesin= nungsgenossen wurden überschrieen, die Gegner mit bündiger Drohung aus der Versammlung hinweggewiesen. Aus den Provinzen kam die Nachricht ähnlicher Gärung. In Chartres hatten die Weiber wohlfeiles Brot begehrt, den dort an= wesenden Konventskommissar zur Unterzeichnung eines nied= rigen Tarifs genötigt und ihn dann auf einem Esel reitend in der Stadt herumgeführt unter stetem Lebehoch auf den König, so daß der unglückliche Mann sich in seiner Ver= zweiflung nachher eine Kugel durch den Kopf jagte. In Nonancourt war es zwischen den Bürgern und der Truppe zum Gefecht gekommen; aus Versailles, Dreux und Straß= burg vernahm man von allgemeinem Zorne gegen die Wahl= dekrete. Die Eingeweihten unter den Royalisten aber flü= sterten sich eine Neuigkeit von noch ganz anderem Belange zu: im Laufe des August hatte der Prinz von Condé, welcher das kleine Emigrantenheer am Oberrhein befehligte, durch einen Buchhändler aus Neuenburg, Fauche=Borel, das Ohr des Generals Pichegru gewonnen und von diesem die besten Zusagen für die Herstellung der Bourbons erhalten. Die Nachricht war ebenso begründet wie unglaublich. Welcher besondere Beweggrund den ehemaligen Schützling St.=Justs bestimmte, ob patriotischer oder neidischer Zorn, ob Begei= sterung für das allgemeine Beste oder für sein persönliches Interesse, ist, da der General fortdauernd in verschlossener Schweigsamkeit verharrt hat, nicht zu entscheiden: sicher aber

ist, daß er sich gegen den Prinzen von Condé bereit erklärte, sein Heer auf das rechte Rheinufer hinüberzuführen,
sich dort mit den Emigranten zu vereinigen und dann gemeinsam mit ihnen nach Paris zu ziehen. Die Truppen
des Rheinheeres hatten große Anhänglichkeit an ihren General und bitteren Zorn auf den Konvent[1]): das Unternehmen
wäre also äußerst mißlich aber nicht unmöglich gewesen.
Indes vermochte sich Condé mit den Oesterreichern nicht zu
verständigen, welche dem republikanischen Feldherrn den
Uebergang auf das rechte Ufer nicht verstatten wollten,
während Pichegru dabei blieb, daß er seiner Leute nur inmitten einer siegreichen Angriffsbewegung sicher sei. So
wurde der Plan hinausgeschoben, der heimliche Briefwechsel
aber fortgesetzt, und die royalistische Agentur in Paris
drängte, einen solchen Genossen im Hinterhalt, um so lebhafter zum Losschlagen auf den Straßen der Hauptstadt.

Die revolutionären Politiker im Konvente sahen diese
Umtriebe mit innerer Genugthuung sich entwickeln. Sie
zweifelten nicht daran, mit ihren Linientruppen jede Insurrektion des friedfertigen Bürgerstandes auf der Stelle
zu zermalmen und einen Sieg dann zur höchsten Ungunst
der gemäßigten Partei für sich selbst auszubeuten. Nichts
Erwünschteres konnte ihnen begegnen, um trotz des neuen
Drittels die Mehrheit in den Räten und dem Direktorium
zu gewinnen, während dieselbe bei einer festen und gesetzlichen Haltung der Sektionen den Gemäßigten sonst gar
nicht entgehen konnte. Je heftiger die Royalisten in Paris
sich rührten, desto mehr wandten sich die Thermidorianer
und Unentschlossenen auf die Seite der Independenten, und

---

[1]) Abgesehen von Fauche-Borels Aussagen wird dies auf das
bündigste durch Gouvion St.-Cyr bestätigt und insbesondere die
Annahme der neuen Verfassung durch die Armee als leeres Spek-
takelstück geschildert. Im übrigen wird der oft angezweifelte
Bericht Fauche-Borels jetzt ebenso wie Montgaillards Lügenhaftigkeit
und Verräterei durch die vertrauliche Korrespondenz des englischen
Gesandten Wickham, des Vertrauten und Helfers bei diesen royalistischen Bestrebungen, überall bestätigt.

inmitten der Wahlverhandlungen erlebte man davon eine grelle Probe, indem es der Linken gelang, eine starke Mehrheit für die Beseitigung der vor wenigen Monaten bewilligten Freiheit des öffentlichen Gottesdienstes durchzusetzen.

Die Sektionen aber ließen sich dadurch nicht beirren. Eine nach der andern meldete mit lärmender Schadenfreude dem Konvente, daß die Urversammlung die Verfassung angenommen, die Dekrete aber verworfen habe. Indessen gelang es ihnen schon bei diesem ersten Schritte nicht, die Provinzen mit sich fortzureißen; die allmählich einlaufenden Stimmregister ergaben vielmehr eine sehr bedeutende Mehrheit auch für die Wahlgesetze. Die Masse der Bevölkerung hatte sich bei der herrschenden Abspannung überhaupt nicht beteiligt, für die Verfassung gab es etwas über 900 000 bejahende auf 40 000 verneinende, für die Dekrete nahe an 170 000 bejahende auf 93 000 verneinende Stimmen. Die Heere hatten ohne eine abweichende Meinung bestätigende Adressen eingesandt. Der Konvent erklärte darauf am 23. September die Verfassung und die Dekrete als endgültig sanktionierte Gesetze, befahl die Ernennung der Wahlmänner spätestens bis zum 2. Oktober zu vollenden, beraumte den Beginn der Abgeordnetenwahlen auf den 12. Oktober und die Eröffnung des neuen gesetzgebenden Körpers auf den 6. November an.

Die Verkündigung dieser Dekrete wurde in den Pariser Sektionen das Signal zur offenen Gewalt. Im Palais Royal kam es am 25. September zu Tumult und Flintenschüssen; große Scharen junger Männer durchzogen die Straßen unter dem Rufe: hinweg mit den beiden Dritteln; die Stadt war erfüllt mit düsterer Niedergeschlagenheit und wild durcheinanderwirbelnden Gerüchten. Der Konvent machte die Stadt Paris verantwortlich für die Sicherheit der Nationalvertretung und wies die Generale an, bewegliche Kolonnen zum Marsch auf Paris bereit zu halten: alle Parteien der Versammlung waren den Drohungen des Aufstandes gegenüber noch so einmütig, daß Thibaudeau die Pariser an Isnards Drohungen von 1793 gegen den jakobinischen Stadtrat erinnerte, daß Boissy d'Anglas und Lanjuinais, wie sehr sie auch im Herzen die Wünsche der Pariser teilten, keine Silbe zu ihrer Rechtfertigung wagten. Ein vorbeugendes und drohendes Dekret folgte also dem andern: wer sich irgendwie bei einer Zusammenrottung betreffen ließe, sollte demnach als überwiesener Hochverräter behandelt werden; jeder städtischen Behörde wurde das Aufgebot der bewaffneten Macht auf das strengste untersagt, jeder Offizier, welcher auf einen Befehl der Sektionen marschieren ließ, wurde kriegsgerichtlicher Verfolgung unterworfen. Auch das berufene Gesetz über die Verdächtigen, das Lieblingserzeugnis der Terroristen, fiel jetzt beim Kampfe gegen die Feinde des Terrorismus, weil es das unbeschränkte Recht zur Verhaftung eben den städtischen Behörden übertrug. So kam man auf beiden Seiten von Schritt zu Schritt dem bewaffneten Zusammenstoße näher: wie sehr es die besonneneren unter den Bürgern und die gemäßigte Partei im Konvente beklagen mochten, die Independenten hier und die Royalisten dort rissen ihre friedfertigen Genossen unwiderstehlich mit sich fort. Tallien, obwohl immer noch zur rechten Seite zählend, erging sich in den hitzigsten Ergüssen gegen den Schwarm der Banditen und Chouans, welcher in den Sektionen sein Wesen treibe; Barras erhob lebhafte Klagen gegen die Schwäche der Regierung, womit sie den Freiheitsfeinden das Feld offen lasse. Am 3. Oktober feierte der Konvent ein Trauerfest zum Andenken der von Robespierre zum Tode gebrachten Girondisten, als die Anzeige einlief, daß vier Sektionen die Wahlmänner von ganz Paris nicht auf den gesetzlichen Tag, den 12., sondern auf heute zusammenberufen und die Deckung derselben durch Aufstellung einer bewaffneten Macht angeordnet hätten. Es war der erste Schritt formeller Widersetzlichkeit, und der Konvent trat ihm auf der Stelle mit Nachdruck entgegen. Er dekretierte das sofortige Auseinandergehen aller Urversammlungen, verbot jedes Zusammentreten der Wahlmänner vor dem 12. und erklärte, um in jedem Augenblicke seinerseits schlagfertig zu sein, die Perma-

nenz seiner Sitzung. Als das Dekret abends bei Fackel=
schein verkündet wurde, nahm das Volk die Vorlesung mit
Hohngeschrei und Pfeifen auf; die Fackeln wurden aus=
gelöscht und die Kommissare in die Flucht getrieben. Erst
als General Menou mit ansehnlicher Truppenmacht heran=
zog, zerstreute sich der Auflauf und wich die Versammlung
der Wahlmänner der Gewalt. Indessen hatten die Regie=
rungsausschüsse eine Kommission von fünf Mitgliedern zum
Schutz der öffentlichen Ordnung niedergesetzt; Barras war
darunter und veranlaßte sofort die Bildung eines heiligen
Bataillons von Patrioten, einer Schar, in welche man die
Trümmer der harten Fäuste, des Revolutionsheeres, den
Abschaum der Vorstädte vereinigte. Was noch von Jako=
binern des alten Schlages in Paris existierte, war bei dem
Anblicke von Jubel erfüllt: in den Sektionen aber war jetzt
nur eine Stimme, daß man auf Tod und Leben kämpfen
müsse, nachdem der Konvent die Mörderbanden der Schreckens=
zeit wieder unter die Waffen gerufen habe.

Von den 48 Sektionen der Hauptstadt befanden sich 44
am Morgen des 4. Oktober in voller Erhebung. Sie hatten
in der Sektion Lepelletier eine leitende Behörde gebildet,
verfügten über nahe 30 000 Mann Bürgergarden, welche
allerdings seit dem Prairial keine Geschütze mehr besaßen,
und kündigten in aller Form dem Konvente den Gehorsam
auf. Der Generalmarsch ging durch sämtliche Quartiere:
zahlreiche Scharen Nationalgarden eilten in die Sektion
Lepelletier; ihre Proklamation erklärte, daß sie Weib und
Kind gegen die Henker des Konvents schützen wollten. Die
Regierung zog unterdessen neue Regimenter in die Stadt,
jedoch zeigten die Offiziere geringen Eifer zum Bürgerkrieg,
und der befehligende General Menou weigerte sich, die Füh=
rung des Patriotenbataillons, weil er nicht Banditen kom=
mandieren wolle, zu übernehmen. Erst nach langem Zau=
dern rückte er in die Sektion Lepelletier ein, verwickelte seine
Kolonne äußerst ungünstig in den von den Insurgenten besetzten
Straßen, und kehrte endlich um, als die Sektion seiner Auf=
forderung, auseinanderzugehen, mit einer kräftigen Verwah=

rung antwortete. Er war kein Verräter, wie ihn die Linke des
Konvents bezichtigte, sondern lediglich von dem unter solchen
Umständen hoffnungslosen Wunsche beseelt, durch gütliche Vor=
stellungen zu siegen. Er verlor den Oberbefehl auf der Stelle.

In der That hätte sein Benehmen eine volle und schleu=
nige Katastrophe des Konvents herbeiführen können. Denn
am Abend des 4. gab es zur Verteidigung der Tuilerien
neben den 1500 Patrioten kaum 4000 Mann Linientruppen,
ohne Geschütze, ohne Verbindung mit den in der Stadt zer=
streuten Magazinen, ohne eine energische und einsichtige
Leitung. Unter jenen fünf Kommissaren hatte Barras nach
seinem militärischen Range — er war ursprünglich Offizier
und während der Konventszeit vermöge seines Dienstalters
zum Brigadegeneral aufgerückt — die kriegerischen Geschäfte
sofort in die Hand genommen: er klirrte mit Sporn und
Säbel und dröhnenden Worten einher, verhieß die Roya=
listen ebenso vernichtend wie am 9. Thermidor die Terro=
risten zu zermalmen, kam jedoch über den brausenden Worten
zu keiner festen und planmäßigen Vorkehrung. Ein mas=
sives Nachdringen hinter Menous weichenden Kolonnen her
würde den Bürgergarden ohne Zweifel den sofortigen Sieg
verschafft haben. Allein auch bei ihnen war die kriegerische
Begabung gering. Sie jubelten die ganze Nacht hindurch
über die Tapferkeit, mit welcher die Sektion Lepelletier dem
General Menou heimgeleuchtet habe, und erst gegen Morgen
gelangten sie dazu, einen Oberbefehlshaber ihrer Scharen
zu ernennen, einen General Danican, der einst gegen die
Vendéer kommandiert hatte und wegen seiner Menschlichkeit,
wie die einen, seiner Unfähigkeit, wie die andern sagen,
von den Konventskommissaren abgesetzt worden war. Nach
seiner politischen Gesinnung nahm er den Antrag der Sek=
tionen an, hatte aber von vornherein geringes Zutrauen
zu ihrer Streitfähigkeit und war auch, wie es scheint, in
sich selbst über die zu ergreifenden Maßregeln nicht ent=
schlossen. Dieses Zaudern der Gegner gab dem Konvente
die Möglichkeit zur Rettung.

In der ersten Morgenfrühe des 5. Oktober oder 13. Ven=

bémiaire wurde Barras förmlich zum Oberbefehlshaber der
konventionellen Streitmacht ernannt und erinnerte sich jetzt
eines Mannes, der seit zwei Monaten der militärische Ratgeber des Wohlfahrtsausschusses gewesen war, des Generals
Bonaparte. Wir sind demselben zuletzt in dem Feldzuge
von 1794 bei dem italienischen Heere begegnet, wo die
Konventskommissare wesentlich nach seinen Angaben den
Operationsplan entwarfen. Er war eifriger Republikaner,
weil er in den revolutionären Stürmen für seine Kraft die
Bahn zum Vorwärtskommen vor Augen hatte; er war aber
keineswegs Jakobiner oder Robespierrist, er schützte vielmehr
in seinem Truppenteile jeden abligen Offizier, der sich tüchtig
oder zuverlässig zeigte, und war ganz zufrieden, daß der
9. Thermidor auch bei den Heeren dem demagogischen Treiben
ein Ende machte. Allerdings wurde er von den neuen Machthabern einen Augenblick beargwohnt, weil er unter den früheren
Kommissaren besonders an dem jüngeren Robespierre einen
entschiedenen Gönner gehabt hatte: es wurde eine Untersuchung
über ihn verhängt, sogleich aber die Grundlosigkeit der Anklagen erkannt und ihm amtlich bescheinigt, daß „die militärischen und örtlichen Kenntnisse des besagten Bonaparte
dem Staate nützlich sein könnten". Bald nachher fand sich
der Wohlfahrtsausschuß zu großen Reformen in dem Offi-
ziercorps veranlaßt, da durch die willkürlichen und regellosen Ernennungen der Konventskommissare die Zahl der
Generale und Obersten unglaublich angeschwellt worden war;
so kam es, daß auch Bonaparte sein Kommando verlor und
unter Belassung seines Gehaltes zur Verfügung gestellt
wurde. Er ging darauf nach Paris, um dort persönlich
die nötigen Schritte zur Herstellung zu thun. Ohne Schutz
und Empfehlung mußte er lange genug auf den Erfolg
harren; bei der Entwertung der Assignaten reichte sein Gehalt nicht immer aus, ihn vor drückendem Mangel zu
schützen; was ihn aber mehr als die äußere Not quälte,
war das Bewußtsein, trotz der Fülle der Gedanken und
Entwürfe zu unthätigem und fruchtlosem Dahinkümmern
verurteilt zu sein. Er belagerte die Mitglieder der Aus-

schüsse, erzählte jedem Abgeordneten, dessen er einen Augenblick habhaft wurde, seine untrüglichen Mittel zu Krieg und Sieg, erhitzte sich im Vortrag, nahm einen hohen Ton der Sicherheit und Autorität an. Er zählte damals erst sechsundzwanzig Jahre, sein Name war den meisten unbekannt und seine Erscheinung auffallend, aber nicht einnehmend. Eine kleine, schmächtige Figur, ein gelbes, mageres, von scharfen Zügen durchfurchtes Gesicht, mit lang herunterhängenden, tief über die Stirn gezogenen Haaren, ein eckiges und schweigsames Wesen, aus welchem dann jene Ergüsse um so überraschender hervorbrachen: man begreift, daß ihn die einen für einen wunderlichen Sonderling, die andern für einen windigen Projektenmacher hielten. Wer aber selbst Verständnis von den Dingen hatte und sich näher mit ihm einließ, wurde durch seine immer treffenden, immer durchgreifenden Erörterungen unwiderstehlich gefesselt; nur daß leider der damals für ihn wichtigste Mann, Aubry, das mit den militärischen Angelegenheiten betraute Mitglied des Wohlfahrtsausschusses, keinen Sinn für die in so besonderen Formen sich ankündigende Größe hatte und alle Bitten und Vorschläge des jungen Offiziers mit taubem Ohre zurückwies. Er rede große Dinge, sagte er ihm, für die jedoch seine Jugend keine hinreichende Garantie biete. Man altert schnell auf dem Schlachtfelde, antwortete Bonaparte, und ich komme daher. Aber Aubry blieb in seiner ablehnenden Haltung; er bot dem drängenden Offizier das Kommando einer Infanteriebrigade in der Vendée, und Bonaparte, der weder zum Bürgerkriege, noch zum Austritt aus seiner bisherigen Waffe, der Artillerie, Neigung hatte, blieb einstweilen wartend und unthätig in Paris. Tag für Tag entwarf er neue Feldzugspläne für das Heer von Italien; kaum war der Friede mit Spanien geschlossen, so entwickelte er sich sofort die Möglichkeit, mit den bisher an den Pyrenäen verwendeten Truppen weltbewegende Schläge in den Apenninen zu führen[1]); wenige Wochen nachher trat die Wendung für

---

[1]) Correspondance de Napoléon Ier, vol. I, p. 75.

sein und Frankreichs Schicksal ein. Am 15. Thermidor wurde das Personal des Wohlfahrtsausschusses erneuert, und die Leitung der Kriegssachen kam in die Hände Doulcet-Pontécoulants, der selbst ein Mann des Faches, aber um so mehr geneigt war, nach einer tüchtigen Hülfe bei der unermeßlichen Verantwortlichkeit auszuschauen. Da machte ihn Boissy d'Anglas auf den geistreichen korsischen Offizier aufmerksam, und gleich das erste Gespräch am 23. August entschied das Verhältnis. Doulcet erkannte das seltene Genie des jungen Mannes auf der Stelle, nach zwei Tagen ging ein von Bonaparte seit lange durchdachter Feldzugsplan in das Hauptquartier der Armee von Italien ab[1]). So fand sich durch ein Zusammentreffen sehr einfacher Umstände Bonaparte plötzlich ohne Amt noch Auftrag als thatsächlichen Nachfolger Carnots, als den eigentlichen Lenker des europäischen Krieges. Mit brennendem Eifer, rastlosem Fleiße, allseitiger Thätigkeit ergriff er die Geschäfte. Während er unermüdlich die Zeit des Handelns bis auf die letzte Sekunde ausnutzte, studierte, rechnete, die Bücher verschlang, einen jeden Stoff zu praktischer Klarheit und Anwendbarkeit verarbeitete, trieb er daneben in dem Wirbel der Pariser Gesellschaft umher, hatte mit mehreren schönen Frauen zu thun, die er durch sein heftiges einsilbiges Wesen bald reizte, bald abstieß, und spekulierte mit gleichem Eifer in Assignaten und Nationalgütern. Ich sehe nichts um mich her, schrieb er damals seinem Bruder, als Angenehmes und Hoffnungsreiches. Indessen genügte es seinem Drange auf selbständiges Handeln nicht lange, auf dem Papiere Entwürfe aufzuzeichnen, welche andere ausführen sollten: er kam auf einen Gedanken zurück, den er in den Tagen der

---

[1]) Correspondance de Napoléon Ier, 20. und 23. August, Mémoires de Doulcet de Pontécoulant I, 331. Die letzteren sind nicht authentisch, doch werden an dieser Stelle ihre Angaben durch die Korrespondenz bestätigt. Die Darstellung bei Barante, histoire de la Convention, vol. V, letzte Seiten, der ich früher folgte, erweist sich als völlig ungenau.

neulichen Bedrängnis gefaßt hatte, einen Plan, im Auftrage der französischen Regierung nach Konstantinopel zu
gehen und dort die türkischen Armeen zu einem kühnen Angriff auf die Kaiserhöfe zu organisieren. Allein der Ausschuß, vor allem Doulcet, wollte sein Talent im nächsten
Wirkungskreise nicht missen und stellte ihm, wenn er bliebe,
rasche Beförderung in Aussicht. Seine Phantasie blieb trotzdem mit dem Bilde orientalischer Thaten beschäftigt; die
unbestimmbaren, eben deshalb aber grenzenlosen Umrisse
desselben reizten seinen ebenso grenzenlosen Ehrgeiz, und
mehr als einmal griff er bei dem Ausschusse auf den Vorschlag zurück. Unterdessen kam es zur Verkündigung der
neuen Verfassung und damit zu der täglich wachsenden
Aufregung in den Pariser Sektionen: unter diesen drohenden Umständen war vollends an die Entlassung des genialen
Offiziers nicht zu denken[1]). Als am 13. Vendémiaire der
Ausbruch erfolgte und Barras, der wohl mit dem Säbel
zu rasseln, aber nicht besonders ihn zu führen verstand, mit
dem Oberbefehl betraut war, ließ er eiligst den General
Bonaparte herbeirufen, bewirkte seine Ernennung zum zweiten
Befehlshaber und überließ ihm von Stunde an die Anordnung aller Maßregeln. Da kam mit einem Schlage Leben
und Leitung und Gedanke in die Dinge. Der junge Offizier wandte sich sofort an General Menou, um von ihm,
wie heftig auch die Redner der Linken auf denselben ein-
fahren mochten, die Lage und die Kräfte der Gegner zu
erfragen; dann war der eigene Entschluß in einem Momente
mit festem und scharfem Blicke gefaßt, und ohne eine Minute zu verlieren, folgten sich die Befehle nach allen Seiten,
um die Tuilerien binnen wenigen Stunden in ein unan-
greifbares Heerlager zu verwandeln. Die Kanonen der
Nationalgarde standen in einem großen Park vereinigt zu
Meudon: es war die erste Sorge des Generals, ein Reiter-
geschwader in scharfem Trabe dorthin zu senden und die
Geschütze eiligst zur Deckung der Tuilerien heranzuführen.

---

[1]) Dies alles ausschließlich nach Bonapartes Korrespondenz.

Dann verteilte er seine 6000 Mann hinter die Batterien
an die einzelnen Zugänge zum Schlosse, ließ den 700 Ab=
geordneten als einer Reservechar Flinten und Munition
austeilen und wartete nun, die Stadt einstweilen sich selbst
überlassend, des Angriffs. Drüben beurteilte General Da=
nican die Lage nicht anders als Bonaparte: er erörterte
seinen Genossen, daß man den günstigen Augenblick am
vorigen Abend versäumt, daß jeder Angriff auf die jetzt
geordnete Kriegsmacht des Konvents bei der Lockerheit der
bürgerlichen Streitkräfte höchst geringe Aussicht habe, daß
man statt dessen alle Straßen zu den Tuilerien barrika=
bieren und dadurch den Feind entweder zu nachteiligen
Einzelgefechten nötigen oder durch Hunger zu rascher Unter=
werfung zwingen müsse. Aber der Erfolg des letzten Abends
in der Sektion Lepelletier hatte die eifrigen unter den
Führern verblendet; sie meinten mit einem kurzen Angriff
zum Ziele zu kommen und drängten auf mehreren Punkten
mit ihren Scharen vorwärts, bis dicht an die republika=
nischen Vorposten heran. Die ruhigeren aber scheuten noch
immer vor einem Bürgerkriege zurück und setzten in der
That einen letzten Versuch zur Unterhandlung durch, indem
sie dem Konvente Versöhnung anboten, wenn er das Ter=
roristenbataillon entwaffnen wolle. Einige der Gemäßigten
im Konvente mahnten, darauf einzugehen, wurden aber von
den mit bewaffneten Patrioten erfüllten Galerien ausgezischt
und von der Mehrheit der Abgeordneten mit großem Zorne
zurückgewiesen. Der Konvent, hieß es, könnte nicht unter=
handeln, ehe die Rebellen die Waffen niedergelegt hätten.
Barras, Tallien, Louvet drängten mit lebhafter Ungeduld
zur Entscheidung; Bonaparte sah draußen nicht ohne Sorge,
wie sich freundschaftliche Gespräche zwischen den Bürgern
und den Soldaten entspannen: plötzlich fielen irgendwo
durch irgendwen Flintenschüsse, der Ruf: Verrat, Verrat!
flog durch beide Parteien, und das Gefecht entspann sich in
einem Augenblick auf der ganzen Linie. Ob Barras oder
Bonaparte oder royalistische Agenten den Befehl zum ersten
Feuer gegeben, ist nicht mehr zu ermitteln: gewiß ist das

eine, daß bei richtigem Verständnis der Lage jene, und jene allein, dringenden Grund dazu hatten.

Die lange Fronte der Tuilerien erstreckt sich von dem Ufer des Flusses nach Norden hin. Wo sie hier endigt und sich jetzt die stattliche Rue Rivoli ausdehnt, lag damals eine Menge hoher Häuser in engen Gassen,` welche dann auf die dem Flusse parallele, lang gestreckte Rue St.-Honoré ausmündeten. Die Bürger griffen das Schloß sowohl von dieser Seite als von den Ufern des Flusses her an; ihre besten Kämpfer hatten in der Straße St.-Honoré auf der Treppe der Kirche des heiligen Rochus Posten gefaßt, von wo aus sie durch eine jener Quergassen hindurch mit dem Patriotenbataillon ihr Feuer wechselten, die Kanoniere von den Stücken wegschossen und mehrere Versuche der Republikaner, aus der engen Gasse hervorzubrechen, blutig abwiesen. Am Flusse aber gerieten die Bürger in ein mörderisches Kreuzfeuer der Batterien, mit welchen Bonaparte die Ufer der ganzen Länge nach bestrich, und wurden, dadurch mürbe gemacht, von den Linienbataillonen rasch in die Flucht geschlagen. Dieser Ausgang hob den Mut der Patrioten und schwächte das Vertrauen der Bürger auch in St.-Honoré: Bonaparte ließ durch einen kräftigen Anfall den Posten an der Rochuskirche überwältigen, darauf seine Batterie in die Rue St.-Honoré vorgehen und nun nach rechts und links durch ein rasches Kartätschenfeuer die zurückweichenden Bürger aus der Straße hinausfegen. Das war die Entscheidung. Binnen wenigen Minuten waren die Nationalgarden in aufgelöster blutiger Zerrüttung; Bonaparte, der bis dahin eine schonungslose Energie gezeigt hatte, begnügte sich jetzt, durch eine Anzahl blinder Schüsse die Flucht der Gegner zu vervollständigen, und besetzte dann bis zum folgenden Morgen ohne ferneren Widerstand alle erheblichen Punkte der Stadt. Der Sieg des Konvents, erkauft mit einigen hundert Toten auf beiden Seiten, war vollendet.

Die revolutionären Führer hatten so viel gelernt, um ihn nicht mit großen Blutgerichten zu besudeln. Es kam

ihnen nicht mehr, wie einst Billaud und Robespierre, darauf an, eine ganze Bevölkerung umzumodeln, sondern in
der bestehenden Gesellschaft die Macht zu behaupten. So
wurden die Anträge einiger heißen Jakobiner beseitigt und
nur die Häupter des Aufstandes vor ein Kriegsgericht gewiesen, welches eine Anzahl Todesurteile aussprach, den
meisten Angeklagten aber Raum zu entwischen und schließlich nur zwei Personen wirklich erschießen ließ. So ging
in der Stadt der Eindruck der erlittenen Niederlage äußerst
rasch vorüber. Daran freilich war kein Gedanke mehr, die
Wahl der zwei Drittel zu verweigern; aber als die Wahl-
sitzung am 12. begann, ernannten die Wahlmänner aus dem
Konvente nur solche Abgeordnete, welche von ihren Neigungen zum Königtum kaum ein Geheimnis machten, und
für das neue Drittel schlechterdings nur anerkannte und
zum Teil sehr eifrige Monarchisten und Aristokraten. Anderwärts aber war die Wirkung des 13. Vendémiaire um so
erheblicher. Im Lande zerschnitt sie mit einem Schlage
die Organisation der besiegten Partei und machte insbesondere jedes planmäßige Zusammenwirken für die Wahlen unmöglich. Vor allem aber im Konvente gab sie der revolutionären Gesinnung einen Aufschwung, dessengleichen sie
seit dem 9. Thermidor nicht erlebt hatte, und dessen Folgen
für Frankreich und Europa gleich verhängnisvoll werden
sollten. Die Galerien waren wie früher von der goldenen
Jugend so jetzt von den Terroristen des Patriotenbataillons
besetzt. Die Menge der nichtigen und willenlosen Abgeordneten, jene Masse des Zentrums, welche Anfang 1793
girondistisch und dann eine Weile dantonistisch gewesen,
welche hierauf den Rufen Héberts und weiter den Winken
Robespierres gefolgt war, welche seit Thermidor auf Tallien,
seit Germinal auf Lanjuinais geblickt hatte — diese Masse
drängte sich jetzt in gleich scheuer Abhängigkeit um Barras,
Sieyès und Chénier, die mit heftigen Worten jede Mäßigung als verruchten Royalismus niederdonnerten. Von
links her folgten sich die Anträge auf Befreiung aller noch
eingesperrten Patrioten, auf Herstellung der verhafteten De-

putierten, auf Ausweisung der zurückgekehrten **Emigranten**
und **unbeeideten** Priester. Es war Rede davon, die früher
ernannten Wahlmänner **von Paris** abzusetzen und neue
Ernennungen **vornehmen** zu lassen; in den Ausschüssen erwog man sogar, **ob** nicht vor dem Eintritt des neuen Drittels der Konvent die Einsetzung des Direktoriums vollziehen
sollte. Eine Weile leisteten die Gemäßigten einen immer
schüchternen, **aber** zähen Widerstand, der mehrere Erfolge
hauptsächlich deshalb errang, weil Tallien, Fréron und **deren**
Freunde, so revolutionär sie auch auftraten, noch nicht geradezu mit den früheren Genossen brechen wollten. In
eine neue Phase aber trat die Bewegung, als seit **dem**
12. Oktober allmählich das Ergebnis der **Wahlen für den**
neuen gesetzgebenden Körper bekannt wurde. In drei Vier-
teln des Landes bezeichneten die Wähler für das **neue Drittel**
entschiedene Aristokraten, Konstitutionelle, **Monarchisten.** Was
die beiden Drittel des Konventes betraf, so verwarf die
große Mehrheit von den namhaften Mitgliedern nicht bloß
die Jakobiner und Independenten, sondern auch die Thermidorianer und ernannte neben einer Anzahl farbloser Männer des Zentrums fast nur Gemäßigte und Girondisten.
Deren Häupter fanden sich von einer solchen Gunst **der**
Meinung umgeben, daß Lanjuinais in 73, Boissy d'Anglas
in 72, Pelet in **71,** Doulcet-Pontécoulant in 33, Thibaudeau in 32 Departements gewählt wurden. **Nach dem De-**
kret des Fructidor hätten sich daraus an dreihundert **durch**
den Konvent vorzunehmende Ersatzwahlen **ergeben; indes**
war es den meisten jener Deputierten **möglich, ihre** Erklärung über die Annahme des Auftrags **noch während der**
Dauer des Wahlakts auszusprechen, und **damit** eine neue
Wahl durch die Wahlmänner zu veranlassen, so daß zuletzt
für die Nachwahl im Konvente selbst noch 105 Stellen leer
blieben. Sobald nun diese Wendung der Wahlen sich in
ihren ersten Symptomen ankündigte, **so** forderten die Thermidorianer von ihren gemäßigten Verbündeten eine Zusage,
ihre Wiederwahl zu unterstützen, und als diese, durch Talliens unstetes Wesen längst abgeschreckt, ein bindendes Wort

verweigerten, **kam es** zwischen **beiden Fraktionen** zum er=
klärten, erbitterten Zerwürfnis.

Bei den **Prozessen** infolge **des 13.** Vendémiaire war es
der Polizei gelungen, **eines** Mitgliedes der royalistischen
Agentur, des Abbé Lemaitre, habhaft **zu** werden und auf
dessen Papiere Beschlag zu legen. **Dort** fanden **sich** Noten
über die mutmaßliche Gesinnung mehrerer Deputierten; in
denselben waren Lanjuinais, Boissy d'Anglas, Lesage, Lari=
vière **als** Freunde der Monarchie bezeichnet; von Tallien
aber hieß es, daß man ihm seit Quiberon nicht mehr trauen
könne; Saladin, früher Girondist; Rovère, früher Terrorist,
jetzt beide in Paris gewählt, erschienen geradezu als heim=
liche **Lenker der** Sektionen; sonst aber kamen bestimmte
Aeußerungen oder beweisende Thatsachen schlechterdings nicht
vor. Der Sicherheitsausschuß nahm davon Anlaß, am
15. Oktober einen Bericht nach Amars und St.=Justs
Muster über die große Verschwörung der Fremdenpartei,
jedoch ohne Nennung **der** erwähnten Abgeordneten, zu
erstatten. Lemaitre **wurde** infolgedessen vor das Kriegs=
gericht verwiesen; dann begehrten einige Stimmen zur Be=
lehrung der Nation den **Druck** des Berichtes. Tallien, der
seit zwei Tagen seinen Sitz **auf der** Rechten verlassen und
wieder den alten Platz auf der Höhe des Berges eingenom=
men **hatte,** erhob sich, **um** diesen Antrag zu unterstützen.
Er hatte soeben mit Sieyès und Barras seinen festen Frie=
den gemacht: nachdem er jenen seine Mitwirkung zum Sturze
der Gemäßigten zugesagt, hatte ihm dafür der Abbé aus
den Akten des Wohlfahrtsausschusses die Beweisstücke über
seine royalistischen Umtriebe ausgeliefert. Er begann jetzt
seine Rede mit der Erklärung, daß der Druck des Berichtes
notwendig **und** der Konvent dem Lande die ganze Wahr=
heit schuldig sei; somit bedürfe aber der Bericht noch einer
Vervollständigung: man müsse **die** Häupter der Verschwö=
rung nennen und dem Lande verkünden, wer die Bekämpfung
der Pariser Wähler so lange verhindert und gelähmt habe.
Die Galerien klatschten ihm rasenden Beifall. Er **fuhr**
fort mit einer Anklage gegen sich selbst, daß er so lange

geschwiegen, und als die Linke ihm zurief: die Namen,
die Namen, erklärte er sich bereit, wenn man die Sitzung
in eine geheime verwandle. Als die Galerien unter dem
Rufe: es lebe die Republik, rettet das Vaterland, geräumt
waren, hatte er die Stirne, des royalistischen Verrates jene
vier in Lemaitres Papieren erwähnten Abgeordneten zu
zeihen, darunter denselben Lanjuinais, der ihn selbst wegen
der Entdeckung seines Briefwechsels mit Verona gewarnt,
mit dessen Partei er die festen vertraulichen Zusammenkünfte
bis in die letzten Tage fortgesetzt und nach einem Streite
über den 13. Vendémiaire feierlich Versöhnung angenommen
hatte. Beweise für seine Anklage hatte er nicht: die Mehr=
heit des Konvents zeigte sich kalt, entrüstet, angewidert; der
gemeine Streich fiel völlig platt zu Boden.

Am folgenden Tage erzählte Louvet aufs neue die Ge=
schichte der Fremdenkonspiration, um die Verhaftung Rovères
und Saladins zu begehren. Die beiden waren in der That in
die Bewegung der Sektionen verflochten, und niemand wagte,
sie zu verteidigen; Thibaudeau machte nur die Bemerkung,
daß Saladin soeben zum Abgeordneten für Paris ernannt
worden sei. Der Zorn der Linken regte sich um so heftiger;
jede Nachricht über die Wahlen zeigte ihnen eine gefährdete
Zukunft; trotz der Dekrete des Fructidor, trotz des Sieges
des Vendémiaire mußten sie das Aufkommen einer ihnen
feindlichen Regierung befürchten. Um diese Frage aber
bewegte sich ihr einziges Denken und Trachten; in ihr lag
für sie alles beschlossen, Vaterland und Recht und Freiheit.
Bentabolle erklärte, die Revolution sei verloren, wenn der
Konvent nicht sofort das Direktorium aus seiner Mitte er=
nenne. Dubois=Crancé sprach lebhafte Besorgnisse über die
künftige Zusammensetzung des Rates der Alten aus. Die
Partei kam zu dem umfassenden Plane, die Wahlen, als
Erzeugnisse eines verräterischen Royalismus überhaupt, für
ungültig zu erklären, damit die Dauer der konventionellen
Herrschaft in das Unbestimmte zu verlängern und dann zur
Einrichtung jakobinischer Wahlen das Nötige vorzukehren.
Wenn aber noch etwas erreicht werden sollte, so war es

die höchste Zeit, **denn der** nach **den** bisherigen Gesetzen fest=
gestellte **Schluß** des Konvents nahte heran, **und** schon am
27. Oktober sollte die erste Sitzung der beiden Räte statt=
finden. So begann Barras, der als Führer **der** bewaffneten
Macht in diesem Augenblick den höchsten Einfluß hatte,
am 22. die Ausführung des Entwurfs mit einer tobenden
Rede gegen die fremden Mächte, **die** Royalisten und Emi=
granten, gegen den verräterischen General Menou, die
abscheulichen Gesinnungen der Pariser Sektionen und der
französischen Wahlmänner überhaupt. Wenn ihr die Zügel
der Revolution, sagte er, in verdächtigen Händen laßt, so
ist niemand seiner Zukunft sicher. Das Heil der Republik,
rief Garnier, ist gefährdet, wenn wir in den vier Tagen,
die uns noch bleiben, nicht endlich den Sieg zu benutzen
verstehen. Draußen kampierte **im** Schloßgarten ein Reiter=
regiment; alle Zugänge des Palastes waren mit Geschützen
besetzt; auf den Galerien drängte sich der jakobinische Pöbel=
haufen unter jubelndem Geschrei bei jeder Rede des Berges
und heftigen Drohungen gegen die rechte Seite. Die Masse
des Konvents schien eingeschüchtert wie einst am 2. Juni,
und Tallien bestieg die Rednerbühne, um **den** entscheidenden
Antrag zu stellen. Er schilderte, wie in den nächsten Tagen
die Sitze der Nationalvertretung **von** den verurteilten
Royalisten erfüllt **sein und** diese binnen drei Monaten den
Verfassungssturz in verfassungsmäßiger Weise vollenden
würden. **Dem** müsse aber auf alle Weise vorgebaut wer=
den, er forderte also die Bildung einer Kommission von
Mitgliedern, welche morgen über die Mittel zur Rettung
der Republik Bericht erstatte. Jeder **sah** darin den Ur=
sprung einer neuen jakobinischen Diktatur, aber die Ver=
sammlung war **so** weit unterjocht, **daß** sie fast ohne Wider=
spruch den Antrag genehmigte und mit namentlicher Ab=
stimmung **Tallien** und vier andere heftige Montagnards
zu Mitgliedern der Kommission ernannte. Zugleich wurden
zwei royalistisch gesinnte Abgeordnete, Aubry und Lhomont,
verhaftet und General Menou vor das Kriegsgericht ge=
stellt.

Am 23. Oktober erwartete man den Bericht der Fünf und darin, mit einem Worte, die Suspension der neuen Verfassung. Die Gemüter waren gespannt und bewegt, die große Mehrzahl den Plänen Talliens abgeneigt und von heimlichem Unwillen gegen den doppelten Renegaten erfüllt. Aber niemand hatte einen Plan, dem Unheil zu begegnen; in dumpfem Schweigen hörte man einen Vortrag über ein neues Strafgesetzbuch, als Cavaignac, von der Linken, denselben durch die Anmeldung einer Bittschrift gegen das Wahlkolleg von Cahors unterbrach. Da ergriff in heftiger, konzentrierter Bewegung Thibaudeau das Wort. „Was soll es heißen," rief er, „daß jeder erste beste hier erscheint, unsere Arbeiten zu stören. Darf der Konvent die Thätigkeit der Wahlkollegien richten? Es wäre ein offener Bruch der Verfassung. Ich weiß, es wäre nicht der erste, aber ich erkläre, ich will lieber sterben als sie unthätig zerstören lassen." Es war endlich ein mutiges Wort, wie es seit Vendémiaire von der Rechten nicht mehr gekommen; die Herzen erhoben sich; unter lautem Beifall seiner Partei, unter heftigem Toben des Berges fuhr Thibaudeau mit gesteigertem Tone fort: „ja, ich werde dem Lande die neue Tyrannei enthüllen, die man ihm bereitet. Vergeblich erschafft man ihm Diktatoren; ich trotze ihren Dolchen, ich werde der eiserne Wall sein, an dem ihre Verschwörung zerschellen soll." Er schilderte die Umtriebe der Linken, die Auflehnung gegen den Volkswillen der Wahlversammlungen, die Frechheit der Galerien, die Verächtlichkeit der politischen Ueberläufer — und als ihn hier ein tiefes Murren des Berges unterbrach: es ist Tallien, rief er, es ist Tallien, von dem ich rede. Der Sturm brach nun gewaltig von allen Seiten aus; Thibaudeau aber blieb unerschüttert, zeichnete die sittliche Niedrigkeit und politische Haltlosigkeit des Gegners mit einschneidenden Strichen und erklärte, daß keine menschliche Gewalt ihn zwingen werde, länger als bis zum 27. noch Mitglied des Konvents zu sein. Von allen Seiten her antwortete ihm ein Ruf der Zustimmung; er hatte den Plan der Linken vernichtet, indem er ihn unumwunden aussprach;

er hatte den Konvent von der ihn erdrückenden Sorge ent=
laden und **an Tallien** ein Strafgericht vollzogen, welches
diesen **zur Nichtigkeit auf immer** verurteilte. Ein Antrag
der Fünf auf Permanenz der Sitzung bis zum 27. fiel auf
der Stelle; **am** folgenden Tage sprach Tallien mit verhal=
tenem **Zorne von** der Notwendigkeit, die Wahlen zu kaf=
fieren, **aber, setzte** er hinzu, diese heilsame Maßregel ist
durch die gestrige Sitzung unmöglich geworden. Die Kom=
mission der **Fünf** begnügte sich mit dem Antrage, die Emi=
granten und deren Verwandte sowie diejenigen, welche in
den Ur= und Wahlversammlungen gesetzwidrige Maßregeln
vorgeschlagen **hätten,** von allen öffentlichen Aemtern aus=
zuschließen, die mit der Republik unzufriedenen Bürger zur
Auswanderung aufzufordern, die Gesetze gegen **die** unbeei=
digten Priester unzögerlich auszuführen. Der Konvent war
zufrieden, so wohlfeilen Kaufes aus dieser letzten Krisis zu
entkommen, und genehmigte das Dekret. Einen Versuch der
Linken aber, das Maximum wiederherzustellen, wies er mit
vollem Nachdruck zurück und löste dann die Kommission der
Fünf ohne Zögern **auf.**

Es war der letzte Parteikampf in der langen Reihe in=
nerer Erschütterungen, welche den Konvent während seiner
dreijährigen Herrschaft bewegt hatten. Er wies die An=
sprüche der Jakobiner auf eine neue Knechtung Frankreichs
zurück und bekräftigte das Gesetz, welches mit dem 27. Ok=
tober den Beginn der konstitutionellen Regierung verkündigte.
Weiter aber ging seine Wirkung nicht. Die revolutionären
Gesinnungen behaupteten das Uebergewicht, welches sie durch
den Schlag des 13. Vendémiaire errungen hatten, inner=
halb und außerhalb der Versammlung. In Paris herrschte
die von Barras geleitete Militärgewalt mit unbedingter
Macht; die Zeit **der** Bürgerversammlungen und der goldenen
Jugend war auf lange vorüber. General Bonaparte, seit
dem 13. als zweiter Kommandierender der Armee des In=
nern bestätigt, trat allen Aufwallungen mit schneidendem
Ernste entgegen und setzte sich in einen solchen Ruf ver=
nichtender Strenge, daß die Furcht vor derselben ihm jede

thätliche Anwendung ersparte. Als Vertreter der Regierung nahm er einen Ton gemessener Ueberlegenheit an, wie er seit zehn Jahren **in** Paris nicht vernommen worden war: nach **oben** pflegte **er selbst jedoch** nicht **viel** nachzufragen, sondern wahrte **sich den** eigenen Willen, **wobei ihn** Barras fürs erste gerne gewähren ließ. Dafür kam denn aus Paris kein Laut populärer Stimmung an das Ohr des Konvents, der nicht zu den Wünschen der Machthaber gepaßt hätte. Die Linke war gestärkt durch den umfassenden Uebertritt der Thermidorianer und noch mehr durch die Abhängigkeit dessen, was man den Sumpf oder den Bauch der Versammlung nannte, der zahlreichen Mitglieder, **deren** Meinung nicht wog, deren Stimmen aber zählten. So waren im wesentlichen **die** Independenten die Herren **der** Lage geworden; sie waren es nicht ausschließlich und nicht in dem ganzen Umfang ihrer Wünsche: aber sie konnten **ziem**lich sicher **auf die** Mehrheit bauen, wenn sie sich nur von den alten Jakobinern fern hielten und den Führern der Gemäßigten hier und da einige billige Rücksicht schenkten. Unter solchen Umständen kam **der** Konvent zum Abschluß seiner Tage. In seiner letzten Sitzung, den 26. Oktober, beantragte Baudin von den Ardennen eine allgemeine Amnestie für die politischen Vergehungen seit 1791: im allgemeinen waren sämtliche Parteien damit einverstanden, aber von beiden Seiten her wurde eine Ausnahme von der Begnadigung begehrt, von rechts der Verbrecher des **1.** **Prai**rial, von links der Rebellen des 13. Vendémiaire. Es blieb auch hier kein Zweifel **über** das Machtverhältnis der Parteien: es war die Linke, welche mit großer Mehrheit ihre Forderung durchsetzte. Darauf erklärte der Präsident Génissieur die Arbeiten des Konvents beendet und seine Sitzung geschlossen.

Am 27. traten die 379 vom Volke wiedererwählten Abgeordneten, sowie **die** Vertreter der Kolonien zusammen, um die Neuwahl der noch fehlenden 105 Mitglieder zu vollziehen. Die Liste war von dem Wohlfahrtsausschusse im voraus beraten worden: man hatte den Gemäßigten einige

Zugeständnisse gemacht, dafür aber mehrere entschiedene
Montagnards durchgesetzt und im übrigen unbedeutende und
dienstwillige Männer gewählt. Ebenso förderlich wie dieser
Zuwachs war den Independenten ferner der Umstand, daß
von dem neuen Drittel mehr als hundert Mitglieder noch
nicht in Paris angelangt waren. Die nächste Operation
war nun die Teilung der anwesenden Mitglieder in die
beiden Räte, welche dem Gesetze gemäß durch das Los geschah: aus den vierzigjährigen verheirateten oder verwitweten
Abgeordneten wurden somit vom neuen Drittel 83, vom
Konvente 167 für den Rat der Alten ausgeschieden; der
Rest der Anwesenden und alle später Eintreffenden sollten
dann den Rat der Fünfhundert bilden. Einstweilen überwogen hiernach in dem letzteren die alten Mitglieder des
Konvents den neuen Zuwachs um das Fünf- oder Sechs-
fache, und die Machthaber benutzten diesen Vorteil für die
alles entscheidende Wahl des Direktoriums auf die rücksichts-
loseste Weise. Sie hatten unter sich schon längst beschlossen,
daß niemand in das Direktorium treten dürfe, der nicht
für den Tod Ludwigs XVI. gestimmt hätte, und waren nach
vielfachen Erwägungen ihrerseits über die Namen Sieyès,
Rewbell, Barras, Laréveillière und Letourneur überein-
gekommen. Sie hatten Aussicht, diese Liste in dem unvoll-
zähligen Rate der Fünfhundert durchzusetzen; desto zweifelhafter aber waren sie über den Rat der Alten, dessen Mehrheit an die eigentlichen Erwählten der öffentlichen Meinung,
Lanjuinais, Boissy, Thibaudeau, Cambacérès, dachte. Da
indes die Verfassung bestimmte, daß der Rat der Alten die
Direktoren aus einer Kandidatenliste zu wählen hatte, auf
welcher die Fünfhundert je zehn Namen für eine Stelle
aufzeichneten, so beschloß man, an die Spitze der Liste jene
fünf Independenten zu setzen und ihnen 45 völlig unmög-
liche Namen hinzuzufügen. Dieser wenig ehrenhafte Plan
wurde Punkt für Punkt ausgeführt. Die fünf ernsthaft
gemeinten Bewerber erhielten jeder 317 bis 207 Stimmen;
dann folgten 44 Friedensrichter, Ökonomen, Bürgermeister,
niedere Verwaltungsbeamte, Offiziere der Nationalgarde

oder der Gendarmerie, ein jeder mit 170 bis 140 Stimmen, an letzter Stelle endlich Cambacérès, als früherer
Anhänger der Linken, der aber durch seine zurückgezogene
Haltung und enge Beziehungen zu Lanjuinais neuerlich der
Partei verdächtig geworden war. Mochte nun auch der
Rat der Alten einen solchen Zwang mit lebhaftem Aerger
aufnehmen, so hatte er doch kein Mittel, ihm zu begegnen,
und die fünf Kandidaten der Linken wurden als die künf=
tigen Regenten Frankreichs ausgerufen. Als dann Sieyes
die ihm übertragene Würde aus gelehrter Bequemlichkeit
oder aus Mißtrauen gegen die von ihm nicht angefertigte
Verfassung ablehnte, wurde mit ganz ähnlichen Vorrich=
tungen an seine Stelle Carnot ernannt.

So viel Mühe kostete es dem Konvent, nach dreijähriger
Allmacht die Fortsetzung seines Regiments dem französischen
Volke aufzunötigen. Die ärgsten Fehlgriffe der Royalisten,
ein blutiger Straßenkampf in Paris, die Anwendung aller
Taschenspielereien eines verwickelten Wahlverfahrens mußten
zusammenwirken, ehe die bisherigen Machthaber der ferneren
Herrschaft und damit der Straflosigkeit für sich selbst und
der Dauer der revolutionären Interessen versichert waren.
Die Aussicht in die Zukunft war auf keiner Seite erfreulich:
um sich hier zur Bürde des Regierens heranzudrängen,
mußte man, wie Barras, alles andere über dem großen
Gehalte eines Direktors vergessen oder, wie die Indepen=
denten sämtlich, mit dem Verluste der Macht die Sicherheit
des Lebens gefährdet sehen. Der Staatsbankerott war so
gut wie erklärt; die Assignaten waren in der Masse auf
27 Milliarden gestiegen und im Kurse auf ½ Prozent ge=
fallen, so daß das Zwanzigfrankenstück in Gold nicht weniger
als 4200 Livres in Papier kostete. Die Verwaltung lag
überall in bodenloser Unordnung; die Konventskommissare
hatten die alten Behörden nirgends zu reiner Wirksamkeit
gelangen lassen; die neuen fingen eben an sich zu organi=
sieren, und bis wann der Mechanismus derselben wirksam
werden würde, ließ sich noch nicht absehen. Die Masse der
Bürger aber übertrug alle Abneigung gegen den Konvent

auf deffen Fortfetzer, **und durch** die Gefetze über Priefter und Emigranten befanden fich fortdauernd Hunderttaufende von Familien in erklärtem **Kriegsftande** gegen **die Regie-** rung. Diefe befaß **als** einzige wirkfame Unterlage ihrer Macht die Armee, und wenn man damals oft **von dem** Ende der Revolution redete, fo hatte in Wahrheit der Ausdruck nur den Sinn, daß an die Stelle der populären **die** Militär- herrfchaft zu treten im Begriffe war.

So ftellte fich im Innern Frankreichs **die** fchließliche Abrechnung des Nationalkonvents. Ein nicht weniger düfteres Bild erfcheint **uns**, wenn wir unfern Blick auf die euro- päifchen Verhältniffe richten.

Im Grunde war feit Quiberon und dem fpanifchen Friedensfchluß das Syftem der franzöfifchen Politik ent- fchieden — entfchieden in dem Sinne, wie wir ihn **aus** den früheren Aeußerungen des Abbé Sieyès kennen gelernt haben. Man wollte nicht, **um** im Innern Ruhe **und** Ge- fetzlichkeit zu gewinnen, fich nach **außen** mit einem ehren- haften und uneigennützigen Frieden begnügen. Wie man **in** der erften Hälfte der Revolution einem unerhörten Ideal populärer Freiheit nachgetrachtet hatte, **fo** ftrebte man jetzt nach einem überftrömenden Maße europäifcher Macht und Glorie. Der preußifche Einfluß, **der** auf allgemeinen Frie- **den** und Erhaltung der bisherigen Lage Europas wirkte, fank in Paris auf Null: Sieyès, der immer entfchiedener die Leitung der franzöfifchen Diplomatie gewann, überzeugte fich bald genug, daß Preußen niemals jenes franzöfifch- fchwedifch-polnifche Bündnis zur Umgeftaltung des Weltteils annehmen würde, und trat mit allen Gedanken auf all- feitige Eroberungspolitik ein. Um **die** Kräfte dafür zu fammeln, fchloß **man** den fpanifchen Frieden und erteilte, fobald die Ratifikation deffelben ausgetaufcht war, Ende Auguft, **dem Heere der Oftpyrenäen** Befehl, **fo** fchnell wie möglich nach **den Alpen** aufzubrechen **und** dem Kriege in Italien die entfcheidende Wendung zu geben. Zugleich em- pfingen Jourdan am Nieder- und Pichegru am Oberrhein die Weifung, **mit** höchftem Nachdruck über den Strom vorzugehen, ihre Heere auf feindlichem Gebiete zu erfrischen und die deutschen Staaten zum Frieden auf Gnade und Ungnade zu zwingen.

Unter diesen gab es wenige, welche nicht mit Freuden die Waffen aus der Hand gelegt hätten. Die Norddeutschen erklärten sich sämtlich mit der sie beschützenden Demarkations=linie einverstanden und der Landgraf von Hessen=Kassel schloß selbst im August seinen Separatfrieden zu Basel nach dem Vorbilde des preußischen ab. Die süddeutschen Stände wären von Herzen gern dem Beispiel gefolgt, wenn sie nur ein Mittel gehabt hätten, die kaiserlichen Heere von ihrem Boden zu entfernen. Um so mehr bestürmten sie den Wiener Hof, endlich Ernst mit der Unterhandlung des Reichsfriedens zu machen, und Franz II., um doch etwas für die Form zu thun, schickte Ende August eine Eröffnung nach Kopen=hagen, damit diese neutrale Regierung seine Bereitwillig=keit zum Frieden in Paris anmelden möge. Allein von positiven Anträgen und Vorschlägen war keine Rede, und so legte der Wohlfahrtsausschuß die inhaltleere Notiz zu den Akten, deren künftige Behandlung er dem Direktorium vorbereitete. In Oesterreich hatte man nichts anderes er=wartet; ehe die Entscheidung in der preußisch=polnischen Sache gefallen war, wollte man sich Frankreich gegenüber in keiner Weise binden, und eben in jener wichtigsten An=gelegenheit gelangte man jetzt an den kritischen Punkt. In der zweiten Hälfte des Juli empfing Thugut eine Depesche des Grafen Cobenzl vom 9. über umfassende Erklärungen des Petersburger Hofes, welche den Wünschen Oesterreichs in allen wesentlichen Punkten entsprachen. Zur Zeit ihrer Ankunft in Wien war die böhmische Rüstung so gut wie vollendet, und so erließ denn Thugut die inhaltschwere Weisung an den Fürsten Reuß in Berlin, gemeinsam mit seinem russischen Kollegen zur Vorlage des Teilungsver=trags vom 3. Januar an die preußische Regierung zu schreiten. Thugut meldete dies alles dem Grafen Cobenzl am 8. August: „Man hat," fügte er hinzu, „vielfache Klagen über unsere militärische Unthätigkeit erhoben. In Deutsch=

land galt es zuerst, das von Basel bis zur Zuidersee zerstreute Heer zu sammeln; dann gab es Aufenthalt, weil uns
England nicht die Anleihe, aber einen Vorschuß von 700 000
Pfund weigerte; dann kam der Baseler Friede, die Demarkationslinie, preußische Umtriebe bei allen Reichsständen.
Jetzt hat der Kaiser die 170 000 Mann starke Masse seiner
Truppen in zwei Heere geteilt und eins derselben dem glänzenden und tapferen General Wurmser anvertraut; jetzt
werden die Operationen beginnen." Um die volle Wahrheit zu sagen, hätte er hinzusetzen müssen: sie werden beginnen, soweit es die zu erwartenden Berliner Beschlüsse
verstatten.

Indessen hatten am 8. August die beiden Gesandten der
Kaiserhöfe eine Zusammenkunft mit dem Ministerium er-
beten, weil sie zu einer gemeinsamen offiziellen Eröffnung
beauftragt wären. Die Konferenz fand am 9. statt, und
die Gesandten legten den aufs höchste erstaunten Ministern
die auf Polen bezügliche gegenseitige Deklaration der
Kaiserhöfe vom 3. Januar vor. Der Eindruck war um so
heftiger, als die Gesandten jede Erörterung darüber ab-
lehnten und statt dessen im Namen ihrer Höfe die Unterhandlung, wie bisher, in Petersburg fortzuführen baten.
In atemloser Eile, erzürnt über die Hinterhaltigkeit ihrer
hohen Verbündeten, bestürzt über die Bündigkeit des kaiserlichen Verfahrens, ratlos für den ersten Augenblick, erstatteten sie dem Könige Bericht. Alvensleben, stets durchdrungen
von der Erschöpfung seines Staates und jetzt gegenüber der
östlichen Gefahr ebenso kleinmütig wie sechs Monate früher
bei der westlichen, riet, unbedingt und unverzüglich die Forderung der Kaiserhöfe zu erfüllen. Haugwitz, im Grunde
derselben Ansicht, bewahrte äußerlich etwas größere Ruhe
und mahnte, wenigstens in den Formen einen Schein des
selbständigen Entschlusses zu wahren. So wurde am 15. August ein Brief des Königs an die Kaiserin aufgesetzt, worin
er sich über den Separatvertrag der Kaiserhöfe inmitten
einer gemeinsamen Unterhandlung beschwerte, im Interesse
aber des allgemeinen Friedens seinen Beitritt in Aussicht

stellte, wenn man ihm den westlichen Teil des Palatinates Krakau, der zur Deckung der schlesischen Grenze unerläßlich sei, und eine kleine Spitze Landes zwischen Bug und Weichsel überlasse, damit die österreichischen Grenzpfähle nicht in die Thore Warschaus hineinsähen.

Alles, was die preußische Regierung damals über die Weltlage erfuhr, mußte sie in dem Entschlusse zur Nach= giebigkeit bestärken. Ostermann erklärte dem Grafen Tauen= tzien, man müsse zum Abschluß der polnischen Sache kom= men; wenn ihr Oesterreich angreift, sagte er, so werden wir es mit aller Macht unterstützen, der Kaiser aber wird das Deutsche Reich aufgeben, seinen Frieden mit Frankreich machen und seine Kräfte einzig gegen euch wenden. In Paris gelang es bald nachher einem Agenten Hardenbergs, einer Denkschrift des Abbé Sieyès habhaft zu werden, worin das System der Abtretung Bayerns für Mailand und Bel= gien entwickelt und zugleich ein tiefer Aerger gegen Preußen ausgesprochen war, welches den Baseler Frieden nicht als Brücke zu einem französischen Bündnis, sondern lediglich als Uebergang zur Neutralität benutzt habe[1]. Jene Worte Ostermanns waren also keine leere Drohung: dem Kaiser stand der Weg zum französischen Frieden an jedem Tage offen. Auch kam von Tauentzien eine Meldung über die andere von ernstlichen, umfassenden Rüstungen Katharinas. Eine Rekrutierung von 10 Mann auf je 1000 Seelen wurde in dem ganzen Umfange des weiten Reiches angeordnet; große Vorräte an Munition und Lebensmitteln wurden an= gehäuft und nach allen Seiten vorbereitende Truppenauf= stellungen gemacht. Der alte Romanzow deckte mit einem starken Heeresteile am Dnjestr die Grenze gegen etwaige Unruhen der Türken; ansehnliche Infanteriemassen waren

---

[1] Was Barante, Convention VI, 438, über Rewbells Kon= ferenzen mit Hardenberg mitteilt, wird durch die Depeschen des letzteren nicht bestätigt. Hardenberg vermochte nicht zu erfahren, was Rewbell in Basel wollte; dieser äußerte gegen ihn nur, daß Frankreich kein Vertrauen zu Preußens unentschiedener Haltung haben könne.

auf dem Marsche nach Polen, und schon war es ausgesprochen, daß im Falle eines preußischen Krieges Suworow und Repnin dort befehligen und mit möglichster Energie in Schlesien und Ostpreußen vorgehen sollten.

Unter so drohenden Verhältnissen hatte Tauentzien am 3. September die erste gemeinsame Konferenz mit Markow und Cobenzl. Kaum aber hatte er die letzten bescheidenen Anträge seines Monarchen vorgelegt, so brach Cobenzl ohne weiteres ab und verließ den Saal. Die Russen bedauerten den Vorgang, erklärten aber zugleich, sie seien gebunden; es sei die letzte Beratung, Preußen müsse nachgeben. Tauentzien antwortete, um die Friedensliebe Preußens zu bethätigen, wolle er über seine Instruktion hinaus auf die Stadt Krakau verzichten und in Erwartung der nachträglichen Genehmigung seines Königs hierauf zeichnen. Markow verhieß, diesen Vorschlag dem Grafen Cobenzl zu empfehlen, eröffnete aber zwei Tage nachher, daß Oesterreich einfach auf der Erklärung vom 3. Januar beharre. Am 11. meldete darauf Ostermann nach Berlin, daß er bei Oesterreich die Ueberlassung der Landspitze zwischen Bug und Weichsel an Preußen durchgesetzt, auf der Krakauer Seite aber nichts erreicht habe und dringend um die preußische Zustimmung bitten müsse. Dann ziehen wir uns lieber, rief Alvensleben, auf unsere Grenzen von 1793 zurück, protestieren gegen jede Teilung, warten die in Polen gärenden Ereignisse ab und decken uns durch ein Bündnis mit Frankreich. Der alte Finckenstein aber meinte, eine solche Verflechtung mit den Franzosen sei gerade das größte Unheil, und der König pflichtete ihm bei. Er ließ Tauentzien anweisen, sich mit einer kleinen Grenzverbesserung für Schlesien zu begnügen und die im Januarvertrag bedungene wechselseitige Garantie der polnischen Besitzungen für Preußen dahin zu erläutern, daß letzteres sonst zu derselben bereit sei, auf keinen Fall aber damit eine Verpflichtung zum Bruche des Baseler Friedens übernehmen wolle.

Gleichzeitig kam den 28. September die Tripelallianz zwischen Rußland, England und Oesterreich in Petersburg zu stande, eine Vereinigung der verschiedenen Verträge zwischen den drei Mächten, mit dem bestimmten russischen Versprechen, ein Truppencorps zu dem französischen Kriege zu stellen, welchen Oesterreich mit aller Macht fortsetzen würde. Das Bündnis war ganz allgemein, ohne irgend einen Gegner auszunehmen, der sich gegen einen der abschließenden Höfe erheben könnte. Es stellte keine Zeitgrenze für seine Dauer fest und sprach den Verzicht auf alle Separatunterhandlungen aus. Auf eine solche Urkunde gestützt, wollten Markow und Cobenzl um so weniger von Zugeständnissen an Preußen hören. Am 19. Oktober hatte Tauentzien die letzte Verhandlung. Als er von der schlesischen Grenzverbesserung redete, bewilligten ihm die Russen endlich eine gemischte Kommission zur Regulierung der streitigen Linie; dafür mußte er sich in Bezug auf die Garantie mit einer mündlichen Verheißung begnügen, daß dieselbe den preußisch-französischen Friedensstand in keinem Falle stören sollte. Er entschloß sich mit schwerem Herzen zur Unterschrift, wohl wissend, daß der König die Ratifikation erteilen, ihn aber, den unglücklichen Unterhändler, mit der allerhöchsten Ungnade darüber treffen würde. Die polnische Frage war beendigt, nachdem sie Deutschland auf das tiefste gespalten und Frankreich eine breite Siegesbahn eröffnet hatte. — Während dieser Verhandlungen hatte dann der Herbstfeldzug sowohl in den Alpen als am Rheine begonnen, ganz in der Weise, wie sie der inneren Lage bei jeder der großen kämpfenden Parteien entsprach.

Schon am 30. Juli hatte Kaiser Franz dem General Clerfait von der Teilung des Heeres und von der Ernennung Wurmsers zur Führung der am Oberrheine stehenden Oesterreicher und Reichstruppen Nachricht gegeben, den so häufig verheißenen Operationsplan aber auch jetzt keineswegs hinzugefügt. Es war Wurmser, welcher mit demselben beauftragt werden sollte; dieser kam jedoch erst am 22. August in seinem Hauptquartiere Freiburg an, fand hier vielfache Lücken und Mängel und meldete am 26. nach Wien seine Absicht, möglichst bald sich einen Uebergangs-

punkt über den Rhein auszusuchen. Am 7. September
schrieb darauf der Kaiser über seine Intentionen: wenn
einige Wahrscheinlichkeit vorliege, daß man durch den Ueber=
gang über den Rhein Vorteile erringen, oder daß man bei
geringerem Glücke wenigstens Hüningen nehmen und, wäh=
rend die Armee auf dem rechten Ufer überwintere, den
Platz behaupten, oder endlich, daß im Falle des Mißlingens
das Heer in leidlicher Weise über den Rhein zurückkommen
könne: in diesen drei Fällen wünsche er, daß Wurmser
thunlichst schnell die Hand ans Werk lege; jedenfalls solle
der General Nachricht geben, wie weit die Vorbereitungen
gediehen seien, ohne deshalb die Ausführung aufzuschieben.

Wie man sieht, war der Eifer zum Kampfe am Rheine
damals in Wien noch einigermaßen bedächtig. Offenbar
hat dort niemand vorausgesetzt, daß der Uebergang vor der
Mitte des September stattfinden könne oder solle; sonst würde
man den feurigen Wurmser, welcher damals bekanntlich
ohne aktive Verwendung war, schon vier oder sechs Wochen
früher zum Heere gesandt haben. Es scheint klar, daß der
Kaiser bei der Abfassung seines Schreibens vom 7. die
Unterwerfung Preußens unter die Petersburger Bedingungen
zwar für wahrscheinlich hielt, vor der thatsächlichen Gewiß=
heit aber nicht mit lebhafter Eile zu französischen Schlachten
drängte. So geschah es denn, daß der Gegner, obgleich
schwächer an Zahl und Ausrüstung, den Oesterreichern in
der Offensive zuvorkam. An demselben 7. September, an
welchem Kaiser Franz seinem Feldherrn den Befehl zur
Vorbereitung des Ueberganges gab, hatten die französischen
Heerhaufen ihrerseits den Strom schon überschritten.

Es waren drei Divisionen von Jourdans Sambreheer,
welche einige Stunden unterhalb Düsseldorf auf das rechte
Ufer gelangten. Deutscherseits hatte man den Punkt für
gedeckt durch die preußische Demarkation gehalten; die Fran=
zosen schritten jedoch über die Proteste des preußischen Posten=
kommandanten mit der Erklärung weg, daß der Ort zu
dem nicht neutralen Herzogtum Berg gehöre, und Preußen
ließ es dabei bewenden, um so mehr, als die kaiserlichen

Generale die bestimmte Anweisung hatten, ihrerseits sich
nirgends an die Demarkationslinie zu kehren. So fand sich
Clerfait, dessen Kommando damals von Düsseldorf bis
Philippsburg reichte, in seiner rechten Flanke überflügelt,
zumal der pfälzische Minister Hompesch in trauriger Feigheit Düsseldorf überlieferte, das französische Zentrum aber
bei Köln auf das rechte Ufer hinüberging und die Oesterreicher zum weiteren Rückzug hinter die Lahn nötigte. Nun
passierten auch die letzten Divisionen des Feindes den Fluß
bei Neuwied, und Jourdan, der über 70 000 Mann gegen
die Lahn heranführte, überwältigte durch scharfes Gefecht
bei Diez auch die neue Stellung der Oesterreicher hinter
jenem Flusse, so daß Clerfait mit allen Kolonnen in eiligem
Rückzug zum Main zurückwich. Er beschleunigte seinen
Marsch um so mehr, als in diesen Tagen auch General
Pichegru mit drei Divisionen über den Rhein bei Mannheim gegangen war und der Minister Oberndorf, auf eine
geheime Vollmacht seiner schwachen Regierung[1]), die Festung
mit gleicher Schnelligkeit wie sein Kollege vierzehn Tage
früher Düsseldorf dem Feinde überlieferte. Drei Meilen
davon entfernt hatten in Heidelberg die Oesterreicher ihr
Hauptmagazin und ihre wichtigsten Depots, die nach dem
Falle Mannheims nur noch durch einen schwachen Heeresteil, neun Bataillone unter General Quosdanovich, gedeckt
waren. Wenn Pichegru den wichtigen Punkt ohne Zögern
besetzte, so gab es fortan im Rheinthal zwischen Wurmsers
Heer bei Freiburg und Clerfaits Scharen am Main keine
Verbindung mehr. Um dies zu hindern, eilte Clerfait mit
höchster Anstrengung über den Main zurück, nahm Stellung
bei Arheiligen, Babenhausen und Aschaffenburg und sandte
schleunigst einige Verstärkung nach Heidelberg. In der
That gelang es dem General Quosdanovich am 29., zwei
französische Divisionen unter Dufour in einem glänzenden

---

[1]) Die Existenz derselben wurde später abgeleugnet, ist aber
eine nur zu wahre Thatsache. Oberndorf sollte durch die Kapitulation freundliche Behandlung des Landes erkaufen.

Treffen aus der Umgebung Heidelbergs zurückzuweisen und
damit auch dem General Wurmser die Möglichkeit zu schneller
Annäherung und Unterstützung des bedrohten Punktes zu
geben. Man wird dabei vermuten dürfen, daß einen wesentlichen Anteil an dieser für die Oesterreicher rettenden Wendung der Widerwille des Generals Pichegru gegen seine
republikanischen Regenten hatte. Wenigstens waren seine
Bewegungen langsam, seine Truppen weit auseinander gelegt, und sowohl Merlin von Thionville als Bacher begannen
damals, ernstlichen Verdacht gegen seine Zuverlässigkeit zu
fassen. Er selbst, nachdem ihm jener Plan, durch scheinbar
unwiderstehliches Vorgehen seine Truppen sich unbedingt
zu verbinden, an der Ablehnung der Oesterreicher gescheitert
war, sprach einige Monate später dem englischen Gesandten
Wickham wiederholt die Ueberzeugung aus, das einzige,
aber völlig sichere Mittel zum Sturze der republikanischen
Regierung bestehe darin, daß man die republikanischen Heere
gründlichst schlage. Man wird ihm also schwerlich unrecht
mit der Annahme thun, daß er, solange er selbst die Bewegungen leitete, wenn nicht gerade seine Soldaten in das
Verderben geführt, doch keinesfalls mehr geleistet hat, als
zur Deckung seiner Verantwortlichkeit schlechterdings unerläßlich war.

Immer waren die Vorteile der Franzosen in diesen ersten
Wochen nicht unerheblich. Sie hatten zwei bedeutende Festungen des rechten Ufers eingenommen und den ganzen
Landstrich zwischen Rhein und Main und der preußischen
Demarkation besetzt. Der Triumph und die Hoffart war
groß in Paris. Der Wohlfahrtsausschuß sandte am 24. September an Jourdan und Pichegru einen Operationsplan,
dessen Ergebnis die Umzingelung beider österreichischer Heere
zwischen Rhein, Main und Neckar und ihre gänzliche Vernichtung sein sollte. An demselben Tage legte er dem
Konvente den Antrag vor, das politische System der Republik vor ganz Europa festzustellen, daß man Belgien und
Lüttich entsprechend dem allgemeinen Wunsche ihrer Bewohner dem französischen Gebiet einverleibe. Es war die

Zeit, wo durch den Streit mit den Pariser Sektionen der Konvent täglich in stärkere Abhängigkeit von der Linken kam: es war vergebens, daß von der gemäßigten Partei Lanjuinais, Lesage, Harmand vor einer solchen Vergrößerung warnten, welche den ewigen Krieg gegen ganz Europa bedeute: nach langer Diskussion, wo die Linke jedes Wort für Frieden als Vaterlandsverrat zu brandmarken suchte, wurde die Einverleibung am 1. Oktober, mitten unter den Waffenrüstungen zum 13. Vendémiaire, verfügt. Um das System zu vollenden, hatten Boissy d'Anglas und Sieyès wenige Tage vor dem Beschlusse einen früher, in preußischen, damals in französischen Diensten stehenden Beamten, Namens Theremin, nach Basel an einen dort sich aufhaltenden österreichischen Diplomaten, den Baron Degelmann, abgeschickt, um durch diesen dem Minister Thugut die Bereitwilligkeit der Republik zu erklären, Bayern dem Kaiser zu überlassen, wenn er in die Abtretung Belgiens und des linken Rheinufers an Frankreich willige [1]). Sieyès mochte denken, daß er damit der Politik der Gemäßigten einen großen Schritt entgegen thue.

Dieses Mal aber folgte die Strafe der Ueberhebung auf dem Fuße. Nachdem Wurmser nach Heidelberg herangekommen war, wandte sich Clerfait wieder gegen Jourdan zurück, der sich indessen den Main entlang von der Mündung bei Castel bis an die Nidda aufgestellt hatte. Clerfait beschloß, diese feindliche Linie von ihrer linken Flanke her aufzurollen; er ließ zu diesem Zwecke mehrere seiner Abteilungen bei Aschaffenburg und Offenbach auf das nördliche Ufer des Mains hinübergehen und dort die äußerste Linke der Franzosen von der Seite und bald auch durch Vordringen im Taunus vom Rücken her bedrohen. Jourdan fand seitdem seine Lage so mißlich, daß er, nachdem ein Angriff auf die Kaiserlichen an der Nidda mißlungen war, den Rückzug nach der Lahn in drei Kolonnen antrat.

---

[1]) Theremins Bericht im Archiv des auswärtigen Ministeriums, Paris.

Die Oesterreicher verfolgten dieselben nur mit schwachen Avantgarden, nichtsdestoweniger erlitten die Feinde sehr bedeutenden Verlust und kamen endlich im schlimmsten Zustande auf das linke Rheinufer zurück. Ihre Truppen, vor dem Beginn des Feldzuges halb verhungert und abgerissen, hatten nämlich gleich nach Betretung des rechten Ufers mit der wildesten Gier sich auf das unglückliche Land gestürzt, allen Leidenschaften gefrönt und die Einwohner durch jegliche Art von Missethat auf das Aeußerste, die eigene Disziplin aber um Halt und Festigkeit gebracht. So hielten die Regimenter nur zusammen, solange der Sieg auf ihrer Seite blieb: bei dem ersten Schritte rückwärts aber brach alles auseinander, ganze Kompanien verließen die Glieder, um rascher zu flüchten und im Vorübereilen zu rauben und zu brennen. Allein die Geduld des Volkes war jetzt zu Ende; überall erhoben sich im Taunus wie im Westerwald die Bauern und nahmen mit Axt und Sense an ihren Peinigern blutige Rache. Eine Menge der französischen Marodeure wurden erschlagen oder als Gefangene den österreichischen Abteilungen zugeführt. Bis zum Ende des Monats Oktober hatten die Oesterreicher den ganzen Landstrich den Rhein entlang bis zur Sieg wieder besetzt.

Clerfait hatte unterdessen mit seiner Hauptmacht beizeiten Halt gemacht und sich in der Ueberzeugung, daß Jourdan auf eine geraume Weile ungefährlich sei, mit raschem Entschluß zu einem andern Gegner hinübergewandt. Nachdem Pichegru mit drei seiner Divisionen Mannheim besetzt hatte, war der Rest des französischen Rheinheeres in zwei beinahe gleich starken Massen, vier Divisionen zwischen Straßburg und Hüningen, vier andere zur Beobachtung und Berennung von Mainz aufgestellt. Um diese Festung zunächst auf dem linken Rheinufer gründlich zu blockieren, hatten die Franzosen einen Ring von Feldbefestigungen in weitem Bogen um sie her gelegt und deren Redouten mit mehr als 150 Geschützen und 31 000 Mann besetzt. Clerfait faßte nun den Gedanken, durch einige seiner Abteilungen die Besatzung zu verstärken und dann mit einem

unerwarteten, energischen Ausfalle die Kette jener feind=
lichen Bollwerke zu sprengen. Das kecke Unternehmen wurde
mit ebensoviel Nachdruck wie Erfolg ausgeführt. Am
28. Oktober defilierten die österreichischen Kolonnen über
die Rheinbrücke in die Stadt, ohne daß die Franzosen eine
Ahnung von ihrem Heranrücken hatten; in der Frühe des
folgenden Morgens gingen sie in tiefer Stille, durch einen
starken Westwind begünstigt, welcher dem Feinde das Ge=
räusch des nächtlichen Marsches verbarg, zum Angriff vor.
Sie machten zuerst einen falschen Alarm gegen den linken
Flügel der feindlichen Linie, unmittelbar nachher brach der
Hauptsturm auf die äußerste Rechte derselben herein, und
Schlag auf Schlag wurde eine Position nach der andern
überwältigt. Bis zum Mittag war alles vorbei; 138 Ge=
schütze waren genommen und 1700 Gefangene gemacht; der
Feind war vollkommen zersprengt und seine Divisionen in
wilder Flucht nach allen vier Winden. Erst als Pichegru
selbst mit ansehnlicher Verstärkung vom Oberrhein heran=
eilte, brachten die Franzosen wieder eine feste Aufstellung
hinter der Pfrimm, auf einer Linie von Worms und Pfed=
dersheim zum Donnersberg, zu stande.

Während hier Clerfait mit so frischen Schlägen die
deutschen Waffen wieder zu Ehren brachte und weit und
breit im Reiche die Stimmung erquickte und aufrichtete, war
weiter stromaufwärts auch Wurmser nicht müßig gewesen.
Am 17. und 18. Oktober fiel er auf die französischen
Scharen bei Mannheim und trieb sie mit einem glücklichen
Gefechte in die Festung zurück. Das ganze südliche Neckar=
ufer wurde damit von dem Feinde gesäubert. Am 29.,
demselben Tage, an welchem Clerfait die Mainzer Schanzen
eroberte, bemeisterte sich Wurmser des Galgenberges, der
letzten französischen Position vor Mannheim, auf dem rechten
Ufer des Neckars. Um jedoch die Belagerung der Stadt
mit Erfolg beginnen zu können, mußte die Einschließung
auch auf der linksrheinischen Seite vollendet und zu diesem
Behufe Pichegru aus seiner Stellung an der Pfrimm ver=
drängt werden. Deshalb ging Clerfait, durch 19 Bataillone

von Wurmsers Heer verstärkt, am 10. November gegen die Pfrimm vorwärts; und obgleich er etwas Bedächtigkeit und Aengstlichkeit zeigte, so wurde doch nach viertägigem Kampf ein vollständiger Erfolg erreicht und die Franzosen zum Rückzug hinter die Queich und die Wälle von Landau genötigt. Dadurch war die Besatzung von Mannheim vollständig isoliert; Wurmser begann von allen Seiten die Beschießung, und am 22. November mußte die Festung kapitulieren. Vergebens hatte Jourdan mit seinen zerrütteten Regimentern zweimal den Versuch gemacht, durch den Hunsrück hindurch über Kreuznach in die Pfalz einzudringen; er war beide Male auf Clerfaits Anordnung durch General Wartensleben zurückgetrieben worden. Als dann nach Mannheims Fall Wurmser für sich allein das französische Rheinheer in Schach halten konnte und damit Clerfaits gesamte Macht gegen Jourdan verfügbar wurde, mußte dieser den Hunsrück völlig räumen, und dieser wie der größte Teil der Pfalz blieb auf dem linken Rheinufer in deutschen Händen. Der Doppelangriff, mit welchem der Konvent seine kriegerische Ueberlegenheit auf deutschem Boden hatte besiegeln wollen, war vollständig gescheitert, und jetzt kam auch aus Wien eine ebenso höfliche wie gemessene Antwort auf Theremins Eröffnungen, daß die kaiserliche Regierung die Verhältnisse nicht für angemessen zur Erörterung derselben halte[1]).

Für Italien hatte der Wohlfahrtsausschuß am 31. August die Trennung des sogenannten italienischen Heeres in der genuesischen Riviera und des Heeres der Alpen in Savoyen angeordnet und dieses unter den Befehl des Generals Kellermann, jenes unter die Leitung des Generals Scherer, des bisherigen Führers in den Ostpyrenäen gestellt. Anfang September langten die ersten Verstärkungen vom spanischen Kriegsschauplatze an; allein auch hier fehlte es an allem, an Geld und Bekleidung, an Verpflegung und an Munition. Es kam dazu, daß die Gärung in den süd-

---

[1]) Archiv des auswärtigen Ministeriums, Paris.

lichen französischen Departements starke Truppenabteilungen im Lande zurückhielt, und daß Scherer zwar erfüllt von republikanischem Patriotismus, aber arm an militärischer Begabung war. Der Ausschuß verfügte deshalb noch die Entsendung von 10 000 Mann vom Rheinheere nach Italien; es wurde aber November, ehe diese Verstärkungen in der Riviera eingetroffen waren und Scherer, jetzt auf 50 000 Mann herangewachsen, sich zur Eröffnung der Operationen entschloß. Die verbündeten Austrosarden, von Graf Wallis und General Colli angeführt, lagen indes auf den Höhen des Apennin, ebenso unthätig wie der Feind, ohne gehöriges Lagergerät und ausreichende Verpflegung den Einflüssen einer wechselnden und zuletzt rauhen Witterung preisgegeben, so daß sie in physischer wie moralischer Beziehung litten und des erfolglosen Krieges gründlich müde wurden. Am 23. November griffen die Franzosen ihre Stellung auf allen Punkten an. Die Piemontesen, welche die Linke des verbündeten Heeres bildeten, behaupteten sich gegen alle Versuche Serruriers; dagegen warf Masséna die Oesterreicher im Zentrum aus Bardinetto und gelang es Augereau, die österreichische Rechte bei Loano gänzlich zu schlagen. Nach einem Verlust von mehr als 4000 Mann räumte darauf Wallis am 24. den Kamm des Gebirgs, um am nördlichen Abhang desselben bei Acqui, Dego, Millesimo eine neue Stellung zu nehmen. Die Franzosen waren die Herren der Riviera und der nach Piemont hinüberführenden Pässe und somit in der Verfassung, nach Bonapartes Entwürfen den nächsten Feldzug mit einer großen Offensive in Oberitalien zu eröffnen.

So war das Ergebnis des Krieges, dessen Vollendung der Konvent der neuen konstitutionellen Regierung hinterließ. An der deutschen Grenze war man nicht weiter als ein Jahr zuvor, ja man hatte am Oberrhein sogar einen bedeutenden Landstrich wieder eingebüßt, während man in Italien durch den Sieg von Loano gerade so weit gekommen war, um den eigentlichen Kampf demnächst beginnen zu können. Trotz dieser Wechselfälle aber war der Charakter

und das Ergebnis des Krieges keinem Zweifel mehr unterworfen. Nach der Niederlage der gemäßigten Partei in
Frankreich und nach der diplomatischen Demütigung Preußens in Deutschland war es gewiß, daß der Gesamtzustand
Europas einer militärisch-revolutionären Umgestaltung ent-
gegenging. Die Regierungen in Paris, Wien und Petersburg waren, wie verschieden sie sich nach Form und Ursprung auch ausnahmen, in dieser Gesinnung völlig gleichen
Wertes. Zwischen Oesterreich und Frankreich handelte es
sich durchaus nicht mehr um altes Recht oder neue Umwälzung; die Kämpfe von 1796 wurden lediglich über die Frage
geführt, ob in Mitteleuropa Oesterreich oder Frankreich durch
große Gebietserweiterung die leitende Macht werden sollte.
Daß die Verfassung des Heiligen Römischen Reiches solchen
Stürmen nicht gewachsen war, darüber konnte schon damals
kein klarsehender Beobachter einen Zweifel haben. Nur
von der Lebensdauer, welche das Geschick der Kaiserin Katharina noch vergönnte, schien es dann weiter abzuhängen,
ob der wilde Wirbel auch die türkischen Provinzen ergreifen, ob alles europäische Land im Osten der Weichsel
den Russen, im Westen des Rheines den Franzosen dienen,
ob vielleicht mit einer gänzlichen Zertrümmerung Preußens
der Rest Deutschlands eine Provinz des Hauses Lothringen
werden würde. So waren die Verhältnisse und die Aussichten zu Ende des Jahres 1795; niemand ahnte, welch
eine gewaltige Kraft binnen wenigen Monaten die Leitung
der Ereignisse an sich reißen, alle Einzelheiten der bisherigen Pläne verwandeln, die Gesamtentwickelung der militärischen Revolution unermeßlich beschleunigen würde.

Dreizehntes Buch

Regierung des Direktoriums.

Erstes Kapitel.

Innerer Zustand Frankreichs.

Ehe wir die Thätigkeit der neuen Regierung, die auf Grund der Verfassung von 1795 Frankreich verwalten sollte, darzustellen versuchen, rufen wir uns den Zustand in das Gedächtnis zurück, in welchem die Revolution das Land den konstitutionellen Behörden hinterlassen hatte. Es giebt kein anderes Mittel, die Aufgabe der damaligen Staatsgewalt in klarer Bestimmtheit zu erkennen und die Bestrebungen der Parteien nach gerechtem Maße zu würdigen.

Da die Revolution mit der Bekämpfung einer feudalen Monarchie und unter dem Rufe der Freiheit und Gleichheit begonnen hat, so hat man sich lange Zeit daran gewöhnt, revolutionäre und liberale Bewegung für gleichbedeutend zu nehmen und unter dem Vorbehalte, etwaige Ueberstürzung und Uebertreibung zu tadeln, die Gesinnung der damaligen Parteien um so mehr als eine liberale anzuerkennen, je weiter und entschiedener sie auf den revolutionären Bahnen vorwärts geschritten sind. Der damaligen Rechten haben unsere Konservativen, der damaligen Linken unsere Liberalen ihre Sympathien zuwenden zu müssen geglaubt, ganz so, als hätte es sich auch damals wie heute um den Gegensatz starker Regierung als Ziel der Rechten und weiter Volksfreiheit als Programm der Linken gehandelt.

In den früheren Abschnitten unserer Erzählung haben wir gesehen, inwieweit eine solche Vorstellung für die ersten sechs Jahre der Revolution berechtigt ist. An dieser Stelle ist zu betonen, daß sie für die Zeit des Direktoriums das gerade Gegenteil der Wahrheit enthalten würde. Wie wir wissen, hatte die linke Seite des Konvents durch die Wahl= gesetze des Fructidor und den Straßenkampf des Vendé= miaire Besitz von der neuen Regierung ergriffen, während die Rechte von der öffentlichen Meinung fast der gesamten Nation die lebhafteste Begünstigung erfuhr. Diesem Verhält= nis entsprechend nahmen die beiden Parteien ihre Stellung in dem Staatsleben der neuen Verfassung. Die ehemalige Linke focht für die Machtinteressen der Regierung, für straffe Zucht der Behörden und möglichste Einschränkung der Volks= freiheit, die ehemalige Rechte begehrte Sicherheit der Personen und des Eigentums, Selbständigkeit der Gemeinden und der Gerichte, Abhängigkeit der Regierung von der Volksver= tretung. Wenn man die Parteien nach ihrem Verhalten zur Kräftigung der bestehenden Staatsgewalt sondert, so war ohne allen Zweifel damals die frühere Linke die kon= servative oder gouvernementale, die frühere Rechte die libe= rale oder populäre Partei. Die erstere wollte die republi= kanische Regierung um jeden Preis behalten, erklärte des= halb bei jedem Anlasse ihren Abscheu gegen die Erhebung eines gekrönten Despoten, suchte aber die eigenen Führer mit möglichst unbeschränkter Machtvollkommenheit auszu= statten: die große Masse der letzteren war dagegen im stillen der Meinung, daß die Republik die schlimmste aller Tyran= neien geschaffen habe und die Freiheit nur von der Her= stellung der Monarchie zu hoffen sei.

In der That aber — und dies ist das Entscheidende für die geschichtliche Auffassung des Zustandes — war damals die Frage der Staatsform für die Volksmassen eine völlig untergeordnete und höchstens mittelbar bedeutende. Die Schreckenszeit hatte mit so furchtbarem Wüten alle Funda= mente des menschlichen und bürgerlichen Daseins zertrüm= mert, daß der Wiederaufbau der gesellschaftlichen Ordnung von den ersten Anfängen beginnen mußte. Sie hatte die Familien zersprengt, das Eigentum entwurzelt, den Handel und Kredit vernichtet; sie hatte ein Drittel des Bodens

konfisziert, Hunderttausende erschlagen, eingekerkert, ver=
bannt; sie hatte die Kirchen geschlossen, die Schulen auf=
gelöst, die Gemeinden beraubt; sie hatte an die Stelle von
Verwaltung und Rechtspflege die schrankenlose Willkür einer
allgegenwärtigen Pöbeltyrannei gesetzt.   Seit Robespierres
Sturz, seit dem 9. Thermidor, war, wie wir gesehen, eine
Wendung zum Besseren eingetreten; einige der schlimmsten
Gewaltthaten waren beseitigt, einige der tiefsten Wunden
geschlossen worden.   Das eiserne Netz der Klubs war zer=
rissen, die Revolutionsausschüsse aufgelöst, das Maximum
abgeschafft, die Freiheit der Gottesverehrung im Prinzip er=
klärt worden.   Aber wie wenig war der Konvent, verabscheut
von der Nation, gelähmt durch innere Spaltung, gefesselt
durch seine Vergangenheit, wie wenig war er zu einer vollen
Heilung und Herstellung im stande gewesen!   Das unüber=
sehbare Chaos der revolutionären Gesetze bestand fort; die
Sündflut des Papiergeldes bedeckte mit immer wachsenden,
immer trüberen Wogen das Land; die Masse der terrori=
stischen Frevel hatte die Bevölkerung hier mit unsittlicher
Stumpfheit geschlagen, dort mit glühendem Rachedurste er=
füllt.   Noch gab es kein Lebensverhältnis für irgend einen
Bürger, welches festen Bestand und rechtliche Gewähr ge=
zeigt hätte.   Unverletzlichkeit der Person und des Eigen=
tums, Heiligkeit der Ehe und Sicherheit des Geschäftsver=
kehrs, Erreichbarkeit der Bildungsmittel und Ungestörtheit
des Gottesdienstes, alle diese ersten und elementarsten For=
derungen eines menschenwürdigen Lebens waren in dem
Frankreich von 1795 nicht vorhanden.   Wie man diese
Güter wieder erlange, war die Frage, um die sich die
Wünsche und Sorgen von Millionen bewegten: nur insoweit
es hiefür wertvoll erscheinen mochte, regte sich noch ein In=
teresse für Verfassung und Regierungsform.   Es war die
Stimmung der ermüdeten Abspannung, der hoffnungslosen
Ernüchterung, wie sie stets den großen Konvulsionen poli=
tischer Aufregung zu folgen pflegt.   Wohl wünschte man
auch jetzt noch in Freiheit zu leben, aber vor allem wünschte
man zu leben und war bereit, auch den unbeschränkten

Despotismus auf sich zu nehmen, wenn er nur dem einzelnen Bürger die Sicherheit von Gut und Blut, die Möglichkeit von Erwerb und Bildung zurückgab. Ein solcher Fanatismus der Ruhe ist nicht schön, nicht erhebend; aus den veröbeten Herzen ist Begeisterung und Idealität verschwunden, und niedrige Selbstsucht scheint die Menschen ganz ausschließlich zu beherrschen. Es ist der Zustand einer tiefen politischen Krankheit, den man nicht lebhaft genug beklagen kann. Aber die Unglücklichen, die von ihm ergriffen sind, wird man bedauern und nicht verurteilen. Die ganze Lage ist die Folge der revolutionären Gewaltthat: für ihren Schaden kann man nicht ihre Opfer, sondern nur ihre Urheber verantwortlich machen. Wo eine große Revolution im Namen eines neuen Staatsideals den ganzen Bestand des Privatrechts zertrümmert, soll sie sich nicht wundern, wenn die Bürger ihrerseits dann keinen anderen Trieb als die Errettung und Herstellung ihrer privaten Existenz bethätigen, möge aus den idealen Fragen des Staatsrechts werden, was da wolle. Ein Extrem ruft stets das andere hervor. Wenn der politische Fortschritt den Bürger von Haus und Hof verjagt, so wird der Bürger der Politik und dem Fortschritt den Rücken kehren. Ehe er an Freiheit denkt, will der Mensch des Lebens sicher sein.

Wer also auf den Namen eines liberalen Staatsmannes Anspruch macht, wird die Sicherung der Privatrechte in die erste Linie seiner Obliegenheiten stellen. Er wird nie vergessen, daß die Blüte der politischen Freiheit zur unerläßlichen Voraussetzung die soziale und bürgerliche Sicherheit hat. Ende 1795 war es die rechte Seite des Konvents, welche diesen Gedanken recht eigentlich zum Inhalt ihres gesamten Wirkens machte und also auch von dieser Seite her die Bezeichnung der liberalen Partei verdiente. Aus der Diktatur des Konvents heraus sollte damals Frankreich in eine neue Zeit gesetzlichen und verfassungsmäßigen Daseins treten. Unter dem Aushängeschilde einer ganz neuen Freiheit hatte bisher die demokratische Tyrannei den Massen des Volkes alles entrissen, was den Menschen die Freiheit erwünscht macht: alles hing jetzt davon ab, ob die neue Verfassung die zahllosen Schäden herstellen, die unabsehbare Verwirrung wieder ordnen würde.

Versuchen wir es, uns den Umfang dieses Notstandes etwas näher, als es unsere bisherige Erzählung gethan, zu veranschaulichen.

Eine jede der drei Verfassungen, welche Frankreich seit 1789 erlebte, hatte die Sicherheit der Personen auf das bestimmteste gewährleistet: auch die Konstitution des Jahres III blieb darin hinter ihren Vorgängern nicht zurück. Niemand, hieß es, soll ohne gesetzlichen Grund verfolgt, bestraft, in seiner Freiheit verletzt, niemand soll seinem natürlichen Richter entzogen, niemandem soll ohne Entschädigung sein Eigentum entzogen werden. Wie stand es thatsächlich mit der Erfüllung dieser Versprechen?

Wir kennen die furchtbare Gesetzgebung gegen die Emigranten. Die Liste derselben zählte damals nach den zahllosen Hinrichtungen der Schreckenszeit noch ungefähr 170 000 Namen. Wer in dieses Verzeichnis eingetragen war, galt für bürgerlich tot; seine Ehe bestand nicht mehr vor den Augen des Gesetzes; seine Erb- und Erwerbsfähigkeit waren erloschen; sein Vermögen wurde von dem Staate konfisziert; er selbst war auf ewig aus Frankreich verbannt und ohne weiteres Verfahren der Hinrichtung verfallen, sobald er sich auf französischem Boden betreffen ließ und zwei Zeugen die Identität seiner Person erklärten. Aber hiermit nicht genug. Während das Gesetz dem bürgerlich Toten die Erbfähigkeit versagte, erklärte es zugleich, daß dieselbe in seinem Verhältnis zur Republik fortdauere, d. h. er selbst konnte freilich eine ihm zufallende Erbschaft nicht ergreifen, wohl aber nahm sie die Republik, die vermöge der Konfiskation seines Vermögens als seine Rechtsnachfolgerin auftrat, für sich selbst in Anspruch. Sie ging weiter. Sie verhing, um sich die ihm künftig vielleicht zufallenden Erbportionen zu sichern, das Sequester über das gesamte Vermögen seiner Eltern und begann seit dem letzten Sommer diese vermut-

lichen Erbportionen auszusondern und sich anzueignen. Sie
erklärte jeden auf einem solchen Vermögen haftenden Nieß=
brauch für erloschen, ja sie verkündete die Nichtigkeit eines
jeden vermögensrechtlichen **Vertrages, den** die Eltern oder
die Kinder eines Emigranten abgeschlossen hatten, und störte
damit die Besitzverhältnisse von zahllosen weiteren Personen.
Und immer mehr. Da die mit solcher Härte behandelten
Familien schwerlich **von** heißer Anhänglichkeit an die Repu=
blik erfüllt waren, so entzog das neueste Gesetz vom 3. Bru=
maire allen Verwandten eines Ausgewanderten bis zum
dritten Grade die Fähigkeit, ein durch Volkswahl verliehenes
Amt zu bekleiden.

Nun war nichts gewisser als die folgenden beiden That=
sachen. Einmal hatten zwar von jenen 170 000 vielleicht
10 000 die Waffen gegen Frankreich getragen und damit
strafgesetzliche Ahndung verdient; alle andern aber, soweit sie
wirklich **zur** Emigration gehörten, waren vor den Dolchen
der Septembermörder, **vor der** Brutalität der Konvents=
kommissare und der Verfolgung der Revolutionsausschüsse,
lediglich um das Leben vor rechtloser Gewalt zu erretten,
über die Grenze geflohen. Sodann war in zahllosen Fällen
die Eintragung in die verhängnisvolle Liste mit unerhörtem
Leichtsinn oder empörender Bosheit geschehen. Wer sich vor
Fouquiers Mordbefehlen versteckte, galt als emigriert. Wer
einen Feind im Revolutionsausschusse seines Wohnortes
hatte und auf acht Tage im Inland reiste, fand sich bei
der Rückkehr auf der Liste. Beamte, die in einem Departe=
ment ihr Amt verwalteten und ihr Haus oder Landgut in
einem andern hatten, wurden in diesem für ausgewandert
erklärt. Offiziere und Soldaten, die ihr Blut vor dem
Feinde verspritzten, wurden unterdessen zu Hause in die Liste
gesetzt und ihre Angehörigen mit allen Schrecken jener bar=
barischen Gesetzgebung heimgesucht. Diese Abscheulichkeiten
gingen ihren Gang, nach **wie** vor dem Erlasse der neuen
Verfassung. Noch im Sommer 1796 zeigte **ein** Mitglied
des Rates der Fünfhundert **der** Versammlung an, er er=
fahre soeben, daß man ihn **in** seiner Heimat auf die Emi=

grantenliſte **geſetzt** habe, und **ließ** unter großer Heiterkeit des
Hauſes ſeine Streichung bewirken. Um dieſelbe Zeit[1]) kam
eine Bittſchrift **aus** dem Departement des **Aveyron** zur
Sprache, welche feſtſtellte, daß dieſer Bezirk, der verhältnis-
mäßig ſehr wenige Auswanderer gehabt, 1005 Namen auf
der Liſte zähle, von deren Trägern in Wahrheit nur ſechs
das franzöſiſche Gebiet verlaſſen hätten. Aus dem Elſaß
waren zu den Zeiten St.-Juſts und Lacoſtes, Schneiders
und Monnets über 30 000 Menſchen, meiſtens Bauern und
Arbeiter, über den Rhein entflohen, um Leben und Gut
vor der blutgierigen Willkür zu retten. Der Konvent hatte
ihnen nach dem 9. Thermidor **die Rückkehr** verſtattet, wenn
ſie binnen einer knapp bemeſſenen Friſt **ſich in ihrem Hei-**
matsorte anmeldeten. Ein großer Teil, **durch das öſter-**
reichiſche Heer von der Grenze abgeſchnitten, erfuhr nichts
von dem Beſchluſſe; viele Tauſende erſchienen, wurden aber
durch die franzöſiſchen Vorpoſten **mit Flintenſchüſſen von**
der Ueberfahrt abgehalten, und die Friſt verlief, ehe höhere
Weiſung an die Truppen gelangte. Die Unglücklichen waren
und blieben Emigranten.

Nun beſtimmte das Geſetz, daß die Eintragung in die
Emigrantenliſte als einfache Verwaltungsſache von der betreffenden Orts- oder Bezirksbehörde bewirkt werde, daß ſofort alle rechtlichen Folgen derſelben eintreten, daß, wer
gegen die Richtigkeit derſelben Widerſpruch einlege, eine vorläufige Streichung bei der vorgeſetzten Verwaltungsbehörde
des Departements erlangen könne, daß dann ſein **Ver-**
mögen nur einſtweiliger Beſchlagnahme verfalle und nicht
ſogleich zum öffentlichen Verkauf gelange, ſchließlich, daß die
endgültige Streichung und Befreiung nur durch Beſchluß
des Geſetzgebungsausſchuſſes des Konvents erfolgen könne.
Mithin war eine Verfügung über Gut und Blut jedes
franzöſiſchen **Bürgers**, eine Verfügung, welche Aechtung,
Verbannung, Hinrichtung und Vermögensverluſt in ſich
ſchloß, in das Belieben jeder niederen Verwaltungsbehörde

---

[1]) 17. Auguſt 1796.

gelegt; jedes richterliche Verfahren war bei diesen Angelegenheiten ausgeschlossen; die Herstellung aber eines Unschuldigen war für ganz Frankreich einer einzigen, mit einer ungeheuren anderweitigen Arbeitslast überhäuften Zentralbehörde vorbehalten. Dazu kam, daß bei der allgemeinen Gewöhnung an gesetzlose Willkür auch bei rechtzeitig erhobenem Widerspruche die Güter häufig genug nicht bloß in Beschlag gelegt, sondern eingezogen und verkauft wurden, und daß ein einmal verkauftes Nationalgut auch nach erlangter Streichung niemals in Natur zurückgegeben, sondern stets nur eine Entschädigung in immer wertloseren Assignaten bezahlt wurde. Erinnert man sich weiter, daß in jedem solchen Falle nicht bloß der angebliche Emigrant selbst, sondern auch seine Eltern und Verwandten bis in das dritte Glied zu leiden hatten, so erkennt man, daß für unübersehbare Kreise der Bevölkerung infolge dieser Gesetzgebung das bürgerliche Dasein bedroht war, ja daß im Grunde jeder Franzose die Gefahr der Aechtung tagtäglich über seinem Haupte schweben sah. Dieses Verhältnis allein macht den Eifer erklärlich, mit dem in ganz Frankreich damals die Bürger bei allen Beamtenwahlen jeden Kandidaten von irgendwie jakobinischer oder terroristischer Farbe zurückwiesen, so daß die Anhänger der Bergpartei unaufhörlich über die angeblich royalistischen Wahlen fluchten und jammerten und alles aufboten, die Ernennung der Beamten in der Hand der jakobinisch gesinnten Regierung festzuhalten.

So war die Sicherheit der Personen in dem konstitutionellen Frankreich beschaffen. Gegenüber der Willkür der nächsten Verwaltungsbehörde hatte kein Bürger gesetzlichen Schutz für Leben, Besitz und Rechtsfähigkeit.

Wie die Anerkennung der persönlichen Freiheit, war auch die Achtung des Familienlebens der revolutionären Gesetzgebung verloren gegangen.

Das 18. Jahrhundert hatte den großen Grundsatz festgestellt, daß der Mensch allem künstlich gemachten Zwange zu entheben, daß er nur nach den Forderungen seiner Natur zu behandeln sei. Nichts war richtiger, nichts war gerechter als dieser **Grundsatz**. **Aber als man daran ging, die ein**zelnen Anwendungen desselben auf dem Wege der praktischen Gesetzgebung auszuprägen, zeigte **sich nur zu häufig, daß** man die sittliche **Natur** des **Menschen** in einseitiger und unvollständiger Weise begriffen hatte. Im **Eifer** des **Streits** gegen die alten Vorstellungen ging man **weit über das** richtige Ziel hinaus. Früher hatte man die individuelle Freiheit in willkürliche Bande eingeschnürt: **in der** Verwerfung solcher Fesseln kam man jetzt dahin, die völlige Ablösung des Menschen aus jeder natürlichen Gemeinschaft zu proklamieren. Man vergaß, **daß** der Mensch nach dem Grunde seines Wesens ebenso zur Gemeinschaft **wie zur Freiheit** berufen ist; man vergaß **das alte Wort: es ist nicht gut, daß** der Mensch allein sei. **Um das volle Ideal seiner Frei**heit **zu** verwirklichen, sprach **man ihn von allen** Pflichten gegen seine Nächsten los: die **Folge war,** daß sich **die** elementarsten, von der **Natur** gewollten Verbindungen zersetzten, daß die Gesellschaft in gärende und kraftlose Atome zerfiel und nicht der Freiheit, sondern **der Tyrannei** die Bahn der Herrschaft eröffnet wurde.

Bis zur Revolution hatte die katholische, mithin die unermeßliche Mehrheit der französischen Bevölkerung für das persönliche Recht **der** Ehegatten keine anderen Satzungen als die der Kirche **gehabt.** Die Ehe war nicht zugleich Sakrament und Vertrag; sie wurde **nur** als Sakrament **und gar** nicht mehr als Vertrag behandelt. Die geistliche **Behörde** entschied über die Zulässigkeit der Eingehung der Ehe, **führte** die Zivilstandsregister, vollzog die Trauung und gestattete im Notfall höchstens die äußere Trennung **von Tisch und** Bett. Diese völlige Gebundenheit der **Ehe und vor** allem ihr streng durchgeführter kirchlicher Charakter wurde durch die Revolution von Anfang an mit lebhafter Ungeduld angegriffen: **man** sah darin eine unerträgliche Einengung der persönlichen Freiheit, und bereits **die Verfassung von 1791** enthielt die Erklärung, daß das Gesetz **die Ehe nur** als einen bürgerlichen Vertrag betrachte. Die Anwendung dieses Grundsatzes verzögerte sich **dann** noch ein Jahr durch die

inneren Kämpfe, welche zum Sturze des Königtums erfor=
derlich waren; dieses Ziel aber erreicht, beeilte sich die ge=
setzgebende Versammlung, in der bei diesem Gegenstande
Gironde und Bergpartei vollkommen einig waren, noch in
ihrer letzten Sitzung die entscheidende Verfügung zu treffen.
Das Gesetz vom 20. September 1792 übertrug sämtliche
auf den Zivilstand bezüglichen Akte den Ortsbehörden. Der
Abschluß der Ehe wurde auf den Antrag der Beteiligten
durch einen Gemeindebeamten erklärt; zur Eingehung der
Ehe wurde jeder Jüngling von fünfzehn, jedes Mädchen
von dreizehn Jahren befähigt; gefordert wurde allein die
Zustimmung des Vaters, und nur, wenn dieser tot oder
wahnsinnig war, die der Mutter; lebten beide Eltern nicht
mehr, so genügte die Einwilligung von drei Verwandten,
welche allein wegen stadtkundiger Unsittlichkeit des einen
Teils verweigert werden durfte; waren die Brautleute groß=
jährig, d. h. 21 Jahre alt, so konnten sie völlig selbständig
verfahren. Wenn somit die Eingehung einer Ehe im höchsten
Grade erleichtert war, so eröffnete das Gesetz nicht geringere
Bequemlichkeit für die Auflösung des einmal geschlossenen
Bundes: denn, sagte die Einleitung desselben, die Unauf=
löslichkeit der Ehe wäre der Verlust der persönlichen Frei=
heit. Die Scheidung erfolgte durch beiderseitige Zustim=
mung der Ehegatten; sie erfolgte aber auch auf die Er=
klärung eines derselben, daß ihre Gemütsart und ihr Cha=
rakter unverträglich seien; sie erfolgte ebenso auf den Nach=
weis, daß einer der Ehegatten geisteskrank oder wegen eines
Verbrechens bestraft oder seit fünf Jahren abwesend oder
Emigrant sei. Ein oder zwei Sühneversuche mußten dem
Scheidungsakte vorausgehen; in keinem Falle dauerte das
Verfahren länger als sechs Monate. Die Geschiedenen
durften sich wieder verheiraten: anfangs wurde bestimmt,
nach Ablauf eines Jahres, später erschien auch dies als zu
drückende Beschränkung, und der geschiedene Mann erhielt
die Erlaubnis zu sofortiger neuer Ehe, während die ge=
schiedene Frau sich noch einer Frist von zehn Monaten unter=
werfen mußte.

Wie wir sehen, hatte sich auch dieses Mal die Abneigung gegen das alte Regime aus einem Extrem in das andere gestürzt. Es war nicht möglich, die formelle Ungebundenheit der Willkür zu grellerem Ausdruck zu bringen, als es in den Verfügungen des 20. September geschah. Man verabredet eine Ehe wie einen Spaziergang oder ein Zechgelage: meint man genug gewandelt, genug getrunken zu haben, so geht man in Frieden und Freiheit wieder auseinander. Wer möchte leugnen, daß auch bei der Ehe die Regel eine Ausnahme haben, daß in einzelnen Fällen die Scheidung das einzige Heilmittel einer verrotteten Ehe sein kann: bei dieser Gesetzgebung aber war nicht die Möglichkeit der Ausnahme erklärt, sondern die Regel in ihr Gegenteil verwandelt worden. Ohne Zweifel war es im alten Rechte eine Verkennung des wirklichen Zustandes, wenn es die Ehe ausschließlich als Sakrament betrachtete und behandelte: aber schlimmer war hier die neue Verirrung, das Recht der Ehe allein nach dem Maße des unbedeutendsten und gleichgültigsten Vertrags zu gestalten. Daß die Ehe allerdings nach der Form ihrer Schließung ein Vertrag, daß sie aber nach dem Kern ihres Wesens eine den ganzen Menschen umfassende Thatsache, daß sie ihrer tiefsten Natur nach eine bleibende und volle Lebensgemeinschaft ist, diese einfache Wahrnehmung war der damals höchstgebildeten Nation unseres Erdteils verloren gegangen. Sonst liebten es diese Gesetzgeber, sich auf das Muster des heidnischen Rom zu beziehen: hier vergaßen sie gänzlich, mit welcher Strenge und Tiefe das römische Recht die Ehe auffaßte, wie es anfangs, zur Zeit der ältesten Sittenreinheit und Sitteneinfalt, die Scheidung deshalb freigab, weil ihm nur eine vollkommene Ehe als rechte Ehe erschien, wie es dann mit der wachsenden Ueberkultur und moralischen Versuchung Schritt auf Schritt die Scheidung erschwerte und den schuldigen Teil bestrafte, wie es gegenüber der gesunkenen Moral der Kaiserzeit in leuchtender Fassung den Grundsatz aussprach, daß die Ehe für Mann und Weib die Gemeinschaft des ganzen Daseins und die Mitteilung aller göttlichen und

irdischen **Rechte** sei. **In Frankreich hatte** die Gesellschaft
auch eine **Zeit der Unsitte unter Ludwig XV.** durchlebt,
welche den **Lastern der julischen Kaiser an Schwere** und
Umfang nicht **das mindeste** nachgab, **und** schlimmer als in
Rom **trat** jetzt die Gesetzgebung der Republik **der** Sünde
der monarchischen Zeit nicht entgegen, sondern **nahm** die da=
mals erwachsene Frivolität des Mannes und Entwürdigung
des Weibes sich **selbst zur** Grundlage. **Die Frau zu** einer
von Hand zu Hand gehenden Luxusware zu **machen,** das
erschien diesen Volksvertretern als notwendiger Bestandteil
der unveräußerlichen Menschenrechte.

Die Praxis des Lebens **zeigte** sich glücklicherweise hier
wie so oft in der Revolution gesunder als die offiziellen
Organe der Regierung. Auch an dieser Stelle ergab es
sich, daß die revolutionären Eiferer **nur** eine **Minderheit**
im Lande waren. Immer aber blieb **das Unheil jener** Ge=
setze groß und verderblich genug. **In drei** Jahren zählte
man 27 000 Ehescheidungen wegen Unverträglichkeit, **und** in
nur zu vielen Fällen trat eine bodenlose Verderbtheit der
Gesinnung **zu Tage.** Der Wüstling gewann **den Genuß** eines
schönen Mädchens durch **Heirat** und entließ **nach acht** Tagen
die Betrogene durch Scheidung. Der Wucherer setzte sich
durch Heirat in den Besitz eines großen Vermögens, voll=
zog die Scheidung und zahlte das Eingebrachte **in** wertlosen
Assignaten heraus. Ein junges Paar wartete auf die Erb=
schaft einer 82jährigen Großtante; **als** diese durch **das** neue
Erbrecht unmöglich wurde, veranlaßte der Mann seine Schei=
dung, heiratete die **Tante** und kehrte nach deren Tode mit
dem halben **Vermögen** zu der früheren Frau zurück. Ein
Bürger heiratete nacheinander zwei Schwestern, erklärte nach
deren Tode, er könne sich nicht von **der Familie trennen**
und vollzog die Ehe mit seiner Schwiegermutter[1]. Es ist
nicht nötig, weiter in die sumpfige Tiefe dieser Verhältnisse
einzudringen. **Noch** leistete **der** schlichte Natur= und Rechts=
sinn der Volksmassen der Verführung Widerstand; **aber** un=

---

[1] Rat der Fünfhundert 5. **Nivose** IV.

möglich hätte auf die Dauer, wo die Quelle des Rechtes selbst das Gift in den nationalen Körper goß, die Erkrankung im weitesten Umfange ausbleiben können: die Beziehungen zwischen den beiden Geschlechtern, das Verhältnis zwischen Eltern und Kindern waren einer vernichtenden Gefahr ausgesetzt.

Die radikalen Parteien waren aber hiermit noch nicht zufrieden. Wenige Tage nach dem Sturze der Gironde, am 4. Juni 1793, erörterte Cambacérès dem Konvente die Frage: ist es gerecht, die natürlichen Kinder ungünstiger zu behandeln als die ehelichen? Er meinte, die Frage stellen, heiße, sie bei menschenfreundlichen Gesetzgebern entscheiden, entscheiden zu Gunsten der unbestechlichen Stimme der Natur gegen die Tyrannei einer ungerechten Gewohnheit, so daß man die legitimen Kinder höchstens um ein weniges besser stellen dürfe, zum Zwecke das Institut der Ehe in etwas zu befördern. Der Konvent beschloß in diesem Sinne, daß die unehelichen Kinder fortan die Fähigkeit haben sollten, ihre Eltern zu beerben, in einer demnächst zu bestimmenden Form. Als Robespierre fünf Monate später im Begriffe stand, seine Schreckensherrschaft zu organisieren, folgte ein zweites Gesetz, am 2. November, worin das Erbrecht der natürlichen Kinder jenem der ehelichen in jeder Hinsicht gleichgestellt und sogar diese Bestimmung rückwirkend auf alle seit der Erstürmung der Bastille eröffneten und verteilten Erbschaften gemacht wurde. Die Nachkommen verstorbener Kinder erhielten wie jene der ehelichen das Repräsentationsrecht. Um den Erbanspruch zu erwerben, bedurfte es der Vorlage irgend einer schriftlichen Anerkennung durch die Eltern, und wenn die Mutter abwesend oder verstorben war, allein des Vaters, oder endlich auch nur des Umstandes, daß dieser durch stete Pflege des Kindes sein Verhältnis zu demselben thatsächlich bekundet habe. Während also das revolutionäre Gesetz die Nachforschung nach der Vaterschaft untersagte und damit den ausschweifenden Mann gegen jede Belästigung durch die Folgen seines Thuns sicherstellte, gab es die Ehre des verstorbenen ober abwesenden Weibes schutzlos den Wirkungen einer solchen „väterlichen" Anerkennung preis. Um diesen Kontrast einigermaßen zu mildern, wurde weiterhin den unverheirateten Müttern eine nationale Belohnung aus= gesetzt [1]). Ein einziges Opfer brachte der Konvent den her= gebrachten sittlichen Anschauungen: er beschränkte diese Ein= richtung auf die Kinder unverheirateter Personen und schloß natürliche Sprößlinge Verheirateter von der Gleichstellung aus. Da jedoch Cambacérès in seinem Berichte diese Fest= setzung, ohne Widerspruch von irgend einer Seite, als eine traurige Konzession beklagte, da er es eine Grausamkeit nannte, die im Ehebruche erzeugten Kinder für das Ver= gehen ihrer Eltern büßen zu lassen, so wird man zweifeln dürfen, ob der eigentliche Wunsch des Konvents bei seiner Bestimmung mehr darauf gerichtet war, von der Ehe oder von dem Ehebruche abzuschrecken.

Jedes Wort der Kritik über diese Dinge wäre vom Uebel. Wenden wir uns zu den vermögensrechtlichen Be= ziehungen des damaligen Familienlebens in Frankreich.

Die Grundlage derselben, welche als solche auch für Staat und Politik die durchgreifendste Bedeutung hat, das Erbrecht, war von dem Konvente ganz in derselben Ge= sinnung wie die Ehegesetze umgestaltet worden.

In dem alten Frankreich war durchgängig die Freiheit des einzelnen, über sein Vermögen für den Todesfall zu verfügen, in enge Schranken eingeschlossen. Im Norden des Reichs herrschte das aus deutschen Anschauungen er= wachsene Gewohnheitsrecht, welches die Erbfolge ein für alle Male gesetzlich regulierte und zwar im Sinne aristokra= tischer Erhaltung der Familien, unter Bevorzugung der männlichen Nachkommen vor den weiblichen, des ältesten Sohnes vor dem jüngeren, unter scharfer Sonderung des Erbguts vom Erworbenen und des väterlichen Vermögens vom mütterlichen. Dieses System, am vollständigsten bei dem Adel und den Lehenbesitzern ausgebildet, war in seinen

---

[1]) Laferrière, histoire du droit français II, 333.

charakteristischen Zügen allmählich gemeines Recht der be=
sitzenden **Klasse** überhaupt geworden. **Im** Süden regierte
allerdings das **römische** Recht, **mit** feiner Gleichteilung des
gesamten Vermögens **unter die** Verwandten **des** nächsten
Grades ohne Unterschied von Alter und Geschlecht, in allen
Fällen, wo keine letztwillige Verfügung des Erblassers vor=
lag, und **mit** feiner großen Freiheit der Testamente, Ver=
mächtnisse und Substitutionen: **da** jedoch die Tendenz auf
Erhaltung des Familienbesitzes hier wie im Norden durch=
gedrungen war, so hatte man **in** zahllosen Fällen gerade
die Testierfreiheit **benutzt,** um Familienstatuten zu errichten,
auf mehrere Generationen hinaus Verfügung zu treffen und
dadurch den Nachkommen thatsächlich die Ausübung der
Testierfreiheit ihrerseits **zu verkümmern.** Im wesentlichen
war also **unter** höchst mannigfaltigen Rechtsformen das
praktische Ergebnis ein ganz ähnliches im Norden wie im
Süden, **die** Geschlossenheit des Familienbesitzes zu Gunsten
der ältesten männlichen Linie und **die** Unmöglichkeit freier
Verfügung nach individuellem Belieben.

Diese Verhältnisse kamen bereits in der konstituierenden
Versammlung wiederholt und mit großem Nachdrucke zur
Sprache. Sie beseitigte ohne Zaudern noch Bedenken alle
Einrichtungen, welche ihren Ursprung auf das Feudalsystem
zurückführten. Dann aber erst traten die für die Masse **des**
Volkes erheblichen Fragen in den Vordergrund.

Man kann sie auf folgende einfache Gesichtspunkte zu=
rückführen. Der bisherige Zustand hatte, stets **um den**
Familienbesitz zu erhalten, die Unfreiheit der **Erblasser** und
die Ungleichheit zwischen den Erben angeordnet. Diese ab=
solute Gebundenheit widersprach den zur **Herrschaft** gelangten
Anschauungen **der** Revolution von Grund aus. Eine Be=
wegung, die vom ersten Tage an die Worte Freiheit, Gleich=
heit, Brüderlichkeit zur Losung genommen, konnte sich nicht
bei einem Erbrecht beruhigen, welches dem Vater die Frei=
heit **des** letzten Willens und den Brüdern die Gleichheit
der Erbteile entzog. Aber als die Versammlung sich zu
einer positiven Lösung **der** Aufgabe anschickte, trat sogleich

die unermeßliche **Wichtigkeit** und Schwierigkeit derselben, trat vor **allem ihre** höchst verwickelte Natur zu Tage. Man **wollte** Freiheit und Gleichheit: **wie** aber, wenn einmal die Freiheit selbst die Gleichheit **verhinderte?** Auf dem Gebiete des Erbrechts hatte der **Süden** die praktische Bedeutung dieser Frage dargethan; hier hatte man die Freiheit der Testamente und der Fideikommisse gehabt und sie nur dazu benutzt, um die Gleichheit der Kinder gründlich zu beseitigen; ein solches Ergebnis konnte sich auch in der Zukunft, wenn das Gesetz nicht vorbaute, in größerem Maße wiederholen. **Man mußte** also wählen zwischen der Freiheit und der Gleichheit; man mußte sich entscheiden, ob man die Freiheit wollte, auch wenn die Gleichheit dabei zu Grunde ginge, ob die Gleichheit, auch wenn **man sie** dem souveränen Volke **mit** eisernem Zwange aufnötigen mußte. Es war schließlich dieselbe Grundfrage, die an hundert und wieder hundert Punkten die Schwierigkeiten der Revolution bestimmte. Die konstituierende Versammlung **machte** bei **dem** Erbrechte wie überall **den** Versuch, den Gegensatz auszugleichen. Im **Sinne der** Gleichheit schaffte sie alle Vorschriften des Gewohnheitsrechtes zum Nachteil **der** Töchter und der jüngeren Brüder ab; wo sich kein Testament vorfände, sollten alle Verwandten gleichen Grades zu gleichen Teilen erben[1]. **Im Sinne** der Freiheit sprach sie die Befugnis des Erblassers, über den größten Teil seiner Habe beliebig zu verfügen, ohne Einschränkung aus, außer der einen, daß er **nicht die** Freiheit der Religion, der Eheschließung, des Gewerbes, der politischen Thätigkeit seinen Erben schmälern **könnte**[2]. **Ein** Jahr später setzte der Nationalkonvent noch die weitere Verfügung hinzu, daß alle Substitutionen für **die** Zukunft aufgehoben **seien, mit anderen** Worten, daß kein Testator seinen Erben die Freiheit nehmen könne, sich **selbst dereinst** wieder seinen Erben zu wählen.

Durch die erste dieser Bestimmungen war der alte Zu=

---

[1] 8. April 1791.
[2] 20. September 1791.

stand in seinen Wurzeln getroffen: der bisherige gesetzliche
Zwang zur Ungleichheit war beseitigt. Durch die beiden
letzten war dem jedesmaligen Familienhaupte die Befugnis
gelassen, nach seinem Ermessen zu verfahren und, wenn er
es für angemessen hielte, die Zersplitterung des Familien=
gutes für die nächste Generation zu verhindern. Nur sollte
diese Freiheit des heutigen Tages niemals eine Waffe wer=
den, um die gleiche Freiheit der Zukunft zu zerstören: der
gegenwärtige Erbe sollte seiner Zeit gleich selbständig darüber
Beschluß fassen, ob ihm Bewahrung des Familiengutes
oder gleiche Ausstattung aller seiner Kinder heilsamer dünke.

Wenn es bei diesem Zustande sein Bewenden gehabt
hätte, so würde die französische Gesellschaft, troß aller poli=
tischen Umwälzungen, troß Thronsturz und Kirchensturz,
einen gewissen Zusammenhang mit ihrer Vergangenheit be=
halten und damit die Möglichkeit des ruhigen, gesetzlichen,
organischen Fortschritts bewahrt haben. Der äußere Be=
stand und die materielle Grundlage der Familien, nicht
bloß des Adels, sondern der ganzen Masse der wohlhaben=
den Bevölkerung, wäre errettet worden. Das alte Fami=
lienrecht hätte seine starre Unbeweglichkeit und Härte ver=
loren, ohne daß jeder Todesfall die völlige Zersplitterung
des Familiengutes zur notwendigen Folge gehabt hätte.
Die Töchter und jüngeren Söhne hätten nicht mehr den
Makel getragen, durch das Geseß für immer mit Unfähig=
keit geschlagen zu sein: die Frage aber, ob ein einzelner
unter ihnen und welcher, nach eigener Leistung oder im all=
gemeinen Interesse, eine Bevorzugung verdiene, wäre nicht
ein für alle Male durch die gleichgültige Macht des Ge=
seßes entschieden, sie wäre in jeder Generation aufs neue
gestellt und zur Entscheidung durch die ihnen allen gleich
nahe Fürsorge der Eltern gestellt worden. Die Möglich=
keit wäre vorhanden gewesen, durch mannigfache Abstufung
der Erbteile auf den Wechsel der Verhältnisse und der Per=
sonen gerechte Rücksicht zu nehmen, ohne deshalb bei jedem
Besißwechsel die äußere Fortdauer jeder Familie in Frage
gestellt zu sehen. Die Freiheit des Eigentums hätte ihre

letzte und höchste Sanktion, die Befugnis zur letztwilligen
Verfügung, **wieder gewonnen,** ohne welche demselben der
fruchtbarste Antrieb, **die Sorge** für eine weite Zukunft, fehlt.

Aber wenn der Konvent sich noch im Oktober 1792 von
solchen Gesinnungen leiten **ließ,** so führte ihn **die** Entwickelung seiner Parteien rasch genug auf **einen** völlig entgegengesetzten Standpunkt hinüber. Hatte **man** bisher Freiheit und Gleichheit zu verbinden gesucht, so machte sich mit
jedem neuen Siege **der** Bergpartei immer deutlicher **ihr**
ausschließlicher Fanatismus für die Gleichheit und ihre
tiefe Abneigung gegen die Freiheit geltend. Man möchte
noch so bereit sein, **die** Diktatur der Schreckenszeit als vor-
übergehende **Notwehr,** als Anspannung der Kräfte gerade
zum Schutze der Freiheit zu entschuldigen: bei der Behand-
lung des Erbrechtes ist jede Möglichkeit einer solchen Erklärung **durch** die Natur des Gegenstandes ausgeschlossen
Denn offenbar haben die Gesetze über das Erbrecht mit
den Gefahren des Augenblicks gerade gar nichts zu thun,
sondern regeln durchaus nur die fernere, hoffentlich ruhige
Zukunft des Landes: hier also **treten** nicht die Erwägungen
der Tagespolitik, sondern ganz eigentlich die Grundsätze und
Gesinnungen **des** Gesetzgebers **an** das Tageslicht. Hier,
wenn irgendwo, kann man lernen, was **die** Worte Familie,
Eigentum und Freiheit für diese revolutionäre Demokratie
bedeutet haben.

In den Tagen, wo unter dem Dröhnen kommunistischen
Straßenlärms der erste Wohlfahrtsausschuß eingesetzt wurde,
legte der Konvent auch an die erbrechtlichen Fragen die
Axt. Er verfügte am 7. März 1793, daß es ferner keinem
Vater verstattet sei, einem seiner Kinder ein Geschenk unter
Lebenden oder auf **den** Todesfall zu machen, da alle Kinder
ein gleiches Anrecht auf die Teilung des elterlichen Ver-
mögens besäßen. Merkwürdig genug, man ließ einstweilen
dem Vater noch die Fähigkeit, seine Habe an Fremde weg-
zugeben und **damit** seine **gesamte** Familie auf das schwerste
zu beschädigen: das war **ja** keine Störung der Gleichheit,
wenn alle Kinder gleichen Verlust erlitten. Nur bei dem

innigsten Verhältnis, welches die Erde kennt, in dem Ver=
hältnis zwischen Eltern und Kindern sollte keine Freigebig=
keit, keine Wohlthat, keine Ausgleichung stattfinden dürfen.
Es war, als sei, wenn der Konvent nicht rettend eintrete,
das natürliche Gefühl der Eltern zu ihren Kindern die
Parteilichkeit und jenes der Geschwister untereinander der
Neid und die Habgier. Nun wird es niemand tadeln, daß
der Gesetzgeber den Sohn gegen die Grausamkeit eines un=
natürlichen Vaters, die Schwester gegen die Umtriebe eines
verbrecherischen Bruders zu schützen sucht: aber es heißt
doch die Wirklichkeit der sittlichen Welt auf den Kopf stellen,
wenn man die allgemeinen Grundsätze des Rechts einrichtet,
als wäre die Unnatur und das Verbrechen nicht die Aus=
nahme, sondern die Regel des französischen Familienlebens.
Weil hier und da ein Mißbrauch der Freiheit vorgekom=
men ist, rottet man die Freiheit aus: weil hier und da die
väterliche Gewalt die Kinder mißhandelt hat, schafft man
dieselbe in Bezug auf das Vermögen völlig ab. Man schließt
die Augen vor der offenliegenden Thatsache, daß in zahl=
reichen Fällen die materielle Gleichheit der Erbteilung die
härteste Ungerechtigkeit ist; man zieht das mechanische Ein=
greifen des Gesetzes dem einsichtigen Walten der Eltern=
liebe vor.

Gerade in diesem Sinne die Sache anzufassen, dazu
hatte vor Jahren Mirabeau den Anstoß gegeben, er, der
sein Leben durch die herrischen Launen seines Vaters ver=
bittert und in der väterlichen Gewalt niemals etwas an=
deres als schnöden Despotismus gesehen hatte: wenn es
etwas auf der Welt gab, worüber der gewaltige Staats=
mann kein Urteil besaß, so waren es die Voraussetzungen
und die Folgen eines gesunden Familienlebens. Ausdrück=
lich, um den väterlichen Despotismus zu brechen, hatte er
einst den Zwang der gesetzlichen Gleichteilung gefordert und,
wo Kinder existierten, höchstens ein Zehntel des Vermögens
für die Verfügung des Vaters und zwar nur zu Gunsten
fremder Personen freilassen wollen. Diese Anschauungen
also fanden ihren ersten Ausdruck in dem Dekrete des

7. März und erlangten bald genug ihre folgerichtige und umfassende **Fortentwickelung**. Während des Höhenstandes der Schreckenszeit, **damals, als der** Konvent den unehelichen Kindern **volles** Familienrecht gewährte, vollendete er auch das System der freiheitlosen Gleichheit im Erbrecht. Die Verfügungen **vom** 5. Brumaire und 17. Nivose II (26. Oktober 1793 und 6. Januar 1794) hoben auf dem Gebiete des Erbrechts mit **einem** Schlage die gesamte bisherige Gesetzgebung der Gewohnheiten und der Pandekten, des alten Regimes **und der** Konstituante auf. Wo es Kinder oder Seitenverwandte gebe, sollten die Angehörigen des nächsten Grades zu gleichen Teilen erben, keine ältere Rechtssatzung, **kein** Vertrag, kein Testament daran etwas ändern können, **dem** zeitweiligen Inhaber eines Vermögens, wenn er Kinder habe, **die** Verfügung über ein Zehntel, wenn nur Seitenverwandte, über ein Sechstel des Vermögens freistehen, in **beiden** Fällen aber Vermächtnis oder Schenkung nur zu **Gunsten** eines Nichterbberechtigten erfolgen dürfen; endlich möchten Ehegatten sich untereinander schenken, so viel sie wollten, nur daß, **wo** Kinder vorhanden wären, die Schenkung den Nießbrauch des halben Vermögens nicht überstiege. Mit Grund **hat** man dies Gesetz **vom** 6. Januar in Hinsicht **seiner Wichtigkeit mit der Nacht des** 4. August 1789 verglichen: was diese für **das** Feudalwesen, war jenes für **das** Privatrecht des alten Frankreich, die plötzliche, umfassende, gründliche Zerstörung. Aber einander völlig entgegengesetzt war allerdings die eigene Tendenz der beiden gesetzgeberischen Akte. Der 4. August sah eine große Herstellung der persönlichen Freiheit, der 6. Januar schränkte die Freiheit des Eigentümers in der empfindlichsten Weise **ein. Der** 4. August emanzipierte das Eigentum von seinen **feudalen Banden** zu Gunsten der individuellen Selbstbestimmung. **Der** 6. Januar setzte an die Stelle der alten aristokratischen **eine** neue demokratische Gebundenheit. Früher ging das Vermögen in seiner Hauptmasse an den ältesten Sohn, ohne **daß** der Wille des Vaters etwas daran hätte ändern können: jetzt zerfiel **es zu** neun Zehnteln in gleiche

Teile unter alle Kinder, mochte der Vater das so ungerecht oder unheilvoll erachten, wie er wollte. Der alte Staat wollte die Familiengüter unzerreißbar zusammenhalten, der Konvent jeden größeren Besitz in kleine Bruchstücke zer= fällen[1]): einig waren beide darin, ein jeder zu Gunsten seiner Staatsraison das Verfügungsrecht des Eigentümers auf den engsten Umfang einzuschränken. Der Zwang zur Ungleichheit in der alten, der Zwang zur Gleichheit für die neue Zeit, die Freiheit auf keiner Seite!

Einzelne Bestimmungen des neuen Gesetzes waren ohne Zweifel wohlthätig und verständig, so zum Beispiel die Erklärung der Einheit jeder Erbschaftsmasse, die Aufhebung des Gegensatzes zwischen erworbenem und ererbtem Gut, zwischen väterlichem und mütterlichem Vermögen. Dies alles aber kann für die leitende Tendenz desselben nicht entschädigen, die tiefe Abneigung gegen die Familie als eine bleibende, durch die Generationen fortdauernde, vermögens= rechtlich wirksame Genossenschaft. Am schneidendsten ver= rät sich diese Feindseligkeit in der Bestimmung, welche die Schenkung des verfügbaren Zehntels an Fremde verstattet, aber an Kinder verbietet, während jeder unbefangene Sinn gerade das Gegenteil begreiflich und ein Verbot großer Schenkungen an Fremde durch die Natur der Familie ge= rechtfertigt finden würde. Umgekehrt klingt die Versicherung, daß man das Verbot der Schenkung zwischen Ehegatten zur Beförderung der Heiraten aufgehoben, nicht besonders glaubhaft in dem Munde der Gesetzgeber, welche soeben die freie Scheidung und die Gleichberechtigung der unehelichen Kinder ausgerufen haben: in Wahrheit war die neue Maß= regel gegen das Motiv des alten Verbots gerichtet, welches den Uebergang einzelner Vermögensstücke aus dem Familien= gute des Mannes an die Familie der Frau verhindern wollte. Eben von einem solchen Motive, von einer bleibenden Um= grenzung und Zusammenhaltung der Familie und des Fa=

---

[1]) Cambacérès hat es ausdrücklich versichert: on sait que cette loi fut faite dans un esprit de morcellement.

miliengutes wollte der Konvent nichts wissen. Vor 1789
hatte die künstlich übertriebene Stabilität der Familie schwer
auf der freien Bewegung der Personen gelastet: den hier
gesammelten Haß richtete man 1794 nicht gegen die Ueber=
treibung, sondern gegen den natürlichen Bestand der Fa=
milie. Man vernichtete nicht nur den Zwang, sondern auch
die Möglichkeit, ein Familiengut als solches durch drei
Generationen hindurch zu bewahren. So beseitigte man
aus den Fundamenten der bürgerlichen Gesellschaft die
Stetigkeit; man stellte fortan der Staatsgewalt nicht feste
Gruppen, sondern vereinzelte Individuen gegenüber und
beschränkte mit dem wichtigsten Ausfluß des freien Eigen=
tumsrechts zugleich die stärkste Gewähr der politischen Frei=
heit. Wie sicher dieser Zusammenhang ist, erhellt aus den
größten geschichtlichen Thatsachen: während England und
Nordamerika die Testierfreiheit in vollem Umfange aner=
kennen, hat Napoleon I. das System des Konvents, wenn
auch mit einigen Milderungen, aufrecht erhalten und sehr
bestimmt erklärt, daß dadurch die Macht der Regierung
den gewaltigsten Zuwachs gewinne. Daß er über eine solche
Frage sachverständig gewesen, wird niemand in Abrede stellen.

Es ist einleuchtend an sich selbst, welch eine Erschütte=
rung aller bisherigen Familienbeziehungen und Vermögens=
verhältnisse das Gesetz vom 6. Januar hervorrufen mußte.
Wäre sein Inhalt in jeder Hinsicht wohlthätig gewesen,
so hätte die Plötzlichkeit des Uebergangs vielfache Beschwerden
und Rechtsunsicherheit nach sich gezogen. Der Konvent
aber war damit noch nicht zufrieden. Im Widerspruche
mit den ersten Grundsätzen des Rechtes gab er seinem Ge=
setze rückwirkende Kraft [1]). Er bestimmte, daß alle seit

---

[1]) Nichts kann inhaltleerer sein, als die Sophismen, womit
der Konvent, 22. Ventose II, und nach ihm Lassalle, System der
erworbenen Rechte I. 451, die hier erwähnte Bestimmung als in
Wahrheit nicht rückwirkend zu rechtfertigen suchen. Der Bastille=
sturm, heißt es dort, habe für das juristische Nationalbewußtsein
die Abschaffung aller Privilegien und folglich auch der testamen=
tarischen Bevorzugungen bedeutet, folglich habe, genau genommen,

dem 14. Juli 1789 eröffneten Erbschaften **nach den neuen**
Vorschriften behandelt, mithin alle seitdem vollzogenen Erbteilungen **umgestoßen und nach dem** jetzigen Systeme neu
reguliert werden sollten. Von der am Tage **des Bastillen-**
sturmes lebenden Bevölkerung **war am 6. Januar 1794**
gewiß der zehnte, vielleicht der achte Teil **gestorben, auf**
25 Millionen Einwohner also etwa 3 Millionen Todesfälle
erfolgt; man sieht, welch eine kolossale Masse von Besitz-
wechsel, Verwirrung und Rechtsstreit **das** verhängnisvolle
Wort des Konvents in das Land schleuderte. Erwägt **man**
die äußerst mannigfaltigen Verzweigungen der **hier zur**
Sprache kommenden Rechtsverhältnisse, **so wird man** zweifelhaft, ob ein Achtel, ja **nur ein** Zehntel der französischen
Bevölkerung von dieser Umwälzung **unberührt blieb.** Um
rasch aufzuräumen, hatte man **ein höchst summarisches** Verfahren vorgeschrieben; die neue **Verteilung** sollte **nach dem**
Spruche gewählter Schiedsrichter erfolgen, keine **Berufung**
zulässig sein, **der neue** Erbe die **ihm zugeteilten Vermögens-**
stücke **in dem** Zustande annehmen, in **dem er sie** fände.
Aber so expeditiv sich dies ausnahm, so viele Parteien sich
durch übereilte Sprüche verletzt fühlten, so kam man doch
bei der verwickelten und vieldeutigen Natur zahlloser Fälle
zu keinem schnellen Gesamtergebnis; die Schiedsrichter selbst
fanden sich ratlos, **und von** allen **Seiten strömten die** juristischen Zweifel zur Entscheidung **des Konvents. Dieser**
that, was er konnte; an einem Tage faßte er **nicht weniger**
als sechzig solcher Rechtsbelehrungen in einem Gesetze zusammen: aber alle Mühe **war** vergeblich; **die Flut der am**
6. Januar entfesselten Streitigkeiten **kam nicht zum Sinken.**
Es wurde um so härter empfunden, **je stärker** auf der einen
Seite die Familienbande bereits durch **den politischen Haber**
gelockert **waren und jetzt** durch das Eintreten der unehelichen Kinder vollends vergiftet **wurden, je mehr** auf der

---

kein Testator nach **dem** 14. Juli noch **eine** ungleiche Teilung verfügen, kein Hausstatut eine solche **bewirken** können. Die konstituierende Versammlung war anderer Meinung über das juristische
Nationalbewußtsein.

andern die **Unſicherheit** des einzigen Wertzeichens, der Aſſig=
naten, jede Auseinanderſetzung in Vermögensſachen er=
ſchwerte und allen betrügeriſchen Beſtrebungen Thür und
Thor öffnete. Genug, **nachdem das** Unweſen fünfzehn
Monate gedauert hatte, erkannte der Konvent ſelbſt die
faktiſche und ſittliche Unmöglichkeit, auf dieſem Wege zu
beharren. Seit dem 9. Thermidor war das Beſtreben er=
wacht, wieder auf den Boden eines feſten Rechtszuſtandes
zurückzukehren; der Konvent ließ ſich herbei, wenigſtens
die ſchreiendſte Gewaltthat zu beſeitigen und dem Geſetze
des 6. Januar ſeine rückwirkende Kraft zu nehmen. Am
25. April 1795 verbot er die Fortſetzung aller ſchwebenden
Prozeduren dieſer Art, und am **26.** Auguſt gab er die poſi=
tive Erklärung, daß die Wirkungen des Januargeſetzes erſt
von dem Tage ſeiner Veröffentlichung an beginnen, mit=
hin alle früher eröffneten Erbſchaften den Beſtimmungen
desſelben nicht unterliegen ſollten. Eine weitere Verord=
nung vom 26. September gab über die praktiſche Anwen=
dung dieſes Satzes nähere Vorſchriften und dehnte zugleich
das Verbot der Rückwirkung auch auf das Novembergeſetz
über die unehelichen Kinder **aus.**

Aber ſo erfreulich **immer ein ſolcher** Entſchluß ſein
mochte, es zeigte ſich auch hier, daß es leichter iſt, zu zer=
ſtören, als herzuſtellen. Auch jetzt noch blieb die Rechts=
unſicherheit im höchſten Maße beſtehen. Kaum war das
Dekret vom 26. September erlaſſen, ſo daß nun das Erb=
recht der unehelichen Kinder nicht vom Juli 1789, ſondern
erſt vom November 1793 an wirkſam werden konnte, da
wurde im Konvente die Frage aufgeworfen, ob denn das
Geſetz vom 4. Juni 1793, welches den Anſpruch derſelben
im Prinzip anerkannt hatte, **völlig** ohne praktiſche Folgen
bleibe. **Der** Zweifel wurde **für** berechtigt erklärt und in=
folgedeſſen **die** betreffende Klauſel des Septembergeſetzes
wieder ſuspendiert. Damit war **aufs** neue eine große An=
zahl von Erbteilungen in Frage geſtellt. Anderweitige Be=
denken traten hinzu. So viel erſchien für jetzt wohl ſicher,
daß eine vor 1794 eröffnete Erbſchaft, wenn bisher eine

Neuteilung auf Grund des Januargesetzes noch nicht statt=
gefunden hatte, den Berechtigten des alten Systems ver=
bleiben würde: wie aber stand es, wenn die durch das
Januargesetz Berufenen die alten Erben bereits verdrängt
hatten? Die Rückwirkung des Januargesetzes war freilich
eine Ungerechtigkeit, aber immerhin war sie Gesetz des Lan=
des gewesen: wenn man nun die neuen, unter ihrer Herr=
schaft eingetretenen Besitzer wieder auswies und die alten
Erben herstellte, machte man sich nicht zum zweiten Male
einer ungerechten Rückwirkung in entgegengesetzter Richtung
schuldig? Aehnliche Fragen erhoben sich in den mannig=
fachsten Beziehungen, über den freiwilligen Verzicht der
Töchter, über das Erbrecht der ehemaligen Ordensleute,
über das Vermögen der deportierten und dem bürgerlichen
Tode verfallenen Priester: in allen diesen Fragen hatte die
revolutionäre Gesetzgebung geschwankt und gewechselt und
zu einer Fülle von Streitigkeiten zwischen den Parteien,
von Bedenken bei den Rechtskundigen und den Gerichten
Veranlassung gegeben. Die französischen Bürger, die in=
folge dieser Nöte ihren ganzen Vermögensstand in das Un=
sichere gestellt sahen, zählten nach Hunderttausenden.

Freilich hätten diese Opfer einer gewaltthätigen Juris=
prudenz sehr leicht zu gründlichem Troste gelangen können,
wenn der Spruch die Wahrheit sagte, daß Unglücksgefährten
zu haben dem Unglücklichen ein Trost sei. Denn wohin
sie ihre Blicke wenden mochten, sahen sie ihre Freunde,
Nachbarn und Mitbürger in ganz ähnlicher Bedrängnis.
Der Grundbesitzer, der im ersten Jahre der Revolution ein
Landgut für 100 000 Livres gekauft hatte, vermochte jetzt
kaum 25 000 dafür wieder zu erlangen. In allen Teilen
des Reiches erschien gleichmäßig dasselbe Verhältnis: die
Aecker waren auf ein Viertel, die Häuser sogar auf ein
Fünftel des früheren Wertes heruntergegangen[1]. Die Ur=
sache dieses Sinkens war zum Teil das kolossale Angebot

---

[1] Dies sowie die Teuerung der Lebensmittel wird unzählige
Male in den Verhandlungen der Räte bezeugt.

von Grundstücken durch die Verkäufe der Nationalgüter; noch entscheidender aber wirkte darauf die allgemeine Vertrauenslosigkeit, die jedes leicht hinweg zu rettende Besitztum dem unbeweglichen vorzog. Dies ist um so deutlicher, als durch die Verheerungen des Bürgerkrieges und die Vernichtung des auswärtigen Handels die Getreidepreise und damit die Rente des Ackers auf den doppelten Betrag von 1790 gestiegen waren. Es hätte also, scheint es, kein einträglicheres Geschäft als die Landwirtschaft, kein besseres Besitztum als ein Landgut geben können; leider aber entsprach die Wirklichkeit einer solchen Vorstellung in keiner Weise. Der kleine Bauer, der sein Grundstück selbst bewirtschaftete, hatte nur sehr selten die Mittel gehabt, den Gewaltthätigkeiten der Schreckenszeit Widerstand zu leisten, der Willkür der Konventskommissare, dem Drucke des Maximums, den Requisitionen und Prehensionen; sein Inventar war zerrüttet, seine Vorräte erschöpft, seine Arbeitslust gebrochen; zu geschweigen der Verheerung des auswärtigen und der schlimmeren des Bürgerkrieges, welche vielleicht ein Viertel des Reiches betroffen und weite Landschaften durch Mord und Brand zur Wüste gemacht hatte. Jetzt hatten allerdings außerhalb der Vendée und einiger bretonischer Bezirke diese großen Beraubungen aufgehört, aber in ihren Nachwehen wirkten sie unaufhörlich fort. Die rechtlose Tyrannei hatte die Ordnung aus dem Staate und den Rechtssinn aus den Menschen vertrieben. Aus allen Departements erschollen die Klagen, daß die Grenzsteine verrückt, die Scheunen bestohlen, die Aecker geplündert würden; das arme Volk zog in Scharen bei hellem Tage in die Büsche und Gärten, um sich Brennholz nach Belieben zu holen; die Schaf- und Ziegenherden verwüsteten ohne Beschränkung die Wälder [1]); durchgängig waren die Gemeinden außer stande, ihren Bürgern einen ausreichenden Feldschutz zu gewähren. Der Konvent befahl, daß jede Gemeinde mindestens einen Flurschützen auf ihre Kosten annehmen

---

[1]) Moniteur 22. Juni 1796. Rat der Fünfhundert 3. August.

sollte; es **blieb** ein toter Buchstabe, weil die Gemeinden **bei** ihrem tief zerrütteten Haushalt **die** Kosten scheuten. Im übrigen wußte **der Konvent nicht weiter zu** helfen, **als** daß er jedem Bürger **die** Annahme **eines** Feldhüters verstattete und **die** Gemeinden bevollmächtigte, **an** der Grenze ihres Gebietes Tafeln aufzustellen, deren Inschriften die Bürger zur Schonung fremden Eigentums ermahnten.

Die größeren Besitzer, nach dem Sturze des alten **Adels** meistenteils neue Erwerber, fanden sich durch andere Beschwerden nicht weniger gedrückt. Man kann ihre Nöte unter folgende Punkte zusammenfassen. Die revolutionäre Gesetzgebung **hatte** ihre Eigentumstitel **zu großem** Teile zweifelhaft gemacht. Sie hatte den Realkredit beinahe ganz vernichtet. Sie hatte ihre Einkünfte **in der** bedrohlichsten Weise unsicher gestellt.

Seit dem Beginne **der Revolution** hatte dieselbe **alle** aus dem Lehnrechte stammenden oder mit demselben zusammenhängenden Einrichtungen zu vertilgen gestrebt. Nun hatten sich aber **im Laufe** der Jahrhunderte, vornehmlich beim Grundbesitze, mannigfaltige Rechtsgewohnheiten entwickelt, welche **an** sich mit dem Lehnrechte nicht das mindeste zu schaffen, im Verlaufe **der** Zeit aber sich an einzelnen Punkten mit feudalen Anschauungen durchsetzt oder sich in feudale Formen gekleidet hatten. So wurden in der Bretagne seit unvordenklicher Zeit neun **Zehntel der** Äcker in der Form der sogenannten domaine congéable benutzt, eines Pachtvertrages auf längere Zeit, **bei dem** jedoch der Eigentümer die Befugnis besaß, gegen **Erstattung** der Meliorationen dem Pächter zu kündigen, **und dessen** Satzungen dann allmählich einzelne feudale Bestimmungen aufgenommen hatten. Die konstituierende Versammlung war demnach zu dem Beschlusse gekommen[1]), daß diese feudalen Elemente abgeschafft, der Pachtvertrag selbst aber auch für die Zukunft berechtigt, die Pächter jedoch befugt seien, durch **Ablösung** ihrer Leistungen **das** Eigentum der von

---

[1]) 7. Juni 1791.

ihnen bebauten Grundstücke zu erwerben. Es zeigte sich
jetzt, daß alle Beteiligten bisher mit dem Verhältnis zu=
frieden gewesen; nur in ganz vereinzelten Fällen machten
die Bauern von dem neuen Ablösungsrechte Gebrauch. Troß=
dem ging nach dem Sturze des Königtums und unter der
Herrschaft des Pariser Gemeinderats die gesetzgebende Ver=
sammlung in der Sache weiter, erklärte am 27. August 1792
die ganze Einrichtung für feudalen Charakters und sprach den
Bauern ohne jede Entschädigung der Grundherrn das Eigen=
tum der Äcker zu. Die alten Besißer hatten während der
Schreckenszeit kein Mittel dagegen; nach dem 9. Thermidor
aber traten sie mit ihren Klagen hervor, und da ein ernst=
licher Zweifel an ihrem Rechte nicht zu begründen war,
erinnerten sich jetzt die Bauern an die von der Constituante
ihnen eröffnete Möglichkeit der Ablösung. Die Entwertung
der Assignaten machte es ihnen leicht, mit höchst unbedeu=
tenden Opfern den Nennwert der Ablösungssumme zusam=
menzubringen; so trugen sie denn das Papiergeld, das da=
mals in Wirklichkeit etwa den zehnten Teil seines Nenn=
wertes darstellte, zu den alten Besißern und forderten dafür
Verzicht auf das Eigentum, nach dem Gesetze von 1791 [1]).
In anderen Fällen, die nicht bloß auf die Bretagne be=
schränkt waren, sondern in ganz Frankreich vorkamen, hatte
einst ein Eigentümer sein Gut einem Erbpächter gegen eine
ewige Rente überlassen, und auch dies war bald mit, bald
ohne Zusammenhang mit feudalen Verhältnissen vorgekom=
men. Ein Gesetz des Konvents [2]) hatte alle feudalen Renten
und Leistungen ohne Entschädigung aufgehoben; es hatte
allerdings die nichtfeudalen Grundrenten ausdrücklich von
seinem Verbote ausgenommen, aber in der revolutionären
Unordnung wurden auch diese von Stund an in keinem
Departement mehr bezahlt, und die bisher Pflichtigen nah=
men ohne weiteres das Eigentum der betreffenden Äcker
in vollem Umfange an sich [3]). Wie weit verbreitet diese

---

[1]) Rat der Fünfhundert, 4. August 1797.
[2]) 17. Juli 1793.
[3]) Rat der Fünfhundert, 2. August 1797.

Form der Verpachtung gewesen, wie viele Personen also durch die Rechtsverletzung betroffen wurden, zeigt der Umstand, daß der Staat als Eigentümer der konfiszierten Kirchen- und Emigrantengüter durch den Wegfall solcher Grundrenten eine jährliche Einnahme von ungefähr 10 Millionen einbüßte, für die er eine Ablösungssumme von etwa 100 Millionen hätte in Anspruch nehmen können[1]). Man wird also schwerlich irren, wenn man den Wert des noch in Privathänden befindlichen Grundbesitzes, der auf diese Art vollkommen unrechtmäßig den Herrn gewechselt hatte, auf mindestens 300 Millionen anschlägt. So erschreckend eine solche Ziffer ist, bezeichnet sie immer doch nur einen kleinen Teil der in der Schreckenszeit schwankend gewordenen Besitzrechte. Wir haben früher gesehen, welche kolossalen Massen von Grundbesitz infolge der Todesurteile der Revolutionsgerichte an den Staat gefallen und wie diese Ende 1794 nach der Herstellung der Girondisten den Erben der getöteten Eigentümer zurückgegeben worden waren. Allerdings war diese Rückgabe nur dann in Natur erfolgt, wenn die Güter nicht schon, den Gesetzen über den Domänenverkauf entsprechend, zur Versteigerung gelangt waren. War dies geschehen, so blieb der Käufer im Besitze, und die Erben der Hingerichteten empfingen eine Geldentschädigung, welche leider stets in Assignaten geleistet wurde und mithin nur einen kleinen Bruchteil des ursprünglichen Wertes darstellte. Da nun der Konvent verfügt hatte, daß alle auf gesetzliche Art erfolgten Verkäufe respektiert werden sollten, so suchten begreiflicherweise die Erben einen jeden mit Verletzung der gesetzlichen Formen erfolgten Verkauf anzufechten, und bei dem tumultuarischen Verfahren während der Schreckenszeit fanden sich derartige Fälle in Masse. In Toulon z. B. hatte man nach der Einnahme der Stadt die Bewohner in Scharen hingewürgt und ihre Güter an begünstigte Pa-

---

[1]) Botschaft des Direktoriums, verlesen in derselben Sitzung, § 12. Der Abgeordnete Dzun berechnet sie in der vorhergehenden Debatte sogar auf vier- bis sechshundert Millionen.

trioten ohne Protokoll, ohne Kaufkontrakt, ohne Zulassung
sonstiger Angebote für Spottpreise verschleudert. Die Erben
der Gemordeten wandten sich an die Gerichte, und diese er=
kannten die Rechtslage als zweifellos an; darauf aber er=
klärten nach Ansuchen der Käufer die Verwaltungsbehörden,
daß die Gerichte für Angelegenheiten des Domänenverkaufs
nicht kompetent und nur die Verwaltung zur Beurteilung
ihrer Gesetzmäßigkeit berufen sei. Auch hier handelte es
sich um Gütermassen, deren Wert nach Millionen zählte,
und deren Eigentum nach wie vor auf völlig ungewissem
Rechtsboden stand[1]). Andere Momente führten zu gleichem
Ergebnis in der Vendée und deren Nachbarbezirken. So=
lange dort die katholische Armee der Royalisten das Land
beherrschte, hatten die Notare bei jedem Gutsverkauf die
Formen des alten Rechtes anwenden müssen, und um den
Stürmen des Bürgerkrieges zu entgehen, oder um die Kosten
desselben zu erschwingen, hatten ohne Zweifel eine Menge
von Grundbesitzern damals ihr Eigentum veräußert. Der
Konvent aber, entrüstet, daß hier die Rechtsformen der
Monarchie wieder aufgelebt waren, verfügte ohne Zaudern
die Suspension aller auf solche Art geschlossenen Kaufver=
träge, und noch im Sommer 1796 war es zu keiner end=
gültigen Entscheidung gekommen, wer hier als rechtmäßiger
Besitzer anzusehen sei[2]).

Nimmt man zu all diesen Fällen die Güter hinzu, deren
Eigentum durch die Gesetze über die Emigranten und die
Rückwirkung der erbrechtlichen Bestimmung ungewiß ge=
worden war, so wird man sich der Wahrnehmung nicht ver=
schließen können, daß Ende 1795 nur eine Minderheit der
französischen Grundbesitzer — ganz abgesehen von der Möglich=
keit einer Gegenrevolution und einer Vernichtung der Do=
mänenkäufe — unangefochtene Titel ihres Eigentums besaß.

Eine weitere, ganz wesentliche Erschwerung für die Lage
des Grundbesitzers bildete in dieser drangsalvollen Zeit die

---

[1]) Rat der Fünfhundert, 29. September 1796.
[2]) Rat der Fünfhundert, 16. Mai 1796.

tiefe Zerrüttung des hypothekarischen Kredits. Auch wo der Rechtstitel eines Besitzes völlig unanfechtbar war, fand sich der Eigentümer an Kapitalaufnahmen durch die gesetzliche Auflösung des Hypothekenwesens gehindert. Vor 1789 waren die Schreiber der Gemeinden [1]) die Verwalter desselben in dem nördlichen Drittel des Reiches und das Hypotheken=recht selbst auf das engste mit andern feudalen Einrichtungen verbunden gewesen. Schon im Jahre 1790 wurde deshalb dieses ganze System durch die Constituante abgeschafft und die Einführung der in den übrigen Reichsteilen herrschenden Formen in Aussicht genommen. Aber dazu gelangte die Ge=setzgebung nicht, und da die neue Organisation der Verwal=tungsbehörden das Amt der bisherigen Gemeindeschreiber beseitigte, so blieb seitdem der Norden Frankreichs ohne alle Hypothekenbücher. In den übrigen Departements galt nach wie vor für diese Dinge ein königliches Edikt vom Jahre 1771, so daß allerdings über die Rechtsformen des Real=kredits hier kein Zweifel herrschte. Jedoch auch in diesen Gegenden waren die alten Beamten, welche die Hypotheken=bücher führten, verschwunden und für diesen Teil ihrer Wirksamkeit kein Ersatz geschaffen worden: wer seitdem eine Hypothek bestellen wollte, fand nur in der Hauptstadt des Departements bei dem Zivilgerichte desselben dazu die Mög=lichkeit, so daß es für die große Mehrzahl der Fälle einer weiten und kostspieligen Reise bedurfte. Erst im Sommer 1795 sah der Konvent sich veranlaßt, diesem dringenden Bedürfnis seine Aufmerksamkeit zuzuwenden. Er that es dann in seiner Weise, nicht in allmählicher Verbesserung des Bestehenden, hier also durch Errichtung von Hypotheken=ämtern in allen wichtigeren Ortschaften, sondern durch Er=laß eines ganz neuen Hypothekengesetzes in mehr als 200 Artikeln, welche, unglaublich zu sagen, in einer einzigen Sitzung ohne alle Diskussion verfügt wurden. Die Folge ließ sich nicht lange erwarten. Ueberall zeigte sich das Ge=setz unausführbar, unklar in seinen wichtigsten Bestimmungen,

---

[1]) Greffiers des communes.

eine neue Quelle unendlicher Händel und Rechtsunsicherheit. Nach wie vor fanden die Grundbesitzer die größte Schwierigkeit, durch Verpfändung ihrer Güter die erforderlichen Kapitalien zu beschaffen [1]).

Zu diesem allen kam dann endlich die Pest des reißend fallenden Papiergeldes, eine Not, welche freilich keine Klasse der Bevölkerung ganz verschonte, aber gerade die Grundbesitzer mit besonders drückendem Gewicht traf. Wohl erzielten ihre Pächter reichen Gewinn durch den hohen Preis des Getreides, den Pachtzins aber bezahlten sie in Assignaten, welche Woche um Woche die Hälfte ihres Wertes verloren. Mit dem Kaufgeld für einen Sack Weizen, so erhoben sich die Klagen, mit dem Erlöse seiner Hühnereier kaufte der Pächter das Papiergeld, mit dem er die Ansprüche des Grundherrn erledigte. Der gesetzlich autorisierte Betrug war so grell, daß der Konvent einschritt und durch ein besonderes Gesetz [2]) die Zahlung der halben Pacht in Getreide nach den Marktpreisen von 1790 anbefahl; nur wenn der Pächter nachwies, daß er so viel Korn nicht mehr besitze, solle er statt dessen Assignaten geben dürfen, dann aber so viele, wie zur Erwerbung jenes Getreides nach dem damaligen Marktpreise erforderlich wären. Es half etwas, aber nicht viel. Bei den überall ungeordneten Zuständen war die Feststellung durchschnittlicher Marktpreise eine schwierige und unsichere Sache; kam es zur Getreidelieferung, so rechnete der Pächter darauf die bezahlten Steuern und sonstigen Auslagen ab: im allgemeinen gelangte man zu dem Ergebnisse, daß die Eigentümer zwar nicht mehr um 90 oder 99 Prozent ihrer Pacht geprellt wurden, in den meisten Fällen aber nicht mehr als ein Sechstel der ursprünglich verabredeten Werte erhielten.

Ueberblickt man diese Momente, so erklärt sich das scheinbare Rätsel sehr einfach, wie bei verdoppelten Kornpreisen

---

[1]) Verhandlungen der Fünfhundert, 17. Dezember 1795, 29. und 31. Dezember 1796.

[2]) Gesetz vom 2. Thermidor III.

der Kaufwert der Aecker auf **ein** Viertel sinken konnte. Infolge der Unsicherheit aller Verhältnisse, der Verheerung des
Bürgerkriegs, der Vernichtung des **Kredits** und des Inven-
tars war der **Ertrag** der Güter **in** erschreckendem **Maße** heruntergegangen. Ein großer **Teil der** Aecker **lag völlig**
unbebaut; **die** übrigen erhielten nur die Hälfte **des** erforderlichen Düngers; man ersparte Arbeit und Arbeitslohn,
so viel man konnte; noch ein volles Jahr nach dem Beginn der konstitutionellen Regierung wurde öffentlich und
ohne Widerspruch im Rate der Fünfhundert erklärt, daß
der Gesamtertrag des Ackerbaues kaum noch ein Drittel
seines früheren Wertes darstellte[1]).

Allerdings beschränkte **sich die** Verarmung durch Rechtlosigkeit und Assignaten nicht **bloß** auf **die Grundbesitzer.**
Wie ihnen erging es einem jeden, der irgendwie in **einem**
auf längere Zeitdauer wirkenden Vertragsverhältnisse **stand.**
Der Hausbesitzer, der seine Quartiere **auf weite** Fristen
vermietet hatte, der Darleiher, der sein Kapital **vor** Jahren
in vollwichtigem Silber hergegeben, der Erbe, **der** mit einem
Testamentsvollstrecker abrechnen sollte, der Mündel, der an
den früheren Vormund Ansprüche aus dessen Verwaltung
besaß, sie alle waren unausgesetzt **in** der Gefahr, daß ihr
Schuldner sich **von** seiner Verpflichtung durch Zahlung des
Nennwertes der stipulierten Summe befreite, in Assignaten,
die nicht ein Zehntel, **ja vielleicht** nicht ein Hundertstel des
wirklichen Betrages in die Hand des betrogenen Gläubigers
lieferten. Im Sommer des Jahres 1795 wurde das Sinken
des Papiergeldes so entsetzlich, **daß** die kürzesten Vertrags-
termine zur Plünderung der Berechtigten ausreichten. Der
Wechsel, der heute ausgestellt, nach vier Wochen fällig wurde,
brachte dann dem Gläubiger vielleicht noch ein Viertel des
nominellen **Betrags.** Der **Arbeiter, der** auf Wochenlohn
gestellt war, empfing in der heute bedungenen Summe nach
acht Tagen nicht mehr die Hälfte des wirklichen Wertes.
Und was das schlimmste war, der Staat selbst ging in

---

[1]) Duprat, 28. **Januar** 1797.

dieser Uebervorteilung von Rechts wegen allen gewissenlosen
Schuldnern mit unbefangenem Beispiele voran. Nicht **bloß**,
daß er während **der Schreckenszeit** mit offener Gewalt seinen
Bürgern ihr Gold= und **Silbergeld** und ihre ausländischen
Wertpapiere **gegen** Affignaten ausgetauscht, nicht bloß, daß
er alle alten Staatsobligationen vernichtet und durch neue
Renteninskriptionen ersetzt hatte: er blieb dabei, seinen Gläu=
bigern eben diese aufgezwungenen Renten in Affignaten zum
Nennwerte zu bezahlen **und** damit etwa 800 000 Personen
zu darbenden Bettlern zu machen. Solche Zustände waren
unerträglich. Jede Art des Kredits ging zu Grunde; wer
Geld borgen wollte, mußte ein entsprechendes Faustpfand
und dann drei, fünf, zuweilen zehn Prozent monatlicher
Zinsen geben[1]). Der Geldverkehr stockte an allen Punkten,
und der Gesetzgeber war schließlich der Meinung, die Stockung
sei besser als die Prellerei. Die Affignaten hatten, wie
man zu sagen liebte, die Revolution ernährt: aber aller=
dings hatten sie Treu und Glauben bei den Privatverträgen
vernichtet. Der Konvent, **der** kein Mittel besaß, die Affig=
naten zu beffern, beschloß **die** Verträge bis auf weiteres
still zu stellen. Er bestimmte[2]), daß kein Gläubiger ge=
nötigt sein sollte, eine Zahlung aus einer vor dem 1. Ja=
nuar 1792 entstandenen Schuld anzunehmen, und überließ
damit die brennende Frage der Fürsorge der kommenden
konstitutionellen Regierung.

So haben wir den ganzen Umkreis **des** Privatrechts
durchmessen und überall **das** gleiche Ergebnis getroffen. Die
Sicherheit **der** Personen unbeschützt, das Eigentum und die
wichtigsten dinglichen Rechte gefährdet, das Vertragsrecht
unwirksam, das Familienrecht zerrüttet, das Erbrecht um=
gewälzt; welches Lebensverhältnis blieb noch übrig, in

---

[1]) Aussage Wouffens, Rat **der** Fünfhundert, 29. Dezember 1796.
Vgl. Yvernois, französische Finanzadministration 1796, übersetzt
von Gentz, S. 350 (dieser Teil **des** Buches ist ein Zusatz von Gentz,
gleich ausgezeichnet durch gründliche Forschung und geistvolle Er=
örterung).

[2]) Gesetz **vom 25.** Messidor III.

welchem der französische Bürger sich auf festem Boden fühlen konnte? Wenn man sonst wohl gestritten hat, ob eine neue Kodifikation des gesamten Privatrechts heilsam wirke, so war in den geschilderten Verhältnissen ohne Zweifel das Bedürfnis derselben geradezu schreiend. Der Konvent hatte einige Ansätze zur Lösung der Aufgabe gemacht; noch im letzten Sommer hatte Cambacérès darüber berichtet, dann aber war der Gegenstand wieder an einen Ausschuß gewiesen und in dessen Papieren einstweilen zur Ruhe gekommen. Rascher dagegen war man auf einem anderen Gebiet vorgegangen, wo das Bedürfnis freilich doppelt gebieterisch auftrat: ein neues Strafgesetzbuch, von Merlin von Douai entworfen, hatte der Konvent in seinen letzten beiden Sitzungen in einem Zuge dekretiert.

Wenn der Mensch sich Haus und Familie gegründet hat, so tritt er mit seinen Gesinnungsgenossen zu gemeinsamem Gottesdienste zusammen; er bedarf verschiedener Anstalten, um seine Kinder zu unterrichten; er findet gemeinsame Bedürfnisse und Interessen, die ihn mit seinen Nachbarn zu einer bürgerlichen Genossenschaft verbinden. In welchem Zustande hinterließ der Konvent diese Lebensverhältnisse der konstitutionellen Regierung?

Auf dem kirchlichen Gebiete war durch die Gesetze des Februar und Mai 1795 ein großer, möglicherweise entscheidender Schritt der Versöhnung geschehen. Der Staat hatte auf die Versuche verzichtet, an die Stelle der alten römischen eine neue französische Religion zu setzen. Er hatte die Anschauungen des unbeschränkten Individualismus angenommen, die vollständige Trennung der Kirche von dem Staate erklärt und jedem Menschen und jeder Menschengruppe, unter Vorbehalt der polizeilichen Ordnung und des Gehorsams der Pfarrer gegen die bürgerlichen Gesetze, die Befugnis zum öffentlichen Gottesdienste gegeben. Er hatte sich das Eigentum des konfiszierten Kirchengutes gewahrt, aber verheißen, im einzelnen Falle auf Bitte der Bürger frühere Kirchen ihnen wieder zu ihrem Kultus zu überlassen. Im übrigen hatte jeder Bürger für die Kosten seines Kultus zu sorgen.

Die augenblickliche Wirkung war, wie wir geſehen haben,
ſehr bedeutend. Auf allen Punkten des Landes traten kirch=
liche Gemeinden in das Leben; eidweigernde und konſtitu=
tionelle Prieſter wetteiferten in ihrer Thätigkeit; der an=
dächtige Zudrang zu beiden war groß, und faſt nirgend
machte es Schwierigkeit, die Koſten durch freiwillige Bei=
träge zu decken.

Wir wollen hier nicht unterſuchen, ob unter ſonſt gün=
ſtigen Verhältniſſen eine dauernde Befriedigung auf der
Grundlage dieſes Syſtems ſich hätte erreichen laſſen. Die
geſchichtliche Erfahrung, die allein die ſichere Entſcheidung
über ſolche Probleme geben kann, ſoll hier erſt gemacht
werden, da offenbar das Beiſpiel Nordamerikas an ſich für
die ſo höchſt verſchiedenen europäiſchen Verhältniſſe nicht
maßgebend iſt und das Syſtem auch dort in neuerer Zeit
bedenkliche Verwickelungen ungelöſt läßt. In Europa aber
hat bisher jeder Verſuch dieſer Art ſich äußerſt ſchwierig ge=
zeigt; Staat und Kirche haben, wenn nicht ſonſt, ſo doch
wenigſtens auf Ehegeſetzgebung und Unterricht ihre ſtreiten=
den Einflüſſe geltend gemacht, und namentlich gegenüber
einer ſo ſtark organiſierten und von einem auswärtigen
Oberhaupte gelenkten Hierarchie wie der römiſch=katholiſchen
hat der Staat niemals lange Zeit das reine Individual=
ſyſtem behaupten können. Auf der einen Seite begnügt
ſich die Kirche nicht lange mit Religions= und Kultusfreiheit,
ſondern ſucht ihren Einfluß auf alle Lebensbeziehungen ihrer
Anhänger zu erſtrecken, auf der andern empfängt der Staat
bei hundert ſcheinbar ganz profanen Angelegenheiten ſeine
Haltung von dem religiöſen Standpunkte ſeiner Regenten
und kommt damit bewußt oder unbewußt in Abhängigkeit
von der einen, in Zwieſpalt mit der andern Kirchengemein=
ſchaft. Es wird alſo unter allen Umſtänden zu den ſchwie=
rigſten Aufgaben gehören, die reine Trennung der Kirche
vom Staate durchzuführen.

Wieviel mehr galt dies nun bei den franzöſiſchen Zu=
ſtänden von 1795. Nicht einen Augenblick war der auf jener
Grundlage verkündete Friedensſchluß ein vollſtändiger oder

bei den streitenden Parteien in Wahrheit aufrichtiger ge=
wesen. Die römische Kirche in ihrem herrschenden Organe,
der päpstlichen Kurie, blieb bei der Verurteilung aller seit
1790 vollzogenen kirchlichen Neuerungen. Die einzelnen
Priester ihres Bekenntnisses fügten sich der äußeren Not=
wendigkeit; eine Menge unter ihnen leistete das geforderte
Gelöbnis des Gehorsams gegen die Gesetze der Republik,
um die Möglichkeit zu Seelsorge und Gottesdienst zu er=
halten; aber auch sie waren weit von innerer Hingebung an
den Staat entfernt, der sie fünf Jahre lang mit unmensch=
licher Verfolgung getroffen hatte. Sie bekundeten diese
Gesinnung, wenn nicht anderwärts, so doch allerorten durch
lebhaften Streit mit ihren konstitutionellen Kollegen; das
gemeinsam erduldete Leiden hatte die Bitterkeit des früheren
Hasses gegen die Schismatiker nicht im geringsten abgestumpft.
Eine ansehnliche Zahl entschloß sich nicht einmal zu jenem
Versprechen bürgerlichen Gehorsams. Sie erklärte dasselbe
für eine mittelbare Anerkennung all der Kirchenschändung
und Gottlosigkeit, mit der sich die Republik befleckt habe; sie
fragten, ob ein christlicher Priester Gehorsam z. B. gegen
die Ehescheidungsgesetze verheißen dürfe; sie hielten starr
und unbeugsam ihre volle Rechtsverwahrung gegen den
neuen Zustand aufrecht. Es war nicht unwahr, wenn die
eifrigen Republikaner erklärten, daß bei dem katholischen
Geistlichen höchstens leidender Gehorsam, sonst aber feind=
selige Gesinnung gegen die Republik zu vermuten sei.

Diese that denn allerdings das ihrige reichlich, um eine
solche Abneigung immer in frischem Wachstum zu erhalten.
Nur mit innerem Widerwillen war die Mehrheit des Kon=
vents auf die Gesetze des Februar und Mai eingegangen;
sie machten aus ihrem Hasse gegen die Kirche kein Hehl
und sprachen bei jeder Gelegenheit die Hoffnung aus, nach=
dem die blutige Verfolgung mißlungen, von jetzt an durch
allmähliche Belehrung des Volkes und vor allem durch ent=
sprechende Lenkung der Schule den alten Glauben von
Grund aus zu vernichten. Eine Menge der Konventskom=
missare und Behörden in den Departements war von dieser

Gesinnung erfüllt und verfuhr danach in der Praxis der Verwaltung. Unter verschiedenen Vorwänden wurde die Ueberlassung einer Kirche oder eines andern Lokals für den Gottesdienst verweigert oder verschleppt; die Gläubigen wurden verhöhnt und die Priester, auch bei völlig gesetzlichem Verhalten, insultiert[1]). Man richtete es wohl so ein, daß ein Pfarrer oder ein beliebter Prediger gerade am Sonntage zum Dienste in der Nationalgarde kommandiert wurde[2]), und auf das strengste führte man das Verbot durch, daß kein Priester in geistlicher Tracht sich auf der Straße zeige, daß also auch bei Begräbnissen, was die Bevölkerung besonders schmerzlich empfand, kein kirchlicher Akt sich vollziehen durfte[3]). So hielt man, nachdem die großen Gewaltthaten aufgehört hatten, an einem Systeme kleiner Neckereien und Quälereien fest, welches eine volle Beruhigung der Gemüter schlechterdings unmöglich machte. Schlimmer aber war noch, daß wenigstens in einer Richtung die frühere Verfolgung in ihrer ganzen Härte und Grausamkeit unvermindert fortdauerte, in der Behandlung der seit 1792 deportierten oder eingesperrten Priester. Deren Verbrechen war, wie wir uns erinnern, die Verweigerung des Eides auf die Zivilkonstitution des Klerus gewesen: man hätte denken sollen, daß, als diese durch den Staat selbst abgeschafft worden, damit auch die Bestrafung der Eidweigerer weggefallen sei; wir wissen aber, daß man statt dessen die ganze Strenge aufrecht erhielt, die Deportierten für bürgerlich tot erklärte, ihr Vermögen einzog, ihre Rückkehr mit der Todesstrafe bedrohte. Als dann mit dem 9. Thermidor eine mildere Zeit begann, schöpften auch diese

---

[1]) Beispiele aus den Annales de la Religion bei Pressensé, l'église et la révolution 315.

[2]) Aus der Zeitung le Thé angeführt von Granier, hist. du Directoire I, 59.

[3]) In der Schreckenszeit war verfügt worden, daß bei den Begräbnissen ein Gemeindebeamter anwesend und die Bahre nicht mit einem schwarzen, sondern mit einem dreifarbigen Tuche bedeckt sein sollte.

Opfer neue Hoffnung, und nach der Erklärung des Mai=
gesetzes, daß jeder Priester, welcher Gehorsam gegen die
Republik gelobe, seinen Kultus ausüben dürfe, kamen sie
scharenweise aus der Verbannung zurück, um durch die
Leistung jenes Versprechens ihr Heimatsrecht und ihre amt=
liche Thätigkeit wiederzugewinnen. Zu dieser Vorstellung
paßte es zwar übel genug, daß im August ihre konfiszierten
Güter vom Staate wieder herausgegeben, jedoch nicht an
sie selbst, sondern an ihre Erben überliefert wurden: immer
aber war doch auch diese Maßregel an sich selbst ein Fort=
schritt auf der Bahn der Herstellung und der Milde. Dazu
kam im September ein Gesetz, welches die eidweigernden
Priester für unfähig zur Bekleidung eines bürgerlichen Amtes
erklärte: es war dies an sich selbst ein Akt der Verfolgung
und der Härte, aber es setzte doch das Aufhören der son=
stigen Strafen, der Verbannung und des bürgerlichen Todes
voraus, und man hatte darüber um so weniger einen Zweifel,
als einige Tage vorher eine andere Verfügung die Bestim=
mungen des Mai in ganz umfassender und unbedingter
Weise wiederholt hatte. Allein nun erfolgte die jakobinische
Reaktion des Vendémiaire, und das unheilvolle Gesetz des
3. Brumaire erklärte, daß die Strafverfügungen gegen die
eidweigernden Priester mit vollem Nachdrucke durchzuführen
seien. Bei einer solchen Lage der Gesetzgebung war es
ganz und gar in die Willkür der einzelnen Verwaltungs=
behörde gestellt, wie viele der alten Strafdekrete sie noch
als gültig ansehen wollte[1]. Während die Beamten ge=
mäßigter Richtung sich allein an das Septembergesetz hielten,
demnach die Wahl eines Eidweigerers zu weltlichen Aemtern
hinderten, sonst aber die Zurückgekehrten nicht belästigten
und die Eingesperrten losließen, griffen die jakobinisch ge=
sinnten Beamten zu allen Waffen der Verfolgung zurück,
welche das Arsenal der Schreckensgesetze ihnen darbot, hielten
die verhafteten Greise im Kerker und stießen die übrigen

---

[1] Botschaft des Direktoriums an die Fünfhundert, 22. Oktober
1796.

wieder **in das Elend der** Verbannung hinaus. Wenn man
nun bedenkt, daß es sich hier **um das** Lebensglück von etwa
70 000 **Personen handelte, daß der Staat** in seiner Geld=
not die Verhafteten in Hunger und Entblößung verkommen
ließ[1]), **daß eine** seit Monaten ungestörte Hoffnung plötzlich
in der brutalsten Weise zertreten wurde, so versteht man die
Masse des Schmerzes und der Erbitterung, welche durch ein
solches Verhalten aufs neue weite Strecken des Reiches er=
füllen **mußte.**

Es war mithin durch die republikanische Gesetzgebung
ein großes Prinzip des religiösen Friedens verkündet wor=
den, eine Thatsache, welche durch ihr bloßes Dasein von
unberechenbarer Bedeutung war. Leider aber wurde ihre
heilsame Wirkung durch den unversöhnlichen Haß der strei=
tenden Parteien von allen Seiten her erschwert und ein=
geschränkt: **für** jetzt war noch die Sicherheit des Gottes=
dienstes **für den** Bürger täglicher Störung ausgesetzt, und
für die Zukunft kam alles auf das praktische Verfahren der
konstitutionellen Regierung an. Wie **es** sich **im** Staate
darum handelte, aus **dem** traurigen Wechsel von Tyrannei
und Zügellosigkeit auf den Boden gesetzlicher Freiheit zu
gelangen, so hing **von den** Entschlüssen des Direktoriums
die Entscheidung auch **der** Frage ab, ob es in Frankreich ein
Drittes außer drückender Hierarchie und irreligiöser Kirchen=
feindschaft geben würde.

Ebenso unvollkommen wie die kirchlichen Aufgaben hatte
der Konvent die Bedürfnisse des Unterrichtswesens erledigt[2]).

Die alten Schulen und gelehrten Körperschaften waren
im Sturme der Revolution zum größten Teile zu Grunde
gegangen. Viele derselben, namentlich sämtliche Elementar=
schulen, hatten unter kirchlicher Leitung gestanden und ganz

---

[1]) Verhandlung der Fünfhundert 10. **und 17.** Oktober 1796
und sonst.

[2]) Vgl. E. Despois, le Vandalisme révolutionnaire. In dem
sehr fleißigen **und** gewissenhaften Buche ist alles zusammengebracht,
was sich Günstiges über die Thätigkeit des Konventes für das
Schulwesen **sagen läßt.**

von selbst das Schicksal der Kirche geteilt. Die Güter der Bursen, Kollegien und sonstigen Unterrichtsanstalten waren eingezogen und verkauft [1]), die Akademien durch ein Gesetz vom 8. August 1793 geschlossen worden. Die Lehrer der Kollegien sollten dann vom Staate besoldet werden; in der stürmischen Zeit aber und der finanziellen Bedrängnis erfolgten die Zahlungen sehr unregelmäßig und wurden im Dezember 1793 durch Beschluß des Konventes ganz eingestellt [2]), so daß sich nur durch provisorische Staatsunterstützungen eine kleine Zahl der Kollegien notdürftig weiter fristete. Während auf solche Art die revolutionären Gewalten mit größter Eile das Vorhandene zerstörten, wurde vielfach und eifrig über ein neues Unterrichtssystem geredet, einstweilen aber das souveräne Volk beinahe vier Jahre lang ohne Schulen gelassen. Erst am 19. Dezember 1793 kam ein Organisationsgesetz über die Elementarschulen zu stande. Es erklärte zunächst, daß der Staat den gesamten höheren Unterricht der freien Thätigkeit der einzelnen überlasse und seinerseits nur für die Kosten der Volksschule sorge; dies hätte bei einer Bevölkerung wie der englischen oder amerikanischen genügen können, bedeutete aber bei den politischen Gewohnheiten der französischen ganz einfach den Verzicht auf die höheren Schulen und die gelehrte Bildung. Eine Volksschule sollte nun in jeder Gemeinde bestehen, der Lehrer vom Staate ein Gehalt von 1200 bis 1500 Franken empfangen, die Schüler kein Schulgeld bezahlen, die Kinder aller Bürger zum Besuch der Gemeindeschule verpflichtet sein. Wie man sieht, trägt das Gesetz durchaus den ultrademokratischen Charakter seiner Entstehungszeit. Von einem Verhältnis zur Kirche konnte keine Rede sein; an die Stelle des Religionsunterrichtes trat eine republikanische Sittenlehre. Sonst sollen außer Lesen, Schreiben und Rechnen eine Menge nützlicher Kenntnisse überliefert werden, etwas Grammatik, etwas Geographie, etwas Naturwissenschaft,

---

[1]) Gesetz vom 8. März 1793.
[2]) Gesetz vom 19. Dezember 1793.

etwas Landwirtschaft. **Im Laufe des Jahres** 1794 wurden
dann diese Schulen in der That eingerichtet, die Lehrer an-
gestellt, der Unterricht eröffnet. Aber ein einfacher Umstand
hinderte ihre Wirksamkeit. Trotz aller Strafen, womit die
allgemeine Schulpflicht eingeschärft war, blieben die Schüler
aus. Hier und da erschienen sie in den Städten, wenn-
gleich in unvollständiger Zahl; **auf** dem platten Lande
wollte niemand von den neuen Schulen wissen. Es gab
dafür verschiedene Gründe. Zum Teile waren die Beamten,
welche die Schule zu verwalten hatten, ungeschickt oder der
Bevölkerung widerwärtig; es war **die** Zeit der Klubs und
der Revolutionsausschüsse. Dann fehlte es überall an den
einfachsten Unterrichtsmitteln, den elementaren Lesebüchern;
die alten waren geächtet, weil sie von Gott und König und
Kirche redeten; **neue,** welche **statt** dessen die Republik, den
Bürgersinn und die Aufklärung empfahlen, waren noch
nicht geschrieben. Die Hauptsache war auch hier **der Kriegsstand** zwischen Staat und Kirche, zwischen der Republik und
der Religion. Die Eltern wollten ihre Kinder einer Schule
nicht anvertrauen, wo unter dem Namen von **Moral** und
Freiheit denselben **Abneigung** und Verachtung gegen den
überlieferten Glauben **gelehrt** wurde[1]. Gegen diese Stimmung war die Allmacht **des** Wohlfahrtsausschusses unwirk-
sam. Nach dem 9. Thermidor war vollends an zwangs-
weise Verwirklichung der Schulpflicht nicht zu denken; im
Gegenteil räumte der Konvent das Feld, das Gesetz vom
25. Oktober 1795 stellte den Schulbesuch dem freien Ermessen der Eltern frei, strich dafür aber auch die Staats-
besoldung der Lehrer und wies sie auf das Schulgeld ihrer
Zöglinge **an.** Die Folge war, daß die Volksschulen, da
sonstige Aenderungen nicht eintraten, jetzt so gut wie ganz
verödeten.

---

[1] Despois **glaubt** der Ausrede **einiger** Mitglieder des Konventes,
das Ausbleiben **der** Bauernkinder **sei** nur durch **die** Jahreszeit
verursacht **worden und würde mit dem** Beginnen des **Winters** aufhören. Es **hat eben nicht aufgehört.**

Nach dem Sturze der Schreckensherrschaft war der Konvent von der bisherigen Abneigung gegen die Einrichtung höherer Schulen zurückgekommen; die öffentliche Meinung, die sich mit Ungestüm auch in dieser Richtung rührte, trieb ihn vorwärts, und einmal die Sache angegriffen, wollte man sie dann auch unter den Händen der republikanischen Freiheit zu einer ganz unerhörten Höhe erheben. Das Gesetz vom 25. Februar 1795 verfügte also für jedes Departement die Einrichtung einer Zentralschule, eine jede mit zehn Professoren, einer Bibliothek und naturwissenschaftlichen Lehrmitteln ausgestattet. Die Schüler sollten sechs Jahre dort zubringen, in der Regel vom 12. bis zum 18. Lebensjahre; die Lehrgegenstände waren Lateinisch und Griechisch, Litteratur, Zeichnen, Mathematik, Physik, Chemie, Naturgeschichte, philosophische Grammatik, Logik, Elemente der Staatskunst. Den Raum für alle diese schönen Dinge gewann man durch eine starke Beschränkung der klassischen Sprachen, die während des alten Regimes fast allein die Schüler beschäftigt hatten und jetzt auf einen zweijährigen Kursus, im ganzen mit sechs wöchentlichen Lehrstunden, gesetzt wurden. Es ist einleuchtend, daß hiermit eine fruchtbare Aneignung jener Sprachen unmöglich gemacht war; hier wie bei dem Lehrplane der Volksschulen hatte der Eifer, nützliche Kenntnisse in das Gedächtnis der Schüler zu werfen, die Hauptaufgabe, die Stärkung und die Entfaltung der geistigen Fassungskraft, vollkommen verdunkelt. Es bedarf nicht erst der Bemerkung, daß jede Art des Religionsunterrichtes ausgeschlossen war.

Immer wären hier diese Uebelstände von geringerem Gewichte gewesen als bei den Volksschulen, und ohne Zweifel würde es den Zentralschulen an Zöglingen nicht gemangelt haben, wäre bei ihnen nur nicht die entgegengesetzte Schwierigkeit womöglich noch zerstörender eingetreten. Wenn den Volksschulen an Zöglingen, so fehlte es den Zentralschulen an Lehrern, an Gebäuden, an Apparaten und dem Staate an Geldmitteln für solche Zwecke. Die Zentralschulen blieben einstweilen eine Schöpfung auf dem Papier, eine Möglich-

keit der Zukunft: für jetzt entbehrten die französischen Bürger
jeder Anstalt für den Gymnasialunterricht ihrer Kinder.
Was endlich die Universitätsstudien betrifft, so war
selbstredend an theologische Fakultäten nicht zu denken; Rechts=
schulen existierten ebensowenig, eine doppelt fühlbare Lücke
in einer Zeit allgemeiner Rechtsunsicherheit und unzähliger
Prozesse; Schulen der Medizin hatte der Konvent für ganz
Frankreich drei gegründet, in Paris, Montpellier und Straß=
burg, von welchen die beiden ersten sich gedeihlich entwickelten,
die letzte dagegen nur kümmerlich gefristet wurde: sie alle
waren jedoch entfernt nicht im stande, auch nur die Be=
dürfnisse der Armeen zu befriedigen, so daß fort und fort
die traurigsten Berichte über die mörderische Pfuscherei der
sogenannten Militärärzte eingingen. Endlich für die Fächer,
welche in Deutschland zu dem Kreise der philosophischen
Fakultät gehören, bestand in Paris aus alter Zeit das
College de France ohne Unterbrechung fort; dazu kam das
neugegründete Museum für Naturwissenschaften beim Pariser
Pflanzengarten, sodann, ebenfalls in der Hauptstadt, die
hauptsächlich durch die Bedürfnisse der militärischen Erzie=
hung in das Leben gerufene[1]) polytechnische Schule für alle
dem Ingenieurwesen nötigen Wissenschaften, endlich, wieder
in Paris, die Hochschule der orientalischen Sprachen, eben=
falls in erster Linie für die praktischen Zwecke der Konsular=
beamten eingerichtet. Alle diese Pariser Anstalten glänzten
durch eine stattliche Reihe bedeutender Lehrkräfte; aber, wie
man sieht, blieben eine Reihe der wichtigsten Fächer un=
vertreten, und für die Provinzen war, mit Ausnahme der
beiden medizinischen Schulen, gar nichts geschehen.
Zum Schlusse ist noch die sogenannte Normalschule zu
erwähnen, welche die Ausbildung der Lehrer für die übrigen
Unterrichtsanstalten zum Berufe hatte. Sie war durch ein
Gesetz vom 30. Oktober 1794 in das Leben gerufen wor=
den; eine Anzahl der berühmtesten Gelehrten aller Fächer
ließ sich herbei, den künftigen Schulmeistern in gediegenen

---

[1]) 12. Dezember 1794.

Vorträgen einen Abriß ein jeder von seiner Wissenschaft zu geben. Es ist unmöglich, eine glänzendere Vereinigung von gelehrten Koryphäen ersten Ranges zu ersinnen, und mit Grund hat man hervorgehoben, daß diese Vorträge keineswegs bloße Leistungen akademischer Schönrednerei, sondern durchgängig ernste und gründliche Auseinandersetzungen gewesen. Nur die eine, entscheidende Frage bleibt zurück, ob solche Vorträge, und seien sie die gelehrtesten und geistreichsten, die Wirksamkeit eines wohlgeordneten Lehrerseminars ersetzen konnten, und diese Frage ist durch die Erfahrung ohne weiteres verneinend beantwortet worden. Die künftigen Lehrer erhielten hier ohne Zweifel eine Menge geistiger Anregungen. Aber auf der einen Seite empfingen sie vielfache Kenntnisse, die für ihren künftigen Beruf nicht zu verwerten waren, und auf der andern blieben sie ohne die eigene Uebung in der Anwendung des Gelernten, die für das seminaristische Studium das allein Wesentliche ist.

Also für den Einwohner von Paris gab es, freilich nicht in allen, jedoch in manchen Fächern die Möglichkeit, seinen Söhnen wissenschaftliche Bildung zu verschaffen. Die Millionen aber der Bürger in den Departements hatten Elementarschulen, denen sie ihre Kinder nicht überliefern wollten, Gymnasien, die nur auf dem Papiere, aber nicht in der Wirklichkeit existierten, Universitätsanstalten für die Reichen, welche Mittel besaßen, ihre Söhne nach Paris zu senden. Daß die zerstörten Akademien mittlerweile unter der Benennung des französischen Instituts in verbesserter Einrichtung zu neuem und glänzendem Dasein berufen worden waren, dies war ohne Zweifel recht ersprießlich für den Nachruhm des Konvents, half aber der Not der Eltern um geistige Bildung ihrer Kinder natürlich in keiner Beziehung ab.

Nicht viel besser als Kirchen und Schulen vermochten die Gemeindebehörden den Bedürfnissen der Einwohner entgegenzukommen. Die materielle Verarmung der Gemeinden und die Unsicherheit ihrer Rechtsverhältnisse war ebenso groß wie jene der Individuen. In Paris wußte man es seit dem Beginne der Revolution nicht anders, als daß der

Staat die städtische Gemeinde und ihre Armen ernähre; wir haben früher berichtet, wie der Staat zu diesem Behufe anfangs Vorschüsse, später aber Schenkungen von Millionen machte, so daß **die Kommune dann** im stande **war,** den Bürgern das Brot und sonstige Lebensmittel, wenn auch oft in kleinen Quantitäten, immer aber zu billigerem Preise zu liefern und nebenbei ihre Beamten in ganz unglaublicher Weise zu bereichern. In der Blütezeit der Hébertistischen Partei hatte die Kommune für diese Zwecke ungefähr so viel genommen, wie ihr Herz begehrte: Anfang 1796 wurde berechnet, daß die Ernährung der Pariser Bürger etwas mehr als zwei Drittel aller Ausgaben des Ministeriums des Innern in Anspruch nehme[1]). Es war sicher, daß dies nicht lange mehr fortdauern konnte, aber völlig ungewiß, wie ohne Staatszuschüsse Paris seine Einwohner verpflegen würde. Die übrigen Städte, für welche **der** Staat keine Verpflegung übrig hatte, waren in elendem Verfall. Lyon hatte im Bürgerkriege vier Fünftel seiner Webereien eingebüßt, alle Geschäfte **lagen** still und tot[2]); **ganze** Quartiere waren Ruinen; die städtische Kasse hatte keine Geldmittel, um Polizeimannschaft zu unterhalten und Straßenbeleuchtung zu bezahlen[3]). Ganz dieselben Klagen vernahm man aus Bordeaux **und** Toulouse, aus Carcassonne **und** Bedouin; Arras hatte in der Schreckenszeit so gelitten, daß es jetzt unter 22 000 Einwohnern 10 000 Proletarier zählte[4]). Vollends in der Vendée lagen die kleinen Städte des unglücklichen Landes sämtlich in Asche, Chollet, Clisson, Chatillon und wie sie weiter heißen[5]); General Danican, **der** eine Zeitlang dort befehligt hatte, zählte zwanzig verbrannte Ortschaften **und** 1300 verödete Dörfer[6]). Bei

---

[1]) Rat der Alten 26. **März 1796.**
[2]) Rat der Fünfhundert 6. Juni 1796.
[3]) Rat der Fünfhundert 24. Juli 1797.
[4]) Rat der Fünfhundert 13. März 1796.
[5]) Rat der Fünfhundert 6. Juni 1796.
[6]) In seiner Schrift les brigands démasqués, angeführt bei Granier I, 28.

solchen Zuständen war an öffentliche Sicherheit weder in den Städten noch auf dem platten Lande zu denken. Wir haben keine Polizei, rief Doulcet bald nachher der Volks=vertretung zu: hätten wir Polizei, so brauchten wir uns nicht an jedem Morgen zu erkundigen, ob unsere Freunde nicht in der Nacht ermordet worden sind [1]). So war es in Paris, so war es in allen Departements. Ich höre, sagt ein Zirkular des Polizeiministers, daß alle Departe=ments mit bewaffneten Banden angefüllt sind, die auf den Landstraßen und in den Häusern Raub und Mord begehen. Ebenso erklärte Pastoret dem Rate der Fünfhundert, daß die Unsicherheit grenzenlos, die Räuberei allgemein sei; einer seiner heftigsten politischen Gegner, Beffroy, bestätigte alles und klagte, daß es der Verwaltung überall an den Mitteln zur Abwehr fehle und gerade die ordentlichen Bürger nach größerer Strenge seufzten [2]). Ueberall, wir wir sehen, werden wir auf dasselbe Ergebnis zurückgeführt: wie ist es möglich, daß ein Volk, dessen Bürger sich unausgesetzt an Gut und Blut bedroht finden, Interesse an den idealen Genüssen der politischen Freiheit behält? Es wird für jede Verfassung nur den einen Prüfstein behalten, die Frage, ob unter ihrer Herrschaft Haus und Hof dem Bürger ge=sichert ist oder nicht.

Die Wucht dieser Frage traf nun damals den Konvent um so stärker, als er, im geraden Gegensatze zu seinen Vorgängern, alles gethan hatte, die Verantwortung für jeden Uebelstand der Lokalverwaltung auf die Staatsregierung zu laden. Nach der Verfassung von 1791 wurden die Be=

---

[1]) Fünfhundert 31. Dezember 1795.

[2]) Moniteur 15. Februar und 28. April. Rat der Fünfhundert, 2. April und 15. Juni 1796. Zu der Banditennot kam damals noch als wahre Landplage die Vermehrung der Wölfe, deren nächste Ursache außer der allgemeinen Unruhe und Zerrüttung die plötz=liche Aufhebung der alten Forst= und Jagdbehörden ohne aus=reichenden Ersatz gewesen war. Menschen und Herden wurden beschädigt; die Klagen ertönten in jeder Session der Räte. 1798 wurden mehr als 5300 Wölfe erlegt, ohne erhebliche Besserung des Zustandes.

amten der Gemeinden und Bezirke von den Einwohnern gewählt; **unter** dem Wohlfahrtsausschusse wurden **sie von** den Konventskommissaren ernannt. Vor 1792 war es durchgängig die besitzende Klasse, welche die Behörden bezeichnete und beeinflußte; unter dem Konvente stützte sich die Regierung überall auf die unruhigsten Elemente des Proletariats. Die Folge war, daß die Gemeindeämter jetzt in die Hand von völlig unerfahrenen und ungebildeten Menschen fielen, die sich scharenweise zu den wenn auch noch so geringfügigen Gehältern drängten und in der Behandlung der Geschäfte und der Bürger keinen anderen Standpunkt als den ihres Parteifanatismus kannten. Wenn wir bereits bei dem Systeme der Constituante die übermäßige Anzahl der Lokalbeamten betonen mußten, so war unter dem Konvente die Masse der hungrigen Behörden vollends in das Unendliche gewachsen. Eine Bezirksverwaltung, welche früher mit acht Schreibern ausgekommen war, hatte jetzt deren 130 angestellt; ein Regierungskommissar hatte das Bewußtsein strenger Sparsamkeit, wenn er sich mit sieben Sekretären begnügte. Unordnung, Arbeitsscheu und Vergeudung waren die notwendigen Ergebnisse solcher Einrichtungen [1].

So waren denn auch die Kosten dieser Verwaltung binnen drei Jahren auf mehr als das Doppelte, von 70 auf 160 Millionen gewachsen, immer abgesehen von den Tagegeldern der Revolutionsausschüsse und dem Solde der Volksversammlungen. Früher wurde ein Teil derselben aus dem Ertrage der Gemeindegüter, das übrige durch Lokalabgaben aufgebracht, welche von dem Departement festgesetzt und von den Kommunen umgelegt wurden. Man bestritt davon die Ausgaben der Gemeindeverwaltung und Armenpflege, der Gerichte und Gefängnisse, der Straßen und Kanäle, endlich der Schulen und Hospitäler, soweit für diese der Ertrag der eigenen Güter nicht ausreichte. Dem Konvente aber war wie jede individuelle Selbständigkeit so auch die Besonderheit dieses korporativen Haushalts unerträglich.

---

[1] Rat der Fünfhundert 26. und 31. Mai 1796.

Er erklärte in seiner Großmut, er wolle den Gemeinden und
Bezirken, den Schulen und Hospitälern die Last ihrer Ausgaben abnehmen und alles aus dem allgemeinen Staats-
säckel bezahlen: dafür schien es nur billig, daß er die bisherigen Einnahmen dieser Verbände in die Kasse der Nation hinüberführte. Die Güter der Schulen, wie wir schon
erwähnten, und jene der Hospitäler wurden ohne weiteres
eingezogen. Was die Güter der Gemeinden betraf, so
hatte der Konvent am 10. Juni 1793 verfügt, daß jede
Gemeinde, wenn ein Drittel ihrer Bevölkerung es begehre,
ihre Güter oder deren Verkaufspreis unter die Einwohner
zu gleichen Portionen verteilen dürfe. Bald aber besann
man sich anders. Ein Gesetz vom 26. August bestimmte
unter Aufhebung des obigen, der Staat werde zur Ver-
einfachung und Zentralisierung der Verwaltung die Schulden
aller Gemeinden und bis zu deren Betrag die Güter derselben an sich nehmen. Als diese Neuerung bekannt wurde,
beeilten sich, ehe das Gesetz zur praktischen Durchführung
gelangte, eine Menge Gemeinden, von dem im Mai ge-
schaffenen Teilungs- und Veräußerungsrechte Gebrauch zu
machen, worauf dann der Staat nicht selten gegen Käufer
und Verkäufer einschritt, in andern Fällen aber den so ge-
schaffenen Zustand schweigend hingehen ließ. Dafür entschädigte sich die Republik an andern Orten, indem sie, auch
wo eine Gemeinde keine oder sehr geringe Schulden hatte,
den ganzen Bestand der Güter konfiszierte und auf eigene
Rechnung veräußerte und ein für alle Male die etwa der
Gemeinde zustehenden Schuldforderungen an den Staat
nicht gegen die übernommenen Schulden der Gemeinde auf-
rechnete, sondern ohne weiteres niederschlug [1]). So herrschte
auch auf diesem Gebiete eine Rechtsverwirrung der schlimmsten
Art und in deren Gefolge eine drückende Unsicherheit des
Besitzes für viele Tausende der Bürger.

Das Traurigste aber war, daß der Staat, welcher für
einen so zweifelhaften Gewinn die Kosten so erheblicher

---

[1]) Rat der Fünfhundert 12. Januar 1797.

Verwaltungszweige übernommen hatte, diesen Verpflichtungen an keiner Stelle genug that. Den Straßen und Kanälen, den Hospitälern und Gefängnissen erging es nicht besser als den Schulen und der Polizei. Wurden die Postwagen nicht von Räubern aufgehalten, so blieben sie in den bodenlos gewordenen Wegen stecken; es kam dahin, daß die Postverwaltung die Hälfte ihrer Kurse einzog und doch nicht zum Ersatze ihrer Kosten gelangte. Schneidende Klagen kamen aus den Hospitälern über die Entblößung der Kranken und den Hunger der Findelkinder [1]), und die Einsperrung der Verbrecher half nichts, weil man kein Geld hatte, sie im Kerker zu ernähren und Wächter zur Verhütung des Ausbrechens zu bezahlen. Das Empfindlichste aber für die große Masse der Bevölkerung war die tiefe, aus gleichen Ursachen eingetretene Entartung der Rechtspflege. Man war in der demokratischen Zeit zu einem so niedrigen Maßstabe der geistigen Erfordernisse gekommen, daß man von den Mitgliedern eines Kriegsgerichtes, Offizieren und Soldaten, keine höheren Kenntnisse als die des Lesens und Schreibens begehrte [2]). Man scheute die Kosten einer ausreichenden Organisation in solchem Maße, daß einzelne Tribunale die Anzeige machten, sie hätten aus Mangel an Lebensmitteln ihre Thätigkeit eingestellt. Im Frühling 1796 erließ der Justizminister ein Rundschreiben an seine Kommissare bei den Gerichtshöfen, in dem er seinen Schmerz über den Inhalt ihrer Berichte aussprach. Es habe sich ergeben, sagt er, daß die Gerichte in der (zehntägigen) Woche nur vier Termine jeden zu zwei Stunden abhielten: den übrigen Teil ihrer Zeit verwenden sie zu freien Schiedssprüchen, für die sie sich von den Parteien ein Honorar von 50 Franken für die Stunde entrichten lassen [3]). Wie man hienach begreift, vernimmt man allerorten die leb-

---

[1]) Nicht besser ging es in den Militärspitälern. Die Aerzte schwelgen, die Kranken darben, hieß es einmal in einer Debatte der Fünfhundert.

[2]) Rat der Fünfhundert 7. September 1796.

[3]) Moniteur 7. März 1793.

haftesten Beschwerden, daß die Prozesse nicht zur Ent=
scheidung gelangen, die Richter mit einlaufenden Klagen
überhäuft, die Tribunale zur Bewältigung der anhängigen
Streitigkeiten nicht im stande seien.

Man wird sich nach diesen Angaben ein Bild von der
damaligen Lebenslage und Stimmung der französischen Be=
völkerung machen können. Die demokratische Gewaltherrschaft
hatte es dahin gebracht, daß auch jetzt, nach Erteilung der
neuen Verfassung, kein Franzose seiner persönlichen Freiheit
und der Rechtstitel für sein Vermögen sicher war. Das
Familienband hielt nur zusammen, soweit es sich der Be=
rührung mit den Staatsgesetzen zu entziehen vermochte.
Für die große Mehrheit der Einwohner gab es keine Schule,
der sie ihre Kinder anvertrauen mochten; Gymnasien und
Universitätsunterricht waren nur in Paris und auch dort
nur in unzulänglicher Weise zu finden. Das Uebelwollen
eines Polizeibeamten reichte aus, um den Gottesdienst der
Bürger zu stören, während die Behörde in keinem Departe=
ment die Kraft besaß, das Haus oder die Reisen des Bür=
gers vor räuberischen Anfällen zu schützen. Mit großem
Unrechte hat man wohl gesagt, es sei durch den revolutio=
nären Orkan der französische Staat in einen rohen Natur=
zustand zurückgeschleudert worden: im Gegenteil, gerade in
den einfachsten Anfängen menschlichen Gemeinwesens er=
scheint es als der stärkste und natürlichste Trieb, vor allem
Leben und Eigentum mit gesetzlichem Schutz sichernd zu um=
geben. Hier aber war die ganze Rüstkammer einer tief=
gelehrten Rechtswissenschaft und alle Hilfsquellen eines hoch=
gebildeten Staates angewandt worden, um unter gesetzlichen
Formen alle persönliche Selbständigkeit zwei Jahre lang
einer beispiellosen demokratischen Allmacht zu unterwerfen.
Nicht die Roheit der Unkultur, sondern die Fehltritte und
Vergehen der Ueberkultur hatten Frankreich mit all diesem
Jammer blutiger Tyrannei bedeckt.

Immer und immer wieder wird die geschichtliche Be=
trachtung auf die Frage zurückgedrängt: wie war es mög=
lich, daß die freiheitdurstige Begeisterung von 1789 nach

sechs Jahren bei einem so tödlichen Ergebnis anlangen mußte.
Ohne Zweifel wirkten unzählige Momente in dieser Rich=
tung nebeneinander, die Unfähigkeit der meisten leitenden
Staatsmänner in der ersten Hälfte der Revolution, die Un=
geübtheit der Massen in der Praxis politischer Arbeit, die
Erhitzung der populären Leidenschaften durch den auswär=
tigen Krieg, und was sich sonst noch an untergeordneten Um=
ständen anführen ließe. Die Hauptsache aber war das
gründliche Mißverstehen, durch welches von Anfang an inner=
halb der siegenden Parteien die beiden Grundbegriffe des
großen Strebens, das Bild der Freiheit und der Gleichheit,
verfälscht wurden. Die echte Freiheit ist die Befugnis des
Menschen, alle sittlichen Anlagen seiner Natur nach eigener
Entschließung zu entfalten. Die echte Gleichheit besteht in
der allen Menschen gleichmäßig sicheren Gewähr dieser Frei=
heit, also gleichem Rechtsschutz und gleicher Rechtsfähigkeit.
Daraus ergiebt sich der wahre und deshalb ewig berechtigte
demokratische Gedanke, das politische Recht des einzelnen
nicht in feudaler Weise, nach dem blinden Zufall der Ge=
burt, sondern allein nach dem Maße der persönlichen Lei=
stung zu bestimmen und mithin dem befähigten und ge=
bildeten Patrioten, stamme er auch aus der niedrigsten
Hütte, den Vorrang vor einem selbstsüchtigen oder unwissen=
den Abkömmling des vornehmsten Geschlechts zu geben.
Offene Bahn für jedes Talent und jedes Verdienst, in dieser
Forderung sind Freiheit und Gleichheit beschlossen.

Die Revolution aber erhob statt dessen vom ersten Tage
an den Ruf auf gleiches Recht für alle! Die Menschen,
hieß es, sind gleich an Rechten geboren; es ist die Aufgabe
des Staates, diese Gleichheit zu verwirklichen. Sie begehrte
also für alle gleiches Stimmrecht, gleiches Wahlrecht, gleichen
Anteil an der politischen Macht. Die innere Konsequenz
mußte sie ohne Aufenthalt zu der weiteren Forderung gleichen
Besitzes, gleicher Genüsse, gleicher Arbeit für alle führen,
und wir wissen, wie nahe Robespierre und Hébert an die
Erfüllung dieses Anspruchs herangetreten waren. Hier liegt
die Wurzel alles Mißlingens der Revolution, der Quell

aller Gewaltthaten, die Urſache aller Unbeſtändigkeit ihrer
Schöpfungen, im neunzehnten wie im achtzehnten Jahrhundert.

Denn dieſes Begehren der materiellen Gleichheit ſteht
im Widerſpruche gegen die menſchliche Natur, die ſich in
zahlloſen Individuen von unendlicher Verſchiedenheit und
Mannigfaltigkeit auseinanderlegt. Es tötet die Freiheit,
die nichts anderes iſt als die ſelbſtändige Ausprägung jeder
Perſönlichkeit nach ihren beſonderen Anlagen. Es vernichtet den demokratiſchen Satz, daß nicht die Geburt, ſondern die Leiſtung die Bedingung politiſchen Rechtes ſei,
indem es auch den Unthätigen und Unfähigen wegen ihrer
menſchlichen Geburt die Fülle des Rechtes und der Macht
zuweiſt. Ein ſolches Syſtem kann lebensfähig ſein in kleinen
Bauerngemeinden von einfachen Kulturverhältniſſen, wo der
Gleichheit des Rechtes bei allgemeiner Unbildung die that-
ſächliche Gleichheit der Menſchen entſpricht. Es mag wieder
lebensfähig werden wie dort vor dem Anfange ſo einſt
am Schlußpunkte der Zivilisation, wenn die Ungleichheit
der Perſonen in der Harmonie idealer Vollkommenheit aufgehoben wird. Bis dahin aber iſt es eine Lüge und folglich das Grab der Freiheit. Niemals werden ſeine Anhänger der traurigen Ablöſung von Anarchie und Diktatur,
von populärer und ſoldatiſcher Tyrannei entrinnen.

Als in Frankreich die neue Verfaſſung verkündet wurde,
hatte die Diktatur des Wohlfahrtsausſchuſſes ihr Ende erreicht, aber ihre verhängnisvollen Folgen beſtanden fort.
Dieſe zu beſeitigen und das franzöſiſche Volk damit wieder
auf die natürlichen Grundlagen des Rechtes, des Wohlſtandes
und der Freiheit zu ſtellen: das wäre die höchſte, die erſte
und die letzte Pflicht der neuen Regierung geweſen.

Aber, wie wir wiſſen, hatte hierüber der 13. Vendémiaire im entgegengeſetzten Sinne entſchieden. Die Sieger
jenes Tages hatten die Mitglieder des Direktoriums ein-
geſetzt, nicht um dem Volke die Sicherheit von Perſon,
Eigentum und Bildung herzuſtellen, ſondern um die Herr-
ſchaft der eigenen Partei mit allen Mitteln feſtzuhalten.
Dieſe Partei war am Ende des Jahres 1795 noch ganz

dieselbe, wie wir sie zu Anfang desselben kennen gelernt,
die alten Jakobiner in allen ihren Schattierungen, mit Aus-
scheidung Robespierres und Héberts: an allen Irrtümern
und Ausschreitungen der Schreckenszeit hielten sie fest, mit
einziger Abweisung ihrer äußersten Konsequenzen, der un-
verhüllt kommunistischen Gesetze. Vor allem aber, sie hielten
fest an der eigenen, bisher behaupteten Macht, obwohl sie
eine kleine Minorität im Lande waren, von der unermeßlichen Mehrheit des Volkes gehaßt und verachtet und deshalb außer stande, ohne stets neue Anwendung revolutionärer Gewalt das Land zu beherrschen. Da sie infolge des
9. Thermidor die offizielle und unmittelbare Ernährung des
Proletariats außerhalb Paris beseitigt hatten, so fehlte ihnen
auch dessen Unterstützung; sie hatten kein anderes Fundament für den weiteren Besitz der Regierung, als daß sie
zur Zeit die Regierung und deren Machtquellen besaßen;
oder im kürzesten Ausdrucke, als zeitige Regierung verfügten
sie über die Armee und hofften durch diese das souveräne
Volk zu nötigen, sie ferner als Regierung zu ertragen.
Positives und schöpferisches Talent zu fruchtbarer Anwendung
der Staatsgewalt besaß kaum einer unter diesen Machthabern; die einzige politische Fähigkeit, welche die Partei in
vollem Maße sich angeeignet hatte, war die Gewohnheit des
Befehls, die imponierende Unbefangenheit, den straffen
Gehorsam als völlig selbstverständlich auf allen Seiten zu
fordern und mit allen Mitteln zu erzwingen. So gelang
es ihnen eine Reihe von Jahren hindurch gegenüber den
Rednern, den Schriftstellern, den Bürgern, bis aus ihren
eigenen Reihen erwachsen ein Stärkerer über sie kam.

Zweites Kapitel.

Anfänge des Direktoriums.

Das Direktorium begann seine Thätigkeit am 4. November 1795, äußerlich in höchst bescheidener Weise. Der
Palast des Luxemburg war ihm zur Residenz angewiesen:

als die fünf neuen Beherrscher Frankreichs dort anlangten,
fanden sie das Gebäude in demselben Zustande wie alle
unter der Staatsverwaltung stehenden Besitzungen, verwahr-
lost und öde. Der Sitzungssaal der Direktoren mußte für
ihre erste Konferenz mit den nötigsten Möbeln dürftig aus-
gerüstet werden; das erforderliche Brennmaterial lieh in
der Eile der Thürsteher her; einige Bediente, die man mieten
wollte, zeigten Mißtrauen in die Dauer des neuen Regiments und versagten ihre Dienste[1]). Es war ein drastischer
Ausdruck für den gesamten politischen Zustand: überall mußte
man von vorne anfangen und sich aus völliger Entblößung
und Zerrüttung emporarbeiten.

Die Männer, welche sich hier an der Spitze des neuen
Frankreich zusammenfanden, waren denn auch darüber einig,
daß es mit Nachdruck und Schnelligkeit zu handeln gelte,
und einige derselben waren bereit, eine gewaltige Arbeitslast mit Eifer auf sich zu nehmen. Sonst aber gab es
unter ihnen wenig inneres Einverständnis. Männer der
konventionellen Linken freilich waren sie alle und seit Jahren
an die Gewaltsamkeit des revolutionären Regimentes gewöhnt. Aber in allen übrigen Beziehungen ging ihre Denk-
und Handlungsweise weit auseinander. Sie hatten ein
jeder einer andern Fraktion des Konvents angehört, und
wir wissen, mit welchem Grimme sich diese wechselsweise
verfolgten. Laréveillère-Lépeaux hatte sich zur Gironde gehalten, den Protest der 73 gegen den 31. Mai unterzeichnet
und deshalb ein volles Jahr hindurch von Carnots und
Barras' Genossen Verhaftung und Hinrichtung befürchten
müssen. Nach dem 9. Thermidor war er auf seinen Sitz
zurückgekehrt, hatte seinerseits die besiegten Terroristen be-
drängen helfen und im Verfassungsausschusse immer mit
den Mitgliedern der Rechten gestimmt, war dann aber im
Vendémiaire aus Furcht vor dem Anwachsen der royalistischen Bewegung wie so viele seiner Freunde wieder weit
nach links geworfen worden und verdankte diesem letzten

---

[1]) Alles nach Carnots Aussage.

Wechsel seiner Stellung die Wahl zum Direktor. Er war vor der Revolution Advokat gewesen, hatte jedoch nicht lange an dem juristischen Berufe Freude gehabt. Nachdem er sein Amt aufgegeben, hatte er mit dilettantischer Unstätig= keit Philosophie und Politik, schöne Wissenschaften und Botanik getrieben und sich vor allem mit tiefer Abneigung gegen Kirche und Christentum erfüllt. Jetzt hatte er im Vereine mit einigen näheren Freunden den Plan gefaßt, eine neue Religion zu gründen und damit den Katholizismus auf seinem eigenen Gebiete zu vernichten. Ein kleiner, verwach= sener Mann, gutmütig, aber rechthaberisch, ohne hervorragen= des Talent und zu dauernder Anstrengung völlig ungeschickt, sonst gewissenhaft und uneigennützig, aber erfüllt von ge= waltiger Eitelkeit, deren Verletzung ihn zu den schlimmsten Dingen, zu Hinterhaltigkeit und Grausamkeit fortreißen konnte.

Ein größerer Gegensatz war nicht denkbar als der zwischen Laréveillère und seinem Kollegen Barras. Dieser stammte aus einer der ältesten Adelsfamilien der Provence, war früher in die Armee getreten und hatte einige Jahre als Offizier in Amerika und den Kolonien gedient. Von seinen Waffenthaten ist nicht viel zu melden; auch nahm er bald nach der Rückkehr seinen Abschied, um dann als glän= zender Kavalier ein völlig ausgelassenes Leben zu führen. Leidenschaftlich und innerlich haltungslos wurde er von dem revolutionären Strome erfaßt und rasch immer weiter fort= gerissen. Im Konvent schloß er sich an Danton an, half die Gironde stürzen und befehligte mit Fréron die Henker von Toulon. Ebenso heftig kehrte er dann, von Robes= pierre bedroht, seinen Zorn im Thermidor 1794 gegen diesen und dessen Anhänger, um ein Jahr später mit nicht ge= ringerer Hitze im Vendémiaire die Royalisten zu bekämpfen. An den beiden entscheidenden Tagen hatte der Konvent ihm, dem alten Offizier, dem hochgewachsenen, stattlichen Manne, der stets mit brausenden Worten und rasselndem Säbel ein= hertrat, den Oberbefehl über seine Streitkräfte anvertraut: beide Male hatte er es verstanden, die Lorbeeren des Er=

folges auf seinen Namen zu häufen, obgleich er, vorsichtig
in den Bureaux des Konvents zurückbleibend, die Arbeit
und die Gefahren des Tages seinen Stellvertretern überließ. Von solcher Glorie umgeben, kam er in das Direktorium, ganz in der Lage, dort eine leitende Thätigkeit zu
entfalten, wenn seinem renommistischen Auftreten irgend
eine innere Kraft entsprochen hätte. Aber er war ein völlig
verbrauchter und verlebter Mensch, habgierig und verschwen-
derisch, schamlos keck in seiner Genußsucht, sonst aber ohne
persönlichen Mut, ohne Arbeitskraft und Ehrgefühl. So
oft es auch versichert worden ist, so hat er doch niemals
eine vorwiegende Stellung in der Regierung besessen.

Tadelloser, aber nicht bedeutender als er, zeigte sich der
dritte des Kollegiums, Letourneur, ein wackerer und flei-
ßiger Ingenieuroffizier, im Konvente lange Zeit hindurch
ein wenig bemerktes Mitglied des Zentrums, 1795 wegen
seiner militärischen Brauchbarkeit in den Wohlfahrtsausschuß
berufen, durch diese Vorstudien bei der Bildung des neuen
Regiments empfohlen. Er war bereit zu jeder Mühwaltung
und nicht weniger bereit zur Unterordnung, wo ihm ein
bedeutender Geist und ein achtungswerter Charakter ent-
gegentrat. Selbst der Verwaltung des Direktoriums ein
eigenes Gepräge aufzudrücken, vermochte er an keiner Stelle.

So lag die entscheidende Kraft der neuen Regierung in
den Händen Rewbells und Carnots.

Carnot kennen wir bereits. Er war noch immer derselbe, wie wir ihn als Mitglied des Wohlfahrtsausschusses
gefunden haben, thätig und entschlossen, eigenwillig und
selbstlos, unerbittlich und unempfindlich, wo es auf einen
Grundsatz ankam, aber ohne einen Gedanken an den eigenen
Vorteil oder an eine persönliche Gefahr. Bei diesen Eigenschaften wäre unter Umständen ein gewisses Zusammenwirken
mit Rewbell denkbar gewesen, da beide Männer in dem
wesentlichsten Punkte übereinstimmten, in dem Wunsche,
die Republik gegen jede Rückkehr der gestürzten Zustände
und die jakobinische Regierung gegen das Aufkommen jedes
feindlichen Elements zu verteidigen. Aber freilich, Rewbell,

ein Elsässer Advokat, war durchaus kein bequemer, wenn auch ein wirksamer Kollege. Vor der Revolution hatte er durch unverwüstliche Arbeitslust und Ausdauer sich einen Namen in der juristischen Welt gemacht und dabei den Ruf gewonnen, für seine Widersacher gefährlich, für seine Klienten herrisch und kostspielig zu sein. Während der Schreckenszeit hatte er sich vorsichtig zurückgehalten und nie einen Widerspruch gegen die Machthaber erhoben; nach dem 9. Thermidor entschädigte er sich dafür wie Barras durch heftige Verfolgung der besiegten Partei und half jedes Anklagedekret gegen Hébertisten und Robespierristen durchsetzen. Bei seinem Eifer und seiner Begabung für praktisches Wirken stieg sein Einfluß; er gelangte in den Wohlfahrtsausschuß, führte gemeinsam mit Sieyes die Unterhandlung des batavischen Bundesvertrags und war unbestritten einer der wichtigsten Führer der Independenten Sein Selbstgefühl wuchs mit seinen Erfolgen; er vertrug keinen Widerspruch mehr, fluchte und wetterte bei jeder abweichenden Meinung und wurde durch die erste Regung einer Opposition zu despotischer Gewaltsamkeit gereizt. Sein Verhältnis zu dem ebenso gebieterischen Carnot blieb demnach mißlich von Anfang an. Einstweilen ging man im Streite gegen den gemeinsamen Widersacher miteinander. Aber eine innere Gemeinschaft stellte sich doch nicht her, teils nach den Erinnerungen der Vergangenheit, da Rewbell durch jeden Gedanken an den großen Wohlfahrtsausschuß, Carnot durch die Verfolgung seiner Freunde nach dem 9. Thermidor erbittert war, teils durch den Umstand, daß Rewbell eine sehr lebhafte Geldgier und Carnot eine offene Verachtung solcher Neigungen zur Schau trug. So schlossen sich vom ersten Tage an innerhalb des Direktoriums Rewbell und Barras auf der einen, Carnot und Letourneur auf der anderen Seite sympathisch zusammen, während Laréveillère fast willenlos gehorchte, wo seine beiden starken Kollegen einig waren; wenn sie aber auseinandergingen, bei aller eigenen Unbedeutenheit, indem er durch seine Abstimmung die Mehrheit entschied, sich als den eigentlichen Beherrscher Frankreichs fühlte.

Die Vielköpfigkeit der höchsten Regierungsbehörde gab
an sich selbst schwache Bürgschaft für die Einheit und Festigkeit der Verwaltung: vollends aber bei dieser Beschaffen-
heit der Personen war der Zukunft des Systems der stärkste
Keim der innern Zwietracht eingepflanzt. Für den Augenblick wurde allerdings davon noch nichts erkennbar: noch
hielt die Erinnerung an den 13. Vendémiaire und die revolutionäre Gemeinschaft die Fünf zusammen, und im äußer-
lichen Einverständnis legten sie an ihr großes Werk die
Hand [1]).

Die erste aller Aufgaben war, wie sich versteht, die Organisation der neuen Regierungsgewalt, die Anstellung der
verfassungsmäßigen Behörden. Gleich in der ersten Sitzung
schritten die Direktoren zu der Ernennung ihrer Minister,
und schon hier trat der jakobinische Grund ihrer Stimmung
unverkennbar hervor. Zwar an die Spitze der inneren Verwaltung und des Krieges wurden Männer von gemäßigter
Gesinnung lediglich nach ihrer technischen Befähigung berufen, für jene ein altgeschulter, einsichtiger und wohlwollen-
der Beamter, Benezech, für diesen General Aubert Dubayet
und nach dessen baldigem Rücktritt General Petiet, ein
Muster von Besonnenheit, Ordnung und Sachkunde. Dagegen erhielt das Justizministerium Merlin von Douai,
allerdings einer der gelehrtesten und scharfsinnigsten unter
den damals lebenden Juristen des Landes, zugleich aber
auch einer der berufensten Terroristen, Verfasser des Schreckens-
gesetzes über die Verdächtigen und, wie sich bald zeigen sollte,
stets bereit, alle Mittel der Gesetzeskunde in den Dienst der
gesetzlosen Willkür zu stellen. Marineminister wurde Admiral Truguet, welcher den Mangel kriegerischer Erfolge
nur durch eine heftige demokratische Gesinnung ersetzte,
Minister des Auswärtigen ein gewisser Delacroix, ein durch-

---

[1]) Unter den gedruckten Quellen für die folgende Darstellung
ist die wichtigste die histoire du Directoire constitutionnel von
Carnot-Feulins. Die angeblich von Fabre herrührende histoire
secrète du Directoire ist eine apokryphe Kompilation längst be-
kannter Materialien, gemischt mit plumpen Erfindungen.

aus unwissender und unfähiger Mensch, der alle Geschäfte
im Sinne der Klubisten betrieb, der wie einst Lebrun und
Brissot für die Republikanisierung Europas schwärmte und
sich im amtlichen Verkehr überall durch Renommisterei und
Unwissenheit lächerlich machte. Für das Fach der Finanzen
hatte anfangs die pressende Not den Blick auf ein großes
technisches Talent, Gaudin, gelenkt; als dieser aber ablehnte,
entschied wieder die Rücksicht auf die revolutionäre Gesinnung, welche der einzige Titel für den begünstigten Kandidaten, Faypoult, war. Da nun die große Mehrzahl dieser
Minister wenig berühmte Namen trug, da insbesondere
Benezech und Petiet nur in engen Kreisen bekannt waren,
so war es begreiflich, daß das öffentliche Urteil vor allem
durch Merlins Ernennung bestimmt und demnach das gesamte Ministerium als ein extrem jakobinisches verurteilt
wurde.

Nach dem Plane der Verfassung sollte es nun keinen
Ministerrat, keine ministerielle Verantwortlichkeit und folglich keine selbständige Ueberzeugung eines Ministers geben.
Ein jeder derselben galt für sein Fach als der ausführende
Diener des Direktoriums und sollte überall nach den Kolle-
gialbeschlüssen des letzteren verfahren. Das System wäre
bei vollständiger Durchführung schleppend bis zur Unerträg-
lichkeit geworden, und die Direktoren machten auch nicht
einen Tag den Versuch seiner Handhabung. Vielmehr
richtete man sich ohne Zaudern in der vom Wohlfahrtsausschusse her gewohnten Weise ein.

Man verteilte zunächst zur Beaufsichtigung der Minister
die einzelnen Fächer unter die einzelnen Direktoren, wobei
die verschiedene Neigung und Arbeitslust der Personen sehr
anschaulich zur Geltung kam. Rewbell belud sich mit nicht
weniger als drei Ministerien, Justiz, Finanzen und auswärtigen Angelegenheiten; Carnot fiel ganz von selbst die
Leitung des Kriegswesens zu, während Letourneur die Marine und die Kolonien übernahm. Dagegen begnügte sich
Barras mit der Aufsicht über die Polizei, und Laréveillère
war zufrieden mit der Verwaltung der Akademien, Schulen

und Staatsfabriken. Eine bestimmte Regel, nach welcher
eine einzelne Frage allein von dem betreffenden Minister
oder von dem das Fach leitenden Direktor zu entscheiden
oder endlich zur Gesamtberatung des Direktoriums zu bringen
wäre, wurde, so weit ich sehe, nicht aufgestellt: die Protokolle der täglich stattfindenden Gesamtsitzungen zeigen das
bunteste Allerlei umfassender Staatsfragen und geringfügiger
Kleinigkeiten, und oft genug werden uns die Fälle begegnen,
wo Carnot etwa in polizeilichen Fragen ganz auf eigene
Hand verfügte oder umgekehrt Barras in finanzielle und
Rewbell in militärische Angelegenheiten befehlend einredete.
Dazu kam, daß bei der Neuheit und Unsicherheit der gesamten Lage weder die Direktoren ihren Ministern noch
diese den Direktoren irgendwie trauten. Sehr bald richtete
sich die Regierung für jedes Ministerialfach noch ein besonderes Direktorialbureau ein, und als sich einmal jemand
im vertraulichen Gespräche über eine so unnütze Doppel-
ausgabe beschwerte, empfing er die Antwort: wir wollen es
nicht darauf ankommen lassen, daß eines Morgens das
Direktorium auf Befehl seiner Minister eingesperrt wird.
Umgekehrt waren die Minister besorgt, sich vor ähnlichen
Ueberraschungen durch eine sorgfältige polizeiliche Beaufsichtigung der Direktoren sicher zu stellen; kurz, eine nach
allen Richtungen mit und gegen einander arbeitende Polizei
war wohl die früheste Schöpfung des neuen konstitutionellen
Regimentes. Das Bedürfnis machte sich so entschieden
geltend, daß schon am 26. Dezember das Direktorium die
Einrichtung eines besonderen Polizeiministeriums zunächst
für Paris beantragte und der Rat der Fünfhundert trotz
der nachdrücklichen Einwendungen Thibaudeaus das Gesetz
mit der einzigen Aenderung verfügte, die Thätigkeit des
Polizeiministers solle nicht bloß Paris, sondern die ganze
Republik umfassen. Einstweilen war es wieder Merlin von
Douai, welcher die wichtige neue Stellung übernahm und
dafür im Justizministerium durch einen andern Jakobiner,
Génissieux, den letzten Präsidenten des Konvents, ersetzt
wurde.

Die tumultuarische und regellose Geschäftsbehandlung, die bei einem solchen System unvermeidlich war, wurde noch weiter gesteigert, indem das Direktorium für die Ernennung seiner Beamten, Kommissare und Agenten eine ganz andere Einteilung als die oben erwähnte beliebte, nämlich nicht nach Fächern, sondern nach Bezirken. Hier übernahm dann Carnot die Departements des Nordens, Rewbell die des Ostens, Barras des Südens, Laréveillère des Westens, Letourneur des Zentrums, und mit dem größten Nachdrucke wurde das ebenso eilige wie schwierige Geschäft begonnen. Um die damalige Bedeutung desselben zu würdigen, müssen wir uns an folgende Umstände erinnern. Während der Schreckenszeit hatten die Konventskommissare allerorten die vom Volke gewählten Behörden abgesetzt und die Verwaltung ihrerseits den Revolutionsausschüssen und den Vertrauensmännern der Klubs übertragen. Die rohe Gewaltsamkeit, mit welcher diese ihre schrankenlosen Befugnisse ausübten, hatte durchgängig einen wütenden Haß der Bevölkerung gegen sie und alle ihre Gesinnungsgenossen hervorgerufen, und wie die Mehrheit des Konvents selbst war auch die große Masse ihrer Diener sicher, in neun Zehnteln des Landes bei jeder freien Volkswahl zu unterliegen. Dennoch hatte der Konvent nicht geglaubt, in der neuen Verfassung dem Volke die Wahl seiner Justiz- und Verwaltungsbeamten entziehen zu dürfen; man hatte den Grundsatz mit schwerem Herzen verfügt, dann aber sich beeilt, durch verschiedene Neben- und Ausnahmebestimmungen den Einfluß der Zentralgewalt so viel wie möglich zu verstärken. Die Wahlversammlungen, die jetzt im Herbste 1795 den gesetzgebenden Körper ernannten, sollten zugleich die übrigen Beamten bezeichnen, alle diese weitläufigen Geschäfte binnen zehn Tagen beendigen und dann erst im Frühling 1797 wieder zusammentreten. Für die vier größten Städte des Reiches war wegen der drohenden Umtriebe des Royalismus die Beamtenwahl überhaupt auf den Februar 1796 verschoben und die einstweilige Anstellung dem Direktorium vorbehalten. Neben jeder gewählten Behörde stand ein Regierungskommissar zur

Ueberwachung ihres gesetzlichen Verhaltens; im Falle einer Ueberschreitung hatte das Direktorium das Recht, den straffälligen Beamten abzusetzen, worauf dann die übrigen Mitglieder der Behörde die Lücke selbst ergänzen sollten. Trotz all dieser Einschränkungen aber war die große Mehrheit der Beamtenwahlen im Sinne der Gemäßigten oder der Royalisten ausgefallen; wir wissen, wie vielfache Interessen von Leib und Leben die Bevölkerung hier bestimmten; von allen Seiten drängten sich die Nachrichten über die Niederlage der Bergpartei. Die Direktoren wüteten darüber ebenso wie ihre Freunde in den beiden Räten, und alle Mittel wurden aufgeboten, die erlittenen Verluste wieder gut zu machen. Eine ansehnliche Zahl von Wahlkollegien war in der gesetzlichen Frist ihres Daseins mit den Ernennungen nicht fertig geworden, und die Frage kam an den gesetzgebenden Körper, wie nun die fehlenden Beamten beschafft werden sollten. Der Gedanke, die betreffenden Versammlungen noch einen Tag länger beraten zu lassen, wurde als völlig verfassungswidrig von der Mehrheit der direktorialen Partei hinweggewiesen und die Regierung trotz des sehr lebhaften und eindringlichen Widerspruchs der Opposition mit der Ernennung der mangelnden Richter, Bürgermeister und Departementalräte beauftragt. Es war in politischer Beziehung dem Direktorium höchst erwünscht, natürlich aber steigerte es die Schwierigkeit der Personenfrage in hohem Maße. Kaum einer der Fünf oder ihrer Minister, die zum größten Teil völlig neu in diese Geschäfte traten, besaß eine irgend ausgedehnte Lokalkenntnis; wohl oder übel mußte man über die Ernennung der Regierungskommissarien von den bisherigen Ortsbehörden Gutachten begehren und dann erleben, daß allerorten Kandidaten in Masse vorgeschlagen wurden, die zwar jeden sonstigen Vorzug, nur nicht den einen, hauptsächlich geforderten, die bewährte republikanische Gesinnung, besaßen. Wo in dieser Hinsicht irgend leidliche Aussicht erschien, hielt sich die Regierung an die eingelaufenen Vorschläge. Aber in nur zu häufigen Fällen schien es ihr ganz unmöglich, Männer von so wenig revolutionärer Vergan

genheit in den Staatsdienst aufzunehmen; sie wandte sich
dann an irgend einen warmen Patrioten der betreffenden
Gegend, und hierauf ließ die so bewirkte Ernennung den
jakobinischen „Brüdern und Freunden" nicht das mindeste
zu wünschen übrig. Aber allerdings, es zürnten dann nicht
bloß die Ortsbehörden, die Bürger der Wahlversammlung
und, was besonders empfindlich war, die Vertreter des Departements im gesetzgebenden Körper, sondern die neuen
Beamten selbst erwiesen sich vielfach in so schreiender Weise
unfähig und nichtsnutzig, sie rechtfertigten die öffentlich auf
ihnen lastende Verwerfung so gründlich, daß das Direktorium mehrmals sich bequemen mußte, seine Schützlinge auf-
zugeben und zu neuen Ernennungen zu schreiten. Besonders unangenehm war es, daß dieser Fall gerade in Paris
selbst eintrat und sofort von den Zeitungen der Opposition
mit schneidendem Hohne in das Licht der weitesten Oeffentlichkeit gerückt wurde.

So zahlreich nun auch die Beamten waren, welche auf
diese Art von der Regierung ernannt worden waren, immer
blieb die große Masse der Verwaltungs- und Gerichtsbehör-
den bestehen, hervorgegangen aus der Wahl des Volkes und
der jakobinischen Gesinnung des Direktoriums von Grund
ihres Herzens abgeneigt. Hier griff dann das Direktorium
auf jenen Ausspruch der Verfassung zurück, der ihm die
Absetzung jedes Beamten unter der einzigen Bedingung,
die Gründe derselben anzugeben, verstattete. Die Protokolle
seiner Sitzungen [1]) zeigen, in welchem Sinne und Umfange es
von dieser Befugnis Gebrauch machte. Die Absetzungen
folgten sich in langer Reihe, hier, weil eine Behörde die
Priester, dort, weil sie die Emigranten nicht verfolgt, bald,
weil eine royalistische Verschwörung ungestraft geblieben,
bald, weil ein Beamter freiheitsfeindliche Reden geführt oder
unverkennbare Beweise von Aberglauben oder Fanatismus
gegeben hat. Neun Fälle unter zehn sind solche Bethäti-
gungen der jakobinischen Tendenz. War die Mehrheit eines

---

[1]) Im Pariser Reichsarchiv.

Kollegs verdächtig, ſo daß ſie **vorausſichtlich** dem Abgeſetzten einen gleichgeſinnten Nachfolger **geben würde**, ſo ernannte gelegentlich **das** Direktorium ſelbſt in **offener Nichtbeachtung** des Geſetzes **oder griff** zu dem einfachen Mittel, ſämtliche Mitglieder abzuſetzen, **in welchem Falle das Geſetz ſelbſt** dem Direktorium die Ernennung **übertrug.** Verfügungen dieſer Art, **erklärte** einige Monate ſpäter **der Berichterſtatter der Fünfhundert,** ſind in unzähligen Bezirken vorgekom= men [1]). So gelangte man nicht **in** allen, aber **doch in den** meiſten Departements zu dem erſehnten Ziele. **Wieder ſahen** eine Menge von Bezirken und Gemeinden die **Männer von** 1793, die verabſcheuten Werkzeuge der Schreckenszeit, **an der** Spitze ihrer Verwaltung. **Die Wirkung war gewaltig.** Niedergeſchlagenheit, Mißtrauen, **Entrüſtung verbreitete ſich** weithin durch die Gemüter; **alle Ausſichten auf Geſetzlich=** keit und Rechtsſicherheit, **die man etwa an den Eintritt der** Verfaſſung geknüpft hatte, **ſchienen vereitelt.** Noch ſetzte man **einige Hoffnung** auf **die** neu begründete Unabhängig= keit **der Gerichte,** deren Mitglieder **durch** die Verfaſſung gegen willkürliche Abſetzungen geſchützt waren, deren Urteile in Kriminalſachen auf Grund der Wahrſprüche freier Ge= ſchworenen **erfolgten:** leider blieb aber auch hier das Ver= trauen nicht lange ungetrübt, da die Regierung nur **zu bald** die Künſte Merlinſcher Rechtskunde aufbot, **um hier in den** Gang der Prozeſſe einzugreifen und dort **die Angeklagten** ihrem natürlichen Richter zu entziehen.

Nachdem auf ſolche Art das Direktorium **in den Beſitz** einer geſinnungseifrigen und dienſtwilligen Beamtenhierarchie gelangt war, beeilte es ſich **am** 9. Dezember durch **ein** öffentliches Rundſchreiben an **ſeine** Kommiſſare **dem Lande** ſeine politiſche Stellung zu bezeichnen. **Das Manifeſt ließ** an Deutlichkeit nichts zu wünſchen **übrig.** Robespierre und St.=Juſt hätten **in** jeder Zeile desſelben ihre Geſinnung gefunden. **Wohl werden** die ſchweren Uebelſtände und Ge= fahren der inneren Lage anerkannt; **aber es ſind nicht die**

---

[1]) Fünfhundert 18. April 1796.

Fehlgriffe der Revolution, es ist allein die Böswilligkeit
der feindseligen Parteien, die sie hervorgerufen hat, hier
der Freiheitsfeinde, die niemals eine Revolution gewollt
haben, dort der Freunde der Anarchie, die in fortdauern-
dem Revolutionsstande leben wollen, zwischen ihnen aber
die große Masse der Bevölkerung, welche leider zur Zeit
sich unentschlossen, sorglos oder abgeneigt verhält. In dieser
Lage, sagt das Schreiben, muß die Regierung und jeder
Beamte derselben die höchste Willenskraft für die Republik
einsetzen; die träge Masse gilt es wieder mit der heiligen
Freiheitsliebe zu erfüllen, welche einst die Morgenröte der
Revolution verklärte; die feindlichen Parteien aber sind mit
allen Waffen des Gesetzes niederzuschlagen. Indem das
Direktorium an diese allgemeinen Betrachtungen seine näheren
Weisungen knüpft, erkennt man sofort, auf welcher Seite
es die wirklichen Gegner findet. Nach einer sehr natürlichen Aufforderung an seine Agenten, ungesäumt für die
pünktliche Einzahlung der Steuern zu sorgen, richtet es seine
ganze Energie gegen die fahnenflüchtigen Soldaten, aus dem
besonderen Grunde, weil sich diese Deserteure überall an
der Spitze royalistischer Aufstände befinden, in Lyon, Aix
und Marseille die Patrioten ermorden, an der oberen Loire
eine neue Vendée zu entflammen suchen, in Paris auch nach
dem Vendémiaire stete Ruhestörungen veranlassen — dann
gegen die schlechten Priester, die geborenen Lügner, Intriganten
und Verschwörer, die scheinheiligen und unergründlichen Heuch-
ler, welche das arme Volk mit der Furcht vor der Hölle
peinigen, so daß man gegen sie alle Mittel der Gesetze,
die polizeiliche Aufsicht, die Einsperrung und die Deportation, mit voller Schärfe anwenden muß — endlich gegen
die Emigranten, die gebrandmarkten Brudermörder, die wie
Kain umherschweifen und erst im Grabe Ruhe finden sollen,
die Hochverräter, welche das Vaterland ausstößt oder vernichtet, die Urheber alles Unheils, deren Verwandte, wenn
sie nicht ihre Mitschuldigen werden wollen, sich freudig dem
sichernden Gesetze des 3. Brumaire unterwerfen müssen.
So ergoß sich der Grimm des Direktoriums in vollem

Strome gegen die Widersacher der rechten Seite. Von der Opposition der weiterdrängenden Linken war in dem Schreiben weiter keine Rede: zwischen ihr und der jetzigen Regierung stand kein prinzipieller Gegensatz, sondern nur die augenblickliche Thatsache, daß die einen herrschten, die andern aber herrschen wollten. Zum Schlusse ermahnte die Urkunde die Beamten, alle Kraft zur Beförderung des Wohlstandes im Lande aufzubieten und mit höchster Begeisterung für die Herstellung der Sittlichkeit beim Volke zu wirken. Seid die Priester der republikanischen Moral, rief das Direktorium, verwaltet dieses heilige Amt mit dem Eifer, der Hingebung, dem Fanatismus, welcher Märtyrer und Helden erzeugt.

So hatte die Regierung öffentlich ihre Stellung genommen, und wir erkennen sofort, daß sie das gerade Gegenteil dessen bedeutete, was wir oben als das wirkliche Bedürfnis des Volkes erkannten, das Gegenteil eines Systemes der Gesetzlichkeit, der Rechtssicherheit und des Friedens. Die Direktoren waren von der Majorität des Konvents ausgewählt worden, um die Herrschaft des Konventes im Gegensatze zu der Majorität des Landes fortzusetzen: in diesem Sinne faßten sie ihre Aufgabe, bezeichneten feierlich die Gleichgültigkeit des Landes gegen die Republik als ein Zeichen seiner sträflichen Entsittlichung und kündigten die gewaltsame Erdrückung jeder ihrem Willen entgegenstehenden Regung an. Die Volksvertretung, aus der sie hervorgegangen, war im wesentlichen mit ihnen gleichen Sinnes. Zwei Drittel derselben, wie wir wissen, bestand aus ehemaligen Konventsdeputierten, und deren Gewicht entschied vornehmlich im Rat der Fünfhundert fast unbedingt bei jeder Frage zu Gunsten des Direktoriums. Im Rate der Alten waren die Gemäßigten in der Mehrheit, wünschten aber aus guten Gründen zur Zeit einen offenen Bruch zu vermeiden, und da die Verfassung ihnen die Befugnis eigener Anträge nahm, war ihr Wirkungskreis überall auf die Kritik der von den Fünfhundert gefaßten Beschlüsse beschränkt. Dazu kam, daß die Partei der inneren Einheit und eines festen

Planes entbehrte; unter dem neuen Drittel war eine große Anzahl von Männern, die vor 1793 sich als entschlossene Gegner der republikanischen Tendenz gezeigt hatten und deshalb fürs erste von den Gemäßigten des Konvents nicht ohne Mißtrauen betrachtet wurden. Ein bestimmtes Programm hatten weder die einen noch die andern; sie alle wünschten dem abgematteten Volke neue Störungen und Umwälzungen zu ersparen und waren bereit, auch die Direktorialregierung zu unterstützen, wenn sie rechtschaffen und einsichtig für das Wohl des Landes sorgte.

Zunächst erschien freilich die Lage dieser Regierung wenig beneidenswert. Wohin sie blickte, sah sie Schwierigkeit, Feindschaft, Gefahr und sehr zweifelhafte Mittel zum Widerstande. Auf allen Seiten dauerte der auswärtige Krieg; die englische Flagge beherrschte siegreich die Meere; die deutschen Reichsstände hatten trotz aller Friedenssehnsucht keinen Abschluß gewagt, vielmehr waren ihre in Basel versammelten Gesandten vor dem Donner von Clerfaits Geschützen auseinandergestoben; Oesterreich war mit Rußland und England so fest wie jemals vereinigt, und in demselben Augenblick, in welchem das Direktorium die Niederlagen Pichegrus und Jourdans erfuhr, empfing es auch die diplomatische Abweisung seiner Friedensvorschläge. Die Hoffnungen, mit welchen einst Carletti die französische Regierung aus dem preußischen in das österreichische Lager hinüberzulocken versucht hatte, waren eitel gewesen; das Direktorium war wütend über den Unterhändler, der sich, unberufen, wie es schien, in sein Vertrauen gedrängt hatte, und da er sich dazu noch durch freundschaftlichen Verkehr mit einigen Deputierten der gemäßigten Partei verdächtig machte [1]), so brach man den ersten besten Anlaß zum Hader von dem Zaune, um Carletti mit offener Beschimpfung

---

[1]) Dies berichtet der preußische Gesandte Sandoz 15. Dezember, mit der ausdrücklichen Bemerkung, daß Carlettis Begehren, ihm einen Besuch bei der Tochter Ludwigs XVI. zu gestatten, nur der Vorwand für seine Ausweisung gewesen.

polizeilich aus dem Lande zu jagen. In der Sache nützte
natürlich ein solcher Ausbruch des Aergers nicht viel: das
wesentliche Verhältnis blieb bestehen, daß Oesterreich end=
lich doch seine Rechnung besser im Bunde mit der Zarin
als in der Gemeinschaft mit der Republik zu finden meinte,
und Frankreich sah sich damit vor die unangenehme Wahl
gestellt, entweder Belgien und Rheinland wieder heraus=
zugeben oder von dem Kaiser die Abtretung durch weitere
Kämpfe zu erzwingen. Aber diesen Fortsetzern des Konventes
dünkte der Verzicht auf eine Eroberung desselben unerträg=
lich: also lautete das Ergebnis trotz aller Erschöpfung und
Not des eigenen Landes auf weiteren, rastlosen, allseitigen
Krieg. Und diesen Krieg sollte man führen mit einer bei=
nahe vernichteten Marine, mit tief zerrütteten und entblößten
Heeren, mit einem völlig leeren Staatsschatze und einer
öffentlichen Schuld von 27 Milliarden Assignaten. Man
sollte ihn einem Volke zumuten, welches ebenso in seinem
Wohlstande wie in seiner Begeisterung erschöpft und her=
untergekommen war, welches für seine Bedrängnisse kein
anderes Rettungsmittel als den Frieden und für seine Re=
gierung kein anderes Gefühl als Abneigung und Verachtung
hatte. Was der Staat noch an kümmerlichen Hilfsquellen
besaß, sollte immer wieder in den Schlund einer unersätt=
lichen Eroberungspolitik geworfen werden, während die Re=
gierung aus Mangel an Geld den Bürgern die ersten und
unerläßlichsten Leistungen des Gemeinwesens, Rechtsschutz,
Unterricht, Armenpflege, versagen mußte.

Es ist unnütz, zu erwägen, was alles hätte geschehen
können, wären die Menschen und Dinge anders gewesen, als
sie in Wirklichkeit waren. Aber hier an der Schwelle einer
Entwickelung, welche für Frankreich und Europa beispiellosen
Ruhm und unermeßliches Elend hervorbringen sollte, dürfen
wir es mit bestimmter Klarheit feststellen, über welche Alter=
native das Direktorium Entschluß zu fassen hatte. Es stand
damals noch immer wie 1792. Der Krieg war kein Mittel
für verfassungsmäßige Freiheit, sondern eine Waffe für die
revolutionäre Diktatur. Deshalb bedurfte das Direktorium

des Krieges, weil es gegenüber dem Widerwillen der Be=
völkerung nur in der Diktatur die Rettung seines Daseins
sah. Ohne den Krieg wäre es nicht einen Augenblick sicher
gewesen, die in die Heimat zurückgekehrten Regimenter im
Notfall gegen die Bürger oder die gesetzgebende Gewalt
verwenden zu können. Ihre eigene Macht aber für gleich=
bedeutend mit dem Leben der Republik und der Freiheit
zu halten, daran waren sie längst gewohnt. Alle ihre Or=
gane verkündeten demnach um die Wette, man dürfe nur
einen ehrenvollen Frieden abschließen, d. h. man müsse Er=
oberungen machen, sonst sei die gedemütigte Republik dem
Untergange und Frankreich dem Joche der Royalisten preis=
gegeben. In Wahrheit stand es so, daß die Fortdauer des
Krieges das Elend und die Rechtlosigkeit im Innern ver=
ewigte und dadurch immer größere Massen mit der Sehn=
sucht nach einem rettenden Despotismus erfüllte. Denken
wir uns die Führer der gemäßigten Partei, Lanjuinais,
Pastoret oder Barbé=Marbois als leitende Mitglieder des
Direktoriums an die Stelle von Carnot und Rewbell. Nichts
ist sicherer, was Europa betrifft, als daß sie am ersten Tage
aufrichtig den Frieden gesucht, daß sie ihn unter Verzicht
auf große Eroberungen sofort erhalten, daß sie Savoyen,
die Elsasser Enklaven, einige belgische Grenzstriche ohne Mühe
behauptet hätten. Und wieder ist nichts sicherer für das
Innere Frankreichs, als daß ein solches Ergebnis ihre Re=
gierung nach allen Seiten befestigt, ihnen die Möglichkeit
geordneter Finanzen und wohlthätiger Verwaltung gegeben
und damit die Grundlage verfassungsmäßiger und volks=
tümlicher Freiheit geschaffen hätte. Wenn es ein Mittel
gab, die Umtriebe der bourbonischen Agenten zu völliger
Ohnmacht zu verdammen, so war es eine solche Politik.
Die große Masse des Volkes wollte vor allem Sicherheit
und Eigentum, deshalb wandte sie gegen Carnot und Rew=
bell ihr Ohr den bourbonischen Agenten zu. Aber sie hatte
damals immerhin noch den Wunsch auf politische Freiheit,
deshalb wäre sie jeder gemäßigten Regierung gegen die
Herstellung des alten Regimes zugefallen. Die republikanische

Staatsform hätte auch dann schwerlich längeren Bestand in Frankreich gewonnen, als das Direktorium ihr zu verschaffen vermocht hat: ist es aber nicht ein kläglicher Widerspruch in sich selbst, dem souveränen Volke eine ihm verhaßte Volkssouveränität aufzwingen zu wollen? Die bourbonischen Royalisten waren damals im Lande eine noch kleinere Minorität als die Jakobiner; das Land im großen und ganzen war mit jeder Staatsform und mit jeder Persönlichkeit zufrieden, welche den Bürgern Leib und Leben, Hab und Gut und Teilnahme am öffentlichen Leben verhieß. In Paris war damals wieder die Erinnerung an den Herzog von Orleans in zahlreichen Kreisen erwacht, und höchst wahrscheinlich hätte ein Obsiegen der gemäßigten Partei dem jungen Ludwig Philipp größere Aussichten als irgend einem anderen Kandidaten gegeben[1]). Anstatt des Kaiserreiches wäre die Julimonarchie aus der Revolution hervorgegangen. Daß es nicht geschehen, werden heute die übrigen Nationen Europas, welche dem Joche des Kaisertums ihre innere Wiedergeburt verdanken, am wenigsten beklagen; um so weniger zweifelhaft aber scheint uns, wie für das Jahr 1796 nach den wahren und bleibenden Interessen Frankreichs das Urteil einer verständigen und patriotischen Politik ausfallen muß.

Als das Direktorium seine Verwaltung begann, war unter vielen drängenden Sorgen der Geldmangel die drängendste. Die Entblößung war so vollständig, daß man zuweilen für die wichtigsten und eiligsten Depeschen an die Heere die Kosten der Kuriere nicht aufzutreiben vermochte. Von regelmäßigen Einnahmen war nichts zu entdecken; die Steuerrückstände aus den letzten drei Jahren berechnete Faypoult nach dem Kurse ihrer Verfallzeit auf 13 Milliarden. Die direkten Abgaben wurden nicht erhoben, da alle Ortsbehörden in der Neubildung begriffen waren und der größte Teil der Pflichtigen in zerrütteten Vermögenszuständen lebte. Eine Menge der indirekten Steuern hatte die Revo-

---

[1]) Mallet du Pan, mémoires II, 222.

lution nach ihren demokratischen Grundsätzen abgeschafft; den Ertrag der noch bestehenden stellte die Entwertung des Papiergeldes, welches Ende 1796 auf ein halbes Prozent hinunterging, in Frage. Die Anfertigung des Stempelpapiers mußte die Regierung in Assignaten nach dem Kurs bezahlen, während die Bürger den Stempel der Assignaten zum Nennwert erlegten; die Folge war, daß die Steuer anstatt eines Ertrags von 4 Millionen ein kolossales Defizit herbeiführte. Den Tarif der Zölle hatte der Konvent nach dem Sinken des Papiergeldes erhöht, dabei aber eine entsprechende Erhöhung der Strafgelder beim Schmuggel vergessen und diesen hiemit so gut wie straffrei und die Zölle unergiebig gemacht. So stockten alle Zweige des öffentlichen Dienstes, und jede Stockung verursachte neue Verluste und neue Anforderungen. Die Lage war eine verzweifelte, und je strenger die Geschichte ihre allgemeine Ursache, das Festhalten an der revolutionären Kriegspolitik, verurteilen muß, um so weniger wird sie geneigt sein, den Stein zu werfen auf einzelne Fehlgriffe finanzieller Technik in einer Bedrängnis, für die es kein Heilmittel bei aller Börsenkunst der Welt gab. Man wollte leben; man nährte sich, wie man konnte. So wird es niemand dem Direktorium verübeln, wenn es, so lange man nichts anderes als Assignaten besaß, Assignaten weiterdrucken ließ, obgleich kein Gesetz ihm dazu die Befugnis gab und man schon seit lange nicht mehr wagte, die Gesamtziffer des Umlaufs gesetzlich bekannt zu machen. Bei dem niedrigen Kurse des Papieres bedurfte man für die kleinste Ausgabe ungeheure Nennwerte, und natürlich drückten solche Emissionen den Kurs immer weiter hinab. Die Assignatendruckerei vermochte die nötigen Beträge damals gar nicht mehr zu liefern, wenn sie kleinere Noten als zu 1000 Franken anfertigte; ja drei Monate später war man dahin gekommen, daß man nur noch Scheine über 10 000 Franken drucken ließ. Nun aber gab es von jeher wichtige Ausgaben, bei welchen das Papiergeld auch zu dem niedrigsten Kurse nicht ausreichte; wo der Staat auf den guten Willen eines Lieferanten angewiesen war, mußte er

entweder klingende Münze schaffen oder sich auf Anleihen
zu wucherischem Preise einlassen. Das Direktorium that
auch hier, was es nicht vermeiden konnte. Man verpfän=
dete die Diamanten des ehemaligen Kronschatzes; man schloß
drückende Verträge mit einheimischen und fremden Bankiers;
man kaufte Waren auf Borg, um sie gegen bares Geld in
Versatz zu geben; man schloß die Pariser Börse, um die
Geldgeschäfte der Opposition zu stören, und eröffnete sie in
einem andern Lokale, um sich den Dank befreundeter Finanz=
männer zu verdienen [1]). So bildete sich vom ersten Tage
an neben dem verfassungsmäßigen und öffentlichen Staats=
haushalte ein geheimer und ministerieller, der fürs erste der
einzig wirkliche war. Als man die erste Finanzbotschaft an
den gesetzgebenden Körper erließ und um Ermächtigung zur
Ausgabe einiger Milliarden Assignaten nachsuchte, erinnerte
der Rat der Alten, daß die Botschaft die gesetzliche Vor=
schrift nicht beachtet habe, nach welcher die Beträge für jedes
Ministerium gesondert aufgeführt werden mußten; das Di=
rektorium bemerkte darauf, daß bei seiner Neuheit in den
Geschäften und der Unsicherheit der Lage eine solche Spezi=
fikation ihre Schwierigkeiten habe, lieferte aber trotzdem um=
gehend einen Etat von wünschenswertester Genauigkeit,
dessen einzelne Zahlen natürlich mit freier Willkür formiert
waren und sich jeder ernstlichen Prüfung entzogen. Der
gesetzgebende Körper erwies sich dankbar für eine solche Ge=
fügigkeit, indem er diese Kredite, wie alle weiter begehrten,
ohne Schwierigkeit bewilligte, wobei nur zu beklagen war,
daß thatsächlich die schönsten Budgetansätze dem Direktorium
bei der gänzlichen Leerheit der Staatskasse eben gar nichts
halfen. Der einzige Beschluß des gesetzgebenden Körpers,
der unter diesen Umständen für die Finanzen wirksame Be=
deutung hatte, war ein Gesetz vom 24. November, nach
welchem die, sonst von dem Direktorium unabhängige, Ver=
waltung des Staatsschatzes beauftragt wurde, finanzielle
Operationen unter Aufsicht der Regierung vorzunehmen,

---

[1]) Protokolle des Direktoriums.

mit anderen Worten ein Gesetz, durch welches alle jene
Nothülfen des Direktoriums ein für alle Male legale Be=
stätigung erhielten.

Aber allerdings, solche kleine Mittel schoben vielleicht
den Hungertod des Staates für einige Tage hinaus, waren
jedoch nicht im stande, die Bedürfnisse einer großen Ver=
waltung auf die Dauer zu decken. Mochte man in jeder
sonstigen Beziehung es mit den Anforderungen des Gemein=
wesens noch so lässig nehmen, zwei Punkte gab es, mit
denen sich bei dem damaligen Zustande nicht scherzen ließ,
die Ernährung des Pariser Volkes, die, wie wir wissen,
seit 1790 zum größten Teil auf Staatskosten erfolgte, und
die Verpflegung der Heere, von denen nach Clerfaits Siegen
sehr ansehnliche Massen auf französischem Boden standen und
der Beute aus Feindesland entbehrten. Ihr Sold war
rückständig seit Monaten, die Naturallieferungen erfolgten
in betrügerischer Unregelmäßigkeit; so zerriß die Not bei
den Soldaten alle Bande der Disziplin, und die Generale
schritten endlich zu dem äußersten Mittel, indem sie die
französischen Gemeinden wie feindliche behandelten und die
Bedürfnisse der Truppen durch Requisitionen befriedigten [1].
Alles kam darauf an, einem pressenden Notstande durch
die Eröffnung einer außerordentlichen und sofort wirksamen
Hülfsquelle abzuhelfen. Fort und fort hatten allerdings die
beiden Räte über die Verbesserung der Finanzen und die
Hebung der Assignaten verhandelt; eine Menge von Plänen,
Vorschlägen, Hoffnungen war aufgetaucht, aber fertig war
kein System geworden und vor allem kein neuer Barbestand
der Staatskasse zugeflossen. So nahm denn die Regierung
selbst die Initiative. Es bezeichnet ihre politische Stellung,
daß sie ganz einfach auf eine der berufensten Maßregeln
der Schreckenszeit zurückgriff, und daß Carnot, das frühere

---

[1] Auf die Beschwerde, die eine belgische Behörde darüber führte,
erfolgte eine Weisung des Direktoriums an das Kommando der
Sambre=Armee: vor allem müsse der Soldat leben, im übrigen
der Bürger mit Rücksicht behandelt werden.

Mitglied des blutigen Wohlfahrtausschusses, der Urheber
dieses Gedankens war [1]).

Am 6. Dezember 1795 brachte die Regierung eine Bot-
schaft an den gesetzgebenden Körper, worin sie die Not des
öffentlichen Dienstes in brennenden Farben schilderte. Der
Republik, sagte sie, droht die Gefahr einer vernichtenden
Katastrophe. Wir stehen auf dem äußersten Punkte. Um
uns zu erretten, muß der Genius der Freiheit mit der
Schnelligkeit des Blitzes wirken und dem Schatze auf der
Stelle eine gewaltige Masse echter Werte zuführen. Zur
Lösung dieser Aufgabe wurde ein Zwangsanlehen auf die
Reichen vorgeschlagen. Der Gesamtbetrag desselben sollte
auf 600 Millionen Silberwert festgestellt und entweder in
Metallgeld oder in Assignaten zum Tageskurs in drei mo-
natlichen Terminen eingezahlt werden. Verpflichtet zur
Zahlung sollten die Höchstbesteuerten sein, bis zu einem
Fünftel aller Steuerzahler, mutmaßlich also eine Million
französischer Bürger. Die einzelnen würden durch die De-
partementsbehörden eingeschätzt und nach ihrem Einkommen
in zwölf Klassen, in der höchsten zu 1200, in der niedrigsten
zu 100 Franken, besteuert werden; die Maßregel, setzte die
Botschaft mit großer Naivität hinzu, wird bei der ungeheuren
Mehrheit der Bürger, welche nichts beizutragen hat, lebhaften
Beifall finden. Den entsprechenden Einwand bemerkte sie
selbst, um ihn mit heroischer Abfertigung zurückzuweisen;
vielleicht würde jemand, hieß es, die Belastung eines kleinen
Teils der Bürger für unbillig halten, zumal es bei der
Einschätzung nicht ganz ohne Willkür abgehen könnte; indessen einige Willkür sei bei jeder Steuer unvermeidlich, und
wer das Glück hätte, zu dem reichen Fünftel zu gehören,
würde ruchlos sein, wenn er dem Vaterlande nicht zu Hilfe
kommen wollte; jedenfalls sei es Zeit, daß die Reichen
etwas von den Lasten der Revolution übernähmen, die bisher ausschließlich von der patriotischen Armut getragen
worden.

---

[1]) (Carnot-Feulins) hist. du Direct. constitutionnel.

Es war, wie man sieht, eine Beweisführung ganz und gar im Sinne von 1793. Ueber den Satz der neuen Verfassung, daß das Gesetz das gleiche sein solle für alle, daß jeder Bürger nach seinen Kräften zu den öffentlichen Lasten beizutragen habe, erhob sich die Erinnerung an die glorreichen Tage der jakobinischen Demokratie, wo der Reichtum an sich selbst ein Vergehen dargestellt hatte. Es handelt sich, rief der Berichterstatter der Fünfhundert, Ramel, nur um ein Anlehen, nicht um eine Steuer; hier kann die Verfassung dem Staatsbedürfnis nicht entgegengehalten werden. Er beantragte die Annahme des Gesetzentwurfs mit einigen Verbesserungen im einzelnen; statt eines Fünftels sollte ein Viertel der steuerfähigen Bürger herangezogen werden, nicht in 12, sondern in 16 Klassen, je mit einem Beitrag von 50 bis 6000 Franken; in jedem Departement würde die Behörde zuerst das höchstbesteuerte Viertel ermitteln und dann von diesen Bürgern jeder Klasse eine gleiche Anzahl zuweisen. Als Defermont erklärte, in manchen Departements gebe es nicht so viele Reiche, daß man eine hiernach genügende Zahl für die höchste Klasse finden könne, man solle also jeden Darleiher nach einem festen Vermögenssatze einer bestimmten Klasse zuteilen: da fuhr Ramel auf, daß hiermit der Wert des Gesetzes völlig zerstört werde, und bewirkte die sofortige Verwerfung des Antrags. Es wurde dann am 9. Dezember weiter bestimmt, daß jeder Pflichtige seinen Beitrag in zwei Monaten einzahlen sollte, entweder in Silber oder in Getreide zum Marktpreise oder in Assignaten zum Kurse von einem Prozent. Wer mit seiner Zahlung im Rückstande bliebe, sollte seinen Betrag in Assignaten zum Tageskurse leisten. Da damals etwas über 30 Milliarden Assignaten im Umlaufe waren und im Handel nur zu einem halben Prozente angenommen wurden, so hoffte man durch jene Vorschrift mit ungefähr der Hälfte des Zwangsanlehens alle Assignaten wegzufegen und dann noch einen sicheren Wert von 300 Millionen Silber oder Getreide in der Staatskasse zu behalten.

Kaum war das Gesetz vom Rate der Alten genehmigt,

so gingen die Behörden mit Eifer an die Ausführung. Sie prüften, schätzten, verfügten die Anlehensquoten. Es gab keine Berufung gegen ihre Beschlüsse, und harte Strafen waren den Saumseligen angedroht. Aber nach wenigen Wochen wiederholte sich auch für sie die alte Erfahrung, daß die Ungerechtigkeit immer unfruchtbar und der Despotismus im Kampfe mit der Natur der Dinge ohnmächtig ist. Frankreich hatte die Revolution ausbrechen sehen, weil das Volk eine jährliche Steuerlast von 800 Millionen nicht mehr aufzubringen vermochte. Seitdem waren sechs Jahre unermeßlicher Leiden und Zerstörungen gefolgt; der Ertrag der Aecker war auf ein Drittel gesunken, die Industrie war zerrüttet, der auswärtige Handel vernichtet, und in dieser Lage begehrte man 600 Millionen als außerordentliche Zusatzsteuer von einem Viertel der Bevölkerung binnen zwei Monaten! Von allen Seiten her kamen die Klagen wegen Ueberbürdung und Erpressung; in zahlreichen Bezirken gelangte man nicht einmal bis zur ersten Einschätzung, und während nach dem Gesetze die Einzahlung des ersten Drittels mindestens zehn Milliarden Assignaten hätte hereinbringen müssen, vernahm man bald genug das Geständnis, daß man statt dessen nur eine Milliarde Papiergeld, also zehn Millionen Silberwert erhalten habe [1]. Es war also auch daran nicht zu denken, daß der Kurs der noch vorhandenen Assignaten durch das Zwangsanlehen sich gehoben hätte; im Gegenteil beförderte die gewaltthätige Operation aus begreiflichen Gründen die Neigung zum Sinken [2]. Die Hoffnung, durch die große Maßregel in geordnete Finanzzustände zu kommen, war demnach ebenso schnell zerronnen **wie auf-**

---

[1] Botschaft des Direktoriums 18. Febr. 1796. Früher und später werden in buntester Abwechselung höhere Beträge genannt, 6, 7, 10 Milliarden. Aktenmäßig genaue Angaben kommen überhaupt nicht vor; sicher ist schließlich nur das Fiasko der ganzen Maßregel.

[2] Faypoult meldete zwar 31. Januar dem Direktorium, daß infolge des Zwangsanlehens die Assignaten an einigen Orten wieder auf ein Prozent gestiegen seien. Die Freude hatte aber keinen langen Bestand.

getaucht. Man blieb im revolutionären Haushalte fort und
fort in der Notwendigkeit, **auf neue** revolutionäre Aus=
kunftsmittel zu sinnen. Daß der große Bankerott, die voll=
ständige Entwertung der Assignaten, nicht lange mehr zu
verdecken sei, darüber hatte, als das Jahr 1795 zu Ende
ging, kein verständiger Mensch einen Zweifel. Der gesetz=
gebende Körper hatte am 23. Dezember beschlossen, den um=
laufenden Betrag dieses Papiergeldes nicht über 40 Mil=
liarden zu steigern; im Laufe des Januar begann man sich
mit raschen Schritten dieser Grenze zu nähern, und das
Direktorium that das mögliche, sich auf den Zeitpunkt
vorzubereiten, in welchem die bisherige Quelle des revolu=
tionären Ueberflusses versiegen würde. Schon am 26. De=
zember beantragte es die Feststellung aller Budgetansätze
in sicheren Silberwerten. Am 11. Januar wies es die
Schatzbeamten an, von den vorhandenen Assignaten täglich
nicht mehr als 200 Millionen auf die gegenwärtigen Staats=
bedürfnisse zu verwenden, mit andern Worten, da damals
der Kurs der Assignaten auf ⅓ Prozent heruntergegangen
war, die Staatsausgaben täglich auf 660 000 Franken zu
beschränken, mit allen anderen Assignaten aber, die man
besitze, den Ankauf von Silbergeld für die Zukunft zu be=
treiben [1]). Natürlich reichte die eben genannte kleine Summe
für die laufenden Ausgaben an keiner Stelle hin; Beamte
und Lehrer, Soldaten und Matrosen entbehrten ihres Ge=
haltes; alle öffentlichen Arbeiten und Anstalten gerieten in
Verfall. Man suchte Hülfe bei der Ausgabe neuer Pa=
piers, Schuldscheinen des Schatzes, die **man binnen** drei
Monaten in Silber aus dem Ertrage **des** Zwangsanlehens
zu bezahlen **und** höchstens bis **zum** Belaufe von 30 Mil=
lionen in Umlauf zu setzen versprach. Aber der Kredit der
Regierung war so gesunken, **daß die** erste dieser Reskrip=
tionen gleich **am Tage ihres Erscheinens** fünfzig Prozent
verlor, **und dies** Sinken steigerte sich, als die Börse inne
wurde, daß die Regierung, **durch die** Not gepreßt, die Masse

---

[1]) Protokolle **des** Direktoriums, **Pariser** Reichsarchiv.

ihrer **Reskriptionen** von **dreißig** auf **sechzig** Millionen erhöht hatte. **Gerne** oder ungerne, man mußte, da man
keine Einnahmen hatte, die Ausgaben weiter beschneiden.
Man beschloß, **für** die gegenwärtigen Staatsbedürfnisse nicht
mehr 200, sondern nur **50 Millionen** Assignaten **und eine**
Million Reskriptionen täglich hinzugeben, d. h. **den** Direktoren, Ministern, Deputierten und einigen glücklichen Günst-
lingen **ihre** Gehälter fortzubezahlen, sonst aber fürs erste
überhaupt keine Zahlungen zu leisten. Man **erinnerte sich,**
welche Massen unnützer Behörden und Beamten die Regierung der Schreckenszeit zur Ernährung ihrer Parteigenossen
geschaffen hatte: man verfügte jetzt mit gleich revolutionärer
Unbedenklichkeit die sofortige Auflösung dieser **Agenturen**
und Kommissionen **und** sprach binnen wenigen Wochen **die**
Absetzung von ungefähr 12 000 solcher Beamten aus. **Wäh-**
rend man bisher in der regellosen Papierwirtschaft die Ausgaben durcheinander verfügt **hatte, gleichviel, aus welchem**
Rechnungsjahre sie stammten, **befahl man jetzt eine genaue**
Scheidung **des** diesjährigen Budgets **von den Rückständen**
der Vorjahre und ordnete dann die Suspension jeder Zahlung auf die letzteren an. Der Wert und die Wirkung
dieser Schritte läßt sich leicht ermessen. Offenbar ist es
keine Sünde, **nichts** zu zahlen, wenn man weder Geld noch
Kredit besitzt; und überflüssige Behörden abzuschaffen **und**
die verschiedenen Jahresrechnungen zu sondern, **ist an** sich
eine vortreffliche Sache. Aber diese Fortsetzer des **Konventes**
vermochten auch das Gute und Nützliche nicht **ohne Gewalt-**
samkeit und Parteilichkeit zu thun. In demselben **Augen-**
blicke, in dem man aus Geldmangel die Staatsgläubiger
darben, **die** kleinen Beamten hungern, die Schulen und
Hospitäler verkommen ließ, ertönten bei jeder Verhandlung
des gesetzgebenden Körpers die niemals widerlegten Klagen
über die tolle Verschleuderung des Staatsvermögens, die
wucherischen Geschäfte der Lieferanten, die straflose Unred-
lichkeit der Steuereinnehmer und Kassenbeamten. Die einzige
Antwort auf solche Beschwerden **war der** mit Achselzucken
gegebene und freilich nicht zu bestreitende Satz, **daß alle**

Rechnungskontrolle unmöglich bleibe, solange man nicht zu einer festen **Valuta zurückgelangt** sei.   So drehte man sich **in** traurigem Kreise **und** kam **an** keiner Stelle aus den tiefen Schäden des revolutionären Zustandes hinaus.   Die Wirkung im Lande war die übelste.   Das Direktorium herrschte seit drei Monaten und hatte noch an keines der großen öffentlichen Bedürfnisse die Hand gelegt, geschweige denn dasselbe befriedigt. Es konnte denn nicht anders sein: Unsicherheit, Mißmut und Abneigung erfüllten die Gemüter **in den** weitesten Kreisen.

Zur Zeit des Wohlfahrtsausschusses hatte es an grim= miger Unzufriedenheit im Volke wahrlich nicht gefehlt: da= mals aber **hatte** die Regierung über Gefühle hinwegsehen mögen, deren leisesten Ausdruck sie auf der Stelle im Blute ihrer Träger ersticken konnte.   Jetzt aber hatte die Ver= fassung dem französischen Volke das Recht der freien Ver= handlung zurückgegeben, und vor allem Paris machte davon einen umfassenden und rückhaltlosen Gebrauch.   Die Preß= freiheit war völlig unbeschränkt; die Verfassung verbot jede **Art von** Präventivzensur; ein besonderes Strafgesetz für Preßvergehen existierte nicht.   So schossen die Zeitungen wie die Pilze aus dem Boden empor, Blätter aller Farben **in rührigem und** rastlosem Gewirre [1]).   Die große Mehr= **zahl gehörte** den verschiedenen Schattierungen der gemäßigten **Partei** an, unter siebenzig Tagesblättern, welche Ende 1795 in Paris erschienen, vielleicht sechzig; die Demokraten klagten **zornig,** daß, wenn man vier oder fünf opferwillige Pa= **trioten** ausnehme, die gesamte übrige Presse royalistisch sei. In Wahrheit stand es bei den Zeitungen wie bei der Masse der Bevölkerung: was man begehrte, war Ruhe, Rechtlich= keit, Rechtssicherheit, so daß man mit jeder Republik zu= frieden gewesen wäre, welche diese Güter gewährleistet hätte; **man** neigte nur deshalb zu monarchischer Gesinnung, weil **die vorhandene** republikanische Regierung sich wie ihre Vor= gänger revolutionär in ihren Thaten und Neigungen zeigte.

---

[1]) Vgl. **Hatin,** hist. de la presse en France, vol. IV und VII.

So kam es auch in den Zeitungen nur selten zu großen Prinzipienkämpfen, zu tiefdringenden Erörterungen über die gesetzlichen Einrichtungen oder die verfassungsmäßigen Grundlagen. Der vorherrschende Zug in dem Treiben der damaligen Presse war vielmehr die persönliche Invektive, der Haß und die Verachtung gegen die Menschen, welche das Land mit den Verbrechen der Schreckenszeit heimgesucht hatten, die unermüdliche Verfolgung der jetzigen Machthaber, der Beamten und Volksvertreter, der Minister und Direktoren, soweit sie irgendwie jakobinische Beziehungen und Erinnerungen hatten. Der Lebenswandel derselben bot in der That für solche Angriffe nur zu zahlreiche Blößen. Das Direktorium war nicht lange in der Aermlichkeit seiner ersten Einrichtung verblieben; das Luxembourg war mit dem Mobiliar der königlichen Schlösser ausgestattet worden; die Vorzimmer der Direktoren füllten sich bald genug mit ebenso zahlreichen Bittstellern und Bewerbern wie einst die Räume der Tuilerien, und leider wetteiferten die neuen Herrscher wie in äußerem Prunke so auch in glänzender Sittenlosigkeit mit dem Hofe Ludwigs XV. Bei Rewbell sammelten sich die Spekulanten und Lieferanten, bei Barras die Lebemänner und die gefälligen Schönheiten des Tages. Die Emporkömmlinge der Revolution genossen ihre unsichere Macht mit brutaler Schamlosigkeit; die Damen erschienen in antikem Kostüm, einem Ueberwurfe von durchsichtigem Stoffe ohne jedes Unterkleid; die Männer benutzten die Unsicherheit der Rechtsverhältnisse und die Unordnung im Staatshaushalte zu frecher Bereicherung auf Kosten des Landes. Dieses Treiben gab der Polemik der Presse unerschöpfliche Nahrung. Mit allen Waffen der Verachtung, des Zornes, des Spottes wurde tagtäglich die Privatgeschichte der Machthaber an das Licht der Oeffentlichkeit gerissen, in grellem Kontraste daneben das allgemeine Leiden der Schreckenszeit in warmer Erinnerung erhalten, in hundertfachen Anwendungen die traurigen Folgen der republikanischen Verfassung nachgewiesen. Die herrschende Partei wütete über diese allgegenwärtige Feindseligkeit, aber fand sich vollkommen

ohnmächtig zu ihrer Erdrückung. Mehrmals kam die Ge=
fahr der unbändigen Presse in dem Rate der Fünfhundert
zur Sprache, ohne daß die Regierung ein Ergebnis zu er=
langen vermocht hätte. Im Vergleiche zu 1789 hatte sich
das Verhältnis der Parteien zu der großen Frage völlig
umgekehrt: die ehemalige Linke, die gegen die Minister
Ludwigs XVI. so häufig die Preßfreiheit oder den Tod be=
gehrt, sie war es, welche, jetzt im Besitze der Macht, das
Treiben der Zeitungen als töblich für Sitte und Anstand,
für die Ehre der Personen und die Sicherheit des Staates
brandmarkte: während die ehemaligen Rechte, zur Zeit in
der Stellung der Opposition, sich die wirksamste aller Waffen
um keinen Preis abstumpfen lassen wollte und unerschütter=
lich an dem Buchstaben des verfassungsmäßigen Rechtes fest=
hielt. Offenbar hatte sie hier die günstigere Stellung; für
die alten Girondisten und Dantonisten ihr gegenüber war
es stets eine unbequeme Sache, das einst so feurig gepredigte
Evangelium der Preßfreiheit zu verleugnen, und vollends die
äußerste Linke, die echten Jakobiner von altem Schrot und
Korne, war in ihrem Hasse gegen die regierende Mittel=
partei mit der äußersten Rechten völlig einverstanden. Das
Direktorium, außer stande, ein wirksames Preßgesetz zu er=
langen, versuchte denn mit polizeilichen Maßregeln sein
Heil. Keine Woche verging, ohne daß ein Redakteur ver=
haftet oder eine Zeitung vor Gericht gestellt wurde; zu=
weilen ging man mit Massenverfolgungen vor und faßte
ein halbes Dutzend royalistischer und ultrademokratischer
Schriftsteller in einer ungeheuerlichen Anklage zusammen.
So groß die Geldnot des Schatzes war, erübrigte man doch
erhebliche Summen, um einige Blätter zur Unterstützung der
Regierung zu erkaufen: denn leider war die Thatsache nur
zu gewiß, daß das Direktorium nicht eine befreundete Stimme
in der unabhängigen Presse besaß und genau so viel Lob
in den Zeitungen fand, wie es bar bezahlte. Aber auch
hier war der Erfolg ein äußerst geringer. Nach der all=
gemeinen Tendenz der Direktoren gehörten die bezahlten
Blätter stets der jakobinischen Linken an, und mehr als

einmal mußte die Regierung erleben, daß eine Zeitung, bei
der sie heute auf zehntausend Exemplare abonniert hatte,
nach acht Tagen sie mit einem giftigen Artikel über die
fünf Tyrannen des Luxembourg, die Aussauger des armen
Volkes, die Henker der französischen Freiheit überraschte.
Vollends die Preßprozesse führten sie von einer Niederlage
zur andern. Die Richter ließen der Verteidigung eine unbeschränkte Freiheit; der Skandal, welchen der verfolgte
Artikel erregt hatte, wurde durch die öffentliche Verhandlung verdoppelt und fast ausnahmslos die Schmach der Regierung durch das freisprechende Urteil der Geschworenen
besiegelt.

Neben den Zeitungen rührten sich die politischen Vereine.
Es half nicht viel, daß die Verfassung ihnen die weite Verbindung und feste Gliederung der alten Klubs untersagt
hatte; man fand Mittel und Formen genug, dieses Verbot
zu umgehen, und im Laufe des Winters bedeckte sich ganz
Paris und ein ansehnlicher Teil der Departements mit politischen Gesellschaften aller Farben. Die kräftigste Entwickelung fanden, anfangs von der Regierung offen begünstigt, die Klubs der jakobinischen Partei [1]). Unter ihnen
gewann sehr bald die Gesellschaft des Pantheons, so genannt, weil sie in einem Kaffeehause nicht weit von jenem
Gebäude ihren Sitz hatte, eine hervorragende Stellung und
leitenden Einfluß. Die Zahl ihrer Mitglieder wuchs allmählich auf mehrere Tausende; es kamen dort, wie man
sich denken kann, sehr verschiedenartige Elemente zusammen.
Da gab es begeisterte Anhänger der reinen Demokratie,
die mit Schmerz an die verlorene Theorie von 1793 dachten,
daß jedes Gesetz von dem gesamten Volke zu beschließen
und die gesetzgebende Gewalt der Abgeordneten eine Usur-
pation sei, Männer, die bei dem Anblick der weitverbreiteten
Armut in dem selbstsüchtigen Eigentümer einen Verbrecher
und in dem Eigentume überhaupt eine Beraubung der Gesamtheit sahen. Neben ihnen standen jene alten Mitglieder

---

[1]) Buonarroti, conjuration de Babeuf I, 75.

des Konvents, **die** Reste der Hébertisten und Robespierristen, welche, im Germinal und Prairial unterlegen **und von** der neuen Regierung ausgestoßen, sich allein als die echten Erben **der Revolution** und die allein berechtigten Führer der Volks= sache betrachteten. Um sie sammelte sich der wildeste Aus= wurf der Schreckenszeit, die Reste von Maillards und Four= niers Banden, die Männer der Revolutionsausschüsse und Revolutionsgerichte, die Empörer **des** Prairial und die heilige Schar des Vendémiaire. Diese Menschen waren nicht lange gemeint, ihre Rolle auf gehorsame Unterstützung des Direk= toriums zu beschränken. Eine Menge von ihnen hatte 1793 **aus** dem Säckel des **Staates oder** ihrer Mitbürger in Macht **und** Ueberfluß gelebt: jetzt waren sie vermögenslos, arbeits= scheu, verachtet; sie erfüllten sich täglich mit immer giftigerem **Zorne** gegen die besitzende Klasse. Ihnen dünkte es fast gleichgültig, daß das Direktorium die Emigranten und Priester verfolgte, daß es so viele Aemter wie möglich an jakobinische Genossen brachte und den Krieg gegen **die** ge= krönten Häupter Europas unermüdlich fortsetzte: trotz alle= **dem** war ihre goldene Zeit vorüber, in der sie Versamm= **lungssold** bezogen, für wertloses Papier jede Ware zu festen Spottpreisen erhalten, jeden Widerstand mit dem Beile niedergeschlagen hatten. Das Direktorium machte an ihnen dieselbe Erfahrung, wie Robespierre an den Hébertisten: sie haßten die Regierung, weil sie eine Regierung war, gleich= viel, **ob** sie aus Jakobinern bestand und die Jakobiner be= günstigte. Sie hatten keinen andern Gedanken als die Er= neuerung der rohen Gewalt; sie redeten einstweilen nach dem alten Brauche der Partei von der Verfassung von 1793, in Wahrheit aber handelte es sich bei ihnen um kein an= deres Verfassungsrecht als das der freien Plünderung. An= fangs sahen sie mit Kummer, daß die Masse des niederen Volkes in Paris eine tiefe Gleichgültigkeit zeigte, ja wohl selbst die Revolution als die Ursache ihres damaligen Elends **beklagte.** Aber je bestimmter und nachdrücklicher **der** Klub **gerade dieses täglich wachsende** Elend zum Gegenstande seiner **brausenden Beratungen machte,** desto mehr gelang es ihm,

die Aufmerksamkeit des Proletariats zu fesseln, die Erinne=
rung an die goldene Zeit seiner Diktatur in den Herzen
desselben zu erwecken und immer größere Haufen von Ar=
beitern in seine Reihen heranzuziehen. Ihr Vertreter in der
Presse war Camille (oder wie er sich neuerlich umgetauft
hatte, Gracchus) Babeuf, ein Mensch, der zur Schreckens=
zeit wegen betrügerischer Urkundenfälschung peinlich verurteilt
worden war [1]), deshalb nach dem 9. Thermidor sich den
neuen Machthabern durch heftige Schmähungen gegen Robes=
pierre zu empfehlen suchte, dann aber, als er hier seine
Rechnung nicht fand, wieder zur äußersten Linken hinübertrat
und jetzt in seiner Zeitung „Volkstribun" die glorreiche
Freiheit von 1793, das Andenken Robespierres und mehr
noch die Verdienste des Volksfreundes Marat feierte. Eben
nach dessen Muster fesselte er seine Genossen an sich, indem
er unumwundener als ein anderer ihre Lieblingsgedanken
öffentlich verkündete, die Zertrümmerung der bestehenden
Gesetze, die Umwälzung aller Besitzverhältnisse, die Ver=
nichtung jedes Widerstandes durch blutige Gewalt. Die
Patrioten, schrieb er im Dezember 1795, warten ungeduldig
auf die Erhebung der Männer vom 31. Mai, des Vor=
trabs des plebejischen Heeres, sie alle gedenken des Satzes,
daß der Republikaner keinen Schritt thun kann, ohne zu
wissen, daß er auf eigenem Boden steht. Die Faktion der
Reichen, rief er im Februar, unterdrückt seit dem 9. Ther=
midor ganz Frankreich; es gilt, das Gebäude des Verbrechens
zu unterminieren und das Fundament für ein gerechtes
Staatswesen zu legen. Wenn Robespierre das Recht des
Eigentums in gewissen Schranken noch anerkannt und sich
mit der praktischen Verfügung über allen Besitz durch Pa=
piergeld, Taxen und Zwangsverkauf begnügt hatte, so
meinten diese Schüler den Meister zu übertreffen, indem
sie den Sturm gegen den Grundsatz, gegen die Existenz des
Eigentums eröffneten. „Das Eigentum," lehrte Babeuf,

---

[1]) Die Akten des Prozesses bei Granier hist. du D. E. Vol. II,
pièces justificatives.

„ist die Quelle **alles Uebels**. Die menschliche Gesellschaft ist **dadurch** eine Räuberhöhle, **die** Harmonie derselben ein Verbrechen **geworden**. Das Eigentum liegt **in** der Hand von Usurpatoren, **die** Gesetze sind das Werk der Gewalt. Die Sonne leuchtet **für alle** Welt, die Erde gehört niemand. Vorwärts also, meine Freunde, stürzt und zerschlagt diese Gesellschaft, die euch nicht behagt. Nehmt, was euch gefällt, **vernichtet** alle Schranken und alle Verfassungen, erwürgt **die** Tyrannen, die Patrizier, die Geldmenschen. Ihr seid das **wahre** Volk, das einzige Volk, welches alle Güter der Erde zu genießen verdient. Was das Volk thut, ist gesetzlich; was es befiehlt, ist heilige Pflicht." Solche Dinge waren denn **doch** auch dem Direktorium zu stark, zumal Babeufs Blatt **fast** in jeder Nummer heftige Angriffe gegen die „ehrlosen Direktoren, das abscheuliche Gesindel des Luxembourg, die fünf aufgeputzten Maulesel" richtete: ein Verhaftsbefehl **wurde** erlassen **und ein** Preßprozeß begonnen, aber die Geschworenen gaben auch hier ein freisprechendes Urteil, und Babeuf setzte aus sicherem Verstecke seine wilde Polemik fort. Auch war **es** der Regierung mit der Verfolgung des Volks-tribunen wenig Ernst. Polizeiminister war Merlin von Douai, **der** vor einiger Zeit selbst die Kassation des gegen Babeuf erlassenen Strafurteils wegen Fälschung bewirkt hatte; das Direktorium war freilich äußerst verdrießlich über **die** unbequeme Opposition von Männern, die es als seine natürlichen Bundesgenossen gegen Monarchisten **und** Ge-mäßigte betrachtete, aber es ertrug eben deshalb die Angriffe derselben mit unverwüstlicher Geduld, immer in der Hoffnung, daß die frechen Tollköpfe doch endlich ihre wahren Freunde erkennen würden.

Desto tiefer war der Eindruck, welchen diese Wieder-belebung des wahnsinnigsten Radikalismus und die schonende **Nachsicht** des Direktoriums **auf** die gemäßigte Partei, vor allem im gesetzgebenden Körper, machte. Bisher waren deren Vertreter **in ihrer** zuwartenden Stellung verblieben, hatten der Regierung, eben weil **sie** einmal die Regierung Frank-**reichs** war, keine Verlegenheit bereiten wollen und nichts

gethan, sich selbst eine feste Organisation zu geben. Allmählich aber wuchs ihre Ungeduld. Aus allen Teilen des
Landes kamen die Klagen über die Roheit und Gewaltthätigkeit der neuen Beamten; überall erwachte der Parteihader wieder mit frischer Bitterkeit. Die Regierung that
nichts für die großen Bedürfnisse der Nation, desto häufiger
hörte man von ihrer Willkür und Ungesetzlichkeit. So machte
sich das Bedürfnis einer festen Opposition mit jedem Tage
fühlbarer. Zuerst im Rate der Alten bildete sich eine engere
Vereinigung gleichgesinnter Männer aus dem neuen Drittel,
der berühmte Nationalökonom Dupont de Nemours, ein
Greis von umfassenden Kenntnissen, jugendlicher Lebhaftigkeit, unverwüstlicher Frische, General Mathieu Dumas,
1792 in der gesetzgebenden Versammlung einer der schlag-
fertigsten Gegner der Republikaner, der treffliche Portalis,
halb blind, aber durch Stärke des Geistes und des Charakters jeder Anstrengung und jedem Opfer gewachsen. Einige
Genossen aus dem Rate der Fünfhundert traten hinzu;
wöchentlich zweimal kamen sie zu regelmäßigen Beratungen
zusammen, anfangs im ganzen nur zwölf an der Zahl, aber
sämtlich bedeutende und zur parlamentarischen Führung geeignete Männer. Sie alle zogen die monarchische der republikanischen Verfassung vor, aber keiner war unter ihnen,
welcher damals an den Umsturz der bestehenden Staatsform oder auch nur der vorhandenen Regenten gedacht hätte.
Nur auf das eine ging ihr Entschluß, von nun an mit voller
Entschiedenheit jeder Maßregel in den Weg zu treten, die
nach ihrer Ansicht den Interessen des Landes schädlich wäre.
Auf das weiteste wiesen sie jedes Mittel ungesetzlicher Gewalt hinweg: es schien ihnen doppelt verwerflich auf dem
Boden der vorhandenen Verfassung, nach welcher im folgenden Jahre ein zweites Drittel der Konventsdeputierten
ausscheiden, die neuen Wahlen ganz sicher ein zweites Drittel
gemäßigter Männer in die Räte senden und damit ihnen
die sichere Mehrheit in dem höchsten Organe des souveränen
Volkes, in dem gesetzgebenden Körper, geben würden. Bis
dahin galt es, in dem parlamentarischen Kampfe auszu-

halten und ohne Hast das mögliche zu thun, um ferneres Uebel zu verhüten [1]).

Sie hatten bald genug Gelegenheit, ihre Fahne dem Lande zu zeigen.

Wir wissen, wie unendlich weit verzweigt und wie verhängnisvoll für Hunderttausende die Gesetzgebung über die Emigranten war. An den verschiedensten Punkten machte sie sich geltend, es war gewiß, daß ohne eine Umgestaltung derselben im Sinne allgemeiner Gerechtigkeit der öffentliche Zustand nicht zur Ruhe kommen konnte. Anderer Meinung aber war die herrschende Partei. Sie sah eine Frage ihrer persönlichen Existenz in der fortgesetzten Fernhaltung und Unterdrückung der Emigranten; sie hielt die Befestigung der großen Konfiskationen für die Grundlage und die fernere Ausdehnung derselben für die beste Hülfsquelle des Staatshaushalts. Das Gesetz vom 3. Brumaire, welches die Verwandten der Ausgewanderten von jeder politischen Thätigkeit ausschloß, galt, unbestritten bis hieher, für das Palladium republikanischer Wohlfahrt und Freiheit. Wenn einem Abgeordneten nachgewiesen wurde, daß er unter die Bestimmungen dieses Gesetzes falle, so schien es den Machthabern selbstverständlich, daß sein Mandat bis zum Abschlusse des europäischen Friedens ruhen müsse. So war die Ueberraschung und das Befremden groß, als Anfang Januar 1796 bei einem solchen Falle die Gemäßigten lebhaften Widerspruch erhoben. Sie entwickelten, daß die Wahl im September stattgefunden habe, auf Grund der damals verkündeten Verfassung, vollkommen unanfechtbar nach den damals herrschenden Gesetzen: so habe der Abgeordnete durch den Willen des souveränen Volkes seinen Auftrag rechtskräftig empfangen, und nimmermehr könne ein späterer Beschluß des erlöschenden Konvents einen solchen Akt des verfassungsmäßigen Nationalwillens in Frage stellen. Die Erörterung machte lebhaftes Aufsehen. Es war das erste Mal, daß die Sieger des Vendémiaire die Berechti-

---

[1]) Mathieu Dumas, mémoires III, **72 ff.**

gung ihres Triumphs in Frage gestellt sahen. Die Redner
der Mehrheit sprachen ihr zorniges Erstaunen aus, daß man
ein so heilsames Gesetz wie jenes des 3. Brumaire überhaupt anzuzweifeln wage; sie stimmten festgeschlossen ihre
Gegner nieder und wiesen nacheinander zehn ihrer Kollegen
aus der parlamentarischen Thätigkeit aus. Ihre Zeitungen
aber grollten heftig: es scheine, daß im gesetzgebenden Körper
selbst der im Vendémiaire besiegte Royalismus das Haupt
erhebe.

Unmittelbar darauf kam auch die Konfiskation der Emigrantengüter zur Sprache. Wie erwähnt, hatte man im
Dezember 1794 das Vermögen der Eltern von Emigranten
in Beschlag gelegt, um die einst dem ausgewanderten Sohne
anfallende Erbportion der Republik zu sichern. Später am
28. April 1795 hatte ein weiteres Gesetz die sofortige Aussonderung und Einziehung dieser Erbportionen verfügt; bald
nachher aber war auf Betreiben der gemäßigten Partei die
Ausführung desselben bis auf weiteres verschoben worden.
Seitdem war es ein Lieblingswunsch der Jakobiner geblieben, sich endlich in den Besitz der lockenden Beute zu
setzen, und am 9. Januar 1796 brachte Pons von Verdun
einen Kommissionsbericht an die Fünfhundert, welcher die
Konfiskation jener Erbportionen beantragte. Die Verhandlung wurde auf der Stelle äußerst bewegt, und in voller
Einmütigkeit wirkten die Führer der konventionellen Rechten
mit den Männern des neuen Drittels zusammen, um das
System in seinen Grundlagen zu bekämpfen. Wie könne
man, fragte Boissy d'Anglas, unschuldige Eltern für das
Vergehen eines erwachsenen Sohnes bestrafen? Eine solche
Tyrannei sei bei Persern und Chinesen vorgekommen; ob
man kein besseres Muster als dieses für die Freiheit der
Revolution kenne? Aus den Reihen des neuen Drittels
erhob sich der allezeit redefertige, jedem Eindruck hingegebene
Dumolard: er begehrte Achtung vor dem Eigentume der
Eltern und gelangte in seiner lebhaften Erörterung bis zu
dem Ausspruche, daß leider die Revolution bisher die Ach-
tung des Eigentums nicht gekannt, sondern fortdauernd die

Räubereien der einzelnen durch die Macht des Staates sank-
tioniert habe. Bei diesen Worten brach die Mehrheit in
heftigem Toben los: also die Revolution überhaupt solle
in Mißachtung gebracht werden; ein scharfer Ordnungsruf
erging gegen den unbedachtsamen Redner, und der Antrag
wurde mit starker Mehrheit am 13. genehmigt. Desto unerbittlicher zermalmte ihn Portalis als Berichterstatter im
Rate der Alten, auf das wirksamste von dem unerschrockenen
Märtyrer der Schreckenszeit, Lanjuinais, unterstützt. Ihren
geschlossenen Beweisen, daß der Emigrant als bürgerlich
Toter gar nicht erbfähig sei und mithin ein lebendiger
Eigentümer wegen der rechtlich nicht vorhandenen Erb-
anwartschaft eines Toten beraubt werden solle, hatte die
Regierungspartei keine andere Waffe, als die Berufung auf
die revolutionäre Allmacht der Nation entgegenzusetzen.
Wie, fragte Poultier (Redakteur einer eifrig jakobinischen,
vom Direktorium bezahlten[1]) Zeitung), die Republik solle
kein stärkeres Anrecht gegen die Eltern haben als der Emigrant, dessen Rechtsnachfolgerin sie ist? Sie müßte ebenso
geduldig wie dieser selbst den Tod des Vaters erwarten,
um die Portion des Sohnes zu ergreifen? Ist es denn
möglich, die souveräne gesetzgebende Nation mit einem einzelnen zu vergleichen, der nicht mehr Recht besitzt, als das
Gesetz der Nation ihm zuweist? Die Erörterung war doppelt empörend in dem Munde einer Partei, welche der ganzen
Rüstung der revolutionären Gesetze bedurfte, um ihr politisches Dasein gegen den allbekannten Willen der Nation
zu behaupten. Der Rat der Alten trat seinem Berichterstatter bei und wies mit 101 Stimmen gegen 86 den Beschluß der Fünfhundert zurück.

Es war die erste parlamentarische Niederlage, welche
das Direktorium in einer revolutionären Prinzipienfrage
erlitt. Der Aerger war um so größer, je erwünschter die
neue Einziehung bei der immer trostloseren Finanznot gewesen wäre. Für Rewbell und Barras war von diesem

---

[1]) Procès-verbal du D. E. 26. niv. IV. Pariser Reichsarchiv.

Tage an das **Dasein eines großen royalistischen Komplottes** inmitten **der Volksvertretung außer Zweifel; daß im ge=** setzgebenden Körper **bei einer die Auswanderer betreffenden** Frage **von Recht und Gerechtigkeit** anstatt von Verfolgung und Vernichtung **geredet** worden, erschien ihnen als **ein** empörender Hochverrat an der Revolution **überhaupt.** Diese Stimmung **trat** in der grellsten Weise **hervor,** als wenige Wochen später die Frage zur Verhandlung kam, welche Be= hörde die Befugnis haben sollte, die Streichung aus **den** Emigrantenlisten für einen unschuldig Angeklagten **zu ver=** fügen. Wir wissen, mit welcher Willkür diese **Listen** an= gefertigt wurden, wie jede Verwaltungsbehörde die verhäng= nisvolle Eintragung bewirken, wie allein **ein Ausschuß des** Konventes **die Herstellung eines Unschuldigen** verfügen konnte. Jetzt existierte der Konvent und sein **Ausschuß nicht mehr;** seit Monaten **also war eine** Streichung **unter** keinen Um= ständen mehr zu erlangen und das **Bedürfnis einer neuen** Vorkehrung ganz unabweisbar. **Die liberale Opposition** nahm auch bei dieser Frage ihre Stellung; **sie** forderte, **daß** hier, wo die Eintragung in die **Liste** die Behauptung **eines** mit Acht und **Tod** bedrohten Verbrechens bedeute, die Ge= richte die Entscheidung über die Wahrheit der Anklage haben müßten. **Aber** mit leidenschaftlicher Energie **warfen** sich **ihr** die Redner der Direktorialpartei **in den** Weg. Sie beantragten, daß **wie** bisher für ganz Frankreich **nur eine** einzige Behörde mit der Streichung beauftragt werde, **daß** diese Behörde nicht eine gerichtliche, sondern **eine admini=** strative sein, daß sie **von** dem Direktorium ernannt und in ihrer Thätigkeit geleitet **werden müsse.** Unumwunden erklärten sie, daß die Republik nicht leben **könne, wenn man** die Emigranten auf den Rechtsweg **verweise.** „Seht auf die Folgen eurer Bestrebungen," rief **Chazal** der Opposition zu. „In dem Augenblicke, in dem ihr **das bisherige System** ändert, erlaubt ihr allen Emigranten die **Rückkehr. Wenn** ihr die Entscheidung **an** die Gerichte **weist,** so wird jeder Ausgewanderte eine Anklagejury, eine Urteilsjury, ein regel= rechtes Prozeßverfahren begehren; **er, der** nicht mehr **zum**

Staate, sondern zu dessen Feinden gehört, wird alle Rechtswohlthaten fordern, welche die Verfassung für die Staatsbürger angeordnet hat. Während er bisher seine Unschuld
nachzuweisen hatte, wird er fortan ruhiger warten, daß man
ihm den Beweis seines Vergehens liefere. Und wo, meine
Kollegen, werden sich dann eure Beweise, eure Zeugen
finden? Wo wird ein Emigrant angeklagt, wo wird er
nicht freigesprochen werden?" Ganz derselben Meinung
war Audouin. „Ihr wollt", sagte er, „das Tribunal
jedes Departements entscheiden lassen. Das heißt, ihr
wollt in unserem unglücklichen Lande 83 Mittelpunkte
für freiheitsfeindliche Umtriebe erschaffen und damit den
ganzen Gewinn unserer glorreichen Revolution auf das Spiel
setzen."

Deutlicher konnte man es nicht aussprechen, daß das
bisherige Regiment mit Recht und Gerechtigkeit unverträglich war. Das Lob seiner Verteidiger war tödlicher für
seinen Ruhm als alle Angriffe seiner Gegner. Die Majorität eilte zur Abstimmung und übertrug darin das Urteil
über die Streichung dem Direktorium. „Empfangt meinen
Dank," rief darauf Villetard, „ihr habt die quälende Sorge
aller Republikaner beseitigt, ihr habt den patriotischen Käufern der Emigrantengüter die Ruhe wiedergegeben." Als
im Rate der Alten wieder Portalis an die Spitze des Widerstandes trat, als wieder seine Erörterung mit unerschütterlicher Beweiskraft die Verderblichkeit der bisherigen Tyrannei
nachwies, als wieder jede Beschönigung oder Widerlegung
sich unmöglich zeigte: da griff die Direktorialpartei aufs
neue zu ihrem einzigen Mittel, durch Wüten und Toben
den Mut ihrer Gegner zu brechen. Man macht der Revolution den Prozeß, schrie Cornillau. Man will den Süden
des Reiches den Emigranten öffnen, donnerte Legendre. Alle
Gerichte, klagte Poultier, hat man zuerst mit Royalisten
erfüllt, um ihnen dann die Entscheidung über die Emigranten zu übertragen. Die Gemäßigten sahen, an welchen
glühenden Stoff sie ihre Hand gelegt: vor der wilden Heftigkeit ihrer Gegner scheuten sie zurück, und das Gesetz wurde

im Sturm genehmigt [1]). Leben und **Eigentum** jedes Franzosen war damit aufs neue der Willkür der Regierung preisgegeben. Es bedurfte **nur** der Einsetzung einer eifrig jakobinischen Ortsbehörde, **um** jeden mißliebigen **Bürger** durch Eintragung in die Emigrantenliste auf so lange **Zeit** in Verbannung und Armut **zu werfen, als** die Regierung zur Erledigung seiner Beschwerde verwenden **wollte.**

Es war ein Erfolg nach dem Herzen des **Direktoriums.** Immer aber hatte man gesehen, wie gering die **Zuverlässigkeit** der parlamentarischen Abstimmungen, wenigstens im Rate der Alten, war. Man beschloß also, zunächst **mit der** eben behandelten Frage, **mit den Emigranten,** gründlich aufzuräumen und ihnen, falls etwa eine **unerwartete Wendung** ihre Rückkehr begünstigen sollte, dieselbe **wenigstens** so schwierig und so unfruchtbar **wie** möglich **zu machen.** Mit andern Worten, **man beschloß, die Masse** der noch **vorhandenen** Nationalgüter, deren **Verkauf** bisher **wegen des Sinkens** der Assignaten unterbrochen worden **war, aufs** neue zur Versteigerung **zu** bringen und damit in jedem neuen Erwerber einen neuen **Gegner** der früheren Besitzer, einen natürlichen Feind der Emigranten **zu** erschaffen. Man konnte dabei hoffen, wenn die Sache richtig und erfolgreich angegriffen wurde, daß ein solcher Domänenverkauf leisten würde, was die Zwangsanleihe versagt hatte, **die Füllung** des Schatzes mit realen und verfügbaren **Werten, die Linderung** der Finanznot, die von **Tag zu Tage die Regierung** in immer ratlosere Verlegenheit setzte.

––––––––––

Drittes Kapitel.

Neues Papiergeld.

Am 29. Januar **1796** berichtete Ramel für die Finanzkommission dem Rate der Fünfhundert über die Assignaten. Das Gesetz vom 23. Dezember hatte verfügt, es solle,

––––––––––

[1]) Rat der Alten 11. Februar.

sobald die umlaufende Masse auf 40 Milliarden gestiegen
sei, die Fabrikation beendigt, die Druckerplatte zerbrochen
werden.   Dieser glückliche Augenblick, rief damals Ramel,
naht heran: wir schlagen euch vor, mit dem 21. Februar
die Ausgabe der Assignaten zu schließen.   Die Dringlichkeit
des Antrags wurde anerkannt und derselbe mit Einstimmig=
keit zum Beschlusse erhoben.

Am folgenden Tage erhielt der bisherige Finanz=
minister Faypoult von dem Direktorium die Entlassung aus
seinem bisherigen Amt, um als französischer Gesandter nach
Genua zu gehen.   Das Finanzministerium übernahm am
2. Februar Ramel, der rüstige Berichterstatter der Fünf=
hundert, der schon bei dem Zwangsanlehen seine Bereit=
willigkeit zu neuen revolutionären Maßregeln so glänzend
bethätigt hatte und bald genug seinen Namen zu noch viel
größeren Thaten hergeben sollte.

Er begann seine Verwaltung, wie gewöhnlich in solchen
Fällen, mit bedeutenden Plänen und leichtblütigen Hoff=
nungen.   Vor allem schmeichelte er sich, daß die Vernichtung
der Assignatenpresse endlich eine fühlbare Besserung des
Kurses herbeiführen werde, nachdem das Volk eine so hand=
greifliche Bürgschaft gegen jede weitere Vermehrung des
Papiergeldes erhalten hätte [1]).   Die Regierung besaß noch
etwas über eine Milliarde Assignaten, die nach dem da=
maligen Kurse, $1/3$ Prozent, einen Silberwert von nahe
40 Millionen darstellten, aber mit einem Male zu herrlichem
Reichtume anwachsen konnten, wenn die Vernichtung der
Presse in der That den gewünschten Einfluß auf die Hebung
des Kurses hatte.   Sodann war auf eine Anregung der
Finanzkommission der Fünfhundert das Direktorium soeben
zu einer bedeutenden Maßregel wirklicher Ersparnis vor=
geschritten, deren Durchführung den Schatz von einer äußerst
drückenden Last befreien sollte.   Wir wissen, welche Summen
seit dem Anfange der Revolution der Staat auf die Er=
nährung von Paris hatte verwenden müssen: nach vielfachem

---

[1]) Ramel, des finances en l'an IX. S. 23.

Wechsel in den Formen und Mitteln für die Befriedigung dieses **Bedürfnisses** hatte sich **in den** letzten Jahren das Verfahren festgestellt, regelmäßige Verteilung von Brot und Fleisch zu Spottpreisen in solchem Umfange vorzunehmen, daß die monatlichen Kosten sich auf 6½ Millionen Franken Silber, mithin damals auf 1900 Millionen Papier stellten. Am 1. Februar beschloß das Direktorium, da der Handel sich wieder erholt habe, die Zufuhr in befriedigender Weise stattfinde und der Schatz völlig mittellos sei, das Aufhören dieser Staatslieferungen, mit dem Vorbehalt, für die nur in Assignaten bezahlten Beamten und Staatsgläubiger weitere Sorge zu tragen [1]). Bei der damaligen Verarmung **des** Staates schien der Wegfall einer Jahresausgabe von 76 Millionen eine große Sache. Endlich bot sich dem neuen Minister noch eine ganz neue **Aussicht** von weitem und bleibendem Belange. Eine Anzahl von Pariser Industriellen und Finanzmännern war unter **dem Vorsitz des** Abgeord= neten Laffond=Ladebat zusammengetreten, um **die** Gründung einer Nationalbank auf Aktien **zu** beraten, und war zur Verwirklichung des Planes bereit, wenn die Regierung ihnen die Befugnis zur Ausgabe von Banknoten erteilte. Ramel ging auf den Plan mit Eifer ein. Hier zeigte sich ein Mittel, den zerrütteten Kredit des Staates durch Anlehnung an eine geachtete Privatgesellschaft zu kräftigen und **durch** deren Vermittelung die immer noch vorhandenen, aber völlig stockenden Hülfsquellen der Regierung flüssig zu machen. Ramel erklärte sich bereit, die Ausgabe von Banknoten bei dem gesetzgebenden Körper zu befürworten und der Gesell= schaft mehrere Zweige der Staatseinnahmen und einen großen Teil der Nationalgüter, etwa 880 Millionen, zu überweisen, wenn sie dafür dem Schatze monatlich einen Zuschuß von 26 Millionen leisten wollte [2]). Dies war allerdings eine starke Forderung; Laffond=Ladebat aber ließ sich dadurch nicht abschrecken und bot seinen **ganzen,** bei der gemäßigten

---

[1]) Protokoll **des** D. E. 12. pluv. IV.
[2]) Vgl. Yvernois a. a. O. 67.

Partei bedeutenden Einfluß in dem gesetzgebenden Körper auf, um die Bestätigung der Bank zu erlangen.

Es ergab sich also, wenn diese Möglichkeiten sich verwirklichten, dem neuen Finanzminister ein monatlicher Zuwachs der Einnahmen von 26, die Ersparnis einer monatlichen Ausgabe von 6 Millionen und schließlich eine allgemeine Steigerung des Wertes der noch vorhandenen Assignaten. Es war, wenn das alles gelang, nach dem Maßstab der damaligen Verhältnisse eine ungeheure Verbesserung der Lage.

Aber nur zu bald sollte auch Ramel erfahren, wie übel ein geordneter Staatshaushalt und jakobinische Politik zu einander passen. Binnen wenigen Wochen lösten sich alle diese tröstlichen Hoffnungen und Entwürfe in nichts auf.

Zuerst zeigte sich die Genehmigung der Bank im gesetzgebenden Körper nicht erreichbar. Nachdem das Direktorium zu einem günstigen Beschlusse gekommen war, gelangte die Sache bei den Fünfhundert am 20. Februar zu einer Beratung in geheimer Sitzung. Wie es scheint, hielten sich hier die Freunde und Gegner des Entwurfs einigermaßen das Gleichgewicht, ohne daß ein deutliches Ergebnis hervortrat: da jedoch der Widerspruch dieses Mal gerade von den sonst regierungsfreundlichen Abgeordneten kam, so beschloß das Direktorium, sich auf einem Umwege wenigstens eine vorläufige Zustimmung des Rates zu erobern. Am 22. erschien eine Botschaft des Direktoriums an die Fünfhundert: da das Gebäude, in dem bisher der Generalstab der Armee des Innern einquartiert war, für die neue Bank bestimmt ist, soll jener in ein anderes Haus verlegt werden und wird für diesen Umzug die Genehmigung des gesetzgebenden Körpers beantragt [1]). Der Abgeordnete Camus formulierte so-

---

[1]) Am 7. Februar hatte der gesetzgebende Körper verfügt, daß der Umzug einer Behörde nur auf Grund eines Gesetzes erfolgen könne, nachdem mehrere Abgeordnete geklagt hatten, daß solche Umzüge in der letzten Zeit äußerst zahlreich gewesen und bei jedem eine Menge der kostbarsten Möbel und Pretiosen aus der Einrichtung des betreffenden Hotels verschwunden seien.

fort diesen **Wunsch** der Regierung **als Gesetzentwurf dahin:**
in Erwägung, daß die Gründung **einer Bank dem öffent**=
lichen Interesse förderlich ist, wird die nachgesuchte Geneh=
migung erteilt. **Hier** aber brach **der** Unwille der Majorität
durch die sonst gewohnte Folgsamkeit gegen die Regierung
hindurch. Bentabolle und Villetard **erhoben sich um die**
Wette gegen den Erwägungsgrund. „Man **will**", riefen
sie, „unsere Zustimmung zu einer Bank erschleichen. Die
Gründung einer Privatbank bedarf unserer Erlaubnis nicht;
eine Regierungsbank aber wird dieselbe nimmermehr er=
langen. Wir wollen kein neues Papiergeld, welches dem
Gelde der Nation eine gefährliche Konkurrenz machen **könnte**:
das einzige, was wir bedürfen, sind Gesetze, wirksam **genug**,
um den Kurs der Assignaten zu heben." **Die** Verhandlung
wurde höchst bewegt: sachliche Gründe und verdeckte An=
griffe flogen **hin und** her; **der** Entschluß der Mehrheit war
lange zweifelhaft, und bei einer ersten Abstimmung siegte
der dieses Mal vereinigte Einfluß der **Regierung und** der
gemäßigten Partei. Aber die jakobinischen Gegner gaben
den Streit nicht auf. Wenn das Direktorium die revolu=
tionäre Finanzpolitik verließ, so zerrissen sie die Freund=
schaft mit dem Direktorium. Unerträglich war ihnen der
Gedanke, den Staatshaushalt auf ein Institut zu **stützen**,
dessen ganzes Dasein auf den Grundsätzen **des** Eigentums
und der Ordnung beruhen und damit die revolutionäre
Diktatur aus den Finanzen verbannen **mußte**. **Wir** wollen
uns nicht unter die Vormundschaft einer **Bank** begeben,
sagten sie. Wir werden niemals einem Entwurfe **zustim**=
men, der keinen andern Zweck hat, **als dem** gesetzgebenden
Körper einen Zaum anzulegen. Sie erklärten die stattgehabte
Abstimmung für zweifelhaft; sie setzten eine nochmalige
Fragestellung durch, und dieses Mal wurde der Erwägungs=
grund mit geringer Mehrheit verworfen.

In diesen Männern waren die Anschauungen von 1793
unverwüstlich. Notgedrungen hatten sie seit dem 9. Ther=
midor einige der schlimmsten Erfindungen der Schreckens=
zeit fallen lassen, notgedrungen mit der neuen Verfassung

den Schein einer gewissen Gesetzlichkeit auf sich genommen.
Aber bei jedem Anlasse zerriß der gewaltthätige Sinn, der
das Wesen des demokratischen Radikalismus ist, die auf=
genötigten Hüllen. War es schon einmal gelungen, den
französischen Bürgern Geld und Gut gegen wertlose Assig=
naten aus der Hand zu nehmen, warum sollte es nicht
heute und morgen wieder gelingen? War doch auch heute
noch die Nation souverän und jeder Widerspruch gegen den
Willen ihrer Vertreter ein Majestätsverbrechen so gut wie
1793. Wenn man nach Villetards Worten mit einem kräf=
tigen Gesetze den Kurs der Assignaten auf 50 oder 100
Prozent gesetzlich feststellte, so war ein Rebell, wer das
Assignat nicht zum vollen Nennwert annahm, und mit Re=
bellen wußte die Republik seit 1793 vernichtend fertig zu
werden. „Die Regierung erklärt uns,“ sagte am 23. Fe=
bruar Dubois=Crancé, „daß sie für die kommende Cam=
pagne [1]) 1500 Millionen Silberwert bedarf; diese Summe
ist ungeheuer; aus der Unmöglichkeit, sie in barem Gelde
aufzutreiben, erhellt die Notwendigkeit, sie in Assignaten
zusammenzubringen. Es ist eine Thorheit, zu glauben, daß
wir unsere Ausgaben in Silber bestreiten können: die
Franzosen müssen wissen, daß es für sie nur eine Wahl
giebt, die Assignaten oder den Tod.“

Bei den sonstigen Gesinnungen des Direktoriums war
es im Grunde eine Folgewidrigkeit, wenn es seinen hitzigen
Genossen nicht ohne weiteres zustimmte. Aber die in Aus=
sicht stehenden 26 Millionen monatlicher Zuschüsse lockten
unwiderstehlich, und so wurde noch ein Versuch gemacht,
welcher so bezeichnend für die Art und Weise dieser Macht=
haber ist, daß er wenigstens eine kurze Erwähnung verdient.
Als am folgenden Tage der Sekretär das Protokoll der
letzten Sitzung vortrug, las er ganz gelassen als Beschluß
des Hauses: in Erwägung, daß eine Bank nützlich ist, wird
der beantragte Umzug genehmigt. Aber sofort wurde doch
die Einschmuggelung bemerkt und heftig gerügt. Für den

---

[1]) Meint er Jahresbudget oder Feldzug?

Augenblick beschwichtigte Camus den Argwohn **der Mehr=** heit durch die Erklärung des Bedauerns, **daß ein bei der** doppelten Abstimmung entschuldbarer Irrtum vorgefallen sei. Dann aber kam nach einigen Stunden eine Botschaft vom Rate der Alten, daß dieser den ihm gestern zugesandten Gesetzentwurf genehmigt habe, und zwar, **wie** die Verlesung zeigte, den Gesetzentwurf mit dem Erwägungsgrund. Jetzt erhob sich ein Sturm des lautesten Unwillens, und ohne Aufhalten wurde eine Botschaft an den Rat der **Alten ver=** fügt, daß der Erwägungsgrund durch die Fünfhundert **nicht** beschlossen, sondern verworfen worden sei. Die Aufregung bei dem Rate der Alten war nicht gering, als den 24. Fe= bruar diese Botschaft anlangte. Noch einmal verteidigte hier Laffond=Ladebat die Vorzüge seines Bankplanes, der sich freilich ohne Mithülfe der Regierung gar nicht verwirk= lichen lasse, unter deren Schutze **aber die** beste **Wirkung für** den Staatskredit haben würde. Der Rat stimmte seinen Ausführungen zu und blieb, unter Ablehnung **der** letzten Botschaft, bei seinem früheren Beschlusse stehen; eine prak= tische Wirkung aber konnte dies Verfahren gegenüber der Wahrheit der Thatsache natürlich in keiner Weise haben. Das Bankprojekt war begraben.

Mit verdoppeltem Eifer schritten unterdessen die Fünf= hundert an das Werk, den Kurs der Assignaten **zu heben.**

Die feierliche Verbrennung der Presse und der Platten hatte am 21. Februar auf dem Vendomeplatz unter großem Jubel des zahlreich herbeigeströmten Volkes stattgefunden. Man versprach sich Großes von dem Eindruck dieser Fest= lichkeit und begann am 23. gehobenen Mutes die wichtige Verhandlung, welche der bisherigen Entwertung des repu= blikanischen Papiergeldes ein Ende machen sollte. Ein Mit= glied beantragte geheime Sitzung. Aber Dubois=Crancé rief: jede geheime Sitzung treibt den Preis des Goldes in die Höhe; unsere Verhältnisse haben das Licht nicht zu scheuen, die Oeffentlichkeit kann den Kredit der Republik nur steigern. Keine weitere Einwendung folgte, und Camus bestieg als Berichterstatter die Rednerbühne.

Seine Erklärung über die Masse der vorhandenen Assig=
naten war freilich nicht eben geeignet, die von Dubois=
Crancé gehoffte Wirkung hervorzubringen. Er berichtete,
daß etwas über 45 Milliarden ausgegeben worden und da=
von vor drei Tagen 39 in Umlauf gewesen seien. Der
Finanzminister hoffe, daß 10 durch das Zwangsanlehen
hereingebracht worden — wir wissen, wie unsicher es mit
dieser Angabe stand — noch einiges werde folgen: so habe
man auf einen Bestand von 20 bis 25 Milliarden zu rechnen.

Dies war bei weitem mehr, als irgend jemand vermutet
hatte. Die letzte offizielle Aeußerung am 29. Januar hatte
gelautet, daß man sich der Grenze von 40 Milliarden
nähere; jetzt erfuhr man, daß dieselbe ohne irgend eine der
gesetzlichen Formalitäten um 5000 Millionen überschritten
worden war.

Camus erörterte weiter, welch eine Menge von National=
gütern man besitze, als sichere Hypothek für die Assignaten,
einzig an Forsten 2800 Millionen, die mithin für sich allein
zur Deckung hinreichten, wenn es gelänge, den Kurs der
Assignaten (jetzt ⅓ Prozent) auf 10 Prozent zu steigern.
Wie man sieht, betrachtete er bereits einen Bankerott von
nur 90 Prozent als einen besonders glücklichen und schwie=
rigen Erfolg. Um ihn zu erreichen, galt es der ungeheuren
Papiermasse möglichsten Abfluß zu verschaffen; Camus gab
also anheim, den Verkauf der Nationalgüter wieder aufzu=
nehmen, die Zinsen der Staatsschulden nur in Assignaten
zu zahlen, den Schuldnern aus Privatverträgen wieder die
Tilgung ihrer Darlehen in Assignaten zu verstatten, mit
anderen Worten, die Plünderung der Gläubiger durch das
Gesetz und durch das Beispiel des Staates zu legalisieren
und die Nationalgüter für lächerliche Scheinwerte hinaus=
zuwerfen.

Die erste Folge dieses Berichtes war, daß der Kurs der
Assignaten in den nächsten Tagen auf ¼ Prozent herunter=
ging [1]). Um so eifriger folgten sich bei den Fünfhundert

---

[1]) Erklärung Augers, Rat der Fünfhundert, 24. Februar.

die Klagen, Gegenklagen und untrüglichen Vorschläge. Die
gemäßigte Partei erklärte, es gebe **kein anderes** Heilmittel
für den Kredit als Ordnung, Rechtlichkeit und Sparsamkeit
in der Staatsverwaltung, und von allen Seiten her gewann
sie Zustimmung, als ihre Redner aufs neue die unermeß=
liche Vergeudung des Staatsvermögens, den riesenhaften
Umfang der Betrügereien und Unterschleife, den gänzlichen
Mangel an Aufsicht und Verantwortlichkeit schilderten. Aber
die Linke blieb trotz alledem auf ihrem Wege. Sie forderte
unerbittliche Durchführung des Zwangsanlehens, zwangs=
weise Einziehung des Papiergeldes, allgemeine Wiedereröff=
nung des Domänenverkaufs. Wenn es einst den Spartanern
gelungen, meinte Dubois=Crancé, ihr eisernes Geld jahr=
hundertelang im Verkehr zu behaupten, **warum** sollte es der
französischen Republik unmöglich sein, ihre nationale Papier=
münze aufrecht zu erhalten?

So viel war jetzt schon gewiß, daß, was Ramel ge=
meint, ein natürliches Steigen der Assignaten durch Besse=
rung ihres Kredits außerhalb aller Möglichkeit lag. Um
so deutlicher trat der Wunsch der Mehrheit hervor, durch
jedes Mittel einen möglichst großen Betrag derselben aus
dem Umlauf zu entfernen und dann mit neuen Papier=
emissionen den alten Kreislauf von vorne zu beginnen.
Man fühlte auf allen Seiten, daß man auf der Schwelle
eines tief einschneidenden Entschlusses stand, und wies noch
einmal die ganze Angelegenheit in die Kommissionsberatung
zurück. Zu gut kannte man die tiefe Abneigung der Nation
gegen die revolutionäre Finanzpolitik: alles kam **darauf** an,
ob man sich stark genug fühlte, trotz des Unwillens, trotz
des Elendes der Bevölkerung ihr die Annahme neuen Pa=
piergeldes aufzuzwingen.

Nun kam in den letzten Tagen des Februar mehreres
zusammen, um sowohl den Mut der herrschenden Partei
als die Bedürfnisse der Regierung zu steigern. Die Freude
über die Ersparnis der Pariser Brotverteilungen hatte kurzen
Bestand gehabt. Von zwei gleich empfindlichen Seiten her
fand sich die Regierung deshalb angegriffen. Einmal er=

hoben sich die verzweifelten **Klagen** der Staatsgläubiger und Staatsbeamten. Jene erhielten ihre Renten, diese ihre Gehälter in Assignaten zum Nennwerte; ein Bürger, der **ein** Vermögen von 100 000 Franken in Renten angelegt hatte, der vielleicht durch die Gesetze der Schreckenszeit zu dieser Anlage bei Todesstrafe gezwungen worden war, empfing an Zinsen 5000 Franken Papier, also nach damaligem **Kurse 12½** Franken Silber; wenig besser stand es mit den Gehältern einer großen Zahl von Beamten, so daß bald nachher über einen Pariser Tribunalsrat bekannt wurde, er habe wochenlang von Abfällen aller Art gelebt und sei endlich Hungers gestorben. Für diese zahlreiche und wichtige Klasse war also das Aufhören der Brotverteilung ein vernichtendes Unglück; in dichten Scharen bestürmten sie die Direktoren, Minister und Volksvertreter mit ihrem Jammer **und erfüllten mit** ihren nur zu gerechten Klagen ganz Paris. Der gesetzgebende Körper verfügte den 14. Februar zu ihrer **Erleichterung,** daß den kleinen Leuten unter den Rentnern, die weniger als 1000 Franken Rente zu fordern hätten, die Zinsen zum sechs- bis zehnfachen Betrage des Nennwertes **beza**hlt werden sollten; ganz richtig aber wurde die Maßregel sogleich als eine völlig eitle bezeichnet, da man für eine Forderung von 100 Franken jetzt 1000, d. h. in Wahrheit 2½ Franken gab, ein Almosen, das dem Empfänger als Verhöhnung seines Rechtes und seiner Armut erscheinen **mußte.** Zu den Seufzern der Rentner gesellte sich aber noch ein anderer, tiefer dröhnender Groll. Die demokratischen Klubs waren entrüstet, daß dieser letzte Rest der herrlichen Tage von 1793 verschwinden sollte, die letzte Erinnerung an die echte Freiheit, wo das wirkliche Volk seine Ernährung auf Kosten des Staates und der Besitzenden mit todesdrohendem Gebote **hatte** befehlen können. Auch in diesen Kreisen gab es Hunger und Entbehrung genug; mit grimmiger Befriedigung hörten sie im Klub des Pantheon die schnöde Selbstsucht der Eigentümer brandmarken, die feines Brot ihren Hunden hinwürfen und in vergoldeten Kutschen übermütig dahinrasselten, während die Helden des

Bastillesturmes mit Weib und **Kind** verschmachteten und die Männer der Septembermorde jetzt sogar peinlicher Verfolgung unterlägen [1]. Diese wilden Klänge schlugen so vernehmlich an **das Ohr** der Regierung, daß das Direktorium sich beeilte, am 16. Februar die Wiederaufnahme der **Brot-** und Fleischverteilung an sämtliche Einwohner von Paris, mit einziger Ausnahme der Höchstbesteuerten und Höchstbesoldeten, zu verfügen. Es war eine erhebliche Belastung des Staatsschatzes, ein weiterer Antrieb zu neuen Papieremissionen. Für den Augenblick beruhigte es die Gärung der Volksmassen und schwächte damit die Kraft **der radikalen** Häupter. Als Babeuf in seiner Zeitung und **dessen** Genosse Darthé im Klub fortfuhren, die Regierung mit schmähendem Hasse zu begeifern, als jener den **September-** mördern eine begeisterte Lobschrift widmete [2] und darin beklagte, daß bisher ein erweiterter 2. September noch nicht **die** ganze Masse der Aushungerer und Volksmörder vertilgt habe, da kam endlich das Direktorium zu einem kräftigeren Entschlusse. Von allen Seiten wurde ihm seine unbegreifliche Nachsicht gegen diese Feinde aller Bildung und alles Rechtes vorgeworfen; wie es heißt, erklärte zuerst Carnot die Unmöglichkeit längeren Zuwartens, während Barras und Rewbell gegen einen offenen Bruch mit den verirrten Parteigenossen sich sträubten. Unter diesen Umständen entschied das ruhig entschlossene Eintreten des jungen **Befehlshabers** der Armee des Innern, des Generals Bonaparte. Seit dem Vendémiaire hatte er dieses Amt mit stets **gleicher** Sicherheit verwaltet, gebieterisch und rauh in seinen **For-** men, ruhig und gemäßigt in der Sache, ohne große Rücksicht auf die besonderen Weisungen der Direktoren, aber seiner Aufgabe, der Erhaltung des Gehorsams und der Sicherheit zu Paris, in jedem Augenblick gewachsen. Er hatte sich soeben, **mit großen** Entwürfen erfüllt, über seine Sendung

---

[1] Ein Prozeß gegen Fournier und Genossen war im Departement Seine-Oise anhängig. Vgl. Mortimer Ternaux, hist. de la terreur Vol. III. p. 611 ss.

[2] Tribun du peuple N. 40.

zum italienischen Heere mit dem Direktorium verständigt;
er wollte seine bevorstehende kriegerische Laufbahn nicht in
Gefahr sehen, durch einen Aufstand der wüstesten Demo=
kratie besudelt zu werden, und warf sein gewichtiges Wort
zu Carnots Gunsten in die Wagschale. So verfügte das
Direktorium am 27. Februar einstimmig die Schließung
einer ganzen Reihe politischer Gesellschaften, neben dem
Klub des Pantheon, auf den allein es ernstlich ankam, noch
mehrerer sehr ungefährlicher Vereine der guten Gesellschaft,
auf Grund einer bei Babeuf geradezu abenteuerlichen Er=
wägung, wegen des Verdachtes royalistischer Umtriebe. Denn
so weit ging die Entschlossenheit des Direktoriums nicht,
mit der Sache zugleich den Namen auszusprechen und den
thatsächlichen Bruch mit der roten Demokratie auch offen
zu bekennen. Bonaparte überließ ihnen die Wahl der Worte
und handelte noch an demselben Abend. Mit ausreichender
Waffenmacht im Rückhalt vollzog er persönlich die Schließung
ohne jeden Widerstand. Am 28. Februar beantragte das
Direktorium bei den Räten ein strenges Gesetz gegen staats=
gefährliche Vereine; am 1. März wurde eine durchgreifende
Verordnung über die Fremdenpolizei in Paris erlassen.
Die Stadt blieb in tiefer Ruhe, eine Menge sorgenvoller
Geister atmete erleichtert auf, die Regierung hatte mit vollem
Erfolge die Zügel der Macht fester angezogen.

In denselben Tagen, in welchen man so leichten Kaufes
mit den Kommunisten fertig wurde, empfing das Direkto=
rium die Nachricht, daß eine Gefahr entgegengesetzten Cha=
rakters, die größte, die seit 1793 auf der Republik gelastet,
vollständig beseitigt sei. Der Krieg der Vendée war beendigt.

Wie wir gesehen haben, hatte das Unheil von Quiberon
und fast in noch höherem Grade die Charakterlosigkeit des
Grafen von Artois der royalistischen Sache in der Vendée
den Todesstoß gegeben. Schon seit Ende 1793 hatte dort
der Krieg seinen Charakter verwandelt; die entsetzliche Ver=
heerung des Landes und **die** furchtbaren Niederlagen auf
dem rechten Loireufer hatten **die** unglücklichen und helden=
mütigen Bauerschaften mit hoffnungsloser Erschöpfung ge=

troffen, so daß nur die rohe Grausamkeit des Generals Tur=
reau im Frühling 1794 neue verzweifelte Massen unter das
royalistische Banner trieb und den noch vorhandenen Füh=
rern die Fortsetzung des Kampfes im Süden der Loire er=
möglichte.   Es war jetzt kein Streiten mehr im großen
Stile; es war der kleine Bandenkrieg auf allen Punkten
des schwer zu passierenden, tief veröbeten Landes.   Für die
Republikaner lag die Schwierigkeit nicht mehr, wie während
der Tage Bonchamps und d'Elbées, in der Ueberwältigung
zahlreicher und mächtiger Heereskörper, sondern in der All=
gegenwart und Ungreifbarkeit der feindlichen Schwärme,
sowie in der unsäglichen Not der eigenen Verpflegung.
General Hoche schildert die Lage in seiner oft angeführten
Depesche höchst anschaulich. · „Ein ganzes Volk ist im Auf=
stand, Männer, Weiber und Kinder. Die Einwohner haben
alles verloren, das Land ist furchtbar verwüstet, weglos,
waldig, hügelig. Wenn wir in das Innere eindringen, so
flieht alles in die Büsche und Heiden.   Plötzlich wird die
in den Hohlwegen langgestreckte Kolonne von allen Seiten
beschossen; kommt sie zum Angriff, so stäuben die Bauern
auseinander, der schwerbepackte, ortsunkundige Soldat kann
sie nicht erreichen; die einen sammeln sich dann binnen einer
Nacht zehn Stunden hinter unserer Linie zur Plünderung
unserer Magazine, die andern treffen wir einzeln auf ihren
Aeckern, ohne Gewehre, am Pfluge, die friedfertigsten Leute,
die euch die lebhaftesten Klagen über die Grausamkeit der
Banditen vorbringen[1]."   Indessen wurden für die Roya=
listen die Opfer immer töblicher, die Hoffnungen stets ge=
ringer; mit der feindlichen Uebermacht wuchs die eigene
Ermattung; so kam es zu den Friedensschlüssen von Jau=
nais und La Mabilais, bis dann das gegenseitige Miß=
trauen und die Umtriebe der Emigranten eine neue Schild=
erhebung, der Chouans in der Bretagne und des Generals
Charette in der Vendée, bewirkten.   Für die Vendée war
es die Anstrengung der letzten Kraft; sie erreichte ihren

---

[1] 15. Oktober 1795. Rousselin, Vie de Hoche, II, 222.

Höhepunkt bei dem Erscheinen Monsieurs auf der Insel d'Yeu und fiel todesmatt zu **Boden** bei dem thatenlosen Verschwinden **des** Prinzen. Mit vollem Grunde rief damals Charette: mir bleibt nichts übrig, als zu fliehen oder zu sterben, ich werde sterben. Die große Masse **der** Bauern verfluchte den Krieg, der ihre Hütten verbrannt, **ihre** Aecker verwüstet, ihre Genossen gemordet hatte, das alles ohne Erfolg, ohne Aussicht, ohne Hülfe. Sie waren bereit zu Frieden und Unterwerfung, wenn man ihnen ihr Leben, ihr Eigentum und ihre Kirche lasse; mit Erstaunen sahen jetzt die republikanischen Kolonnen bei ihrem Einrücken in die Dörfer nicht selten die Bewohner sie grüßend umgeben, willig zu freundlicher Aufnahme, nur um Schutz gegen die Rache der bewaffneten Banden flehend. Diese aber schmolzen mit jeder Woche zusammen; Charette konnte nur **mit** Mühe **einige** Hundert zuverlässiger Leute unter der Fahne halten, **und** sein ehemaliger Genosse Stofflet **pries** sich glücklich, **trotz** Quiberon den Frieden von **La** Jaunais gehalten und **damit** eine Art von fürstlicher Stellung unter seinen Genossen in Anjou bewahrt zu haben. Wenn die Republik **mit** Kraft und Einsicht diese Verhältnisse behandelte, so **war** das Erlöschen des verhängnisvollen Krieges in nächster Nähe. Zu ihrem Glücke besaß sie damals in diesen Gegenden einen in jeder Hinsicht befähigten Vertreter, den General Hoche.

Seit September 1795 hatte dieser den Oberbefehl **in** der Vendée übernommen. Seine kriegerische Tüchtigkeit, sein offenes Auge und das Ungestüm seines stets vorwärtsdrängenden Geistes haben wir bereits kennen gelernt. Die Oesterreicher bei Landau, die Emigranten bei Quiberon hatten die Wucht und die Fülle dieses militärischen Talentes empfunden. Jetzt trat er an eine Frage, wo die Begabung des Soldaten **nur** in zweiter Stelle zur Sprache kam. Hier war die erste Forderung der staatsmännische Takt, das Talent, die Gesinnungen zu unterwerfen und zu versöhnen, **die** Fähigkeit, zugleich die **Keime** des Anschlusses zu entwickeln und jeden Versuch weiterer Auflehnung unbarmherzig zu brechen. Diese Aufgabe übernahm Hoche, der Sohn eines Sergeanten, entblößt von jeder Bildung, die er nicht in der Kaserne oder im Lager sich anzueignen vermocht, ohne alle politische Schule, als die ihm einst Hébert und Ronsin zu geben gesucht hatten, unter einer Regierung, die seine bisherigen Siege achtete, hier aber nach ihres Herzens Wünschen das Gegenteil des Richtigen geliebt hätte, inmitten einer Verwaltung, deren liederliche Unordnung den Soldaten die dürftigsten Lebensmittel, dem Feldherrn die ersten Voraussetzungen des Gelingens entzog. Mehr als einmal mußten wichtige Operationen verschoben werden, weil es den Truppen an Schuhen, Brot, Transportmitteln völlig fehlte; man besaß bei weitem nicht die ausreichende Zahl von Generalen, Offizieren, Aerzten, und die vorhandenen mußten Hunger leiden oder plündern und damit die Not und Erbitterung des Landes steigern. Die Festigkeit und Mäßigung des Feldherrn reizte hier den Haß der unterworfenen Royalisten und that dort den Forderungen der rachgierigen Patrioten nicht genug. Wechselnd kamen die Klagen an das Direktorium, heute, daß der General die Greuel Turreaus erneuere, morgen, daß er mit Gemäßigten, Fanatikern und Emigranten unter einer Decke spiele. Das eine war ebenso unwahr wie das andere in Bezug auf die Gesamtrichtung seiner Thätigkeit. Aber allerdings, bei der heißen Erregbarkeit seines Wesens und der unvollständigen Durchbildung seiner Ansichten war sein politisches Thun im einzelnen nicht frei von Unsicherheit und im Gefühle derselben seine Stimmung leicht verletzlich und dann zu Ausschreitungen bald nach rechts, bald nach links geneigt. Er war erfüllt von republikanischem Enthusiasmus, uneigennützig und gewissenhaft, glühend von Ehrgeiz, aber völlig frei von Herrschsucht: so vermochte er es nicht zu fassen, daß jemand mit seiner Gesinnung nicht einverstanden sein konnte, und empfand deshalb den Widerspruch und die abweichende Meinung bald als persönliche Kränkung, bald als Verrat an der heiligen Sache der Freiheit. An der Spitze der größten Armee der Republik, fast mit unbeschränkter Vollmacht ver-

sehen, von **Erfolg** zu **Erfolg weiterschreitend**, finden wir ihn
Tag für Tag **in** gereizte, müde, **tief** unglückliche Stimmung
versunken: und schwerlich **wird** man irren, **wenn** man als
letzten Grund derselben den inneren, halb unbewußten Zwie=
spalt **betrachtet, in** dem er sich zwischen dem radikalen En=
thusiasmus seiner Jugend und den Bedingungen der von
ihm geforderten realen Staatskunst ratlos aufrieb. Sein
Herz hing an den Grundsätzen der jakobinischen Demokratie,
deren entsetzliche Folgen jetzt seine Hand zu beseitigen und
zu heilen berufen war. In diesem Widerspruche eine feste
Stellung zu finden, dazu reichte seine politische Befähigung
nicht aus. Wer **die** lange Reihe seiner Briefe gelesen hat,
kann nicht im Zweifel über die völlige Grundlosigkeit der
oft wiederholten Ansicht bleiben, daß Hoche **bei** längerem
Leben die politische Bahn des Generals Bonaparte hätte
kreuzen können. Weder seine Fähigkeiten noch seine Fehler
lagen in **dieser** Richtung. **Er** wäre niemals der Usurpator
und Soldatenkaiser, **aber** auch niemals der Hersteller und
Retter Frankreichs geworden.

Sein Feldzugsplan **zur** Unterwerfung der Vendée stand
vom **ersten** Augenblicke deutlich vor seiner Seele. Novem=
ber 1795 hatte er ungefähr ein Fünftel des Landes besetzt.
Von hier aus legte er ein Netz befestigter und wohlverpro=
viantierter Posten **zuerst** um den ganzen Umfang der feind=
lichen Bezirke **und** dann allmählich vorrückend über das
Innere. Ein jeder derselben hatte die strenge Weisung, den
Bauern seiner Nachbarschaft Person und Eigentum zu schützen,
den Gottesdienst ungestört zu lassen, mit den Priestern in
freundliches Vernehmen zu treten, den jungen Männern
Befreiung vom Militärdienste zu verheißen. Zugleich wurde
eine allgemeine Ablieferung der Waffen angeordnet, und
als die Bauern hiergegen Schwierigkeit erhoben, ein äußerst
einfaches und wirksames Mittel verfügt: jeder widerstreben=
den Gemeinde **legte** man ihr Vieh in Beschlag und gab es
pünktlich zurück, sobald eine hinreichende Masse von Ge=
wehren und Schießbedarf eingeliefert war. Diese Maßregel
nahm den Gemeinden die Kraft, die gewährte Rechtssicher=

heit und Religionsfreiheit erstickte die Neigung zum Aufstande. Dabei durchzogen unaufhörlich fliegende Kolonnen
das Land in allen Richtungen, in stetem Kampfe mit den
Banden, die noch das Feld zu behaupten versuchten. Hier
war die Losung rastlose Thätigkeit, unausgesetzte Verfolgung, vernichtende Strenge. Wer mit den Waffen in der
Hand gefangen wurde, verfiel auf der Stelle dem Tode;
jeder Führer, jeder Aufwiegler, jeder Emigrant wurde ohne
Aufenthalt erschossen, wenn ihn die nachsetzenden Kolonnen
ergriffen, aber trotz aller Schreckensgesetze unversehrt aus
dem Lande entlassen, wenn er sich freiwillig zur Unterwerfung stellte. Durch diese Verbindung von Energie und
Großmut wurde auf immer weiteren Strecken die Ruhe hergestellt. Oft genug war es leider die Ruhe des Kirchhofs.

Charette sah sich mit jeder Woche des Winters enger um-
schlossen. Mehrmals versuchte er die eisernen Schranken,
die ihm erdrückend näher rückten, zu durchbrechen und den
Kampf auf frische Gebiete zu verlegen: aber stets wurde
seine kleine Schar durch die Uebermacht und militärische
Festigkeit der Gegner zurückgeworfen. Hoches Kolonnen und
Garnisonen schoben sich hier zwischen ihn und Stofflets
Bezirke, schnitten ihn dort von der Meeresküste und den
englischen Unterstützungen ab, ließen ihn und seine Begleiter
weder bei Tag noch bei Nacht zu Atem kommen. Eine Aenderung der Lage war auf keiner Seite abzusehen. Die
republikanischen Streitkräfte in der Vendée waren bis auf
45 000 Mann vermehrt, und als im Dezember der Kriegsminister von dieser Masse 7000 zur Verstärkung des Heeres
der Bretagne verlangte, nahm Hoche, unter kräftigem Proteste
gegen diese Schwächung, davon Anlaß, dem Direktorium
die Notwendigkeit eines großen, in sich geschlossenen Systemes
so eindringlich darzulegen, daß man ihm außer der Vendée
auch noch den Oberbefehl über die Heere der Bretagne und
der Normandie übertrug und damit die Verfügung über
mehr als 100 000 Mann in seiner Hand zusammenfaßte.
Er erhielt zugleich die Befugnis, die Städte der drei Provinzen in Belagerungszustand zu erklären und so ein Fünftel

Frankreichs seiner militärischen **Verwaltung unbedingt** zu
unterwerfen.

Gegenüber dieser Machtanhäufung der siegreich vorwärts-
dringenden Republik brach unter den sinkenden **royalistischen**
Führern innere Zwietracht an allen Enden aus. Bei Cha-
rette haderten die einheimischen Offiziere mit den vornehmen
Herren der Emigration, **die aus England** zu dem berühmten
Führer herübergekommen waren. **In** Bretagne kündigte
Georges Cadoudal, **mit den** Chouans des Morbihan, dem
Herrn von Puisaye den Gehorsam auf und versuchte sogar mit einem nächtlichen Handstreich ihn zu verhaften.
Stofflet und dessen geistlicher Ratgeber Bernier waren schon
Anfang Dezemb**er mit** Hoche in Verhandlung getreten und
hatten erneute Unterwerfung unter die Republik geboten,
wenn man sie unter deren Gesetzen **an** der Spitze der Verwaltung und Truppen in Anjou beließe. Hoche beantragte
bei dem Direktorium die Annahme dieses Vorschlags, jedoch
mit der wesentlichen Modifikation, daß Stofflet **zwar** Beamter der Republik, aber in **niederer** Stellung unter dem
Befehle eines republikanischen Kommissars und Generals
würde. **Darauf wollte wieder** Stofflet nicht eingehen und
erklärte in der Hoffnung, jetzt noch Charette erleichtern und
mit ihm vereinigt **die** Fortschritte des Gegners hindern zu
können, am 26. Januar den Krieg. Aber Hoche war längst
auf die Wendung vorbereitet. Von allen Seiten brachen
seine Abteilungen **mit** überwältigender Schnelligkeit in
Stofflets Bezirke ein; einige scharfe Gefechte sprengten die
royalistischen Scharen auseinander; seitdem galt es nur noch
die unermüdliche Jagd auf die Person des Führers, der
am 24. Februar gefangen und nach beschleunigter Verhandlung erschossen wurde. Das gleiche **Geschick** war dicht hinter
Charettes Fersen. Schon am 2. Januar wurde das letzte
kleine Heer, **das** er noch **einmal** zusammengebracht, 5000
Mann, bei Montaigu fast gänzlich aufgerieben oder zerstreut;
seitdem war die Mehrzahl seiner Offiziere hoffnungslos und
begehrte die Unterwerfung. Als Charette unerschütterlich
blieb **und neue** Aufrufe **in** das Land warf, hielten die

Offiziere selbst die Bauern zurück; noch etwa 160 Personen
harrten in todesmutiger Treue bei ihrem Führer aus, aber
auch sie wurden am 21. Februar durch den Generaladju=
tanten Travot in einem hitzigen Reitergefecht geschlagen und
teils getötet, teils gefangen.

Charette entrann mit knapper Not, raffte nochmals eine
Handvoll Freiwilliger zusammen; aber ehe er sie vollständig
bewaffnet hatte, kam Travot, am 25., aufs neue über ihn
und vernichtete auch diese Schar. „Ich melde," schrieb
Hoche dem Direktorium, „nochmals eine Niederlage Cha=
rettes, es wird ohne Zweifel die letzte sein; wie Travot
berichtet, ist Charette in der Lage, verkleidet umherzu=
irren, um den Nachforschungen unserer Patrouillen zu ent=
gehen." Der Krieg war im Süden der Loire so vollständig
beendet, daß Hoche noch im Februar 12 000 Mann zur Ver=
stärkung des bretonischen Heeres entsenden konnte, um dort
den Chouans den gleichen Ausgang zu bereiten. Er selbst
aber, der glorreiche Sieger, war in diesem Augenblicke der
Vollendung außer sich in Schmerz und Zorn. Von allen
Seiten her war er bei dem Direktorium hier wegen seiner
Härte, dort wegen seiner Milde verklagt worden; man ver=
übelte ihm auf der einen Seite, daß er ohne Rücksicht auf
die Zivilbehörden ganze Gemeinden für die Vergehen ein=
zelner in Anspruch nahm, man zürnte auf der andern, daß
er den Priestern gesetzwidrige Freundlichkeit und Schonung
angedeihen lasse: kam dann aus Paris an ihn eine Anfrage
über solche Beschwerden, so stürmte sein ganzes Wesen; er
antwortete mit den heftigsten Anklagen über die Verwaltung,
die in einem so reichen Lande die Soldaten verhungern lasse;
statt aber von seinen Vollmachten Gebrauch zu machen und
herrisch durchgreifend Ordnung zu schaffen, erklärte er so schnell
wie irgend möglich die Aufhebung des Belagerungszustandes;
denn, rief er, der Himmel bewahre uns, daß in der Repu=
blik ein einziger Mann über Hunderttausende seiner Mit=
bürger herrsche. Seit Quiberon war es stets sein Lieblings=
plan gewesen, nach Ueberwältigung der Royalisten durch
eine Landung in England an den stolzen Insulanern em=

pfindliche Rache zu nehmen; **in seiner** jetzigen Stimmung
war auch dieser Wunsch **vergessen; er** hatte keinen andern
Gedanken **als** rascheste Entfernung von diesem widerwär=
tigen Kriegsschauplatze; er drängte die Regierung um seine
Abberufung, um Urlaub, **um** Versetzung zum Rheinheere.

Während er klagte und zürnte, vollendeten seine Offiziere
Charettes unausbleibliches Geschick. Drei Wochen **nach** jenem
letzten Gefechte, **am 24. März,** entdeckte die Kolonne des
Obersten Valentin seinen Zufluchtsort **und** jagte **ihn** in
fünfstündiger Verfolgung den Truppen Travots entgegen.
Hier wurde er ereilt, nach hartem Widerstande, mit Wunden
überdeckt, gefangen genommen und am 26. zu Angers nach
kriegsrechtlichem Spruche zum Tode geführt. Er starb in ge=
lassener Ruhe, ohne einen Augenblick den kaltblütigen Sol=
datenmut und die Ueberzeugung von der Rechtmäßigkeit seiner
Sache verleugnet zu haben.

Ende Februar also war aller Widerstand in der Vendée
gebrochen und damit, **wie es** schien, die royalistische Partei
noch stärker getroffen als die Kommunisten durch die Schlie=
ßung der Pariser Klubs. Das Direktorium sah sich auf
allen Seiten siegreich, die gefährlichsten und thätigsten Gegner
in stumme Ohnmacht zurückgeworfen. In dieser Lage trug
man nicht länger Bedenken, in die altgewohnten Bahnen
der revolutionären Finanzkunst zurückzukehren und **trotz** der
Verbrennung der Assignatenpresse die Nation mit neuem
Papiergelde zu beglücken. Mochten die Bürger von Paris
darüber zürnen, mochten die Bauern der Departements sich
dagegen sperren: eine thatkräftige und bewaffnete Erhebung
war von diesen Kreisen nicht zu besorgen, und obgleich man
selbst durchaus nicht bezweifelte, daß die neuen Scheine nicht
lange Zeit sich behaupten **würden, so** war man im voraus
ganz zufrieden, **wenn sie nur einige** Monate ihren Dienst
thaten **und für den Augenblick** die drängenden Bedürfnisse
erledigen halfen. Denn **man hatte** den Beginn des Früh=
lings und **damit die** Eröffnung des Feldzugs in naher Aus=
sicht: gelang es, bis dahin sich zu fristen, so würde dann die
Thätigkeit der Armeen dafür sorgen, dem französischen Schatze

neue Hülfsquellen aus den eroberten Nachbarlanden zuzu=
führen.

Am **5. März** empfing der Rat der Fünfhundert dicht
nacheinander die Berichte von zwei Kommissionen über die
Hebung der finanziellen Bedrängnis. Die eine — Bericht=
erstatter Echassériaux — fand eigentlich die Lage gar nicht
so übel. Man habe noch den größten Teil des Zwangs=
anlehens und 13 Milliarden Steuerrückstände beizutreiben;
wenn man damit kräftig vorgehe, könne man solche Massen
von Papiergeld einziehen, daß ganz von selbst der Rest
wieder einen brauchbaren Kurs erhalte; demnach sei es un=
bedenklich, vom nächsten Monat an die Steuern in Assig=
naten zum Tageskurse zu begehren und den Verkauf der
Nationalgüter wieder aufzunehmen. Wie man sieht, be=
ruhte diese Erörterung in allen ihren Teilen auf einer Hoff=
nung, die sich längst als trügerisch erwiesen hatte, der Mög=
lichkeit, die Zwangsanlehen und die Steuerrückstände einzu=
treiben. Der Berichterstatter der andern Kommission,
Defermont, machte sich denn auch hierüber keine Täuschung.
Auch er begehrte, daß man in Zukunft die Assignaten in
allen Geschäften zum Tageskurse annehme; da er sich aber
mit keiner raschen Besserung desselben schmeichelte, kam er
nochmals auf das frühere Begehren Ramels und Laffond=
Ladebats, auf die Gründung einer Bank zurück, ohne deren
Vermittelung der Staat nicht in der Lage sein würde, bei
dem Domänenverkauf reale Werte für seine Güter zu er=
langen. Aber aufs neue brauste dagegen der Unwillen der
Linken auf; aufs neue erklärte Dubois=Crancé, man müsse
nicht die Assignaten zu beseitigen, sondern umgekehrt die
Metallmünze abzuschaffen suchen und deshalb zunächst die
alten Strafgesetze gegen Geldhandel und Börsenschwindel
erneuern. Die Verhandlung rückte nicht vorwärts. Camus
meinte sehr verständig, daß man doch unmöglich ein neues
Finanzsystem gründen könne, ohne den Bestand des vor=
handenen Staatsvermögens zu übersehen; es sei also vor
allem eine genaue Feststellung des Wertes der vorhandenen
Domänen erforderlich, welcher jetzt von den einen auf zwei,

von den andern auf fünf Milliarden geschätzt werde. Hier=
gegen aber erhob sich lebhafter Widerspruch. Die niedrigste
Schätzung, rief Bourdon, geht auf fünf, die höchste auf
acht Milliarden; was will man mehr? Mathieu erklärte,
daß die Forderung seines Kollegen Camus unerfüllbar sei;
die gesetzlich vorgeschriebene Inventarisierung der Güter sei
bisher nicht gemacht worden und würde mehrere Monate
zu ihrer Anfertigung gebrauchen, so lange aber könne die
Regierung nicht warten.

In der That meldete das Direktorium am 7. März,
daß seine Hülfsmittel zu Ende seien. Man hatte ihm vor
einiger Zeit eine Anzahl Nationalgüter im Taxwert von
800 Millionen zur Verfügung gestellt. Seine Botschaft
erklärte jetzt, daß es damit nichts anfangen könne, wenn
man es nicht von allen gesetzlichen Formalitäten des Do=
mänenverkaufs entbinde und ihm Vollmacht gebe, sich Geld
auf alle Weise dafür zu verschaffen. Nach einer längeren
Besprechung mit dem Direktorium berichtete darüber den
Fünfhundert die Finanzkommission am 9. März. Sie war
nicht der Meinung, dem Direktorium die begehrte Vollmacht
zu erteilen, sondern stellte statt dessen den Antrag, die dem=
selben überwiesenen Güter wieder zurückzuziehen und sodann
Domänen für 1800 Millionen Taxwert in der früher regu=
lierten Weise zum öffentlichen Verkaufe zu bringen. Da
die Regierung aber flüssiger Hülfsquellen dringend bedürfe,
so möge man eine neue Art von Papiergeld im Belaufe
von 600 Millionen ausgeben, sogenannte Territorialman=
date, deren Inhaber das Vorrecht haben sollten, jedes be=
liebige Nationalgut, ohne Versteigerung, gegen Erlegung
des Taxwertes in Mandaten zu ergreifen.

So war das der Regierung wesentliche Wort: neue
Papieremission, ausgesprochen, und nachdem man sich dazu
einmal entschlossen, kam man schnell genug vorwärts. Ueber
die Hauptfrage, ob das neue Papier nicht sogleich die Ent=
wertung des alten teilen würde, zeigte man wenig Sorge.
Die Erfindung, mit dem Mandate ohne die Weitläufigkeit
einer Versteigerung jedes beliebige Nationalgut gegen billige

Taxe zu erwerben, schien den Gesetzgebern eine sichere Bürgschaft für die Festigkeit seines Kurses; die Mandate, meinte
man, bilden hienach eine wahre und solide Territorialbank
und erretten uns für immer aus der Gefahr jener leidigen
Entwürfe einer herrschsüchtigen Privatbank. Die Regierung
freilich gab sich nicht so schmeichlerischen Hoffnungen hin,
sondern beantragte schon am 13. März gesetzlichen Zwangs-
kurs für die Mandate, unter den schwersten Strafandrohungen
gegen die Uebertreter, sonst, sagte sie, würden die Mandate
unaufhaltsam fallen; vielleicht, setzte sie noch hinzu, sei eine
Erklärung zweckmäßig, daß man die Assignaten zu einem
Prozent des Nennwertes gegen Mandate eintauschen wolle.
Dieser Gedanke zündete bei den Fünfhundert. Sie hatten
sich bereits mit der Frage beschäftigt, in welchem Verhältnis die beiden Arten des Papiergeldes zu einander stehen
und auf einander wirken würden, und darüber wenig erfreu-
liche Erwägungen gehabt. Alle solche Nöte aber waren beseitigt, sobald man nach dem Vorschlage des Direktoriums
die Assignaten gegen Mandate eintauschte und damit den
gesamten Papierumlauf auf die eine neue Sorte beschränkte.
Hiernach wurde dann der definitive Beschluß am 16. März
gefaßt. Wollte man die Mandate zur Unterdrückung der
Assignaten verwenden, so verstand sich eine erhebliche Vermehrung ihrer Masse von selbst: man verfügte also die
Anfertigung nicht von 600, sondern von 2400 Millionen.
Dieselben sollten als bares Geld bei allen Geschäften gelten
und bei allen Staatskassen zum Nennwerte angenommen
werden. Mit ihnen konnte der Inhaber jedes Nationalgut erwerben, Aecker zum zweiundzwanzig-, Häuser zum achtzehn-
fachen Betrage des Pachtwerts von 1790. Die Regierung erhielt davon fürs erste 600 Millionen; der Rest wurde im
Schatze gesondert niedergelegt, um binnen drei Monaten zur
Zurückziehung der Assignaten verwandt zu werden, so zwar,
daß ein Frank Mandate nicht für hundert, wie das Direktorium
geraten, sondern für dreißig Franken Assignaten gegeben
würde. Man war so durchdrungen von der Festigkeit der
Mandate, daß man einfach hoffte, durch diese Maßregel den

Kurs der Assignaten, solange es deren noch gebe, auf mindestens drei Prozent zu heben. Man verfügte außerdem das
Verbot des Handels mit Gold- und Silbergeld und strenge
Bestrafung aller Bürger, welche sich unterstehen würden,
die Mandate zu verleumden.

Jetzt war der Jubel groß unter den revolutionären
Staatsmännern. Alle denkenden Menschen, rief Treilhard,
sind darüber einig, daß die Mandate ebenso sicher stehen
wie Silbergeld. Die Mandate, erklärte Lecoulteur, haben
eine viel bessere und deutlichere Hypothek als die Assignaten.
Defermont legte eine Tabelle der für diese Hypothek aus-
geschiedenen Nationalgüter im Werte von 3500 Millionen
vor, außer welchen die Republik noch die Forsten, Salinen,
Kanäle und belgischen Domänen, zusammen einen Wert
von 8410 Millionen, besitze: in dieser Stellung, schloß er,
tritt Frankreich vor seine Freunde und seine Feinde. In
acht Tagen waren hier die zwei Milliarden, von welchen
Camus geredet, auf mehr als elf gewachsen und die Zu-
sammenstellung, für welche Mathieu damals mehrere Monate gefordert hatte, im Handumdrehen fertig geworden.

Die Mandate, die auf eine so kolossale Hypothek gegründet waren, die jedes Landgut derselben ihren Besitzern
zur augenblicklichen Verfügung stellten, deren Verlästerung
noch dazu durch die souveräne Nation mit schwerer Kerkerhaft bedroht war, sie waren ohne allen Zweifel volle, wahre,
bleibende Werte. Endlich schien die so oft vergebens behandelte
Aufgabe gelöst, unerschöpfliche Reichtümer allein durch den
herrschenden Staatswillen aus dem Nichts hervorzuzaubern.

Auch beeilte man sich mit hohem Eifer, die Konsequenzen
dieser erfreulichen Thatsache auf allen Seiten zu ziehen.
Da die Mandate so gut wie Silbergeld sein sollten, so
schien kein Grund mehr vorzuliegen, die bisher durch die
Assignaten verursachte Stockung des bürgerlichen Verkehrs
noch weiter gesetzlich anzuerkennen. Also wurde die seit
Dezember bestehende Suspension der Schuldzahlungen beseitigt: kein Gläubiger sollte fortan die Annahme seines
Guthabens in Mandaten zum Nennwerte weigern, voraus-

gesetzt, daß das Darlehen in Silber abgeschlossen worden war. Hatte man es seit 1792 in Assignaten kontrahiert, so sollte eine Verminderung des Betrages eintreten, die nach dem Kurs der Assignaten zur Zeit des Vertragsschlusses abgemessen war. Mieten und Pachtgelder sollten künftig in Mandaten entrichtet werden, soweit sie nicht in Getreide bezahlt wurden. Von Bedrängnis und Klagen der Beamten und Rentner sollte keine Rede mehr sein, denn sie würden ja ihre Bezüge nicht mehr in verrotteten Assignaten, sondern in vollwichtigen Mandatenscheinen erhalten. Mit einem Worte, noch einmal erging an das französische Volk die Forderung, die Schuldscheine der Regierung allerorten als gleichwertig mit Gold und Silber, mit Aeckern und Nahrungsmitteln anzuerkennen.

Ueberhaupt zeigte das Direktorium, durch die neueröffneten Schätze gekräftigt, Nerv und Rüstigkeit nach jeder Seite. Nachdem man die Männer des Pantheon mundtot gemacht, empfand man doppelt stark den Trieb, durch schärfere Verfolgung der Gemäßigten und der Royalisten sich als Träger echt republikanischer Gesinnung auszuweisen. Aufs neue beriet seit dem 13. März der Rat der Fünfhundert über ein Preßgesetz, um der Böswilligkeit und den Verleumdungen der royalistischen Blätter ein Ende mit Schrecken zu bereiten. Am 22. untersagte ein Gesetz, damit der religiöse Fanatismus wenigstens nicht öffentlich hervortreten dürfe, den Gebrauch des Glockengeläutes zur Berufung gottesdienstlicher Versammlungen. Den folgenden Tag erließ das Direktorium an die Verwaltungsbehörden ein scharfes Rundschreiben, welches dieselben zu strenger Ueberwachung und Fahndung der zurückgekehrten Emigranten anwies. Es war vergebens, daß Jourdan (von der Rhonemündung) und Isnard, um diesen radikalen Eifer zu brechen, am 20. die jammervolle Lage von Lyon, Marseille und des ganzen Südens bei den Fünfhundert zur Sprache brachten. Sie schilderten die Spaltung der dortigen Einwohnerschaft durch den glühenden Parteienhaß; sie wiesen nach, daß die von dem Direktorium eingesetzten Beamten fast ausschließlich zur

Hefe des alten Jakobinertums, zu den verabscheuten Mord=
banden der Schreckenszeit gehörten, daß sie fort und fort
die Bürger mit roher Gewaltthätigkeit mißhandelten, daß
darauf der unterdrückte Grimm sich in blutiger Ungesetzlich=
keit Luft mache und politische Morde von beiden Seiten
dort an der Tagesordnung seien. Die Aufregung, welche
im Rate durch ihre Rede hervorgerufen wurde, war un=
geheuer; die Mehrheit tobte in so rasender Erbitterung, daß es
eines Tages zu einem wüsten Faustkampfe am Fuße der
Rednerbühne kam und die Sprecher der Linken Jourdans
Auslassung als ehrlose Reden bezeichneten, welche die Fackel
des Bürgerkrieges in das Land zu schleudern bestimmt seien.
Die Angelegenheit wurde an eine Kommission verwiesen und
dann am 12. April auf Treilhards Antrag beschlossen, daß
sie überall nicht zu dem Wirkungskreise des gesetzgebenden
Körpers, sondern lediglich zu jenem des Direktoriums ge=
höre. Es war ein Ergebnis derselben Strömung, wenn
bereits am 5. April die Fünfhundert auf jene gehässige und
klägliche Frage, die Güter der Eltern der Emigranten zu=
rückkamen und jetzt endlich die so vielfach angestrebte Ein=
ziehung der Erbportion verfügten: denn hierauf ging der
Sinn und die Wirkung der Maßregel, obgleich man die
Form dahin gemildert hatte, daß man den Eltern die Auf=
hebung der Beschlagnahme des Ganzen durch Auslieferung
des Teiles ermöglichen wolle. Auch der Rat der Alten
wagte dieses Mal seinen Widerstand gegen die Beraubung
nicht aufrecht zu erhalten, sondern bestätigte nach heißer
Verhandlung und dreimal zweifelhafter Abstimmung, end=
lich durch Namensaufruf den Beschluß mit 100 gegen 94
Stimmen. Zum siegreichen Abschluß aller dieser Dinge,
zur kräftigen Besiegelung des herrschenden Systems erschien
dann am 16. April ein Gesetz, welches mit Todesstrafe
einen jeden bedrohte, welcher durch Reden oder Schriften
zur Auflösung des gesetzgebenden Körpers oder des Direk=
toriums, zum Umsturze der Verfassung oder zum Erlaß
eines Ackergesetzes auffordere. Royalisten und Pantheonisten
mochten gleich sehr es sich gesagt sein lassen.

Ein so hitziges Vordringen der Regierung hatte im ge=
setzgebenden Körper zunächst eine dem Direktorium sehr
unerwünschte Wirkung. Die liberale Opposition, weit ent=
fernt, sich einschüchtern zu lassen, schloß ihre Reihen nur um
so fester zusammen. In den letzten Tagen des März kam
es zu einer gründlichen Verständigung zwischen den ge=
mäßigten Männern des Konvents, 130 bis 150 an der
Zahl, und den Abgeordneten des neuen Drittels [1]), durch
welche sich die Mehrheit des Rats der Alten mit einer an=
sehnlichen Minderheit der Fünfhundert zu selbständigem,
planmäßigem, geeinigtem Verfahren verband. Man wollte,
ganz wie Portalis und Dumas es schon früher beschlossen
hatten, nicht jeden Vorschlag der Regierung bekämpfen, nicht
um jeden Preis auf plötzlichen Umschwung arbeiten, wohl
aber jeder jakobinischen Ausschreitung des Direktoriums oder
der Fünfhundert mit voller Kraft entgegentreten, auf Be=
seitigung des Gesetzes vom 3. Brumaire wirken, den gün=
stigen Ausfall der nächsten Wahlen vorbereiten.

Die Regierung mußte sich bald überzeugen, daß sie mit
dieser Opposition zu rechnen hatte. Denn erstaunlich schnell
folgte den stolzen Hoffnungen auf das neue Papiergeld,
welche den ersten Anstoß zu dem neuen Aufwallen der revo=
lutionären Stimmung gegeben, eine bittere Ernüchterung.
Wir sahen, wie man gemeint hatte, daß, wenn die Man=
date den Kurs von 100 behaupteten, die Assignaten, die
man auf $1/30$ des Mandatenwertes gesetzt, wieder auf etwa
3 Prozent steigen würden. Leider aber machte, noch ehe
die Mandate selbst gedruckt waren, während erst sogenannte
Mandatenpromessen in Umlauf kamen, das Publikum sehr
einfach den umgekehrten Schluß: da die Mandate den dreißig=
fachen Wert von Assignaten haben, diese aber auf $1/3$ Pro=
zent stehen, so gilt ein Mandat gerade 10 Prozent seines
Nennwerts. Der Unterschied wurde den Parisern auf der
Stelle in handgreiflicher Weise klar gemacht, indem die
Soldaten der Direktorialgarde, welchen man ihre Löhnung

---

[1]) Mallet du Pan, mémoires II, 224.

in Mandaten als vollwertiger Münze ausbezahlt hatte, sich
bei allen Kaufleuten damit abgewiesen sahen; darüber zürnten
sie heftig und entrissen in gutem Glauben die begehrten
Waren den Krämern und Hökerinnen mit Gewalt. Das
Aufsehen, welches diese Plünderung im Stile von 1793 bei
der gesamten Bevölkerung machte, war so gewaltig, daß die
Regierung dagegen einzuschreiten verzichtete und statt dessen
ihre Soldaten zur Nachgiebigkeit anwies. Das Schicksal
der Mandate war von diesem Augenblicke an entschieden.
Die Regierung war dabei in der Lage, die Strafgesetze gegen
den Handel mit Metallgeld täglich selbst zu übertreten; da
sie für ihre Kriegsausgaben und Lieferanten das Silber
nicht entbehren konnte, mußte sie es kaufen und folglich
Bürger aufsuchen, die es ihr trotz aller Strafgesetze verkauften. So sanken die Mandate unaufhaltsam weiter,
binnen wenigen Wochen bis auf fünf Prozent ihres Nennwertes [1]). Von neuem erschienen wieder die kläglichen
Folgen des Assignatenschwindels, die Not der Beamten, die
Bereicherung der Pächter auf Kosten der Gutsherren, die
Plünderung der Gläubiger durch gewissenlose Schuldner.
Die empfindlichste Folge aber des Verhältnisses für den
Staat zeigte sich natürlich bei dem Domänenverkauf. Da
ein Inhaber von Mandaten oder Mandatenpromessen jedes
Gut für den 22fachen Betrag seines früheren Pachtgeldes
erwerben konnte, die zur Zahlung erforderlichen Mandate
aber für ein Zwanzigstel ihres Nennwerts zu haben waren, so
erschien das Ergebnis, daß eine gewaltige Gütermasse gerade
für den Silberwert ihres früheren Pachtgeldes verkauft
und so die Nation für einen Spottpreis der großen Beute
ihrer Revolution beraubt wurde. Die Machthaber aber
ließen sich diese neue Niederlage ihrer Finanzpolitik wenig
anfechten. Eine beträchtliche Anzahl derselben, Abgeordnete,
hohe Beamte, Offiziere, Lieferanten, wer immer einiges
Geld besaß oder es sich zu verschaffen vermochte, warf sich
mit Jubel in die auf Kosten der Republik abrollende Güter-

---

[1]) Camus, Fünfhundert 1. Mai.

spekulation und tröstete sich im Genusse prachtvoller Grund=
herrschaften über die permanente Not des Staatshaushaltes.
Die Regierung aber blieb bei dem früheren System, alle
Ausgaben zu unterlassen, welche nicht unmittelbar die Er=
haltung ihrer Macht bezweckten: sie bezahlte, soweit die
Mittel reichten, die Diäten der Abgeordneten, die Gehalte
der Minister und Offiziere, die Forderungen der Lieferanten
und ließ aus den Gerichten und Schulen, den Straßen und
Kanälen, den Gefängnissen und Hospitälern werden, was
Gott gefiel. Für die Zukunft strebte sie sich vorzusehen, in=
dem sie neue Steuerentwürfe an die Volksvertretung ge=
langen ließ, die Einführung von Wegegeldern, deren Ertrag
zur Herstellung der überall unfahrbar gewordenen Straßen
verwandt werden sollte, die Einrichtung einer National=
lotterie, da sich die Spielwut der Franzosen unverbesserlich
zeige und in Ermangelung eines einheimischen Lottos den
Betrag der Einsätze nicht erspare, sondern über die Grenze
trage. Fürs erste blieben diese Anträge bei den Räten ohne
Erfolg; auch drängte die Regierung nicht allzu ungeduldig,
da sie ganz daran gewöhnt war, aus der Hand in den
Mund zu leben und 600 Millionen Mandate oder Man=
datenpromessen auch bei dem raschen Sinken des Kurses
immerhin den unverächtlichen Betrag von etwa 50 Millionen
Silberwert ihr in die Hand lieferten.

Aber allerdings, lange Zeit hindurch hätte sich ein solches
Treiben nicht fortführen lassen. Jeder Tag der wachsenden
Armut führte den Zustand einer prinzipiellen Entscheidung
näher. Entweder hätte man nach dem Sinne der Rechten
den radikalen Grundsätzen überhaupt den Rücken kehren und
den gesamten Staatshaushalt auf die Grundlage des Rechtes,
der Ordnung und des Friedens stellen müssen, oder das
Direktorium wäre gezwungen worden, zu der sonstigen Erb=
schaft der Schreckenszeit auch deren kommunistische Tendenz
in den Kauf zu nehmen und zur Befestigung des Papiergeldes
die Taxen und Zwangsverkäufe, die Revolutionsausschüsse
und das Revolutionstribunal wieder zu erneuern. Die
Schöpfung der Mandate war an sich selbst ein Schritt auf

diesem Wege, und wir **haben** gesehen, wie die radikale Ten=
denz seitdem nach **allen Richtungen** emporkam. Mehrere
Mitglieder **des Direktoriums hatten darüber** das klarste Be=
wußtsein. An Robespierre, sagt Newbell, ist eigentlich doch
nichts als seine übergroße Milde zu tadeln. Barras be=
klagte nachdrücklich, daß man im Vendémiaire den Pariser
Bürgern so übertriebene Schonung gewährt hatte.

Allein zwei Umstände trafen in diesem Augenblick zu=
sammen, um **eine** vollständige Entwickelung dieser Tendenz
zu verhüten. Einmal **wurde** im Augenblick der höchsten Be=
drängnis die finanzielle Not erleichtert, indem damals, Ende
April, **eine** ganz neue Quelle mit unverhoffter Reichhaltig=
keit zu fließen begann: wenigstens eine der französischen
Armeen hatte in Italien eine reißende Siegeslaufbahn er=
öffnet, und das Direktorium durfte von nun an hoffen, auch
ohne Schreckensherrschaft im Innern alle Lücken des eigenen
Haushaltes durch die Tribute Europas glänzend auszufüllen.
Sodann kam es in derselben Zeit zu einem entschiedenen
Bruche zwischen der Regierung und der äußersten demokra=
tischen Linken: das Direktorium mußte erleben, daß die
alten Freunde, die einstigen Genossen des Jakobinertums,
nicht bloß seine Herrschaft, sondern Leib und Leben seiner
Mitglieder mit einem vernichtenden Angriffe bedrohten; da
lag es denn in der Natur der Dinge, daß bei einem solchen
Verhalten der Männer von 1793 die Regierung den Ten=
denzen von 1793 entfremdet wurde.

Viertes Kapitel

Babeufs Verschwörung.

Unter der Masse der Klubisten vom Pantheon gab es
eine Gruppe von Männern, welche, bis dahin so gut wie
namenlos und höchstens in untergeordneter Stellung thätig,
durch fanatische Entschlossenheit die Kraft zu einer einfluß=

reichen Wirksamkeit gewannen. Ihre persönliche Verbindung war in dem Pariser Gefängnisse du Plessis geschlossen worden, wo seit dem Frühling 1795 und besonders seit dem Aufstand des Prairial fast zweitausend Demokraten und Terroristen sich zusammenfanden. Dort saßen die Mitglieder der blutigen Kommission von Orange, der Pariser und Nanteser Revolutionsausschüsse, der Revolutionsgerichte von Cambrai, Angers, Rennes, Brest, der jakobinische Maire von Lyon, Bertrand, der 1793 seine Stadt durch die Verzweiflung zu dem verhängnisvollen Aufstande getrieben, der frühere Sekretär Joseph Lebons, Darthé, der einst in dieser Stellung die Bürger von Boulogne nach dem Muster seines Herrn terrorisiert, eine Menge Menschen auf die Guillotine und in die Gefängnisse geschickt und damit die wohlwollende Aufmerksamkeit Robespierres auf sich gezogen hatte. Ein Pisaner, Buonarroti, der sich in seiner Jugend mit Rousseaus Lehren erfüllt hatte, war bei dem Ausbruche der Revolution nach Corsica geeilt, um an den Segnungen der Freiheit teilzunehmen: er wurde dort Beamter, veranlaßte die Bewohner der sardinischen Insel San Pietro zu einem Gesuche um Einverleibung in die Republik und arbeitete dann in Lyon unter vielfachen Gefahren für die Sache der Jakobiner; darauf finden wir ihn in Paris, wo er als Lehrer sein Brot verdiente, bald aber als Agenten des Wohlfahrtsausschusses in Corsica und im Jahre 1795 als Zivilkommissar bei dem Heere von Italien, wo er als eifriger Demokrat sich gegen die Edelleute der Riviera solche Gewaltthätigkeiten erlaubte, daß er im März unter peinlicher Anklage verhaftet und nach Paris geschickt wurde [1]). Im September 1795 wurde auch Babeuf in dasselbe Gefängnis abgeliefert, nachdem er acht Monate früher wegen revolutionärer Umtriebe und wilder Angriffe auf die Thermidorianer verhaftet worden war. Den Gefangenen in Plessis war freier Verkehr untereinander gestattet; sie konnten ihre Klagen über das eigene Unglück und das des Vaterlandes

---

[1]) Moniteur table alphabétique s. v.

vereinigen; sie erwogen die Ursachen ihrer letzten Nieder=
lagen und die Mittel zu künftigen Siegen und steigerten
gegenseitig ihren Grimm gegen die Reaktion und den Ent=
schluß zu neuen Umwälzungen. Nachdem der **13.** Vendé=
miaire oder die Amnestie des November sie befreit hatte,
begann **unter** ihnen ohne Aufenthalt das Treiben der Ver=
schwörung. Noch im Oktober machten Babeuf, Darthé **und**
Buonarroti mit einigen Gesinnungsgenossen den Versuch,
sich über einen Angriff auf die Direktorialregierung zu ver=
ständigen, ohne jedoch ein bestimmtes Ergebnis zu gewinnen.
Bald folgten neue Zusammenkünfte **in** etwas erweitertem
Kreise, aber auch dieses Mal hatten sich die Aussichten nicht
gebessert. Die Masse der Bevölkerung war den demokra=
tischen Gesinnungen feindselig im höchsten Grade. Die
Arbeiter der Vorstädte waren des politischen Treibens müde
und erwarteten keine Besserung ihrer Lage von **einer** neuen
Revolution. **Die** eifrigen Patrioten **aber** waren so uneinig
wie jemals, **da eine** große Anzahl derselben die Regierung
des Direktoriums fürs erste gar nicht so übel fand und sich
der Hoffnung überließ, durch deren Unterstützung sich selbst
und den demokratischen Tendenzen Einfluß zu verschaffen,
während andrerseits Babeuf und seine Freunde nur von
strenger Befolgung der terroristischen Grundsätze das Heil
erwarteten **und** der neuen Verfassung ein für allemal einen
Krieg auf Leben und Tod angekündigt hatten. Die letz=
teren schlossen sich nur um so fester zusammen, unter der
Bezeichnung der Freunde der Gleichheit, **der** Gleichen, und
faßten den festen Entschluß, so klein ihre Zahl und so ge=
ringfügig ihre Mittel waren, die Herstellung der wahren
Freiheit auf eigene Hand zu versuchen.

In einem Lokale des früheren Genovevaklosters pflogen
sie **in** möglichster Heimlichkeit **ihre** Beratungen, anfangs bei
einem **dort** wohnenden Kaffeewirt, später, **zu** größerer Sicher=
heit gegen die Polizei, in einem abgelegenen, mit einigen
Fackeln beleuchteten Kellerraume des Klosters. Sie erwogen,
daß vor **allem die** Pariser Arbeiterbevölkerung aus ihrem
politischen Schlafe **zu** erwecken und bis dahin jeder Versuch

einer Schilderhebung aufzuschieben sei. Die ersten Maß=
regeln zu diesem Behufe **waren** die Gründung des Klubs
vom Pantheon, die Unterstützung des Babeufschen Zeitungs=
blattes, die Veröffentlichung sonstiger Pamphlete und Mauer=
anschläge, welche mit fester Konsequenz **sich an** das stärkste
Gefühl der Massen, den Hunger, richteten und ganz im
Stile von 1793 die Ausrottung der selbstsüchtigen Geld=
besitzer als die sichere Bahn zur Freiheit anpriesen. Da die
Regierung, wie wir wissen, anfangs die Jakobiner **schonte**
und selbst begünstigte, so beobachteten auch **diese eine Zeit=**
lang eine sehr vorsichtige Haltung gegen die **Direktoren und**
Minister, zumal **bei** dem raschen Anwachsen des **Klubs** die
polizeiliche Aufsicht über seine Verhandlungen gar **nicht zu**
vermeiden **war.** Umgekehrt **hatten die „Gleichen" die Ge=**
nugthuung, daß die Art **und Weise,** in welcher das Direk=
torium sein Beamtenpersonal bildete, **eine** Menge wichtiger
Stellen in **die** Hände eifriger Gesinnungsgenossen lieferte;
eine Anzahl der Pariser Friedensrichter und selbst mehrere
Ministerialräte Merlins gehörten ihrem Bunde an, so daß
der letztere ebenso den Polizeiminister, wie dieser den Klub
zu überwachen vermochte. Es war für die Verschwörer um
so glücklicher, je tumultuarischer trotz aller Vorsicht **der**
Führer die Verhandlungen des Klubs sich gestalteten, **je**
hitziger Babeufs Volkstribun bald durch alle **Schranken**
hindurchbrach und durch seine wilden Ergüsse **gegen die Re=**
gierung und das Eigentum in weiten Kreisen **Aufsehen und**
Erbitterung erregte.

Unterdessen bildete sich **ein neuer Mittelpunkt für die**
Bewegung um einen der berufensten Machthaber des Kon=
vents, Amar, den Vorsitzenden **des** Sicherheitsausschusses
von 1793, der einst der Ankläger **der** Girondisten und neun
Monate später der eifrige Verfolger Robespierres gewesen
war. So bitter ihn bis dahin Darthé und Buonarroti
wegen des letzten Umstandes gehaßt hatten, so überwanden
sie jetzt doch den Hader der Vergangenheit in der Aussicht
auf den bevorstehenden gemeinsamen Kampf. Zu ihnen ge=
sellten sich einige alt= Cordeliers von reinem Wasser, ein

paar wegen jakobinischer Gesinnung verabschiedete Offiziere, Germain und Massard, zwei politische Litteraten, Debon und Felix Lepelletier. Man hatte zur Zeit noch keine Mittel zum bewaffneten Kampfe; man beschäftigte sich also in Ermangelung eines Besseren mit politischer Theorie, da, wie Buonarroti sehr richtig bemerkte, der Aufstand ein bestimmtes und umfassendes Programm haben müsse, um sein Ziel zu erreichen und nicht lediglich die jetzige mit einer andern ebenso widerwärtigen Herrschaft zu vertauschen. Amar hatte anfangs keinen andern Gedanken als die Herstellung der kommunistischen Gesetze von 1793, Papiergeld und Preistaxen, Zwangskauf und Requisitionen, Einführung einer unbegrenzt ansteigenden Einkommensteuer. Indes ergab die Verhandlung dieser Dinge sehr leicht die grenzenlose Willkür, die von der Anwendung solcher Gesetze unzertrennlich war, so daß endlich Debon mit der Erklärung hervortrat, auf halbe Maßregeln lasse sich keine feste Ordnung gründen, vielmehr werde ein allgemeines System im Sinne der Gleichheit erst dann möglich werden, wenn man den letzten Schritt thue und sich zur ausdrücklichen Abschaffung alles Privateigentums erhebe, um dann auf völlig neuer Grundlage allen Bürgern stets gleiche Genüsse und gleiche Thätigkeit von Staats wegen zu sichern. Wie Buonarroti erzählte, war dieses Wort für Amar eine plötzliche Erleuchtung. Er ergriff den Gedanken mit größter Lebhaftigkeit, und die Abschaffung des Privateigentums wurde seitdem der leitende Grundsatz der Genossenschaft. In der Gemeinschaft der Güter und der Arbeiten, in der gleichen Verteilung der Lasten und der Genüsse meinten sie den höchsten Zweck der politischen Gesellschaft, das einzige Mittel zur Verhütung jeder Unterdrückung zu finden. Der Staat, sagten sie, habe die Aufgabe, die natürlichen Ungleichheiten zu beseitigen, jedem Mitglied die Verwirklichung gleichen Rechts zu sichern und dadurch für alle die höchste Stufe gemeinsamen Glückes zu erreichen. Sie malten sich in den schönsten Farben einen Zustand der Gesellschaft, bei dem es keinen Armen, keinen Hungrigen, keinen Gedrückten gebe, wo ein jeder aus dem

Gesamtvermögen alle Lebensbedürfnisse in Liebe und Eintracht empfinge und dafür in dankbarer Begeisterung alle
Kraft zur Förderung des gemeinen Wesens einsetzte. Bei
einer solchen Trefflichkeit des Systems erschien ihnen schwierig nur der erste Schritt. Wer erst unter dem neuen Systeme
aufgewachsen wäre, würde nimmermehr seiner Süßigkeit
entsagen wollen: aber allerdings die jetzige Generation,
verdorben durch das Vorurteil des Eigentums, sei schwerlich
mehr der Besserung fähig; hier gelte es mithin klug und
vorsichtig sein, um nicht durch plötzliche Enthüllung des
ganzen Planes die Menschen zu heftig abzustoßen. Man
blieb also zunächst bei dem Rufe des ersten Prairial stehen
und wollte durch die Proklamation der Verfassung von 1793
einen ersten Uebergangszustand schaffen, dessen Machthaber
dann die Nation in die neue Zeit glückseliger Eigentums-
losigkeit hinüberzuleiten hätten. Freilich gab es hier eine
Schwierigkeit. Die Verfassung von 1793 verfügte die Wahl
der Regierung durch das gesamte Volk; wenn dieses nun
aber nach der Voraussetzung des Klubs verdorben war, so
würde es reaktionäre Regenten wählen und seine Freiheit
nur anwenden, um in der alten Verderbnis zu beharren.
Es war derselbe Widerspruch, der vom ersten Tage an auf
den Bestrebungen der Jakobiner gelastet hatte, sich in der
Theorie zur Herrschaft der Mehrheit zu bekennen, in der
Praxis aber das Volk zum Gegenteile seines Willens zu
zwingen. Amars Freunde wußten zur Ueberwindung dieses
Widerspruchs kein besseres Mittel, als es die Terroristen
von 1793 erfunden hatten, die Unterscheidung nämlich zwischen dem Zustande der vollendeten und jenem der erst zu
erringenden Freiheit; jener sei ein Stand des Friedens,
dieser des Krieges; im Kriege schulde ein jeder den Führern
blinden Gehorsam und müsse, um das Ziel der Freiheit
zu erreichen, während des Kampfes auf die Freiheit verzichten; somit trete für die Zeit des Uebergangs an die
Stelle der verfassungsmäßigen eine revolutionäre Regierung
mit unbedingter Gewalt. Das alles war seit 1793 einem
jeden französischen Demokraten, also auch der Gesellschaft

Amars, geläufig, aber bei der eigentlich praktischen Frage, welche Personen die revolutionäre Regierung bilden sollten, gingen die Meinungen und Ansprüche weit auseinander. Amar dünkte es selbstverständlich, daß die Linke des Konvents die frühere Herrscherstellung wieder übernehme; Debon aber hielt sich an die letzten Worte St.-Justs und forderte die Diktatur eines einzigen Mannes; die übrigen jedoch verwarfen das eine wie das andere und wollten im Augenblicke des Aufstandes die neue Behörde durch das kämpfende Volk von Paris ausrufen lassen, wobei sie natürlich sich selbst, die Schöpfer der Bewegung, auch als die Beherrscher derselben dachten. Diese Streitigkeiten sprengten die Genossenschaft. Man erinnerte sich aufs neue an Amars frühere Todsünde, die Verfolgung Robespierres, und machte plötzlich den gemeinsamen Besprechungen ein Ende.

Eine Weile trieben nun Buonarroti und seine Freunde ihr Wesen ein jeder auf eigene Hand auf verschiedenen Punkten der großen Hauptstadt weiter. Sie gründeten in einzelnen Quartieren besondere kleine Klubs, warfen aufrührerische Druckschriften in die Kasernen der Linientruppen, machten sich Freunde unter der Legion der Polizeisoldaten. Im großen Klub des Pantheons wurden indessen Anträge über Preßfreiheit, Papiergeld, Aufhebung des Census für die Geschworenen gestellt, Resolutionen gegen die damals eintretende Verfolgung Babeufs gefaßt, öffentliche Feste im Sinne der Partei beantragt. Man bemerkte mit Freude, daß die alten Banden der streitenden Demagogie von 1793, soweit sie noch existierten, sich wieder zusammenfanden, daß weite Kreise der Arbeiterbevölkerung durch die Lehren des Klubs aus der bisherigen Abspannung emporgerissen wurden, daß der größte Teil der Polizeilegion zum Anschlusse an die Bewegung bereit war. Indessen blieb auch der Regierung dieses Treiben nicht völlig verborgen und führte am 28. Februar zu der Schließung des Klubs vom Pantheon. Die demokratischen Führer wurden inne, daß es Zeit sei, entweder sich zu unterwerfen oder loszuschlagen. Dieses Mal war es Babeuf, welcher den entscheidenden Schritt

bewirkte und **damit die Führung der Partei** bis zu ihrer
Katastrophe an sich riß. Er hatte in den letzten Wochen viel
verkehrt mit Felix Lepelletier **und zwei** andern revolutionären
Schriftstellern, Maréchal **und Antonelle**, zunächst, **um** sich
über Inhalt **und Ton** ihrer Arbeiten **zu** verständigen: **er**
hatte bei diesen Gesprächen **immer** heftiger die drängende
Wucht der Lage, die Notwendigkeit baldigen Handelns und
vor **allem das** Bedürfnis kräftiger Führung **und** geschlossener
Einheit hervorgehoben. Auf sein Betreiben kamen, um **den**
20. März, die vier **zu** dem Beschlusse, sich als geheimen
Ausschuß der Empörung aufzustellen und **nach dem** Auftrag
ihres Gewissens die Einrichtung **und** Lenkung **der** bevorstehenden Revolution in die **Hand zu** nehmen. Sofort ernannten sie für jeden der hauptstädtischen **Bezirke einen**
Agenten als Werber und Berichterstatter; **zu besserer Sicher-**
heit wurde übrigens die **Vorkehrung** getroffen, **daß** selbst
diese Agenten die Mitglieder des leitenden Ausschusses **nicht**
kannten, **sondern mit** demselben nur durch Mittelspersonen
verkehrten. Diese letztere Rolle übernahm **zur Zeit** ein gewisser **Didier**, ein junger Gesinnungsgenosse **von großem**
Eifer und unermüdlicher Rührigkeit. Didier empfahl hierauf dem Ausschusse die Heranziehung von Buonarroti **und**
Darthé, welche dann ihrerseits noch ihren Freund **Debon**
einführten, so daß Ende März die höchste Revolutionsbehörde
von sieben Mitgliedern **und einem** Generalagenten ihre
bleibende Zusammensetzung gewonnen hatte. Sie **nahm ihre**
Residenz in dem bescheidenen Lokale eines Kaffeewirtes Clerex,
welcher damals dem polizeilich verfolgten Babeuf in seinem
Hause ein Versteck gewährt hatte.

Zu allen andern Zeiten wäre, was **hier** unternommen
werden sollte, nicht bloß Verbrechen, sondern Wahnsinn gewesen. Sieben unbedeutende und unbekannte Menschen, von
denen **der** einzige Babeuf sich einen gewissen Namen als
Zeitungsschreiber gemacht hatte, traten zusammen, nicht bloß,
um die Regierung und Verfassung Frankreichs zu stürzen,
sondern, dies vollbracht, dann für sich despotische Vollmacht
zur Einziehung alles Eigentums **aller Franzosen zu begehren**.

Was ihnen dazu in dem damaligen Frankreich den Mut und die Hoffnung des Gelingens gab, war nicht bloß die Kraft der eigenen Ueberzeugung; es war vor allem der Um= stand, daß sie in der Hauptsache gar keine neue Forderung erhoben, sondern nur die Herstellung eines Zustandes ver= langten, der ein volles Jahr lang in der ganzen Republik verwirklicht worden war. Der Kommunismus ist vorhanden, wo der Staat über die innerhalb seiner Grenzen befindlichen Güter ohne Rücksicht auf individuelles Recht verfügen darf, und diese Befugnis hatten Robespierre und die Seinen im vollsten Maße, wenn auch in verdeckten und tumultuarischen Formen, ausgeübt. Ob man, dieses höchste Prinzip einmal festgestellt, dann aus dem Gesamtvermögen den einzelnen Bürgern, wie St.=Just es beantragte, kleine Ackerparzellen, oder, wie Babeuf es zweckmäßig erachtete, tägliche Brot= und Fleischportionen überwies, oder ob man nach der Praxis des Wohlfahrtsausschusses dasselbe Ergebnis auf dem Um= wege der Assignaten und Progressivsteuern erreichte: das war eine Frage nicht des entscheidenden Grundsatzes, son= dern allein der augenblicklichen Zweckmäßigkeit. Nachdem die Revolution gleich 1789 mit Lafayettes Menschenrechten die Forderung der thatsächlichen Gleichheit in eine Welt voll von thatsächlicher Ungleichheit hineingeworfen hatte — anfangs ohne zu wissen, was sie that — bedurfte sie einer Reihe streiterfüllter Jahre, bis die Wirksamkeit eines solchen Grundsatzes sich bis in alle Folgerungen klarstellte. Zuerst vernichtete man 1789 die Privilegien der großen Eigen= tümer, damit ein jeder Eigentümer werden könne. Dann erklärte der Konvent das große Eigentum neben dem kleinen an sich selbst als gehässiges Privileg und verkündete die Be= fugnis, den Reichen zu nehmen, um den Armen zu geben. Dies war der wesentliche Schritt, der thatsächlich das Privat= eigentum zerstörte und den Staat zum Herrn aller Güter machte. Nachdem die Terroristen des Wohlfahrtsausschusses dies geleistet, bedurften die Epigonen von 1796 nur einer mäßigen Erfindungsgabe, um nachträglich zur Sache den Namen, zur Praxis die Theorie zu verkünden und die Ver=

nichtung des Privateigentums, welche Robespierre schweigend vollzogen, mit großen Buchstaben auf ihre Fahne zu malen.

Der geheime Ausschuß, einmal zusammengetreten, entwickelte eine erstaunliche Thätigkeit im Werben und Wühlen, vor allem aber im Verhandeln und Schreiben. Tag für Tag waren die sieben bemüht, die Einrichtungen des künftigen Frankreich im einzelnen festzustellen. Sie hatten keinen Zweifel, daß sie durch einen unvermuteten Aufstand des Pariser Proletariats die kleine Armee des Innern überwältigen oder vielleicht sie mit sich fortreißen, in beiden Fällen aber in der Hauptstadt die Herrschaft erlangen würden. Daß dann in den Departements von erfolgreichem Widerstande keine Rede wäre, verstand sich ihnen nach allen Erfahrungen des 14. Juli, des 10. August, des 2. Juni von selbst. Ihre wesentliche Sorge war also, für diesen Augenblick alle Gesetze und Verordnungen für das neue Reich der eigentumslosen Gleichheit in Bereitschaft zu haben: glücklicherweise hatten für diesen Zweck die Zusammenkünfte bei Amar trefflich vorgearbeitet, so daß man bei den wichtigsten Fragen den fertigen Stoff nur in Gesetzesform zu bringen hatte. Ein großer Teil dieser Erwägungen und Entwürfe ist später veröffentlicht worden und reicht vollständig aus, den Gedankengang ihrer Urheber zu vergegenwärtigen. Sie streben zu ähnlichem Ziele wie die Justitutionen St.-Justs: was sie begehren, ist eine Gesellschaft von Bauern und Handwerkern, die in völlig gleichen Nahrungsverhältnissen, in bescheidener und auskömmlicher Mittelmäßigkeit dahinleben. Wie erwähnt, bemerken sie sehr weislich, daß die Masse der Bevölkerung bei ihren zurückgebliebenen Begriffen nicht durch allzugroße Plötzlichkeit des Uebergangs erschreckt werden dürfe: das Manifest, welches im Augenblick der Schilderhebung in Paris verkündet werden sollte, überweist allerdings den Proletariern gesunde und bequeme Wohnungen und die Besitzungen der bisherigen Volks- und Freiheitsfeinde, stellt aber im übrigen öffentliches und privates Eigentum noch unter den Schutz des Volkes. Hätte jedoch die revolutionäre Regierung das Heft erst in

der Hand, so würde sie raschen Schrittes an die Aufgabe
herantreten, binnen einem Menschenalter alles Privateigen-
tum in die Hand der Gesamtheit zu bringen. Zu diesem
Behufe wird eine „große Nationalgemeinschaft" gegründet
und diese zunächst mit einer Masse augenblicklich verfügbarer
Güter ausgestattet, mit den noch unverkauften oder erst nach
dem 9. Thermidor verkauften Domänen, den alten Ge-
meindegütern, den Besitzungen der Hospitäler und Schulen,
den Gütern der Feinde der Revolution und der gerichtlich
Verurteilten. Zu dieser Masse kommt dann weiter hinzu
alles dem Staate freiwillig überlassene Besitztum sowie die
Äcker, deren Herren den Anbau vernachlässigen. Endlich
wird sie vervollständigt durch den Tod der zur Zeit vorhandenen Eigentümer, da das Erbrecht jeder Art in der
neuen Republik aufgehoben wird. Mitglied der großen
Nationalgemeinschaft ist ein jeder, der seine Güter und
seine Arbeitskraft dem Vaterlande zur Verfügung stellt, sodann alle Greise und mittellosen Kranken, endlich die her-
anwachsende Generation, die in den neu zu errichtenden
Nationalschulen ihre Erziehung empfängt, so daß nach etwa
einem halben Jahrhundert alle Menschen und Güter im
Lande der großen Gemeinschaft angehören werden. Diese
fordert dann alle ihre Mitglieder zu gemeinsamer Arbeit
auf dem Acker, im Handwerk, in den Fabriken auf; in jeder
Gemeinde bilden die Genossen desselben Gewerbes eine
Klasse, deren Arbeiten durch gewählte Beamte beaufsichtigt,
deren Arbeitserzeugnisse in öffentlichen Magazinen niedergelegt werden. Jeder Bürger ist verpflichtet, in irgend eine
Klasse nützlicher Arbeit einzutreten; als nützlich gilt der
Ackerbau, das Handwerk, das Fuhrwerk, der Kriegsdienst,
in keinem Falle aber die schöne Kunst und die Wissenschaft,
nur dann, wenn ein Gelehrter von den Behörden eine Be-
scheinigung seiner guten Gesinnung erhält. Das Durch-
schnittsmaß der täglichen Arbeit wird zwei Stunden kaum
übersteigen. Wer sich widerwillig, träg und üppig zeigt,
wird von der Regierung zu Zwangsarbeiten verurteilt. Die
Nationalgemeinschaft liefert jedem Bürger Wohnung und

Möbel, Kleider nach vorgeschriebener **Form** und Farbe,
Wäsche, Beleuchtung, Heizung, ausreichende Lebensmittel,
Getränke und Arzneien, alles in gleichem Maße anständiger
Frugalität für alle, Bürger, Soldaten, Beamte **ohne**
Unterschied. Jeder kann seine Nation **nur an** seinem **Wohn**-
ort empfangen, es sei denn, daß er von der Regierung **als**
Arbeiter oder Fuhrmann anderwärts verwendet werde. **Alle**
großen Städte werden aufgelöst und die Bevölkerung **in**
sauber eingerichtete Dörfer verteilt. Zur Führung der ge-
meinschaftlichen Wirtschaft gibt es Orts-, Bezirks- und Re-
gionsbehörden, auf **deren** Bericht die höchste Regierung
die Verteilung der Güter **unter** die Regionen, Kreise und
Ortsgemeinden anordnet. **Im Innern** ist der **Gebrauch** des
Geldes bei Todesstrafe verboten; **der auswärtige Handel**
wird allein **von** der Regierung betrieben. Alle Schulden
im Inlande **sind** erloschen; **die Regierung** übernimmt die
Schulden des Staates oder einzelner **Bürger** an Ausländer;
jede unrichtige Angabe über diese **Dinge wird mit der Strafe**
ewiger Sklaverei bedroht. Damit **künftig alle Welt diese**
Einrichtungen **aus** vollem Herzen liebe, wird jedes Kind
vom fünften Lebensjahre an durch die Eltern den öffentlichen Erziehungsanstalten überliefert. Oeffentliche Versammlungen und Festlichkeiten setzen die in diesen Schulen
gewonnene Belehrung auch für die Erwachsenen fort. Die
Republik bekennt sich zu dem Glauben an ein höchstes **Wesen**
und die Unsterblichkeit der Seele; jede Verkündigung **aber**
einer geoffenbarten Religion und jeder **andere Kultus als**
jener der Gleichheit wird **verboten.** Die Preßfreiheit **wird**
dahin festgestellt, daß sie das bestehende System **der** Freiheit unterstützen, aber nicht gefährden darf; es steht mithin
einem jeden frei, Bücher herauszugeben, deren Veröffentlichung von **der** Regierung erlaubt worden ist.

Die politische Verfassung wurde durch die Verschworenen
mit wenigen Abänderungen ganz **nach** dem Grundgesetze
von 1793 entworfen. Die gesetzgebende Gewalt soll von
dem souveränen Volke selbst geübt werden, indem es in
seinen Urversammlungen die von **den** gewählten Volksver-

tretern ausgearbeiteten Gesetzentwürfe annimmt oder ablehnt. Die Versammlung der Volksvertreter beschließt endgültig nur über die Verordnungen zur Ausführung der Gesetze. Die Regierung wird von einem durch die Urwähler ernannten Kollegium geführt, dessen Mitglieder für jede Gesetzwidrig= keit gerichtlicher Verantwortung unterliegen. Bei der un= geheuren Aufgabe der Regierung, den Haushalt aller Bürger zu führen, ist auch die Zahl ihrer Beamten eine ungeheure: im Grunde, bemerkte einmal Buonarroti, ist bei diesem Systeme der echten Gleichheit und Brüderlichkeit jeder Bürger ein Staatsdiener.

Wenn man diese Entwürfe historisch würdigen will, so muß man sie mit der Praxis der Schreckenszeit vergleichen, aus welcher sie in allen Einzelheiten abgeleitet sind. Die individuelle Freiheit ist völlig ausgetilgt; was hier Freiheit genannt wird, hat keine andere Bedeutung als die Befug= nis, jährlich in der Urversammlung seine Stimme abzu= geben. Dem Namen nach übt die Mehrheit aller Bürger, in Wahrheit das Proletariat der Hauptstadt eine völlig schrankenlose Herrschaft über das Dasein jedes einzelnen. Sie bestimmt über seine Wohnung und Kleidung, über seine Ernährung und Bildung. Sie reguliert den Handel und Wandel, sie erzieht die Kinder, sie verwaltet die Litte= ratur und die Religion. Das alles war vom September 1793 bis zum 9. Thermidor in voller Uebung gewesen, und das Direktorium selbst mit seinen Zwangsanlehen und Mandaten war auf dem besten Wege, es wiederherzu= stellen. Was Babeuf von Robespierre und Barras unter= schied, waren zwei Forderungen, deren jede den Vorzug der formalen Folgerichtigkeit besaß, allerdings aber nichtsdesto= weniger die bodenlose Unfähigkeit der neuen Verschwörer bezeugte. Die eine war der Antrag auf ausdrückliche Auf= hebung des Privateigentums, während Wohlfahrtsausschuß und Direktorium die große Konfiskation in ihren Worten stets zu verhüllen und zu verleugnen suchten. Hierüber ist alles gesagt mit der einen Bemerkung, daß, wenn Robes= pierre 1793 auf dem Höhenstande der demokratischen Be=

wegung **die offene** Abschaffung **des** Eigentums gegenüber
der Stimmung der Nation als unmöglich erkannte, zwei Jahre
später, nach den Katastrophen des Thermidor und Prairial,
nur halb blödsinnige Menschen **an die** Ausführung **des**
Planes glauben konnten. Die meisten **unter** ihnen **waren**
Zeitungsschreiber und politische Schriftsteller: um **so auf-**
fallender erscheint gerade **bei** ihnen **die** tiefe **Unwissenheit**
über die **stete** Macht und den damaligen Stand **der öffent-**
lichen Meinung. Der zweite Unterschied **zwischen den alten**
Terroristen und ihren jungen Nacheiferern bestand **darin,**
daß jene die kommunistische **Beute** in der mannigfaltigsten
Weise unter **ihre** Genossen **verteilt** hatten, diese **aber,** in
gesteigerter Konsequenz des **höchsten** Grundsatzes, **eine stete**
und allgemeine Gleichheit **der Portionen** verlangten: **es** fiel
ihnen nicht **auf, daß sie damit den** letzten Antrieb zu gesteigertem und schöpferischem **Fleiße aus** der Gesellschaft
verbannt, **die** niedrigste Art **der Handarbeit** vor der höchsten
Thätigkeit **des** Geistes privilegiert, jede Fortentwickelung der
Bildung verhindert hätten[1]). Sie waren dabei so völlig
ununterrichtet **über** die Wirklichkeit der ökonomischen **Ver-**
hältnisse, **daß sie** sich überzeugt hielten, wenn die **bisher**
müßig gehenden Kapitalisten zur Handarbeit **genötigt wür-**
den, ließe sich ohne Ausfall **in der** Produktion **die allgemeine**
Arbeitszeit **auf** etwa zwei Stunden täglich herabsetzen. **Nichts**
ist einleuchtender, als daß eine Gesellschaft **solcher Faulen-**
zer, vom Staate täglich **gefüttert, aber** der Kunst und der
Wissenschaft, der Religion **und des** Familienlebens beraubt,
in kurzer Frist in die tiefste **Verarmung und Barbarei** versunken wäre.

Die Erfahrungen der Schreckenszeit hatten darüber der
unendlichen Mehrheit des französischen Volkes keinen Zweifel
gelassen. Babeuf aber und seine Genossen hatten über die
wirklichen Bedürfnisse der Gesellschaft noch nicht die geringste
Aufklärung **gewonnen;** sie hatten damals nur eines, das

---

[1]) Nur **aus** taktischer Klugheit **wollten** sie ein von Maréchal
verfaßtes Manifest nicht veröffentlichen, **worin** dies ausdrücklich
erklärt war.

Handwerk des Meuterers, **dieses** freilich gründlich genug,
gelernt. Wie sie von Anfang an bei dem Pariser Proleta-
riate den einzig wirksamen Hebel, die Erinnerung an das
augenblickliche Elend und die Aussicht auf rasche Bereicherung ansetzten, **so** betrieben sie mit gleichem Geschicke die
schwierige Aufgabe, die Masse dieser Leidenschaften zu sammeln, zu reifen und zu disziplinieren. Einst, im Frühling
1792 und 1793, hatte ein solches Treiben wenig Gefahr
gehabt, in jener Zeit, als die Pariser Polizeibehörde selbst
an der Spitze desselben stand: jetzt **aber** galt es, jeden
Schritt in tiefes Dunkel zu hüllen und für die Empörung
ein Heer von vielen Tausenden fertig aufzustellen, ohne an
irgend einem Punkte das Geheimnis zu verletzen. Das
Verfahren, welches sie zur Lösung dieser beinahe unmög-
lichen Aufgabe einschlugen, war äußerst sinnreich. Zunächst
verzichteten sie darauf, nach unbedingter Verhüllung ihres
Daseins und ihrer Zwecke zu streben. Im Gegenteil brachte
jeder Tag neue Maueranschläge, Flugschriften und Zeitungs-
blätter, worin die kommunistische Revolution verkündet, die
Regierung und die besitzende Klasse geschmäht und vor
allem die Arbeiter und die Soldaten zur Empörung aufgefordert wurden. Dies hatte den dreifachen Vorteil, das
Proletariat der Vorstädte weiter zu erhitzen, die Werbung
neuer Anhänger zu erleichtern und die Regierung gegen den
stets angekündigten und stets ausbleibenden Aufstand gleichgültig zu machen. Das wesentliche war, die Organisation
der Verschwörung, ihre Führer und Agenten, den Nachforschungen der Polizei zu entziehen, und dieser Zweck wurde
mehrere Wochen lang durch das einfache Mittel erreicht, daß
die Agenten sich weder untereinander noch die Namen ihrer
Vorgesetzten kannten und nur schriftliche, nicht unterzeich-
nete, sondern durch ein verabredetes Zeichen beglaubigte
Weisungen empfingen. Ende April war man durch dies Verfahren so weit gekommen, daß der Empörungsausschuß auf
etwa 17 000 Mann rechnen zu können glaubte, welche auf
sein Signal **sich zum** Aufstande erheben würden. Einige
seiner Schätzungen **mochten etwas übertrieben** sein, im wesent-

lichen aber zeigt sich der Anschlag als zuverlässig, also bei
der Geringfügigkeit der Pariser Garnison die Streitmacht
der Empörung als unverächtliche Masse. Ihre Hauptschwäche
war der Waffenmangel, da nur ein kleiner Teil der Genossen selbst mit Gewehren versehen war; hier hoffte man,
durch überraschenden Anfall einige Waffenmagazine wegzu-
nehmen und dann durch den Uebertritt der Truppen verstärkt zu werden. Denn unaufhörlich war man bemüht,
sowohl bei der Polizeilegion als den Linienbataillonen die
Bande der Disziplin zu lockern, und erfuhr namentlich über
die letzteren das günstigste durch einen Hauptmann Grisel,
welchen Darthé zufällig kennen gelernt und mit Freude
als begeisterten Patrioten erfunden hatte. Die sieben entwarfen nun in einer Reihe von Beratungen den Schlachtplan für den Tag des Aufstandes. Auf das Signal des
Empörungsausschusses sollten in den zwölf Bezirken der
Stadt die Agenten mit allen Genossen in hellen Haufen auf
den Straßen erscheinen, unter Trompetenschall und Fahnen-
schwenken, mit dem Schlachtruf: Freiheit, Gleichheit, gemein-
sames Glück; sie würden die Sturmglocken ziehen, die nächsten
Waffenvorräte plündern, sich durch zuströmende Volksmassen
verstärken; ohne Aufenthalt würden sie die Direktoren, die
Minister und den General des Innern in plötzlichem Ueberfall töten, die Mitglieder der beiden Räte verhaften und
vor ein Volksgericht nach der Art des 2. September stellen;
andere Abteilungen würden die Barrieren und die Seine-
brücken, das Arsenal und das Stadthaus besetzen; alle bisherigen Beamten würden entfernt und jeder Widerstrebende
umgebracht; an ihre Stelle sollten die alten Revolutionsausschüsse der Schreckenszeit treten. Das gesamte Volk sei
zur Insurrektion und zur persönlichen Rache an seinen Feinden aufzurufen; die Masse des Proletariats sei durch reich-
liche Verpflegung, freie Wohnung und allgemeine Plünderung in den Häusern der reichen Volksverräter zum Los-
bruch zu bestimmen. Allen Führern und Agenten wurde
die höchste Schnelligkeit und Energie zur Pflicht gemacht
und immer und immer wieder die Grundregel eingeschärft,

jeden Widerstand, jeden Ungehorsam, jede abweichende Re=
gung auf der Stelle im Blute der Urheber zu ersticken.
Sobald der Sieg erfochten sei, würde dann das souveräne
Volk die provisorische Regierung ausrufen und ihr den
Auftrag geben, das neue Reich der Gleichheit einzurichten [1]).

Wohl die wichtigste Hülfe für die Verschworenen war
die bittere Not, welche damals am Ausgange des Winters
die Bevölkerung von Paris drückte. Wir haben im einzelnen
nachgewiesen, daß sie keine andere Ursache als die tiefe Er=
schütterung von Recht und Eigentum seit 1792 hatte: die
Pariser Proletarier aber wußten nur, daß sie während der
Schreckenszeit Geld und Nahrung vom Staate empfangen
hatten und dieser Pflege seit einem Jahre bis auf einen
kleinen Rest entbehrten; es war kein Wunder, daß sie bei
dem Hunger und Jammer der Ihrigen den 9. Thermidor
und die neue Verfassung verfluchten und auf Tod und Leben
sich dem bevorstehenden Aufstande zur Verfügung stellten.
Daß ein solcher in der Luft liege, war niemand mehr ver=
borgen; die Banden des ehemaligen Revolutionsheeres, eine
Anzahl der Septembermörder boten sich den Agenten an;
einer der letzteren meldete dem Ausschusse, daß eine Menge
Lyoner Patrioten, die in der Revolution schwere Arbeit ge=
than, herbeiströmten, um dem Direktorium den Garaus
machen zu helfen. So rührte es sich lebhaft in den untersten
und dichtesten Schichten der großen Stadt; auch Amar, ob=
wohl mit Buonarroti und Babeuf nicht mehr in Verkehr,
hatte keinen Zweifel darüber, und da er noch immer die
Herstellung der alten Bergpartei als den natürlichen Aus=
gangspunkt der Bewegung ansah, trat er jetzt mit einigen
Genossen des Prairial, den früheren Konventsdeputierten
Ricord, Laignelot, Choudieu, Huguet und Javogues eben=
falls zu einem Empörungsausschusse zusammen, um bei
einem Ausbruche die Leitung zu ergreifen. Diese Nachricht
gab Babeuf und den Seinen viel zu denken. Sie hatten

---

[1]) Die Aktenstücke im Moniteur 14. Mai 1796 und bei Buo=
narroti II, 244.

bereits untereinander erwogen, **wie viel gegen eine Wieder-**
berufung des Konvents zu erinnern sei, wie jene Abgeordneten sich am 9. Thermidor und der Abschaffung des Maximums, an der Schließung der Jakobiner beteiligt, **wie viele**
derselben sich **durch** Herrschsucht und Habgier einen schlechten
Namen gemacht. Sie hatten nicht die **mindeste** Neigung,
mit diesen Männern **die** Früchte ihres Unternehmens zu
teilen; ihr Wunsch war, durch das siegende Volk eine neue
Versammlung demokratischer Vertreter, einen Abgeordneten
für jedes Departement, berufen zu lassen, **diese Männer**
dem Volke vorzuschlagen und bis zu deren Eintreffen **die revo-**
lutionäre Regierung selbst zu **führen.** Andrerseits ließ **sich**
nicht verkennen, daß es im Augenblicke des Straßenkampfes
sehr fraglich **war, ob** die Volkshaufen nicht den **wohlbekannten**
Männern des Konvents folgen und **den namenlosen Mit-**
gliedern des Babeufschen Klubs den **Rücken kehren würden.**
Man beschloß also fürs erste eine zuwartende **Haltung;** man
suchte sich die Konventsdeputierten zu verpflichten, **indem**
man sie von gewissen polizeilichen Maßregeln **unterrichtete,**
wie man dieselben von den geheimen Freunden im Polizeiministerium erfuhr; zugleich aber **erging** ein Rundschreiben
an die Agenten, welches das Volk gegen den Einfluß der
Konventsmänner als verbrauchter **und verdächtiger Führer**
zu warnen mahnte.

Aber nicht bloß die ausgestoßenen **Männer des Berges,**
auch **die** bestehende Regierung war der steigenden Gärung
inne geworden und begann demnach zu handeln. Während
früher, wie wir sahen, das **Direktorium bei der Auswahl**
seiner Beamten und Kommissare vor allen Dingen **auf er-**
probte jakobinische Gesinnung gesehen hatte, fand **es sich**
Ende März durch die drohende Haltung **der äußersten De-**
mokratie zu einer plötzlichen Wendung veranlaßt. Ein
öffentliches Ausschreiben der Regierung klagte **über die viel-**
fachen Täuschungen, welche ihrem patriotischen **Eifer bei**
der Auswahl der Beamten bereitet worden seien. Sie
forderte demnach die guten Bürger und **vor** allem die Ge-
meinde- und Departementsräte auf, ihr über die Führung

der Regierungsbeamten in ihrem Bezirke ehrlichen Bericht zu erstatten. Man ermißt leicht, welch eine Fülle der Anschuldigungen auf dieses Signal in Paris zusammenströmten; das Direktorium konnte nicht umhin, eine Anzahl seiner früheren Vertrauensmänner als gemeine Verbrecher und Diebe zu beseitigen und ihre Stellen nach den Vorschlägen der — vielfach gemäßigten — Orts- und Bezirksbehörden neu zu besetzen. War dies schon empfindlich genug für die revolutionäre Partei, so wurde geradezu verderblich für sie, daß Anfang April Merlin von Douai, wie wir wissen, ihr eifriger Gesinnungsgenosse, das Polizeiministerium aufgab, angeblich aus Gesundheitsrücksichten, wahrscheinlich aber, weil er wenig Lust hatte, bei dem herandrohenden Zusammenstoß zwischen der Regierung und seinen alten Freunden auf der ausgesetztesten und verantwortlichsten Stelle zu stehen. Sein Nachfolger wurde am 3. April ein ehemaliges Mitglied des Konventes, Cochon Lapparent, ein Mann von gemäßigter Gesinnung, großer Geschäftsgewandtheit und entschlossener Feindseligkeit gegen die Umsturzpartei. Seine Nachforschungen stellten ihm sehr schnell die Existenz der Gefahr außer Zweifel, doch vermied er, einzelne Personen zu verfolgen, solange ihm die Führer noch unbekannt waren. Immer schritt die Regierung schon jetzt zu einer allgemeinen Vorkehrung: am 16. April wurde das Gesetz erlassen, welches jeden Angriff auf die bestehende Verfassung und Regierung mit Todesstrafe bedrohte. Der Eindruck auf die Revolutionäre war gewaltig: eine Menge Stimmen riefen, jetzt sei die Unterdrückung vollständig und der Aufstand heilige Pflicht geworden. Babeuf aber und der Empörungsausschuß meinten die nötigen Vorbereitungen noch nicht vollendet zu haben und beschwichtigten den Eifer ihrer Anhänger; gerade jetzt erhielten sie die günstigsten Nachrichten von ihren militärischen Agenten, die in kurzer Frist den größten Teil der Polizeilegion und der Armee des Innern zur Meuterei zu bringen verhießen. Diese Meldungen waren wenig übertrieben; auch die Regierung sah die Sache in keinem andern Lichte, und ein sehr beson-

derer Vorgang zeigte den Verschworenen, wie schwer die
Sorgen des Direktoriums waren. Auf Cochons Listen stand
als besonders unruhiger Kopf, wir wissen, mit wie viel
Grund, jener ehemalige Lieutenant Germain. Ihn ließ am
19. April der Direktor Barras zu sich bescheiden, um ihn
mit militärischer Biederkeit über die wahre Stellung des
Direktoriums aufzuklären. „Ich höre, mein Kamerad,"
sagte er ihm, „daß du ein wackerer Soldat bist, zur Zeit
etwas erbittert über deine Absetzung, verbündet mit entschiedenen Demokraten, die an eine aufständische Bewegung
denken. Diese guten Leute sind verblendet durch ihren Eifer.
Wir wissen noch besser als ihr, daß der jetzige Zustand nicht
der rechte ist, daß wir einer Aenderung bedürfen, daß diese
näher bevorsteht, als ihr denkt: und in dem Augenblicke,
wo wir zu diesem Zwecke der Unterstützung der Patrioten
am dringendsten bedürfen, wollen diese uns stürzen und
umbringen. Hätte ich nicht," rief er, „im Vendémiaire bedenkliche Folgen besorgen müssen, wie gern hätte ich drei
Tage lang das Bürgerpack bearbeitet, um die Patrioten zufrieden zu stellen. Wenn die Gelegenheit wieder erscheint,
so wird man sehen, ob ich den Haß der Patrioten verdiene.
Mein Dasein hängt an dem des Volkes und der Republik.
Nur muß die Bewegung allgemein und gegen die Royalisten gerichtet sein. Glaubt mir, daß ich nichts unterlassen
werde, was der patriotischen Sache zum Siege verhelfen
kann."

Germain beeilte sich, von diesen Eröffnungen seinen
Freunden Kunde zu geben. Es war deutlich, daß Barras
auf alle Fälle sich sicher zu stellen wünschte, weiter trauten
sie ihm nicht und sahen in seinen Eröffnungen nur eine
heimtückische Falle. In der That aber war Barras ihnen
viel freundlicher gesinnt, als sie glaubten; er leitete im
Direktorium, wie wir gesehen haben, die Angelegenheiten
der Polizei und verhielt sich jetzt, trotz Cochons wiederholtem
Andringen, völlig unthätig. Allerdings ging dann seine
Neigung für die Empörer nicht so weit, daß er im Direktorium offen ihre Partei ergriffen und auf eigene Gefahr

Cochons Maßregeln gehindert hätte. Schon in den nächsten Tagen führte dieser, von Carnot kräftig unterstützt, einen höchst empfindlichen Streich gegen die Anarchisten, indem er am 23. April einen Direktorialbeschluß erwirkte, welcher die Polizeilegion zu den kämpfenden Heeren an die Grenze schickte; als zwei Bataillone darauf in offener Meuterei sich dem Befehle widersetzten, wurden sie plötzlich von überlegenen Streitkräften umringt, entwaffnet und auseinandergejagt. So fanden sich die Verschwörer dem entscheidenden Schritte immer näher gedrängt; sie sahen, daß sie losschlagen mußten, wenn sie nicht von der Thätigkeit der Regierung erdrückt werden wollten. Der leitende Ausschuß beschloß also den Kampf zu beginnen und zog zu diesem Zwecke die für seine Pläne gewonnenen Offiziere zu seiner Sitzung am 30. April hinzu, um hier den militärischen Teil der Aufgabe einer letzten Prüfung zu unterwerfen. Es waren außer Germain, Massard und Grisel der abgesetzte General Fyon und Robespierres alter Schützling Rossignol. Die Zusammenkunft sollte allerdings für den Ausgang des Unternehmens entscheidend werden, jedoch in anderem Sinne, als es der Ausschuß vermutete.

Unter den Genossen nämlich, welche damals in den Ausschuß eingeführt wurden, befand sich einer, der von Anfang an den Bestrebungen der Verschworenen von Grund seines Herzens feindlich war und nur deshalb sich mit den Werbern derselben eingelassen hatte, um ihre Pläne in ganzem Umfange kennen zu lernen und dann durch Anzeige an die Regierung zu vereiteln. Dies war der Hauptmann Grisel. Er war ohne sein Zuthun durch einen Bekannten früherer Jahre in eine Gesellschaft eifriger Demokraten eingeführt und als zuverlässiger Genosse empfohlen worden; er hatte ihren Reden und Gesängen ohne Widerspruch und ohne Teilnahme zugehört, bis ihm einer der Anwesenden in einem längeren Gespräche die baldige Erhebung des armen Volkes und die stattgehabte Bildung eines Empörungsausschusses erwähnte. Hier wurde er aufmerksam, erklärte mit raschem Entschlusse seine lebhafte Zustimmung und erweckte das ganze

Interesse des andern, indem er seine Bereitwilligkeit, die im
Lager von Grenelle zusammengezogenen Linienbataillone zur
Meuterei zu bestimmen, erkennen ließ. Als er vollends
einige Tage nachher ein an die Soldaten gerichtetes Flug=
blatt im saftigsten Stile des Père Duchesne seinem neuen
Freunde Darthé einhändigte, war dieser völlig gewonnen
und bewirkte bei dem Ausschusse die Ernennung Grifels
zum militärischen Agenten der Verschwörung. Grifel em=
pfing seitdem große Stöße aufrührerischer Druckschriften zur
Verteilung an die Soldaten und lieferte seinerseits dem
Ausschusse Berichte, kleine Geldsummen, weitere Stilübungen.
Er führte diese wenig beneidenswerte Rolle mit großer
Standhaftigkeit durch, da er nicht eher der Regierung eine
Enthüllung machen wollte, bis dieselbe vollständig sein könnte,
und bisher war ihm, nach den Regeln des Empörungsaus=
schusses, die Zusammensetzung dieser höchsten Behörde des
Komplottes völlig unbekannt geblieben. Endlich am 30. April
wurde er durch eine kurze Zuschrift zu Didier beschieden
und von hier durch Buonarroti in Babeufs Wohnung ge=
führt, in einer engen Straße der Altstadt, einem Hinter=
zimmer des dritten Stockwerks, wo ihm die Anwesenden als
die Mitglieder des Empörungsausschusses vorgestellt wurden
und eine allgemeine Umarmung stattfand. Bald nachher
erschienen auch Massard, Fyon und Rossignol; Babeuf er=
öffnete die Verhandlung durch die Vorlesung des oben mit=
geteilten Aufstandplans und forderte die Offiziere auf, über
die Ausführung desselben ihre Meinung zu sagen. Diese
ergingen sich in begeisterter Zustimmung; nur Fyon und
Rossignol beklagten, daß keine Vertreter des Konvents an
der Gesellschaft teilnähmen; es wurde dann beschlossen, daß
die Offiziere als militärischer Ausschuß in den nächsten drei
Tagen die einzelnen Maßregeln des Losbruchs feststellen
sollten. Sie erstatteten darauf den Häuptern am 4. Mai
Bericht, aus dem sich ergab, daß der Mangel an Geld und
an Schießpulver noch immer Schwierigkeiten mache; in der
That besaß die geheime Behörde, welche das Vermögen aller
Franzosen einzuziehen gedachte, damals in ihrer Kasse den

Betrag von 240 Franken, **und** mehrere ihrer Mitglieder
wußten nicht, woher am folgenden **Tage** Kleidung und Nah=
rung nehmen, eine Bedrängnis, **in** der ihnen der Wunsch
auf gründliche Aenderung des Zustandes freilich nahelag.

Andere Sorgen kamen in diesen letzten drängenden Stun=
den hinzu. Nach einer Sitzung des Militärausschusses teilte
Germain **in** höchster **Aufregung** seinen Freunden mit, daß
Fyon **und** Rossignol immer nachdrücklicher die Zuziehung
der alten Konventsdeputierten verlangten, **daß** deren Aus=
schuß fortbestehe und noch durch Robert Lindet verstärkt
worden, daß im Augenblicke des Losbruchs also eine töd=
liche Spaltung **zu** erwarten sei. Die sieben erwogen. Sie
selbst hatten kürzlich ein Mitglied **des** Konvents, den Post=
meister Drouet, der sich einst durch die Verhaftung Lud=
wigs XVI. einen Namen gemacht und jetzt Eintritt in den
Rat der Fünfhundert erlangt hatte, in ihren Bund auf=
genommen; aber wie früher sträubten **sie** sich gegen die Zu=
lassung jener Hébertisten und Verfolger Robespierres, bei
denen sie nichts als persönliche Herrschsucht und Widerstand
gegen die Abschaffung des Eigentums voraussetzten. Aber
zu gefährlich erschien doch für das Gelingen **ein** völliger
Bruch zwischen beiden Parteien, und man entschloß sich, den
Männern des Berges Vereinigung anzubieten und nach ihrem
Begehren die Linke des Konvents aufs neue zu berufen, wenn
dazu aus der Liste der jüngeren Partei **ein** Demokrat aus
jedem Departement hinzuträte, wenn nach dem diesseitigen
Programme die Proletarier freie Wohnung erhielten, und
wenn der Konvent im voraus die Vollziehung der von dem
Pariser Volke zu erlassenden Dekrete verhieße. Diese Punkte
wurden darauf am 6. Mai von dem Unterhändler der Berg=
partei, Ricord, angenommen, am 7. aber von der Gesamt=
heit der letzteren abgelehnt, worauf **dann** Babeuf **die** Er=
klärung abgab, lieber **wolle man** sterben, als die heilige
Sache der Gleichheit ohne **feste** Bürgschaft den Henkern des
9. Thermidor anvertrauen. Diese Festigkeit erreichte endlich
am 7. ihren Zweck. Amar und Robert Lindet sprachen
sich entschieden für das Programm der Kommunisten aus;

die Partei ließ durch Darthé ihre Zustimmung zu Babeufs
Forderungen erklären, und der Empörungsausschuß, endlich
aufatmend, beraumte auf den 8. Mai abends eine gemein=
same Verhandlung beider Parteien in Drouets Wohnung an.

Aber bereits hing das Verderben dicht über ihren Häup=
tern. Gleich nach jener Sitzung des 30. April hatte Grisel
an Carnot, als den damaligen Präsidenten des Direkto=
riums, geschrieben, und ihm in einer Audienz am 4. Mai
den ganzen Bestand der Verschwörung enthüllt. Ein wie
eifriger Demokrat und Republikaner Carnot auch gewesen,
hier gab es bei dem drohenden Meuchelmord keinen Zweifel.
Grisel war in der Lage, jedes Bedenken über die Wahrheit
seiner Aussagen zu beseitigen; Carnot empfahl ihm, seine
Thätigkeit fortzusetzen, und kam mit Cochon überein, erst
dann weiter vorzugehen, wenn man mit einem Schlage sich
zugleich der Personen und der Papiere des Empörungsaus=
schusses bemächtigen könne. Am 8. morgens empfing Grisel
von Darthé die Einladung zu der großen Zusammenkunft
bei Drouet und beeilte sich, Carnot davon in Kenntnis zu
setzen, mit der Aufforderung, um halb zehn Uhr das Haus
zu umringen und die Anwesenden gefangen zu nehmen.
Das Direktorium war der Meinung, daß jetzt die Zeit zum
Handeln gekommen sei, und Carnot stellte eigenhändig eine
Reihe von Verhaftsbefehlen aus. Um acht Uhr eröffnete
denn bei Drouet der Ausschuß die Verhandlung: die Männer
des Berges wiederholten ihre Zustimmung, Grisel machte
sich stark für den Abfall der Truppen in Grenelle, Massard
aber erklärte im Namen des militärischen Ausschusses, daß
derselbe noch einige weitere Aufklärung über die schlagfertige
Mannschaft und deren Führer bedürfte. Inmitten dieser
Verhandlungen erklang von der Straße herauf gegen halb
zehn Uhr das Geräusch einer reitenden Patrouille, welche,
vor dem Hause angelangt, plötzlich Halt machte. Grisel
erwartete jeden Augenblick ihren Einbruch; der Schrecken
der Verschworenen war groß; jeder fragte den andern, ob
er gefährliche Papiere bei sich habe, jeder versicherte, daß
es nicht der Fall sei. Unter diesen Umständen, wo die

Verhaftung der Personen **nicht auch** zugleich die Beweismittel ergriffen hätte, **fiel Grisel** ein Stein vom Herzen,
als die Patrouille nach kurzem **Stillstand weiter** zog; sie
hatte eben mit Verfolgung der Verschwörer nichts zu thun,
da Carnot Grisels Worte mißverstanden und **den Angriff
erst auf** halb zwölf Uhr festgestellt hatte. So ging die
Sitzung bald ihren Gang weiter und endigte gleich nach
elf Uhr mit dem Beschlusse, **nach** Erhebung der vom
Militärausschusse begehrten Thatsachen **am 10.** zur Schluß
beratung und zur Feststellung des Schlachttages zu schreiten.
Eine Viertelstunde später erschien Cochon selbst mit Gendarmen, Fußvolk und Reiterei, drang in Drouets Wohnung
ein, fand aber niemand als den Abgeordneten und Darthé
und mußte auf **einen** scharfen Protest gegen die verfassungswidrige nächtliche Haussuchung mit leeren Händen das Feld
räumen.

    Dieser nutzlose Versuch der Behörde setzte für einen Augenblick die Verschworenen in nicht geringen Alarm. Indessen
gelang es **Grisel**, sie zu beruhigen und im Laufe **des 9.** Mai
sowohl die Hausnummer Babeufs (die er am 30. April nicht
hatte erkennen können) als auch den Ort der auf den 10.
morgens anberaumten Zusammenkunft zu ermitteln. Wie
schwer besorgt das Direktorium über den Ausgang war, zeigte
sich noch in diesem letzten Augenblicke, indem Carnot selbst
sich zu Cochon begab, **um ihm Grisels** Mitteilungen über
die Lokalitäten in Babeufs Wohnung zu wiederholen und
danach den Agenten die genauesten Weisungen zu erteilen,
Barras aber durch Rossignol dem Empörungsausschusse noch
einmal eine Versicherung zugehen ließ, **daß er** dessen Gesinnungen teile und bereit sei, sich in der Antonsvorstadt als
Geisel zu stellen. Der Ausschuß würdigte ihn gar keiner
Antwort, und nun setzte sich am folgenden Morgen, dem
10. Mai, der Generalinspektor der Polizei, Ossonville,
gegen Babeuf in Bewegung. Er ließ das Haus durch
Reiterposten bewachen und durch diese bei dem gaffenden
Volke **ausstreuen,** daß es sich um die Ergreifung einer
Diebesbande handele; er selbst verbrachte dann zwei sorgen

volle Stunden mit der Aufsuchung eines für die Verhaftung
nötigen Friedensrichters: drei dieser Beamten nacheinander
erklärten ihm gerade heraus, daß sie nicht gesonnen seien,
irgend eine Expedition im Auftrage des Direktoriums mit-
zumachen [1]). Endlich fand sich ein dienstwilliger Kommissar,
und eiligst führte jetzt Offonville seine Mannschaft in das
Haus. Es gelang ihm, ohne daß Lärmen entstand, in
Babeufs Hinterzimmer einzudringen und diesen nebst Buonarroti und einen Abschreiber vollständig zu überraschen.
Sie hatten Säbel und Pistolen im Zimmer, waren aber so
bestürzt, daß sie sich nicht zur Wehre setzten. „Die Tyrannei
siegt," rief Babeuf, „wir sind verloren." Der größte Teil
der Papiere des Komplottes wurde aufgefunden und in Beschlag gelegt. Zu derselben Zeit hob eine andere Abteilung
die vereinigten Ausschüsse bei der verabredeten Zusammenkunft auf; Drouet, Darthé, Germain, Didier nebst einer
Anzahl Genossen wurden verhaftet; Felix Lepelletier war
schon seit zwei Tagen in den Händen der Polizei; bis zum
13. folgten sich dann in langer Reihe weitere Einsperrungen,
zum Teil nach bestimmten Anzeigen, zum Teil Massenver-
haftungen auf gut Glück.

Der Schlag war vollständig. Kaum einer der Häupter
und Lenker war der Regierung entronnen, für den Augenblick war die Umsturzpartei zerschmettert. Das Direktorium
beeilte sich, feierliche Anzeige seiner Entdeckung an den gesetzgebenden Körper gelangen zu lassen und durch Zeitungen
und Maueranschläge die verbrecherischen Pläne der Verschworenen zur weitesten Oeffentlichkeit zu bringen. Der
Eindruck war im ersten Augenblicke, wie es nicht anders
sein konnte, allgemein und tief; die Abschaffung des Eigentums als Zweck, der Mord der Direktoren, Minister und
Abgeordneten als Mittel, die Plünderung der Volksfeinde
als Eröffnung des Aufstandes, das alles erregte weit und
breit im Lande ein Gefühl des Abscheus und der Erbitterung, welches seine dunkeln Schatten notwendig auf die

---

[1]) Bericht Offonvilles, Pariser Reichsarchiv.

ganze Vergangenheit und auf sämtliche Fraktionen der reinen Demokratie zurückwarf. Bei den Verhandlungen des gesetz= gebenden Körpers wurde **die Wirkung** des Komplottes auf der Stelle bemerklich. Gleich am 10. Mai beantragte das Direktorium die Ausweisung aller nicht wiedergewählten Konventsmitglieder, **aller** abgesetzten Beamten und Offiziere, aller Emigranten und Fremden aus Paris. Es war ver= gebens, daß **die** Linke sich ihrer Freunde annahm. Einen unmittelbaren Widerspruch gegen die Resolution durfte sie gar nicht wagen; sie versuchte ihr die gegen den Konvent gerichtete Spitze durch den Zusatz abzubrechen, daß auch die Mitglieder der konstituierenden und gesetzgebenden Versamm= lung der Ausweisung unterliegen sollten, erfuhr aber sofort die bitterste Abweisung durch Larivière, der es jetzt unver= hüllt aussprach, es handle sich bei der Maßregel um die Blutmenschen von 1793 und um niemand anders. Der Beschluß **wurde** auf der Stelle gefaßt und noch an dem= selben Tage von dem Rate der Alten zum Gesetze erhoben. Die Ungnade der Linken zeigte sich am 12., als Lemerer bei weiteren Mitteilungen über die Verschwörer die Erklä= **rung** beantragte, daß **das** Direktorium sich um das Vater= **land** wohl verdient gemacht habe. Das Direktorium, wurde mit zürnendem Hohne entgegengerufen, trägt den besten Lohn in seinem Herzen und bedarf unserer Anerkennung nicht. Um einen offenen Skandal zu vermeiden, erklärte Camus, daß es, genau betrachtet, dem gesetzgebenden Körper verfassungsmäßig nicht zustehe, das Direktorium zu loben oder zu tadeln. Es trat mit vollkommener Deutlichkeit hervor, daß die Mehrheit sich erheblich nach **rechts** ver= schoben hatte, daß die Regierung, die sich bisher auf das Zusammenhalten aller Schattierungen der Linken gestützt hatte, jetzt auf eine Verbindung der gemäßigten Männer **beider** Parteien angewiesen **war.**

Die Räte hatten sich noch manchen Tag mit den durch die Verschwörung angeregten Fragen zu beschäftigen. Einer der **Gefangenen,** Drouet, **war** Mitglied des Rates der Fünf= hundert, **und** zwar ein bei der Linken sehr beliebtes und

angesehenes Mitglied; er war wegen der Verhaftung Lud=
wigs XVI. drei Jahre lang von den Oesterreichern, die ihn
zum Kriegsgefangenen gemacht, in schwerer Kerkerhaft ge=
halten worden **und** gleich nach seiner Befreiung wieder
mit frischem radikalem Ungestüm aufgetreten; erst wenige
Tage vor Babeufs Katastrophe hatte er bei den Fünfhun=
dert so hitzig die Deportation der altgläubigen Priester ge=
fordert, daß eine Stimme dazwischen gerufen hatte: dieser
Mensch glaubt noch immer im Konvente **zu** sitzen.   Nun
bedurfte es zu seiner gerichtlichen Verfolgung eines **außer=**
ordentlichen, durch die Verfassung genau geregelten Ver=
fahrens, Antrag einer parlamentarischen Kommission, **daß**
Grund zur Untersuchung vorliege, Beschluß der beiden Räte,
die Anklage zu erheben, Findung des **Urteils durch** einen
besonderen Staatsgerichtshof, zu welchem jedes Departement
einen Geschworenen und der Kassationshof fünf Richter ab=
zuordnen hatte.   Am **17.** Mai ernannten die Fünfhundert
ihre Kommission für die vorläufige Prüfung der Frage, auf
deren Bericht am 20. Juni nach geheimer Verhandlung mit
320 gegen 72 Stimmen der Beschluß auf Erhebung der
Anklage gefaßt wurde. Der Rat der Alten genehmigte den=
selben drei Wochen später mit 141 gegen 58 Stimmen.
Am 9. Juli wurde darauf eine Kommission der Fünfhun=
dert mit einem Berichte über die weiteren Fragen beauftragt,
ob über ein Urteil des Staatsgerichtshofs ein Kassationsver=
fahren stattfinden könne, und ob Drouets Mitschuldige ihm
vor den Staatsgerichtshof zu folgen **hätten.**   Die zweite
dieser Fragen wurde schon am 11. Juli fast ohne **Wider=**
spruch bejaht, zu großem Kummer Babeufs und seiner Ge=
nossen, da der Staatsgerichtshof nicht in Paris sitzen durfte
und sie sich damit die Aussicht abgeschnitten sahen, durch
eine leidenschaftliche Verhandlung das Proletariat der Vor=
städte in neue Aufregung zu versetzen.   Die Linke der Fünf=
hundert hatte sich zur Bethätigung ihrer Sympathien die
erste jener Fragen ausersehen, wo sie sich allerdings auf
einem günstigeren Rechtsboden befand und jedenfalls durch
Erlangung eines Kassationsverfahrens ihren Freunden die

Möglichkeit großen Zeitgewinns verschafft hätte. **Die Ver-**
fassung hatte keine ausdrückliche Vorschrift über die Frage.
Wohl aber hatte sie den allgemeinen Satz, daß das Urteil
eines jeden Gerichts durch **ein** Kassationsverfahren an-
gefochten werden könne, und die Linke erklärte, **daß hier-**
durch selbstredend auch dem **Angeklagten** des Staatsgerichtshofs die Wohlthat des Kassationsgesuchs eröffnet sei. Gegen
die Bündigkeit dieses Schlusses machte die Rechte geltend,
daß der Staatsgerichtshof selbst **aus** Mitgliedern des Kassa-
tionshofs bestehe, diese Mitglieder aber an dem ihr Verfahren kassierenden Beschlusse nicht Anteil nehmen und ebensowenig nach erfolgter Kassation in den neu zu bildenden
Staatsgerichtshof berufen werden könnten; hierzu **seien aber**
die übrigen Mitglieder des Hofes, nachdem sie über die Form
des früheren Verfahrens **einmal** geurteilt, ebenso unfähig, **da**
gesetzlich kein Richter zugleich über die Form und die Sache
erkennen könne; es sei also hier **durch** die Verfassung selbst
jedes Kassationsverfahren unmöglich gemacht. Die Verhandlung, die sich durch mehrere Tage fortsetzte, war äußerst leidenschaftlich. Die Linke war mit einem Male erfüllt mit gewissen-
hafter Sorge für strenge Gesetzlichkeit und allseitigen Schutz
jedes Angeklagten; sie **erklärte,** daß ein Staatsgerichtshof ohne
Kassationsverfahren über **alle** Gesetze emporgehoben und
ein wahres Revolutionstribunal sei; sie warnte ihre Geg-
ner, Frankreich nicht aufs neue mit dem blutigen Schrecken
solcher Justizmorde **zu** besudeln. **Man** begreift, daß aus
solchem Munde solche Erörterungen nur schwachen Eindruck
machten; nach tobenden Zankscenen und wechselseitigen Ord-
nungsrufen endigte die Verhandlung am 29. Juli mit einem
vollständigen Siege der Regierung **und der** Rechten. Die
Kassation wurde ausgeschlossen und **sofort ein** umfassendes
Regulativ **über** das Verfahren des Staatsgerichtshofes erlassen. Am folgenden Tage nahm der Abgeordnete Delle-
ville Anlaß, die Bedeutung dieses Beschlusses zu erläutern.
Man **hat, sagte er,** bisher in Paris fast allgemein die
Direktorialregierung als ein Provisorium betrachtet; man hat
hundertmal versichert, der gesetzgebende Körper selbst werde

das Königtum wiederherstellen: jetzt endlich wird man ein=
sehen, daß es allen Teilen ernst mit der Bewahrung der
jetzigen Verfassung ist.

Es konnte nicht fehlen, daß eine solche Stellung der
Parteien nach allen Seiten hin den wesentlichsten Einfluß
auf die Haltung des gesetzgebenden Körpers und mittelbar
auch der Regierung ausübte. Trotz alles Zornes der Linken
wurde die Einrichtung der Pariser Polizei erheblich ver=
stärkt, die Zahl ihrer Bureaux vermehrt, die Befugnisse ihrer
Behörden erweitert. Als bald nachher einige ihrer Be=
amten einmal außer den verfolgten Konventsmitgliedern
irrtümlich auch einige Abgeordnete des Rates der Fünfhun=
dert vorluden, erhob sich Tallien in tugendhafter Entrüstung
über einen solchen der Volksvertretung bereiteten Schimpf
und klagte, wie die royalistische Reaktion die letzte Ver=
schwörung mißbrauche, um die besten Patrioten mit Ver=
folgung heimzusuchen. Allein wieder trat ihm sein alter
Gegner Thibaudeau mit unerbittlicher Schärfe in den Weg
und rief ihm unter lebhafter Bewegung des Rates die
drohenden Worte zu, die wirkliche Reaktion sei nichts an=
deres als das verbrecherische Streben der Männer des
2. September und des 31. Mai. Und als dann Rouyer
berichtete, wie immer noch in den Schlupfwinkeln der großen
Stadt die Anarchisten ihr Unwesen forttrieben, erklärte
Larivière: da seht ihr Talliens Reaktion — und auf eine
achtungsvolle Bitte um Entschuldigung wurden jene Polizei=
beamten ohne weiteres entlastet.

In denselben Tagen kamen die traurigen Zustände des
Südens zu neuer Verhandlung, und auch bei ihnen zeigte
sich der durchgreifende Wechsel der Stimmung. Einst hatte
der Konvent alle in Lyon begangenen Mordthaten, Be=
raubungen, Unterdrückungen, Amtsmißbräuche vor den Ge=
richtshof von Grenoble verwiesen, angeblich, weil bei dem
tiefen Parteihader in Lyon keine unbefangenen Geschworenen
anzutreffen seien, in Wahrheit, weil man bei der bekannten
Gesinnung der Lyoner Bürgerschaft die Freisprechung der
Jesus= und Sonnenbanden durch die Geschworenen befürchtete.

Nach dem Erlasse der neuen Verfassung hatte das Gericht
von Grenoble sich für unbefugt zu weiterer Thätigkeit dieser
Art erklärt und die ihm zugewiesenen Angeklagten in Freiheit gesetzt. Der Kommissar des Direktoriums schritt dagegen ein und ließ die Angeklagten aufs neue verhaften;
als dann aber das Gericht sich an den gesetzgebenden Körper
wandte, forderte das Direktorium den Kassationshof auf,
seinerseits alle Prozesse der angegebenen Art nach Grenoble
zu verweisen. Allein dieser durfte und wollte nur über
einzelne bestimmte Prozeßsachen entscheiden und fand hinsichtlich der allgemeinen Regel einzig den Gesetzgeber kompetent. Zwei Monate früher würde ohne Zweifel die Mehrheit der Fünfhundert sich beeilt haben, dem Wunsche des
Direktoriums zu entsprechen; jetzt aber wurde nach eingehender Verhandlung auf Dumolards Antrag die Regel
anerkannt, daß niemand seinem natürlichen Richter entzogen
werden dürfe, und über das Begehren des Direktoriums
am 18. Juni zur Tagesordnung geschritten. Bald nachher
fiel mitten in die Verhandlung über den Staatsgerichtshof
die Nachricht von kläglichen Vorgängen in der Provence.
In Marseille hatte die Neuwahl der Gemeindebehörde stattgefunden, welche bisher durch das Direktorium mit eifrigen
Terroristen besetzt worden war. Die große Mehrheit der
Bevölkerung hatte mit Sehnsucht auf diesen Augenblick ge-
wartet; als sie aber am Wahltag in den Sektionen zusam-
mentrat, fielen an sechs oder sieben Stellen bewaffnete
Banden unter dem Geschrei: es lebe der Berg, nieder mit
der Jesuskompanie, über die Wähler her und trieb sie
unter Mißhandlungen aller Art auseinander, um dann ihrerseits die Wiederwahl der bisherigen Beamten zu verkünden.
Drei Bürger blieben tot auf dem Platze, die Behörde versagte jedes Einschreiten. Darauf gelangte eine Beschwerde
mit mehr als 2000 Unterschriften an den gesetzgebenden
Körper, wo Simeon im Rat der Fünfhundert sofort den
Antrag auf Vernichtung der Wahlen stellte, zwei andere
Mitglieder der gemäßigten Partei jedoch zunächst eine Botschaft an das Direktorium durchsetzten. Die Linke, die

spruche nicht im stande, suchte den Schlag
er royalistische Wahltumulte in Lyon abzu=
= aber nachdrücklich durch Dumolard zurück=
n längerer Rede die Bedeutungslosigkeit einer
fallenen Prügelei darlegte und dann, seiner=
griff übergehend, die Jakobiner von Aix der
ıes ihnen mißliebigen Regierungskommissars
   das Direktorium auf die Botschaft nur in
beschönigenden Redewendungen antwortete,
iedersetzung einer Kommission, welche dann
   durch Thibaudeau ihren Bericht erstattete.
ıng hatte die Richtigkeit der Anklage in ihrem
ze und dazu noch die Mitschuld fast aller Be=
glücklichen Stadt festgestellt. Zugleich ergab
zanze Departement unter der gleichen Unter=
in Aix hatte endlich die Militärgewalt einige
estellt, zu diesem Zwecke aber die vollständige
ıller Bürger verfügen müssen und der ganzen
evölkerung einstweilen Hausarrest auferlegt,
it und Verkehr nur noch von den Frauen be=
   Hierauf wurde die Kassation der Marseiller
Widerspruch beschlossen und das Direktorium
hen Besetzung der Stellen durch geeignete Per=
ıfgefordert.   Daß dieses Mal die Ernennung
auf Terroristen von 1793 fallen würde, ver=
its von selbst.
ies nun weiter auf allen Gebieten des Staats=
   Tage vor der Verhaftung Babeufs hatte der
vereinigte Einfluß des Direktoriums und der
esetz gegen die Priester bei den Fünfhundert
   welches alle Milderungen von 1795 aufheben
   früheren Eidweigerer die ganze jammervolle
:r Schreckenszeit erneuern sollte. Jetzt wurde
ate der Alten ohne eine einzige widersprechende
worfen und an keiner Stelle ein Versuch zu
rung gemacht. Ein anderer Gesetzentwurf,
inrichtung der Friedhöfe und der Begräbnisse

im jakobinischen Sinne regeln **und** insbesondere die Teil=
nahme der Geistlichkeit **bei der** Beerdigung verbieten sollte,
hatte kein besseres Schicksal. Nach langer Verhandlung rief
Talot: laßt doch jedem Bürger unserer freien Republik die
Freiheit, seine Toten zu begraben, wie es ihm gefällt, und
mit großer Mehrheit gingen die Fünfhundert über **den** Ent=
wurf zur Tagesordnung über.

Endlich, und nicht in der wenigst schlagenden Weise, machte
sich die neue Richtung auch in der Finanzpolitik der Regierung
fühlbar. Im April sahen wir, hatte man sein ganzes Heil
auf das neue Papiergeld setzen und einen jeden, der **an**
dem Vollwert der Mandate zweifelte, als Verbrecher behan=
deln wollen. Seitdem hatte man durch den Kurszettel eine
Lehre über die sachliche Unmöglichkeit und durch Babeuf
schneidende Aufschlüsse über die Konsequenzen des Systems
erhalten und auf jene schimmernden Hoffnungen des Früh=
lings schnell genug Verzicht geleistet. Von irgend einem
Versuche, den Mandaten ihren Nennwert durch Zwangsmittel
zu erhalten, durfte an keiner Stelle mehr die Rede sein; im
Gegenteil, in mehreren Beschlüssen wurde ganz unverkenn=
bar die Ueberzeugung der Staatsgewalt bekundet, daß es
mit dem Reiche des Papiergeldes zu Ende gehe. Zunächst
richtete man sein Augenmerk auf die erste Grundlage jedes
geordneten Staatshaushalts, auf die Steuern, und kam zu
dem Beschlusse, daß künftig die Grundsteuer nicht mehr
in Mandaten **zum** Nennwert entrichtet, sondern für jeden
Frank der Steuer entweder zehn Pfund Weizen oder deren
jeweiliger Marktpreis gegeben werden sollte[1]. Ein Frank
für zehn Pfund Weizen war der Durchschnittspreis von
1790; das Gesetz kündigte also die Absicht an, auf die realen
Werte aus der Zeit vor der Papierwirtschaft zurückzukom=
men. Die Linke klagte mit großem Rechte, daß darin die
Mandate, das wahre republikanische Geld, offiziell herab=
gewürdigt wurden; Defermont **aber** antwortete ihr mit dem
Wunsche, den neuen Grundsatz möglichst bald durch alle

---

[1] Rat der Fünfhundert 27. Mai, **Rat** der Alten 26. Juni.

Teile des Budgets durchzuführen, und Barbé-Marbois mit
der Erörterung, daß das Gesetz nur nicht vollständig und
umfassend genug die Anschauungen der Schreckenszeit be-
seitige und deshalb eine Menge neuer Härten und Unbillig-
keiten in sich schließe. Ohne Zweifel entsprach es der Gerechtigkeit nicht, daß der Staat von seinen Pflichtigen von
jetzt an wertvolle Güter als Steuer einzog und seine Gläubiger mit wertlosen Zetteln zu bezahlen fortfuhr. Aber es
war immer ein erster Schritt zum Besseren, und niemand
konnte die Ausführung Creuzé-Latouches widerlegen, daß
man zuerst einnehmen müsse, um dann ausgeben zu können,
daß trotz aller Bedenken Barbé-Marbois' die Not des Staates
im Augenblick keine bessere Auskunft zulasse. Forderte man
aber auf diese Weise von dem Grundbesitzer statt des republikanischen Papiers reale Werte, so mußte man auch dafür sorgen, daß er zur Erfüllung seiner Steuerpflicht solche
Werte erhielt; daraus ergab sich ein Gesetz, welches den
Pächtern befahl, ein Viertel ihrer Pachtsumme in Getreide,
die andern drei Viertel in Mandaten, für jeden Frank der
Pacht den Marktpreis von zehn Pfund Weizen, zu entrichten.
Es war und blieb eine halbe Maßregel, aber wie gesagt,
es war immer ein Schritt in der verständigen Richtung,
ein Schritt zu dem normalen Ziele, in allen Geschäften
das Papier zum freien Kurswert zu geben und zu nehmen.
Einmal hierauf eingetreten, führte die Konsequenz der That-
sachen notwendig weiter. Die Fünfhundert legten jetzt die
Hand an die verwickeltste und peinlichste aller ökonomischen
Fragen, welche die Schreckenszeit hinterlassen hatte, die
Frage nach der Ausführung der vor und während der
Herrschaft der Assignaten eingegangenen Privatverträge.
Die bloße Aufwerfung derselben war eine neue Niederlage
für die Jakobiner, eine Verleugnung der terroristischen Grund-
lehre, daß das Gesetz keine Schwankungen im Werte des
republikanischen Geldes dulden und noch viel weniger selbst
anerkennen dürfe. Die Mehrheit ließ sich jetzt nicht mehr
durch solche Erwägungen bestimmen. Es wurde für die
Behandlung der Sache eine Kommission niedergesetzt, welche

dann freilich noch lange Monate gebrauchen sollte, ehe sie sich auch nur über die leitenden Grundsätze ihres Verfahrens zu verständigen vermochte.

Es lenkte also allmählich, dank dem Schrecken vor Babeufs Bestrebungen, die Direktorialregierung auf die Bahnen einer geordneten und rechtlichen Politik hinüber. Unbedingt kann man es aussprechen: dadurch, und dadurch allein gewann sie die Möglichkeit fortdauernden Bestandes. Allerdings würde man irren, wenn man nun sofort die Besserung für eine gründliche und allseitige halten wollte. Männer wie Barras, Rewbell, Ramel blieben in ihrem Herzen, was sie gewesen, revolutionäre Politiker, welche als Opposition kein lieberes Mittel als den Straßenkampf und als Regierung kein schöneres Ideal als den Staatsstreich kannten, welche die Forderungen der Gerechtigkeit erfüllten, soweit sie mußten, und auch als Vertreter der Ordnung am liebsten mit den Mitteln der Willkür wirtschafteten. Damals, im Sommer 1796, bekam ihr Staatshaushalt weitere Luft, indem außer dem italienischen auch das Rhein- und das Sambreheer auf Feindeskosten zu leben und reiche Brandschatzungen nach Paris zu senden begannen. Immer aber blieb die finanzielle Lage eine gepreßte, vor allem, weil in allen Ministerien fort und fort die gewissenlose Verschleuderung das Ruder führte. In jedem Monat hatten die Räte zu klagen, daß keiner der Minister geordnete Etats und gesetzliche Belege beibringe, und wenn einmal die Fünfhundert einem derselben, wie z. B. im Juli dem Kriegsminister, in dieser Hinsicht ein besseres Zeugnis gaben, so war es sicher, daß die eingehendere Prüfung des Rates der Alten das Lob auf der Stelle in sein Gegenteil verkehrte. So war man nach einer konstitutionellen Verwaltung von neun Monaten noch gar nicht zur Aufstellung des Jahresbudgets, und was schlimmer war, in den meisten Departements noch nicht zur Anlage der Steuerrollen gediehen. Obgleich in der stillen Ueberzeugung eines jeden die Mandate so gut wie die Assignaten als rettungslos aufgegeben waren, glaubte man doch für den Augenblick sie noch nicht

entbehren zu können, und unaufhörlich sann der gesetzgebende
Körper auf Maßregeln, welche mittelbar eine größere Nach=
frage und eine Steigerung des Kurses bewirken könnten.
Auch hier zeigte sich, wie tief die revolutionäre Gewohnheit
den Rechtssinn bei diesen Machthabern zerrüttet hatte. Einst
hatten sie gehofft, die Mandate durch Erleichterung der
Domänenverkäufe auf dem vollen Nennwert halten zu kön=
nen, und nach dieser Erwägung niedrige Kaufpreise und
weite Zahlungstermine bewilligt. Als ihre Rechnung sich
als großer Fehlschluß enthüllte, schritten sie unbedenklich zu
einer Aenderung der eben erlassenen Vorschriften, nicht bloß
für die künftig einzugehenden, sondern auch für die bisher
rechtskräftig abgeschlossenen Verträge, indem sie zunächst die
Zahlungstermine erheblich abkürzten, unter Strafe der Nich=
tigkeit des Kaufes und Verfall der bereits gezahlten Sum=
men. Mit diesem Wortbruch erzielten sie für einen Augen=
blick die gewünschte Wirkung; die Domänenkäufer mußten
schneller, als sie geglaubt hatten, Mandate anschaffen, und
der Kurs derselben stieg in Paris von fünf auf sieben Pro=
zent. Aber die Besserung dauerte kaum einen Tag lang,
und zwar dieses Mal, weil das Direktorium selbst seinem
Papiergeld den Krieg machte. Einige große Lieferanten
der Regierung hatten ihren Verkäufern erhebliche Summen
zu zahlen; sie konnten natürlich ihre Verbindlichkeiten um
so leichter erfüllen, je wohlfeiler ihr Zahlungsmittel, die
Mandate, zu haben waren; so erhielten sie von dem Finanz=
minister selbst die Summen, die erforderlich waren, um
zuerst im stillen eine Anzahl Mandate für sieben Prozent
zu kaufen und dann mit großem Lärmen zu fünf an der
Börse zu verkaufen. Dies reichte aus, den Kurs wieder
auf lange zu drücken und damit den Spekulanten ihren
schmutzigen Gewinn zu ermöglichen; bei den Fünfhundert
wurde der Vorgang bemerkt und beklagt, hauptsächlich aber
darüber ein Tadel ausgesprochen, daß jene Börsenmänner
ihren Papierhandel öffentlich als Agenten der Regierung be=
trieben hatten, was immer, wie ein Redner bemerkte, eine
große Ungeschicklichkeit sei, da eine Regierung, falls sie

Börsengeschäfte mache, dies nur im tiefsten Geheimnis thun dürfe. Der elende Stand der öffentlichen Moral drückte sich, wie man sieht, in jedem Zuge dieser traurigen Vorgänge aus.

Wir wollen an dieser Stelle noch kurz über das persönliche Schicksal Babeufs und seiner Genossen berichten, um später dadurch nicht die Erzählung wichtigerer Ereignisse unterbrechen zu müssen.

Im ersten Augenblicke nach seiner Verhaftung behauptete Babeuf eine äußerst trotzige Haltung. Da er die Beschlagnahme seiner Papiere gesehen, schien ihm weiteres Leugnen hoffnungslos; er schrieb also einen stolzen Brief an das Direktorium, worin er demselben vorschlug, mit ihm als Macht gegen Macht zu unterhandeln. In diesem Sinne schilderte er die Streitkräfte der Verschwörung mit den glühendsten Farben, gab dann den Direktoren die allerdings lügenhafte Versicherung, daß der Zorn der Patrioten nur dem Systeme und nicht den Personen des Direktoriums gegolten, und führte schließlich mit großem Nachdrucke aus, wie die Regierung, bei gründlichem Bruche mit den echten Demokraten, freundlos und waffenlos den Reaktionären und Royalisten gegenüberstehen und ohne Rettung zu Grunde gehen würde. Er gab also anheim, ob nicht in beiderseitigem Interesse das Direktorium von weiterer Verfolgung Abstand nehmen wollte. Wir wissen, inwiefern seine Erörterung richtig war; das Direktorium aber fand sich dadurch nicht veranlaßt, die Männer, welche mit solcher Ausführlichkeit den Plan zu seiner Ermordung entworfen, noch als nützliche Bundesgenossen zu betrachten, ließ den Brief veröffentlichen und gab Babeuf keine Antwort. Besseres Glück hatte Drouet, der aus seinem Gefängnisse entsprang, sei es, wie einige angeben, durch Bestechung des Kerkermeisters, sei es, wie andere vermuten, durch geheime Beihülfe der Regierung, besonders des Direktors Barras, welcher dem alten Freunde die Rettung erleichtert hätte. Der Mann also, um dessentwillen der Staatsgerichtshof errichtet worden, und der seine Genossen vor dessen Schranken nach

sich gezogen hatte, wurde dort nur durch ein Kontumacial=
verfahren verurteilt. Die übrigen wurden im September
nach Vendome übergeführt, wo der Gerichtshof seinen Sitz
haben sollte. Unterwegs erwogen sie, daß bei fortgesetztem
offenem Bekenntnis zu ihrem Unternehmen sie zwar ihre
Sache als heldenmütige Märtyrer verherrlichen, ihre Per=
sonen aber der härtesten Bestrafung aussetzen würden, und
kamen so zu dem Beschlusse, den Prozeß durch Ausnutzung
aller Rechtsformen möglichst hinauszuziehen, die Angaben
Grisels als Lügen zu verwerfen und ihre Protokolle und
Manifeste als harmlose theoretische Ausarbeitungen ohne
jeden Gedanken an thatsächliche Verwirklichung zu bezeich=
nen. Bei der großen Zahl der Angeklagten bedurfte das
Gericht mehrerer Monate zu seiner Voruntersuchung, so, daß
die Verhandlung vor den Geschworenen erst am 20. Fe=
bruar 1797 beginnen konnte. Der Verlauf des Prozesses
war dann nach dem von den Angeklagten beschlossenen Ver=
teidigungsplane ein äußerst trübseliger. Sie protestierten
gegen die Vernehmung Grisels und verschiedener Polizei=
agenten als Zeugen, stellten ihre Handschrift bei den schrift=
lichen Beweisstücken in Abrede, forderten Entfernung der
Zeitungsschreiber, begehrten die Vorladung von Entlastungs=
zeugen aus Konstantinopel und Amerika. Jede Erörterung
über solche Punkte wurde äußerst stürmisch; Germain nannte
Grisel einen Barbaren und Menschenfresser, den Richtern
wurde der Titel royalistischer Schurken entgegengeschleudert,
am Schlusse jeder Sitzung die Marseillaise angestimmt. Zur
Sache blieb Babeuf dabei, daß alle seine Entwürfe men=
schenfreundliche Träume gewesen seien; die Liste der künf=
tigen kommunistischen Volksvertreter habe er zum Zeitver=
treib in seiner früheren Haft in Plessis entworfen. Buon=
arroti führte aus, daß die Insurrektionsakte kein Datum
habe und mithin aus der Zeit vor Annahme der jetzigen
Verfassung stammen könne. Germain sagte, wenn er an
Babeuf über die Notwendigkeit baldigen Angriffs geschrieben,
so habe er dabei nur einen moralischen Angriff gemeint;
die zwölf Pariser Agenten seien nur Beobachter der öffent=

lichen Meinung gewesen, um Babeuf für
Material zu liefern. Antonelle erhob sich sc
sicherung, daß er die Angeklagten stets a
die Regierung und die Verfassung zu lieben
möglich, die Ehre des Parteibanners kleinlich
auf die Glorie des Martyriums gründliche
Das Urteil wurde endlich am 26. Mai j
sprochen. Die Geschworenen gaben die Erkl
Verschwörung zum Sturze des Direktoriun
setzgebenden Körpers nicht erwiesen sei; d
sie unter Verneinung mildernder Umstän
Darthé schuldig, an der Herstellung der
1793 gearbeitet zu haben, stellten dasselbe
mildernden Umständen bei Germain, Buor
anderen Angeklagten fest und erkannten l
auf Freisprechung. Das Gericht verurteilt
und Darthé zum Tode, die sieben anderen z
Nach der Verkündigung dieses Spruches
und Darthé sich zu entleiben, brachten sich
Wunden bei und wurden gleich nachher hir

Zwanzig Jahre später schrieb dann Buc
schichte der Verschwörung, um darin die eins
zu widerrufen und ein Unternehmen der
pfehlen, dessen Anstrengungen, wie er sa
Tugend nicht absprechen werde. Durch d
rarischem Geschick geschriebene Buch ist Babeu
der Ausgangspunkt für zahlreiche spätere
Bestrebungen geworden; sie hat somit eine
tung für die Folgezeit gewonnen, nachdem s
ihres Erscheinens nur dazu gedient hatte,
des französischen Volkes gegen die Bestrebunge
zeit zu steigern und hierdurch den Einfluß der
tei im gesetzgebenden Körper in bedeutendem J

Wir wenden uns jetzt zu den auswärtig
der französischen Republik und der Entwicklun
gegen die Mächte der Koalition.